Le 08/10/13

Ma Chère Véronique,

LE GRAND VÉFOUR

GUY MARTIN

Tout, tout, tout tu
sauras tout sur le Grand Véfour
l'histoire, et les recettes.
Je t'embrasse fort...

Martin

LE GRAND VÉFOUR

GUY MARTIN

PHOTOGRAPHIES ET STYLISME
MICHEL ET DOMITILLE LANGOT

INTRODUCTION
PAR SERGE GLEIZES

CHÊNE

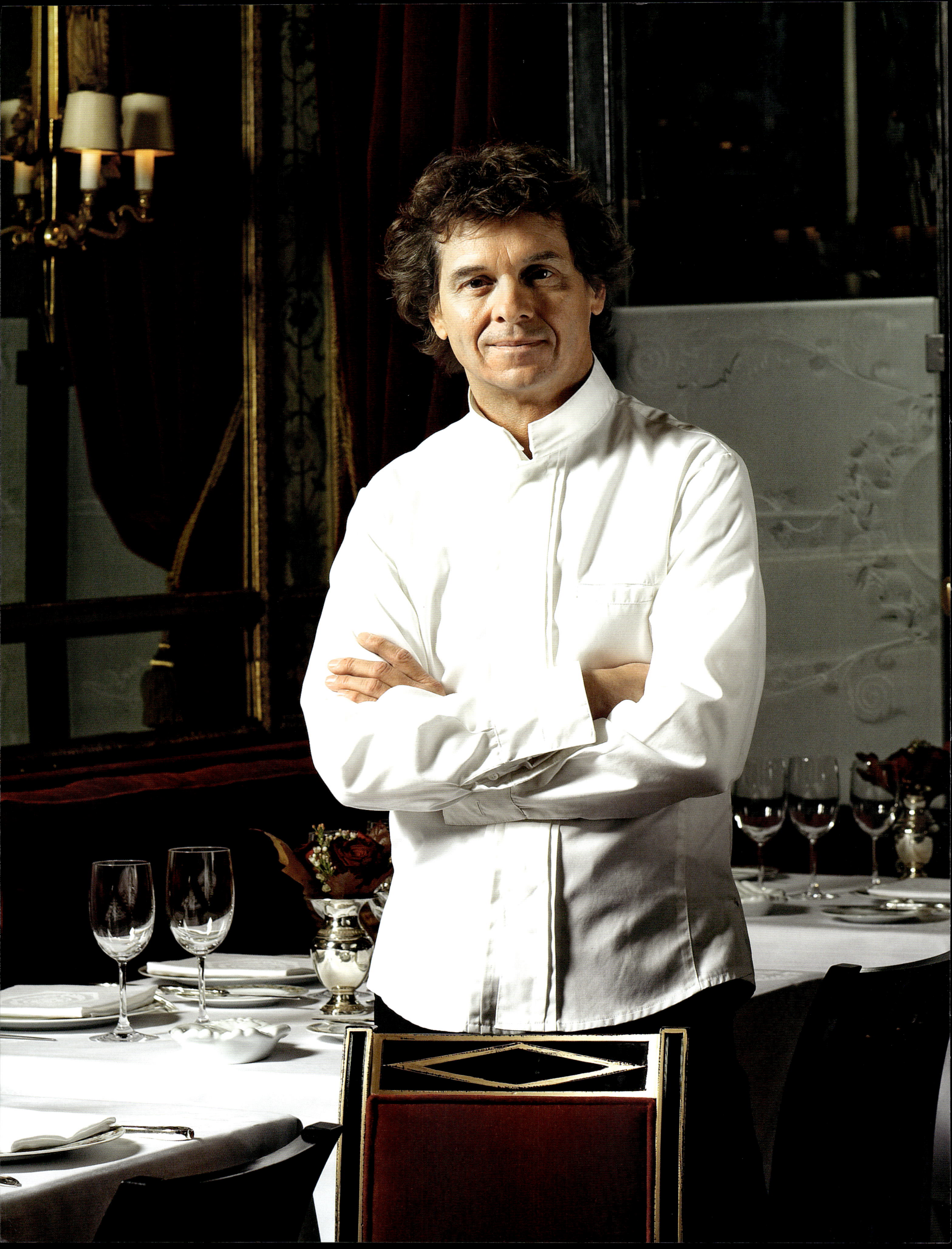

AVANT-PROPOS
par Guy Martin

C'était un rêve… Raconter pour la première fois toute l'histoire du *Grand Véfour*, aller au cœur même de ce lieu unique et de nos recettes. Vous faire partager ce que moi j'ai vécu, quand, en 1991, j'ai visité ce bijou du patrimoine français et international avec Jean Taittinger, propriétaire de l'époque, qui souhaitait que j'en prenne la direction : j'étais sous le choc, complètement sous le charme de cet endroit classé monument historique, qui avait fait les beaux jours de Paris et du Palais-Royal depuis 1784. Des siècles d'histoire où rien n'a bougé, même s'il a fallu rénover en douceur : les lambris, les dorures, les plafonds à caissons, les fixés sous verre… Depuis, je travaille là avec mon équipe, dans cette maison qui me surprend chaque jour par sa beauté mais qui reste à taille humaine, chaleureuse, où l'on ne propose qu'un seul service le midi et le soir, où les clients sont ici et nulle part ailleurs.
Au *Grand Véfour*, j'ai pu remettre en valeur toutes les bases de la meilleure cuisine française, aller chercher des produits incroyables, ce que la France offre de plus beau. Car c'est cela le *Grand Véfour* : un certain dépouillement malgré la complexité des recettes pour mettre en relief un produit d'excellence, puis le faire voyager grâce aux épices parfois vers l'Asie, parfois vers le Moyen-Orient. Et tout cela pour vous proposer une cuisine gaie, colorée, une cuisine d'aujourd'hui qui privilégie le bien-être, le plaisir.
Venir à Paris, traverser le Palais-Royal, entrer là où ont dîné Victor Hugo, Lamartine, Alexandre Dumas, Honoré de Balzac, Sainte-Beuve, George Sand, Colette, Jean Cocteau… toutes ces grandes âmes qui aident à grandir, à être meilleur, toujours dans la recherche, et qui donnent une assise à cette cuisine contemporaine : bienvenue au *Grand Véfour* !

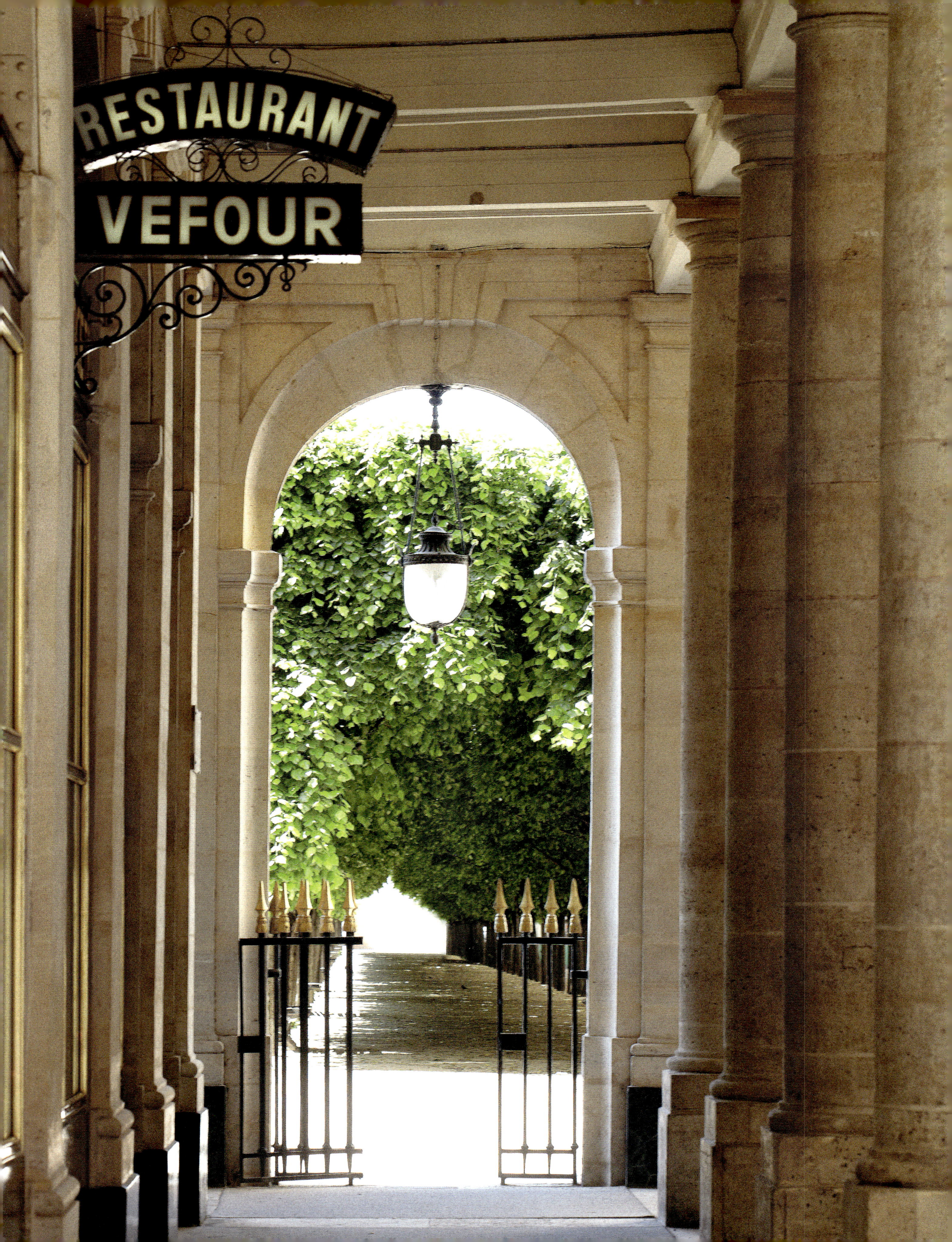
RESTAURANT
VEFOUR

L'HISTOIRE
DU GRAND VÉFOUR

18

LES ENTRÉES
42

LES POISSONS
86

LES VIANDES
134

LES DESSERTS
184

TABLE
DES RECETTES

246

INDEX
DES INGRÉDIENTS

248

Palais-Royal

Jean Cocteau
1953

— Deux couverts !

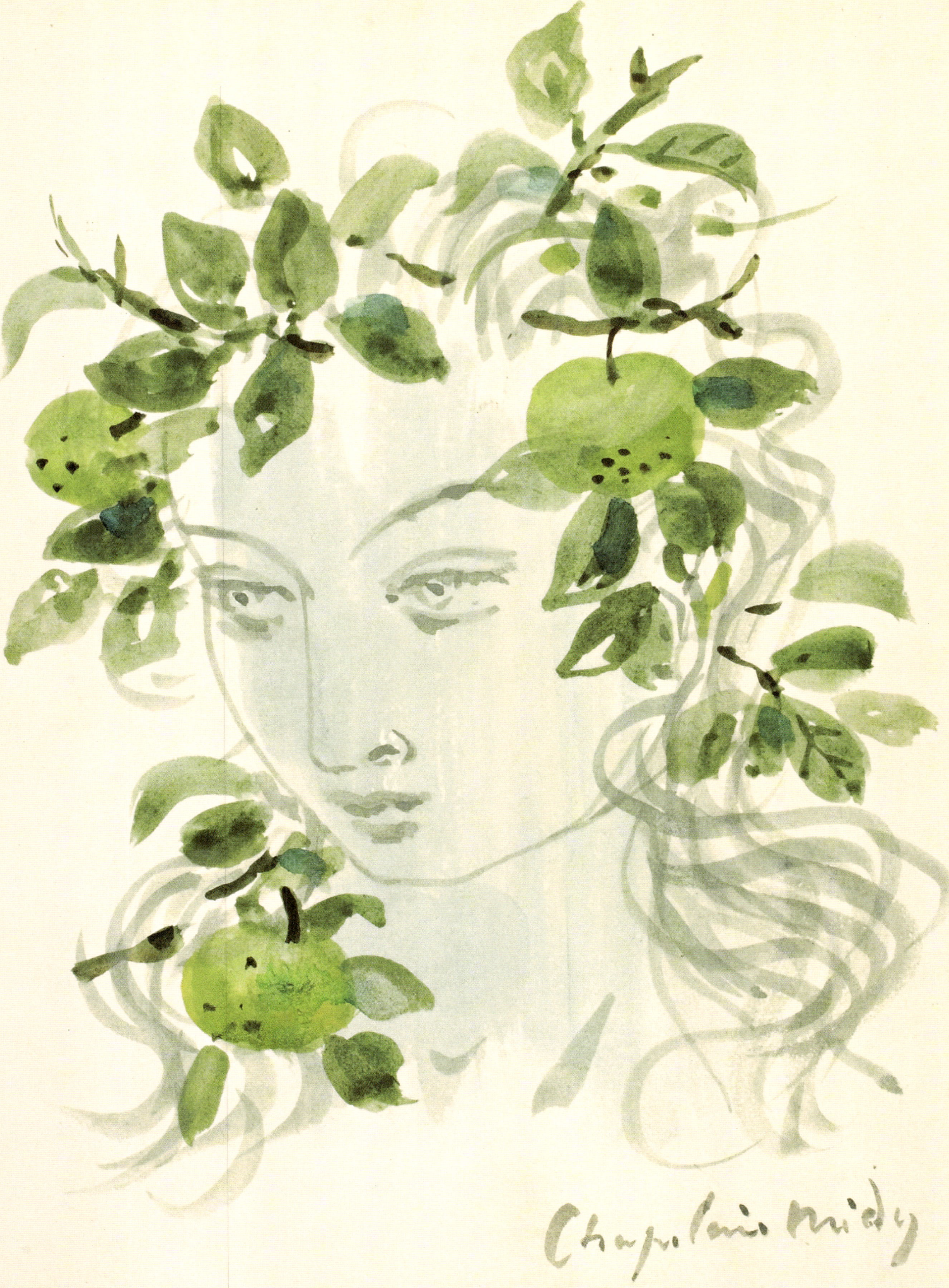
Chapelain Midy

Pour Olivier Bernard Buffet
Le 25 octobre 1955

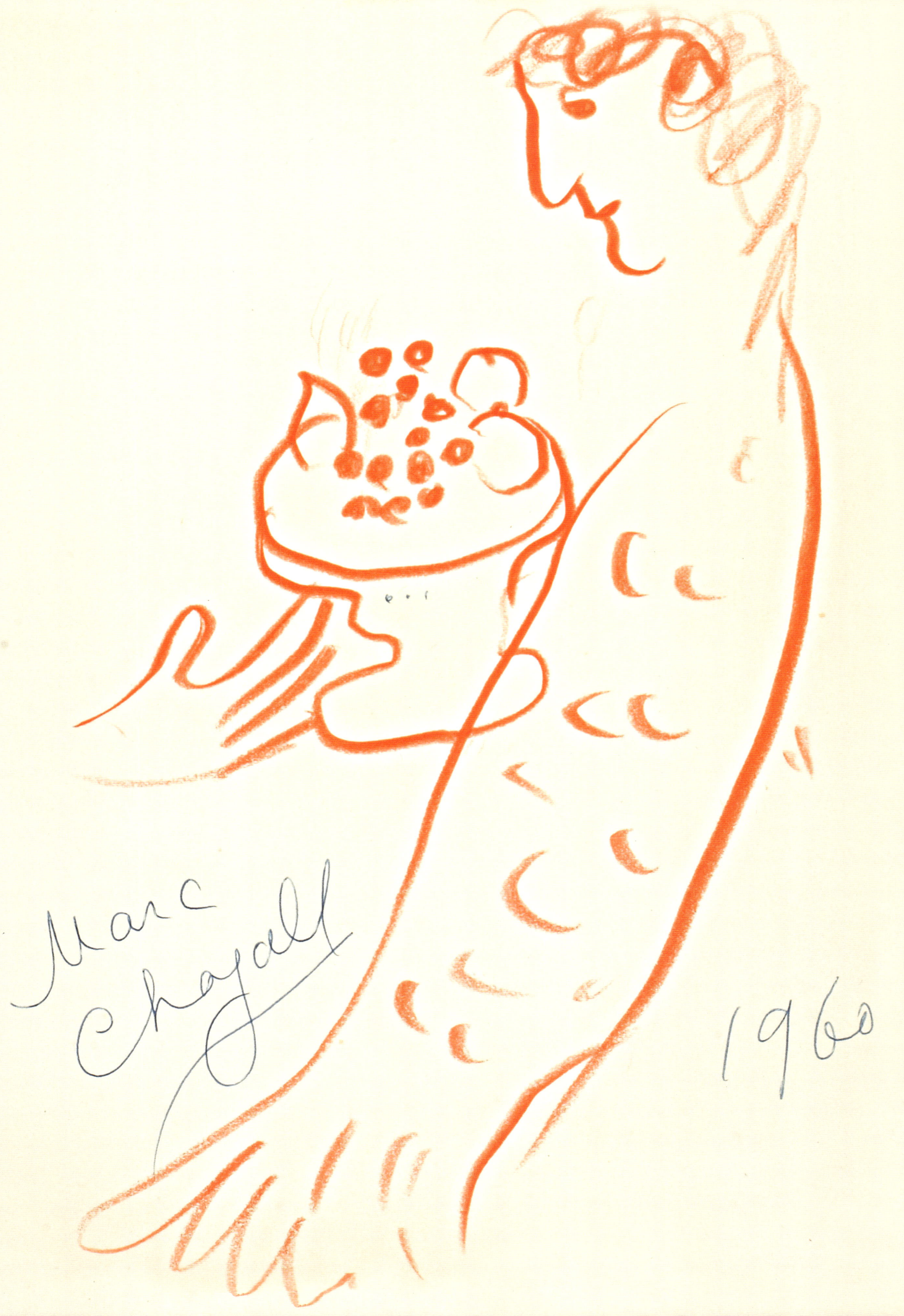
Marc Chagall
1960

Au Grand Véfour Raymond Oliver   Leonard Foujita Nov. 64.

pour Oliver
en toute sympathie
Gruau

L'HISTOIRE
DU GRAND VÉFOUR

569 PARIS (Ier). — La Place du Palais Royal.

L.

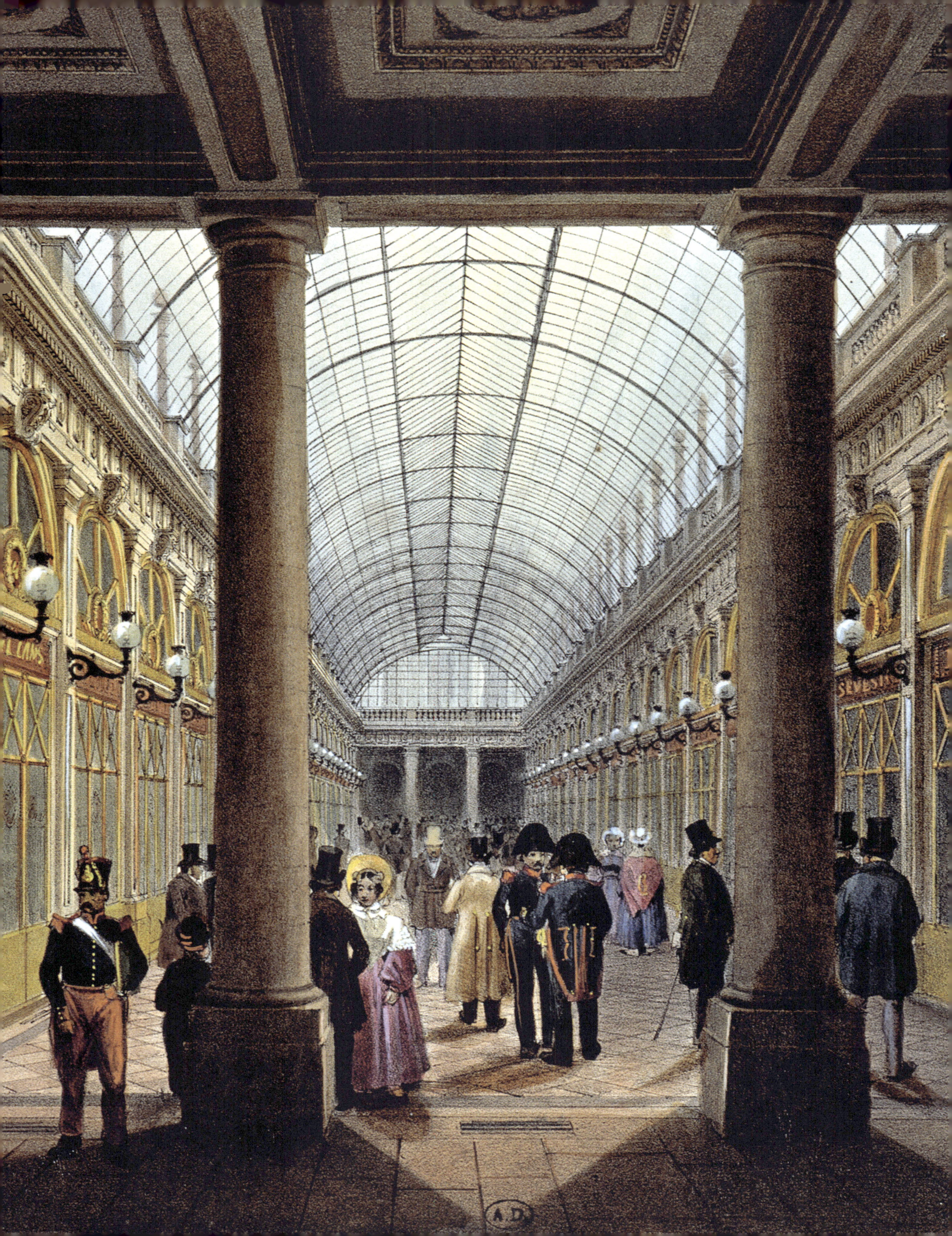
A.D.

LES HEURES DORÉES
DU PALAIS-ROYAL…

— **Double page précédente**
Carte postale représentant la place du Palais-Royal à la Belle Époque, en 1910. Même si le quartier s'est assagi par rapport à ce qu'il était au XVIIIe siècle, il reste alors un des points névralgiques de la vie parisienne, avec ses fiacres et ses nouveaux moyens de locomotion que sont les bus.

— **Page de gauche**
La galerie d'Orléans, au Palais-Royal, dessinée par Jacottet et Benoist, vers 1840.

C'est un lieu sans voiture, sans bruit, sans tapage… Et pourtant, à l'intérieur de ce rectangle situé en plein cœur de Paris, l'histoire de France y a connu de grandes heures, tour à tour glorieuses et sombres. À mi-chemin entre l'Opéra et le Louvre, le Palais-Royal est une merveille architecturale, un écrin minéral et végétal serrant dans ses bras des arcades, des galeries d'art, des boutiques et des restaurants mais surtout un jardin, ni trop soigné ni trop bohème, mais juste assez paysager pour oublier que l'on est à Paris. Parallèlement aux fastes cachés des palais, ce dernier distille encore aujourd'hui son inaltérable poésie. Dès l'arrivée des beaux jours, le lieu troque sa nudité hivernale contre les premiers atours du printemps. Les parterres de verdure exhalent des fragrances de pelouse tondue, les arbres s'étoffent et les fontaines font de nouveau entendre leur doux chuintement. L'été, les enfants jouent dans des bacs à sable. Sur les bancs, les amoureux rêvent de futur. À l'ombre des auvents des restaurants, les tables sont placées sans perturber la beauté du site. Lorsque la nuit tombe et que les enseignes baissent leur grille, les jardins du Palais-Royal se parent d'une lumière mystérieuse. Comme autrefois…

Et pourtant, le lieu était jadis bien différent. Bien plus populeux, bien plus vert, bien plus licencieux… Sous les arcades, les galeries et les échoppes attiraient un grand nombre de visiteurs, mondains et gens du peuple, intellectuels et artistes, joueurs et dames de petite vertu, qui avaient fait du quartier leur promenade de prédilection. C'était le berceau de la richesse et de la misère, tel que le souligne Victor Hugo : « Le Palais-Royal n'est pas seulement la terre chérie de l'opulence, écrivait-il, c'est l'asile de la misère ; elle s'y promène en haillons qui révèlent presque toujours le souvenir d'un sort meilleur ; elle y est affamée et transie ; c'est là que se tient la petite bourse des signatures à un franc le mille... »

Sous trois arcades, entre le péristyle de Joinville et au numéro 17 de la rue de Beaujolais, *Le Grand Véfour*, le plus ancien restaurant gastronomique de la capitale, a survécu à tous les soubresauts de l'histoire. Exhibant sa belle façade noire, il s'inscrit dans la vie brillante du Palais-Royal, et cela malgré les révolutions, les empires et les républiques que Paris traversa. À l'intérieur, l'éclairage caresse d'une lumière dorée les plafonds peints et les boiseries sculptées de guirlandes de style Louis XVI, les peintures fixées sous verre Directoire.

UNE HISTOIRE D'ÂME

Depuis 1991, Guy Martin, engagé alors par Jean Taittinger, est le maître de ces lieux hauts en couleur qu'il a définitivement acquis en 2011. Mais avant ce règne, une autre personnalité de la haute gastronomie française a marqué l'histoire du *Grand Véfour*, Raymond Oliver. Né à Langon en 1909 et mort à Paris en 1990, cet originaire de la Gironde, fils d'un père cuisinier, avait racheté le mythique restaurant en 1948. Il fut le premier chef médiatique du XXe siècle qui rendit la grande cuisine populaire et contemporaine, notamment en animant pendant quatorze ans l'émission mythique qu'il avait créée en 1953 avec la speakerine Catherine Langeais, *Art et magie de la cuisine*. Le succès du lieu ne fut cependant pas immédiat mais tout commença avec l'attribution de la troisième étoile décernée par le *Guide Michelin* en 1953, consécration que le chef gardera trente ans.

Il redonna alors au *Grand Véfour* toute son aura, toute sa magie, et en fit un lieu pétillant, convivial et parisien, où la carte était aussi grandiose que le décor. Les fidèles y ont leur table non seulement pour tout ce qui se concocte dans les cuisines du sous-sol, mais aussi pour l'âme de l'établissement, ou tout simplement pour s'asseoir à la table de Balzac ou de Maria Callas, ou encore de ces illustres et anciens clients qui ont leur nom gravé sur les fauteuils de velours rouge. Évoquer la clientèle des fidèles du lieu donne le tournis. Déjà à l'origine, lorsqu'il s'appelait *café de Chartres*, il accueillait les personnalités de l'époque, royales, politiques, intellectuelles et artistiques, Diderot, Fragonard, Bonaparte, Victor Hugo, George Sand, Lamartine, la belle Otero qui dansait sur les tables, Offenbach, Mac-Mahon, Sacha Guitry, Henry de Montherlant, André Malraux, Louise de Vilmorin, Colette qui se faisait apporter les plats chez elle lorsqu'elle ne dînait pas avec Jean Cocteau, un autre habitué des lieux... Rois et reines, princes et princesses, personnalités politiques firent également du *Grand Véfour* leur table favorite : Ali Khan et Rita Hayworth, le prince Rainier, Reza Pahlavi le schah d'Iran, François Mitterrand, Richard Nixon, George Bush, Caroline de Monaco, la princesse Margaret qui commanda lors de son premier dîner une croûte landaise, un carré d'agneau et des rognons. On y croise également des stars du septième art, jadis Vivien Leigh et Laurence Olivier, Orson Welles, Jean Gabin, Charles Trenet, Pierre Brasseur, Marcello Mastroianni, Michel Serrault, Jean Yanne... et aujourd'hui David Bowie, Pierce Brosnan, Dominique Issermann, l'architecte Peï, Carole Bouquet, et bien d'autres. Autres fidèles, Sharon Stone qui complimente à chaque fois le chef en français et dont la beauté tétanise tout le personnel, ou encore Woody Allen qui filma ici une séquence de son film, *Midnight in Paris*... On y dîne également parfois à côté de chanteurs d'envergure planétaire qui retrouvent dans chaque plat l'émotion d'un souvenir d'enfance : Juliette Gréco, les Américains Bruce Springsteen ou encore Jon Bon Jovi qui dédicaça sa guitare pour Guy Martin afin d'obtenir une table...

— Ci-contre
Woody Allen a réalisé en 2011 quelques séquences de son film *Midnight in Paris* au *Grand Véfour*.

— Page de droite, à gauche
Sir Laurence Olivier, acteur, metteur en scène et producteur anglais, et son épouse Vivien Leigh, actrice, photographiés en 1940.

— Page de droite, à droite
L'acteur français Jean Marais attablé dans la grande salle du *Grand Véfour* vers 1950.

DÎNERS D'ÉTOILES

Certains anniversaires restent ancrés dans les mémoires, les quatre-vingts ans de Jean Marais organisés par Jean-Claude Brialy. Ami proche de Guy Martin, il avait invité pour la circonstance soixante-dix stars de cinéma, du monde du spectacle, de la chanson... Le menu fut composé de plats baptisés des titres des films de l'acteur. Jean-Claude Brialy passait régulièrement au restaurant pour évoquer de beaux souvenirs du passé, le désert marocain avec la famille royale ou des anecdotes sur une autre de ses amies, une grande artiste française, Alice Sapritch. D'autres anecdotes sont plus croustillantes, comme celle de Tony Curtis venant dîner avec sa femme Jill Vanderberg. Vêtue d'une étole fort légère dévoilant son corps, la jeune femme imposa le silence dès qu'elle traversa la salle. Se balançant trop fort sur sa chaise, Jean-Paul Belmondo se retrouva un soir au sol, allongé sur le tapis d'Aubusson, provoquant l'hilarité générale. Et quelle ne fut pas la surprise pour Mireille Darc, marraine de l'association La Chaîne de l'espoir, de se voir, lors d'un dîner, entourée des amies de Guy Martin habillées de la célèbre robe au dos très échancré que l'actrice portait dans *Le Grand Blond avec une chaussure noire*. Il y eut également le mariage, non moins épique, organisé pour la star britannique Roger Moore. La soirée se ponctua par une spectaculaire pièce montée élaborée autour du thème du cinéma, décorée de caméras et de bobines de films comestibles. Autre ancien fidèle du lieu, Maurice Jarre, ami cher à Guy Martin qui avait troqué sa panoplie de chef pour celle d'enquêteur, afin de retrouver la recette d'un pâté que le compositeur dégustait dans sa jeunesse à Chambéry. Pâté qui porte aujourd'hui son nom. « Il me commandait régulièrement un biscuit de Savoie que je lui faisais dans le moule de ma grand-mère », ajoute le maître des lieux. Il y eut également la soirée où M (Matthieu Chedid) fit un bœuf avec Sean Lennon, celle où Paul McCartney et Marianne Faithfull se retrouvèrent pour fêter l'ouverture de la boutique de la fille du chanteur, Stella, située non loin de là, sous les arcades. Et puis tant d'autres anecdotes, tant d'autres fêtes, plus anonymes mais non moins somptueuses, de grands mariages également, organisés dans une partie des jardins du Palais-Royal, privatisés pour l'occasion.

« On vient au *Grand Véfour* pour un décor, pour se retrouver dans un lieu historique, confirme Guy Martin, on y vient également pour l'authenticité d'une cuisine qui offre de véritables voyages gustatifs. Aujourd'hui, rassurer nos fidèles est capital. Leur offrir des produits nobles également, afin de leur prouver que la France est toujours un pays de rêve. » Et cette authenticité, le chef va la quérir au fond des campagnes ou des montagnes, là où les choses se cultivent et se font avec patience, amour et bon sens. Et les recettes cultes de le prouver : les ravioles au foie gras, la crème brûlée aux artichauts, le pigeon Prince Rainier ou encore le parmentier de queue de bœuf.

Elles côtoient avec bonheur les recettes contemporaines créées par Guy Martin. Au sous-sol du restaurant se trouvent les cuisines, d'où sortent ces préparations envoûtantes, fidèles à la philosophie que Guy Martin - « digne successeur de Raymond Oliver », dit un jour Paul Bocuse – suit depuis toujours : sublimer la matière. C'est d'ailleurs cette éthique, respecter le beau dans des lieux exceptionnels, que le chef suit dans la plupart des restaurants qu'il dirige : chez Baccarat, dans la fameuse *Cristal Room* située au premier étage du siège social de la plus belle marque de cristal au monde, l'ancien hôtel particulier de Marie-Laure de Noailles, redécoré par Philippe Starck, mais également dans son école de cuisine située rue de Miromesnil à Paris, ou encore chez *Italia*, rue Bréa, un restaurant italien aux murs décorés de photographies d'Ellen von Unwerth, de Peter Knapp et de lavis abstraits de Françoise Petrovitch.

" Le Palais-Royal est une petite ville de province dans Paris. Tout le monde s'y connaît et s'y parle. Le soir on ferme les grilles à pointe d'or et nous sommes chez nous. "

— JEAN COCTEAU —

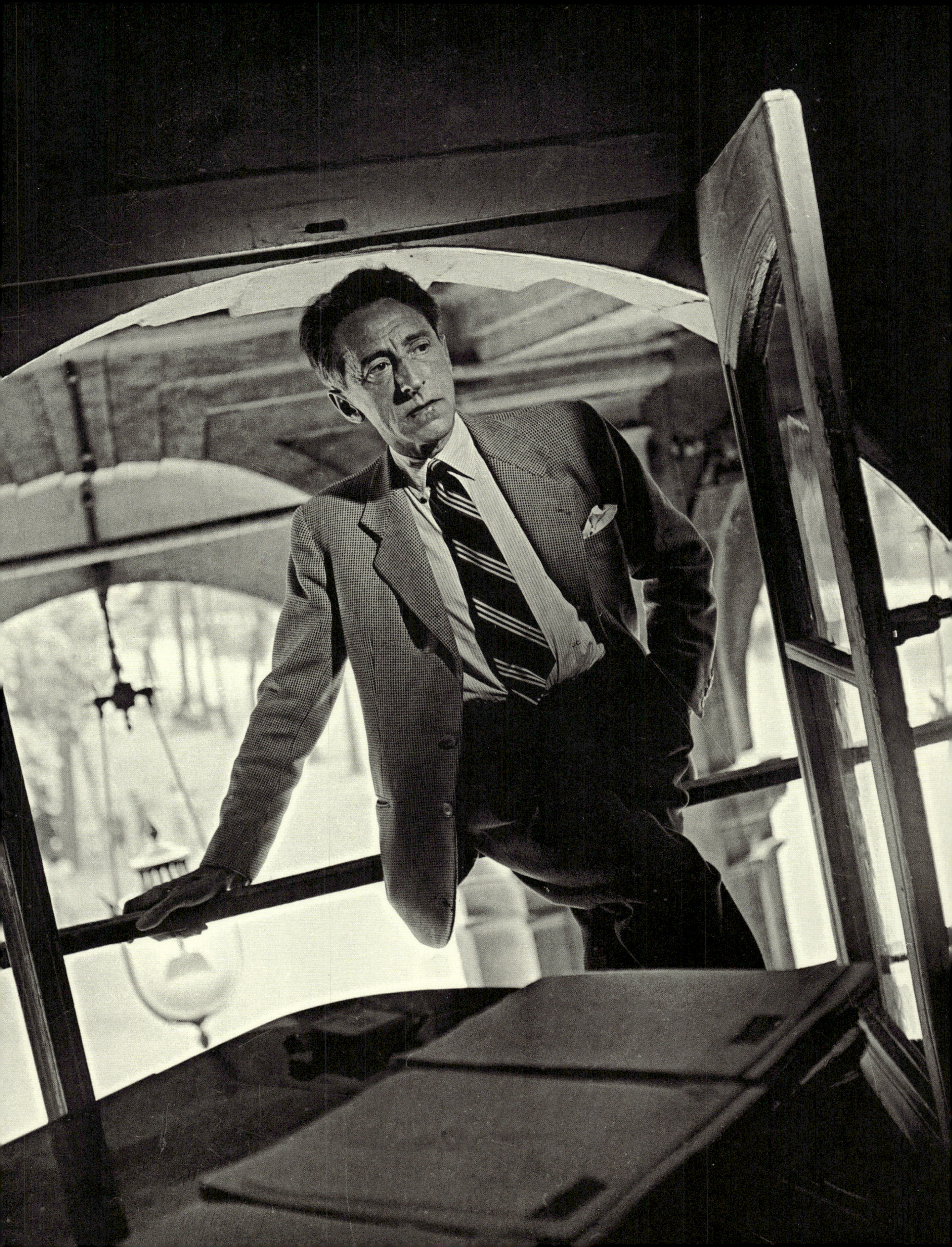

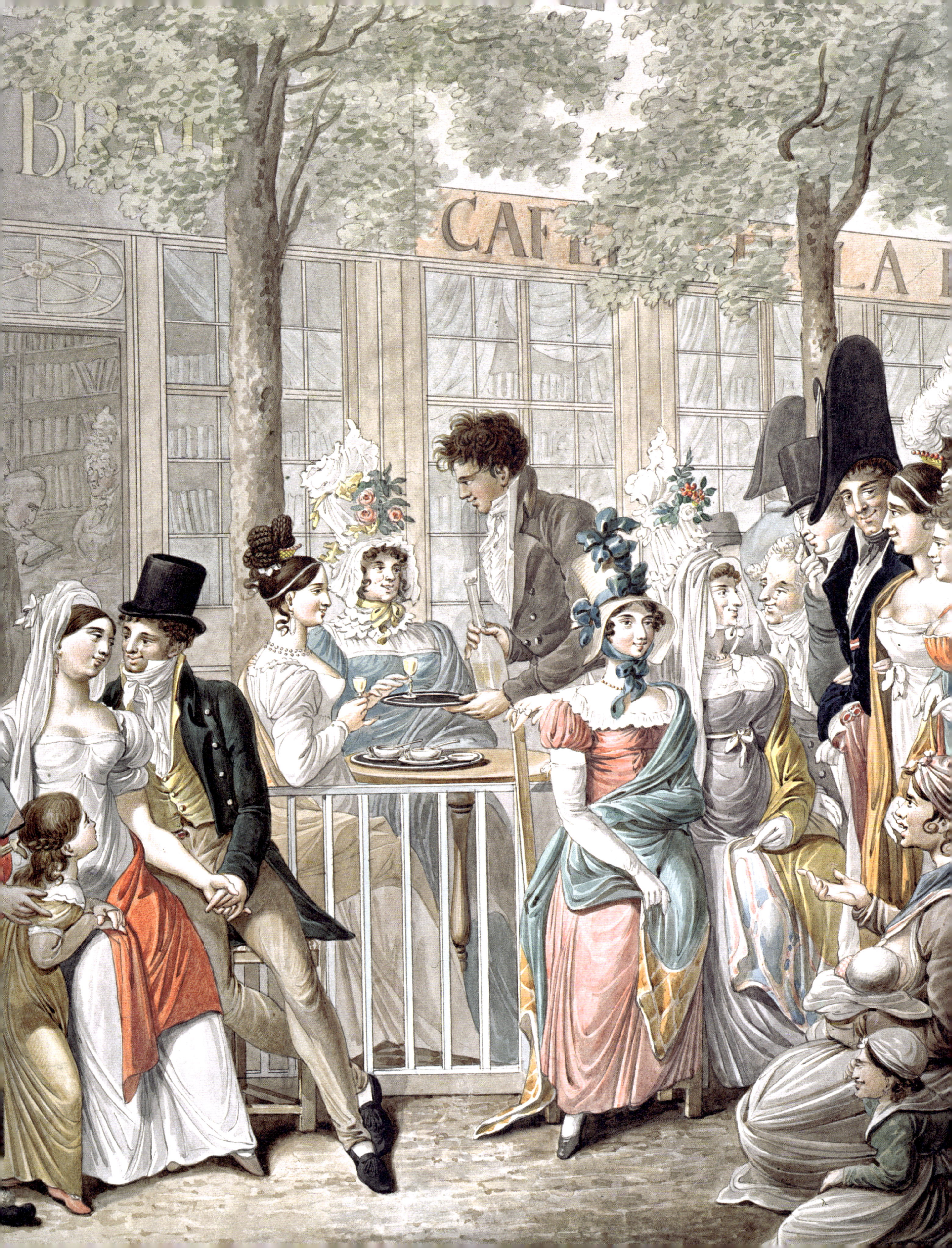

UN HAUT LIEU DE LA GASTRONOMIE FRANÇAISE

— Page précédente
Jean Cocteau, écrivain, poète et réalisateur dans son appartement du Palais-Royal à Paris, en septembre 1947. Avec Colette, il était l'un des fidèles clients du restaurant et contribua à sa renommée.

— Page de gauche
Aquarelle réalisée par Georg Emmanuel Opitz (1775-1841) représentant le *Café de la Rotonde* au Palais-Royal. À l'époque, le Palais-Royal a détrôné le Marais et est devenu le quartier à la mode de Paris, un lieu de promenade, de rencontre, vivant et populaire.

L'histoire du *Grand Véfour* est intrinsèquement liée à celle du Palais-Royal, remarquable site architectural qui s'est élaboré autour d'un palais dessiné pour Richelieu en 1633 par l'architecte Jacques Lemercier. Urbaniste, décorateur et paysagiste, ce dernier fut également l'auteur en 1624 des grands travaux du Louvre. Dominant la place du Palais-Royal, un des bâtiments est devenu aujourd'hui la Comédie-Française. Un autre abrite le Conseil d'État. Rue de Montpensier, un nouvel édifice accueille le Conseil constitutionnel. Longeant la rue de Valois, au-delà des fameuses colonnes de Buren qui défrayèrent la chronique, le ministère de la Culture a également élu domicile.

Jusqu'en 1643, la demeure prit le nom de Palais-Cardinal. Conscient de vivre dans un endroit exceptionnel, Richelieu, âme prodige, entend partager la beauté du site. Derrière son hôtel particulier, il fait construire un jardin et en confie la réalisation à Pierre Desgots, jardinier du roi. Au soir de sa vie, l'ecclésiastique cède son palais à Louis XIII qui s'éteint également très peu de temps après. Mais le lieu n'en reste pas moins régalien pour autant. En 1643, Anne d'Autriche s'y installe avec ses deux fils, Louis XIV et Philippe d'Orléans. Mazarin également. Des travaux de rénovation sont alors entrepris, les jardins sont embellis, les fêtes et les bals sont nombreux. Le Palais troque alors son adjectif de « cardinal » pour celui de « royal », et cela jusqu'en 1648, année où la Fronde sévit. Effrayés par les événements, la régente et le dauphin quittent alors les lieux pour retourner au Louvre, bien plus lugubre mais bien mieux défendu.

Les années passent. Le Palais-Royal devient ensuite le domicile d'Henriette-Marie de France, sœur de Louis XIII. Mansart rénove à nouveau les bâtiments, l'Académie des beaux-arts s'installe dans l'une des ailes, les jardins sont redessinés par Le Nôtre qui a également créé ceux des Tuileries et de Versailles, son chef-d'œuvre. Le site devient alors un lieu de promenade, une aire d'évasion, le rendez-vous à la mode de la capitale. Lorsqu'il fait trop chaud, on boit de la limonade vendue dans des kiosques disséminés sous les arbres. On s'y retrouve pour lire les gazettes, discuter, musarder. Les amoureux flânent. En 1661, le Palais est donné aux ducs d'Orléans, et cela ensuite jusqu'en 1850, renvoyant ainsi d'un revers de main le testament de Richelieu qui précisait que « la demeure serait à jamais inaliénable de la Couronne et ne serait jamais donnée à un prince, seigneur ou personne d'autre... » Mais peu importe. Il abritera une vie tout aussi brillante jusqu'aux transformations imposées par le duc de Chartres, à la veille de la Révolution. Intra-muros, la vie y est toujours aussi « glamour », voire galante : au XVIIIe siècle, on ne dénombre pas moins de 2 200 courtisanes au Palais-Royal... Les dîners sont brillants et portent au pinacle la gastronomie française. Louis le Pieux, fils de Philippe d'Orléans, hérite ensuite du domaine à la mort de son père et fait transformer les jardins. Deux fois plus grands que ceux d'aujourd'hui, ils sont décorés de charmilles, d'allées d'ormes et de tilleuls. Dans les allées, des baraquements proposent des glaces et des rafraîchissements venant du bout du monde, comme le punch. Jusque-là, les restaurants n'existaient pas. Ainsi parlait-on plutôt d'auberges, de tables d'hôtes, de traiteurs-rôtisseurs. Le terme vit le jour en 1766 sous la forme d'une enseigne, sorte de publicité de l'époque, qui s'inspirait d'un verset de la Bible. « Venez-moi à moi, vous tous qui avez faim, et je vous restaurerai », avait écrit le maître d'hôtel Boulanger sur la façade de son établissement. Dans la seconde moitié du XVIIe siècle, le grain de café arrive en France à la cour de Louis XIV. C'est déjà une première révolution. On adore cette nouvelle boisson chaude et amère, à l'effet énergisant. Les cafés voient le jour, les restaurants également, lancés par le tout nouvel engouement pour le « déjeuner à la fourchette », et par une mode venue d'Angleterre, on déjeune et on dîne dehors dorénavant et plus chez soi, d'autant plus que la Cour n'est plus le cœur de la vie sociale et intellectuelle. Tout se passe dorénavant dans les salons littéraires, les clubs (importés d'Angleterre également) et les cafés *Gradot*, *Laurent* ou encore *Le Procope* où se retrouvent Fontenelle, Voltaire, Diderot et Jean-François Marmontel, collaborateur de l'*Encyclopédie*. Entre 1770 et 1789, Paris voit naître une centaine de restaurants. En 1788, Antoine Beauvilliers ouvre le premier grand établissement dans la galerie de Valois.

PREMIÈRES MÉTAMORPHOSES

De 1781 à 1784, le Palais-Royal change de mine au désespoir des Parisiens qui voient apparaître les premières maisons de rapport à arcades. Leur auteur, Louis-Philippe Joseph d'Orléans, dit aussi Philippe-Égalité, titillé par le vertige de la spéculation, les fait construire sur les trois galeries de Montpensier, de Beaujolais et de Valois, entourant les jardins. S'élevant sur quatre niveaux, chacune

— Ci-contre, à gauche
Portrait d'Armand Jean du Plessis, duc de Richelieu, cardinal et homme politique français de 1585 à 1642, peint par Philippe de Champaigne en 1635. Richelieu fut à l'origine de l'histoire du Palais-Royal en faisant construire un hôtel particulier fastueux qui s'appela Palais-Cardinal jusqu'en 1643, puis Palais-Royal jusqu'en 1648.

— Ci-contre, à droite
Portrait de Denis Diderot, peint par Louis Michel Van Loo en 1767. Né à Langres en 1713 et mort à Paris en 1784, l'écrivain français était un fidèle client du lieu qui s'appelait alors *Café de Chartres*.

— Ci-contre
Gravure représentant la galerie du Palais-Royal à Paris au XVIIIe siècle. À l'époque, les colonnes, polychromes, contribuaient à la beauté architecturale de ce site devenu un lieu de promenade parisien à la mode.

de ces habitations repose sur trois arcades et possède un entresol, de grandes fenêtres, un attique, et un dernier étage bordé de balustres décorés de pots de fleurs. Au rez-de-chaussée, une galerie publique éclairée par 180 réverbères abrite des maisons de jeux, des cabinets, des cafés, des boutiques, déjà... et des restaurants. Car le Marais est mort ! Vive le Palais-Royal qui devient le cœur névralgique de Paris, un lieu de plaisir, de rendez-vous...

Situé au premier étage d'une demeure longeant la rue de Richelieu, le premier café ouvre ses portes, le *Café de Foy*. Devant son succès, d'autres suivent, le *Café Corazza*, le café *Les Mille Colonnes*, le *Café Lemblin*, réalisé par l'architecte Jean-Antoine Alavoine et, en 1784, le *Café de Chartres*. Pour l'instant, ce n'est qu'une humble maison en bois possédant quatre croisées, neuf caves, une grande pièce au rez-de-chaussée où l'on sert le café, une pièce destinée aux fourneaux, une autre pour un laboratoire, une derrière enfin pour les aisances. Plusieurs petits appartements sont répartis sur les étages. L'ensemble est acquis par le couple Aubertot, limonadiers de profession, qui cède son affaire quelque temps plus tard, et malgré le succès, à Jean-Baptiste Fontaine, également limonadier. Ce dernier fera déplacer ladite enseigne sous les arcades et en fera, en 1787, le lieu actuel. Devenant vite à la mode, ce dernier change d'allure. Les murs des deux salles sont décorés de boiseries et de 96 carreaux de glace. Le mobilier se compose de vingt-trois tables, de trois guéridons de marbre, de sièges, de banquettes et de tabourets recouverts de mouton. Un comptoir à tiroirs possédant un plateau en marbre et un miroir voisine avec un poêle de faïence. Un rafraîchissoir composé de dix-huit flacons en cristal jouxte une pendule sous verre et un baromètre. Des lampes aux becs d'Argand et des girandoles diffusent sur le lieu une lumière safran. L'office enferme théières, cafetières, chocolatières, rafraîchissoirs, caves à vins et à liqueurs... Les clients raffolent de ce nouveau lieu. Ils y restent des journées entières pour lire leur journal, ou jouer aux dames, aux échecs, aux dominos. Les clercs, les abbés, les avocats s'y retrouvent également. Après cinq heures, on déguste des glaces, « les meilleures d'Europe », dit-on. Le soir, on y dîne. Le matin, tout ce petit monde vient boire son café ou son chocolat chaud. Il n'est pas rare de croiser Diderot, au café de la Régence, place du Palais-Royal, tous les jours, vers cinq heures de l'après-midi.

Les premiers grands spécialistes de la gastronomie, Alexandre Grimod de La Reynière et Jean Anthelme Brillat-Savarin, fréquentent le *Café de Chartres* et n'hésitent pas à le louer dans leurs chroniques. Surnommé le « café des Canonniers », car étant toujours fréquenté par une clientèle qui se situe politiquement dans l'opposition, l'établissement devient également le rendez-vous des ultras qui fomentent contre les jacobins. C'est à l'abri de ses murs qu'ils auraient d'ailleurs commandité l'assassinat de Marat. Sous la Révolution, lorsque les esprits s'échauffent, un pamphlétaire malchanceux finit parfois dans l'eau d'un des bassins...

En 1792, Jean-Baptiste Fontaine vend son affaire à son beau-frère Pierre Nicolas Cordier. Raisons financières mais surtout d'ordre

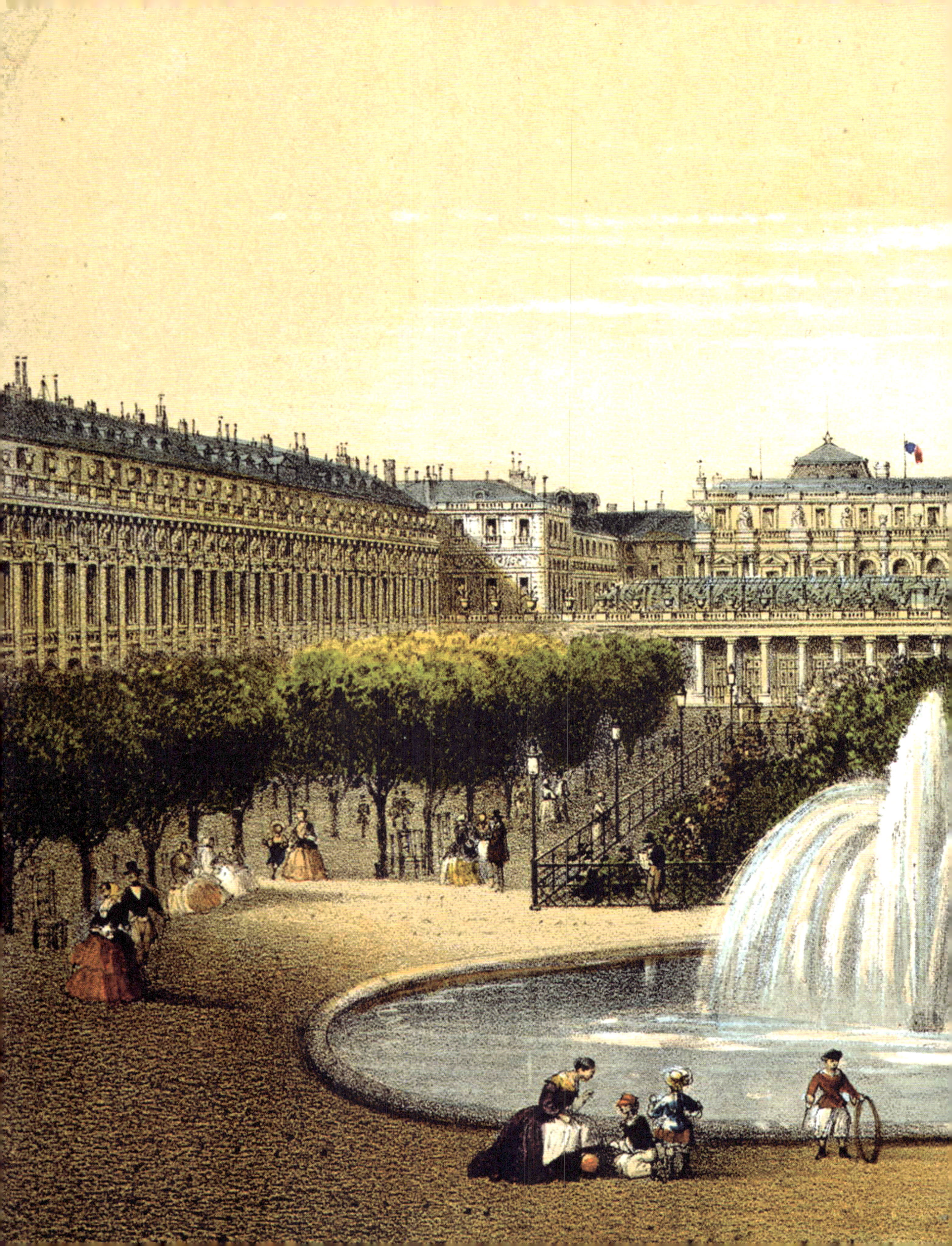

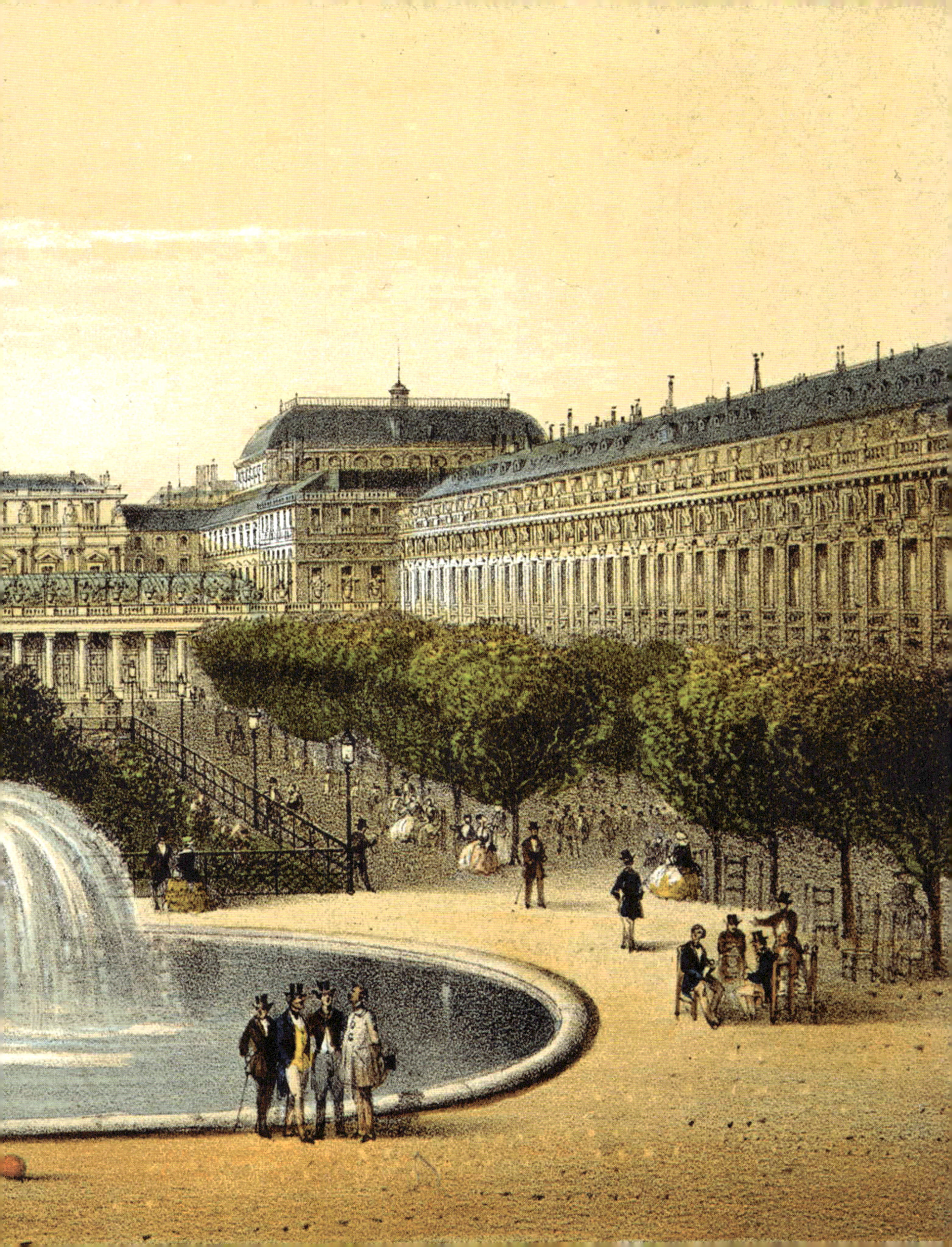

personnel. Le duc d'Orléans lui a refusé l'autorisation d'installer une tente de jardin pour accroître la surface de son établissement. Après la Révolution, qui faillit effacer le Palais-Royal de la carte de Paris, car symbole de l'Ancien Régime, le premier étage du café est habité par une autre personnalité phare, Marguerite Brunet, que l'on appelait plus communément « la Montansier ». Directrice du théâtre de Versailles, la jeune femme acquiert le théâtre de Beaujolais, créé en 1784 à la demande de Louis-Charles d'Orléans, comte de Beaujolais, pour distraire son fils. Le lieu, proche du restaurant, est devenu aujourd'hui le théâtre du Palais-Royal. Mlle Montansier acquiert également dix-sept arcades du Palais-Royal et en loue quelques-unes à une maison close. Pour dorer son image, elle ouvre un salon qui accueille les célébrités de l'époque : Barras, dont elle est la maîtresse, Robespierre et Mlle Maillard, Marat, Saint Georges, Danton, le duc d'Orléans... Ce fut même ici que Bonaparte rencontra Joséphine de Beauharnais, après avoir été fiancé à la maîtresse des lieux. Lorsque cette dernière quitte la scène de sa vie, à l'âge de quatre-vingt-dix ans, Jean Véfour, alors âgé de trente-six ans, rachète l'établissement en 1820 et le baptise de son nom. L'adjectif « grand » viendra par la suite. L'explication reste vague : « Grand » ayant été ajouté pour se différencier d'un café voisin, *Le Petit Véfour*, ou tout simplement pour faire état de la personnalité de son nouveau propriétaire. Côté jardin, il garde néanmoins l'enseigne *Café de Chartres*, en hommage au duc de Chartres, fils de aîné de Louis d'Orléans, père de Philippe-Égalité. Pour rivaliser avec un autre restaurant voisin, le *Véry*, Jean Véfour fait rénover les lieux, aménage les trois niveaux et les dote chacun de cuisines. Le succès est vite là. Plusieurs centaines de couverts sont servis chaque jour. « On y fait bonne chère pour un prix modéré, écrit Grimod de La Reynière. Nulle part on n'y apprête mieux un sauté, une fricassée de poulet à la marengo, une mayonnaise de volailles [...]. Jean Véfour a gagné son pari. Sa table, la meilleure de Paris, attire une clientèle toujours plus nombreuse. » La carte affiche pas moins de quatre colonnes de mets, en allant des hors-d'œuvre aux pâtisseries, et compte au total quelque trois cents plats. Quelques années plus tard, l'affaire passe dans les mains de Louis Boissier, le restaurateur de Jean Véfour. Puis, en 1827, dans celles des frères Hamel. Entre l'aîné, qui avait repris *Le Grand Véfour*, et le cadet, qui avait créé le *Café Hardy*, sur les Grands Boulevards, la rivalité est réelle. « Chez nous, dit l'aîné, un plat qui soulève la moindre objection est enlevé instantanément [...]. Chez vous, on discute, on engage des polémiques au sujet des entrées ratées ou des soles équivoques. [...] Si tu ne comprends pas l'immense intervalle qui existe entre le Palais-Royal et les Boulevards, frère, tu es aveugle, voilà tout. La nature t'a fait naître comme l'Amour, avec un torchon sur les yeux. Bonjour. »

— **Double page précédente**
Lithographie des jardins du Palais-Royal réalisée vers 1860 par Charles Rivière d'après une photographie. Après avoir été baptisés « jardins égalité » sous la Révolution, ils reprennent leur appellation d'origine de « jardins royaux » sous le Second Empire.

— **Ci-contre**
Le dos des fauteuils du *Grand Véfour* est gravé des noms de leurs illustres et fidèles clients. Ici, la place de Jean-Paul Sartre et celle de Victor Hugo, située dans la grande salle, près de la fenêtre, côté jardin.

— **Page de droite, à gauche**
Huile sur toile peinte par Louis Boulanger en 1840 représentant Honoré de Balzac. Né à Tours en 1799 et mort à Paris en 1850, l'écrivain français était un inconditionnel du restaurant qui lui apporta même ses repas lorsqu'il fit un court séjour en prison.

— **Page de droite, à droite**
Portrait d'Aurore Dupin, baronne Dudevant, dite George Sand, réalisé en 1840. Née en 1804 à Paris et morte en 1876 à Nohant, la romancière française était également une fidèle du lieu.

LA SURVIE MALGRÉ LE DÉCLIN

L'année suivante, l'incendie des galeries en bois porte un premier coup de grâce à la vie du Palais-Royal. Insensible aux feux de ce monde, *Le Grand Véfour* en sort indemne et reste toujours un des rendez-vous privilégiés. À la veille de la révolution de 1830, prémices de la monarchie de Juillet, on y croise Lamartine, Alexandre Dumas, Stendhal, Sainte-Beuve, Thiers et Victor Hugo qui mange toujours la même chose : vermicelle, poitrine de mouton et haricots blancs. Il s'y rend la première fois le 25 février de cette même année, l'estomac noué. Il donne la première de sa pièce de théâtre *Hernani*, à la Comédie-Française. C'est également ici qu'il rédige en 1832 son plaidoyer contre la peine de mort. Il écrit : « ... malheureux dont l'enfance déguenillée a couru pieds nus dans la boue des carrefours, grelottant l'hiver au rebord des quais, se chauffant au soupirail des cuisines de monsieur Véfour chez qui vous dînez... » Les jours où il n'écrit pas, Balzac se délecte de la carte et commande de tout, huîtres, sole normande, côtes de pré-salé, perdreaux, fruits, entremets... Les jours d'écriture, il est à la diète et ne boit que du café. On dit même que lorsqu'il fut emprisonné pour avoir refusé d'accomplir un devoir civique, *Le Grand Véfour* lui livrait dans sa cellule des repas pantagruéliques. Amoureux également du lieu, Alphonse Daudet écrit ici « Une noce chez Véfour » dans les premières pages d'un de ses ouvrages, *Fromont jeune et Risler aîné*.

1836, nouveau revirement. Philippe d'Orléans fait fermer les salles de jeux du Palais-Royal qui se vide peu à peu. Non affecté par ce nouveau décret, *Le Grand Véfour* reste ouvert. Il est le seul à survivre et à garder son appellation de restaurant gastronomique. Les années passent.

En 1852, début du Second Empire, les frères Tavernier se portent acquéreurs, alors que l'engouement, non loin de là, pour les quartiers flambant neufs dessinés par le baron Haussmann portent un nouveau préjudice au Palais-Royal. Après avoir été baptisés « égalité » sous la Révolution, les jardins reprennent leur appellation initiale de « royaux ». Le nombre des galeries diminue, une centaine de commerces disparaissent en l'espace de quinze ans, dont les librairies. D'autres, de luxe, voient en revanche le jour, notamment des bijouteries situées galerie de Montpensier et galerie de Valois. Les frères Tavernier acquièrent deux nouvelles arcades, occupées alors par le restaurant *Véry*. Après avoir vécu un début difficile, *Le*

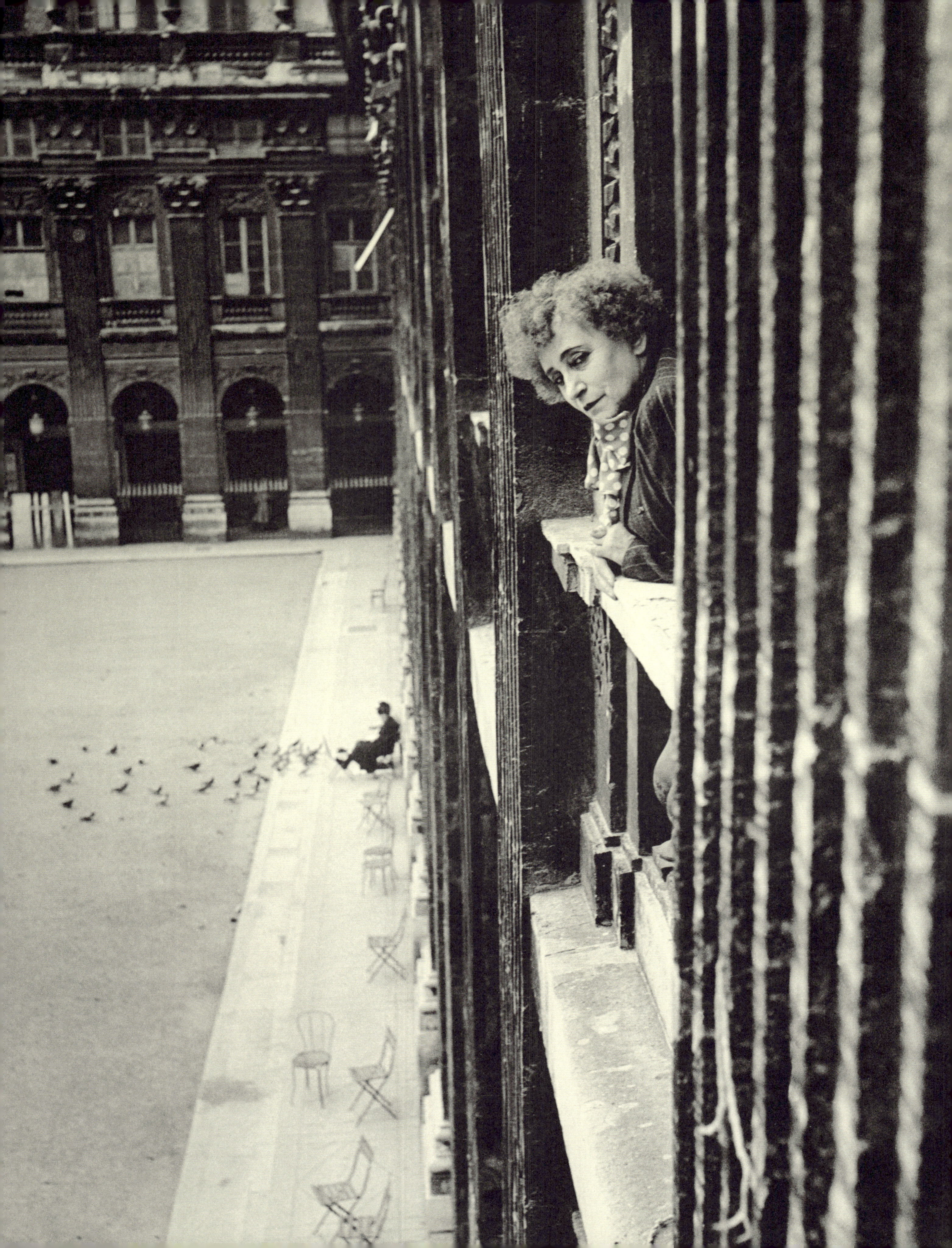

Grand Véfour renaît de ses cendres et attire de nouveau une clientèle élégante. Les ducs d'Orléans, de Joinville et d'Aumale y déjeunent régulièrement, tout comme Sainte-Beuve, Lamartine, le naturaliste Humboldt, Thiers, Mac-Mahon, ou encore les mères de famille avec leurs filles, les jours de vacances. « Avec le Second Empire, *Le Grand Véfour* se prolonge dans les jardins par un pavillon auquel on accède en traversant une verrière, écrit Patrice de Clinchamps. Il est de nouveau l'une des gloires du Palais-Royal. »

1905, nouveau revers du destin. Subissant les effets de la désertion du Palais-Royal, *Le Grand Véfour* ferme ses portes puis devient la propriété de la chambre syndicale des huissiers de la Seine. Autrement dit, il se meurt. « Il n'est plus qu'un café où le casse-croûte a remplacé la poularde truffée », écrit Patrice Clinchamps. Jean-Pierre Baptista, maître d'hôtel, acquiert ensuite le bail et en fait un café-brasserie-restaurant. La vente de vin y est interdite tout comme les soirées musicales les jours de séance de la chambre syndicale. Les jeux de boule et de quille sont en revanche autorisés dans la cave. Malgré l'aménagement d'un escalier, de toilettes et l'installation de la cuisine au sous-sol, l'enseigne n'est plus que l'ombre d'elle-même. Les galeries du Palais-Royal sont également désertées. Les bijouteries ont délaissé le lieu pour la place Vendôme et la naissance des grands magasins sonne le glas des petits commerces. En 1913, le Tchèque Robert Sakar rachète le restaurant dont la façade est classée par les pouvoirs publics en 1920. Entre les deux guerres, il devient le rendez-vous des joueurs d'échecs et de bridge, d'Alexander Alekhine, champion du monde de 1927 à 1946, ou encore de la Française Chantal Chaudé de Silans.

En 1944, Louis Vaudable apparaît enfin comme l'heureux sauveteur. Propriétaire du légendaire *Maxim's*, il rachète alors le restaurant aux époux Sakar, et entend en faire une succursale de la rue Royale. Il confie à la décoratrice Colette de Jouvenel le soin d'élaguer le décor des lourdeurs de son passé. Les salles sont dépoussiérées, les murs et les plafonds rafraîchis, le mobilier et la vaisselle reconstitués. Mais l'ombre de la guerre plane, le succès des Grands Boulevards voisins, de l'avenue de l'Opéra, l'essor du quartier Saint-Lazare, du palais de Chaillot et de l'avenue des Champs-Élysées, très en vogue, porte de plus en plus préjudice au restaurant jusqu'à l'arrivée de Raymond Oliver, le magicien. « *Le Grand Véfour* restait vide, trésor perdu, écrira ce dernier quarante ans plus tard. [...] Témoin d'un passé de gloire, il était un peu comme une épave échouée, ou comme cet opéra baroque de Manaos qui se disputait jadis les plus grandes voix de la terre et que la forêt amazonienne recouvre aujourd'hui de ses lianes. »

"Midi : le soleil qui me donne ses rayons entre aussi chez la libraire et le libraire, mes voisins. Chez Véfour, il avive les couleurs des sous-verre que n'a pu faner sur les murs, un siècle de gastronomie."

— COLETTE —

LES BELLES LETTRES DE LA GASTRONOMIE

La passion de la gastronomie, Raymond Oliver l'a héritée de son père, propriétaire à Langon, en Gironde, de l'*hôtel Oliver*, célèbre par sa carte. Envoûté par l'histoire du *Grand Véfour*, Raymond Oliver, qui dirigeait alors *L'Ours Blanc* à L'Alpe d'Huez, rachète la mythique enseigne en 1948 et demande à Colette d'en être la présidente pour la soirée d'inauguration qui eut lieu au mois d'octobre. Car si une bonne cuisine est essentielle pour faire la renommée d'un lieu, le choix d'une marraine l'est tout autant. Pour cette amoureuse des mots et de la bonne chère, le chef baptise de son nom un coulibiac de saumon. Colette est une voisine, certes, elle vit non loin de là, rue de Beaujolais. Le restaurant devint d'ailleurs un second chez-elle. L'écrivain y reçoit, y invite ses amis, en fait un lieu de réunion. À la fin de sa vie, lorsqu'elle fut clouée sur son lit, on lui confectionna une chaise à porteurs. À sa mort, son cercueil fut exposé dans les jardins du Palais-Royal, tout près de « son » *Grand Véfour*. En dépit de ce parrainage illustre, le succès ne fut néanmoins pas rapide. Malgré la nouvelle carte, le décor rafraîchi, la vaisselle complétée, les motifs de rinceaux du plafond reproduits sur la verrerie, l'argenterie dessinée par la maison toulousaine Félix Frères et le soutien des amis Hélène et Pierre Lazareff, patron de presse et producteur d'émissions de télévision, le lieu reste confidentiel. La table est pourtant excellente. Visionnaire, Raymond Oliver mêle les recettes de son Sud-Ouest natal à des mets oubliés : la terrine de poisson Guillaume Tirel, le riz de veau au verjus, le poulet à l'ail... Il peaufine également la carte des vins, essentiellement des bordeaux, en raison de son attachement au Sud-Ouest, et lance surtout un principe qui fera l'originalité du lieu, servir le champagne, en l'occurrence du Guy Charbaut, en carafe. Et cela pour s'enivrer encore plus de la beauté de la boisson, de son effervescence.

Quelques originaux ont leur table, le marquis de Cuevas, directeur de compagnies de ballet, ou encore Christian Bérard, peintre, illustrateur, décorateur et qui fera un croquis du lieu. Un soir, saturé par les caprices de ces excentriques néanmoins attachants, Raymond Oliver les met à la porte de l'établissement. Cocteau, voisin du restaurant, ramène la paix et rédige un article sans que le lieu s'envole pour autant...

De son côté, le Palais-Royal connaît une forme de renaissance. « Des restaurants incroyables se sont ouverts, écrit Armand Lanoux, *Les Aveugles* revivent et quelques autres. Un libraire de la rue de Montpensier, Harold, expose des collages existentialistes... » Et Cocteau de renchérir : « Parfois, lorsque je rentre au Palais-Royal nocturne, sorte de ville chinoise prise entre des murailles qui penchent sous la lune, je m'émerveille de cette place où la Comédie-Française allume ses lustres derrière les vitres, où les globes des lampadaires ressemblent au muguet, autour des bassins. »

Entre le poète et le restaurateur, l'amitié est sincère et ira jusqu'à la création de plats portant le nom de l'homme de plume, tel le pintadeau Jean Cocteau. L'écrivain y déjeune régulièrement ou y prend l'apéritif avec Emmanuel Berl, l'époux de Mireille, créatrice du fameux Petit Conservatoire de la chanson, et de Maurice Goudeket, homme d'affaires, journaliste, écrivain et accessoirement troisième époux de Colette. L'auteur des *Biches* y amène ses amours et ses amis : Jean Marais, Jean Genet, Christian Bérard, Mouloudji, Aragon et Elsa Triolet, Sartre et Simone de Beauvoir, Pagnol...

En 1950, une bonne étoile se penche enfin sur le lieu, grâce à la première étoile, justement, que le *Guide Michelin* lui décerne. Une seconde lui sera attribuée en 1951, une troisième en 1953. Seulement cinq restaurants à Paris bénéficient à cette époque de cette consécration.

En 1984, l'année où Raymond Oliver cède le lieu à Jean Taittinger, les décors et les plafonds des deux salles du rez-de-chaussée sont inscrits à l'inventaire supplémentaire des Monuments historiques. Juste retour des choses pour un lieu qui a subi un attentat le 23 décembre de cette même année. Si les dégâts sont importants, l'entrée côté péristyle, plusieurs frises et fixés sous verre ainsi qu'une grande partie du décor ont par miracle été épargnés. Réalisée sous le contrôle des Monuments historiques, la rénovation s'impose.

> **"Oliver, c'est un monsieur qui, lorsqu'il casse trois œufs, signe une omelette."**
>
> — MAURICE EDMOND SAILLAND, DIT CURNONSKY —

— Page précédente
L'écrivain français Colette photographiée à la fenêtre de son appartement du Palais-Royal en 1941. Elle fit du *Grand Véfour* sa seconde maison. Le chef de l'époque, Raymond Oliver, baptisa même de son nom un des plats de la carte, le coulibiac de saumon.

— Page de droite
Les pilastres du *Grand Véfour* illustrent des allégories des saisons et de la table. Ici, *la Sorbetière*.

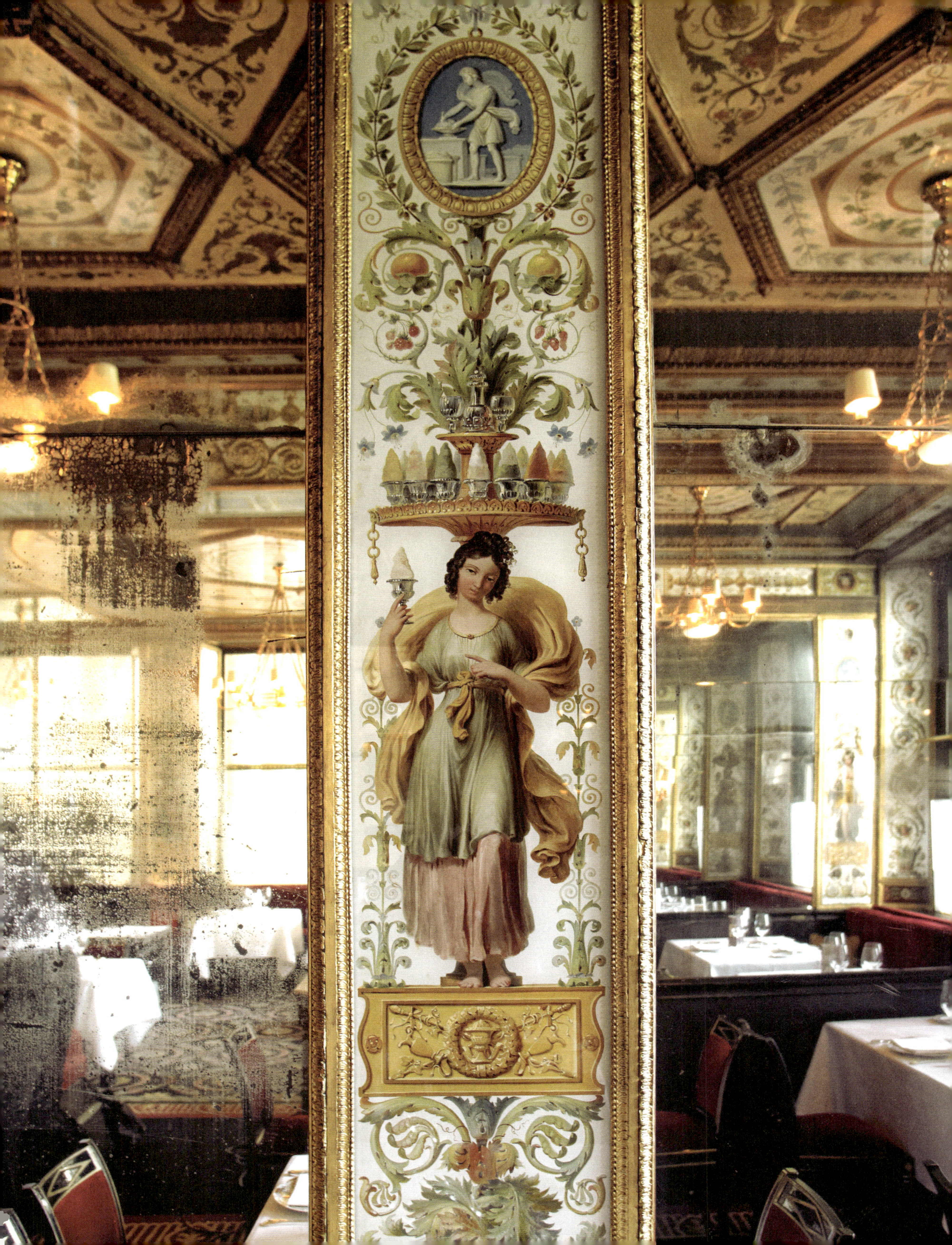

Comme sous l'effet d'un baume salvateur, les fixés sous verre, apparus à l'époque romantique en 1834 grâce aux frères Adan, retrouvent leur éclat. Les décors de fleurs et de rinceaux également, les figurines graciles, les allégories, *la Chasse, Flore, la Sorbetière…*
À l'instar du décor, la cuisine, confiée alors à Guy Martin, devient plus légère, sans être forcément allégée. « Elle est évidemment très différente de celle de Raymond Oliver, plus contemporaine, confirme Pascal Pugeault, chef de cuisine et collaborateur de Guy Martin depuis plus de vingt-trois ans.
Aujourd'hui, nous travaillons davantage les légumes, nous pratiquons de nouvelles méthodes de cuisson, nous avons remplacé les plats à la crème de jadis par des jus ou des réductions de sauces, le lait par une boisson à base de soja pour faire des émulsions plus aériennes. »
La carte des vins est restée, en revanche, très classique. « Bien sûr, nous travaillons avec les grandes appellations qui figurent sur les meilleures tables du monde, confirme Patrick Tamisier, des Château Margaux, des saint-émilion, des bourgognes, des hautes-côtes-de-beaune ou encore des hautes-côtes-de-nuits, mais également quelques originalités comme des vins de pays ou des vins de terroir. »

— Ci-dessus
Raymond Oliver fut le chef du *Grand Véfour* de 1948 à 1984. Le *Guide Michelin* lui décerna en 1953 sa troisième étoile.

— Page de droite
Guy Martin, chef du *Grand Véfour* depuis 1991, et Pascal Pugeault, son chef de cuisine et son plus ancien collaborateur.

LE GOÛT DE L'ALLÉGORIE

Au XIXe siècle, la mode, aussi bien vestimentaire que décorative, est édictée par le Second Empire et opte pour un métissage subtil, prenant ses sources dans la Grèce antique, les ruines d'Herculanum et de Pompéi, et la Renaissance. Et ce goût ornemental, caractérisé par des sculptures ou des peintures de nymphes, d'amours, d'oiseaux et de fleurs, se décline dans les commerces de cette époque et notamment dans les cafés et les restaurants en vogue, au *Café Véron*, situé sur les Grands Boulevards, au *Café Pierron*, au café de la Banque de France, au café des Concerts Musard rue Vivienne, et bien sûr au *Véry* et au *Grand Véfour* sur lesquels plane un certain « luxe oriental ». La légèreté est partout, le fantastique, la poésie, le sens de l'ornement, les copies de Raphaël, de Titien, de Véronèse, les plafonds à caissons ouvragés et les jeux de glaces dans lesquels se mirent les éclairages au gaz. C'est donc plus la réinterprétation d'un passé allégorique que l'authenticité historique qui intéresse les décorateurs, ces derniers faisant ainsi valser les détails ornementaux empruntés aux XVIIe et XVIIIe siècles. Dès l'entrée du *Grand Véfour*, le décor abonde dans ce sens : des lambris sculptés dorés sur fond blanc voisinent avec des boiseries de guirlandes, de décors de fleurs, de fruits, de gerbes de blé, de grappes de vignes et des miroirs au mercure. Les plafonds à caissons sont peints de grotesques et de rinceaux sur fond champagne. Dans la grande salle, les encoignures du plafond ovale sont également décorées de *putti* et de femmes drapées de toges antiques, entourées d'animaux sauvages. Au sol, un tapis dissimule le parterre d'origine en mosaïque. Au plafond de la seconde salle, plus intime, une Muse assise sur un nuage et peinte dans le style de Boucher, montre une tablette affichant les noms des trois grands propriétaires, Jean Véfour, Hamel et Tavernier Frères. D'ici s'envole un escalier qui relie l'entresol au salon privé du premier étage. « Ces thèmes, qui illustrent les allégories des saisons et de la table, sont typiques des décors des boutiques de la seconde moitié du XIXe siècle », écrit Nadine Lennox dans un mémoire qu'elle a réalisé pour la maison de vente aux enchères Christie's. Le démontrent les pilastres des deux salles décorées de onze compositions représentant *Flore* pour le printemps, *Cérès ou la Récolte* pour l'été, *Bacchante ou la Vendange* pour l'automne… Même sentiment de plénitude et de légèreté dans les têtes de ces figurines portant des plateaux remplis de gibier, de fruits, de légumes et de paniers fleuris… Mais rien de morbide ou de figé ici. Les motifs sont joyeux, les animaux vivants, les fruits paraissent à peine cueillis des arbres, les papillons virevoltent, les abeilles semblent butiner.

« Il y a un peu de la naïveté de la Renaissance dans ces décors, analyse de nouveau Nadine Lennox. L'ampleur des proportions, les attributs fantaisistes et la surcharge d'éléments font référence au style néopompéien de l'époque romantique [...] mais également au style Napoléon III, apparu dans la seconde moitié du XIXe siècle. »
Pour rénover ces lieux chargés d'histoire, et dont le décor n'a guère changé depuis 1834, Guy Martin a fait appel à un de ses amis architectes d'intérieur, Jérôme Faillant Dumas, avec lequel il entretient une amitié de longue date. « Il s'agissait de redonner au lieu un certain faste sans pour autant l'inscrire dans le passéisme, explique le décorateur, le magnifier sans que cela se voie. Nous avons donc retravaillé avec beaucoup de respect la lumière, les assises et le mobilier, et surtout nous avons veillé à respecter les espaces aussi bien dans leur forme que dans leur fond. Et ce défi était d'autant plus épineux qu'il fallait respecter l'âme d'un restaurant classé qui avait subi tout au long des siècles des décorations successives. On a fait en fait ici une sorte de microchirurgie. » Pour les deux grandes salles du rez-de-chaussée, la première tâche fut de se concentrer sur la lumière naturelle venant des jardins du Palais-Royal, tout en préservant l'intimité du lieu. On transforma ensuite les banquettes en canapés et on prit soin d'arrondir leurs angles. On les habilla d'un velours plus flamboyant, plus théâtral. Les voilages blancs et les doubles rideaux en velours d'autrefois furent supprimés au profit de dalles de verre éclairées sur la tranche par des leds, gravées par un Meilleur Ouvrier de France, d'après un décor inspiré des quatre saisons du restaurant. Au sol, le tapis a été également refait à l'identique mais dans des couleurs sur lesquelles le temps a imprimé sa patine. Même fidélité pour le mobilier qui a été modernisé sans excès. L'escalier reliant les deux niveaux a troqué ses teintes marron d'origine pour un uni noir plus dramatique. Il conduit à un entresol où se situe une petite pièce sobre et élégante, un salon des artistes réservé à des déjeuners privés, traité comme un petit appartement d'aujourd'hui, personnel, chaleureux et intime. « Au *Grand Véfour*, tout est grand, immense, avoue l'auteur de cette rénovation, l'artiste Amélie Dillemann, la hauteur des plafonds, l'histoire, la cuisine, les noms de ceux qui la font, et ceux qui la goûtent. » Et ce salon apparaît donc comme une parenthèse, une sorte d'écrin... Décorée de corniches, de cimaises, de plinthes et d'encadrements néoclassiques, d'appliques et de lampes en tôle noire, de miroirs à la feuille d'or blanc, la pièce accueille une collection de gravures, de dessins et d'aquarelles signées Cocteau, Colette, Foujita, Buffet, Chagall, rachetés petit à petit par Guy Martin, le maître des lieux.

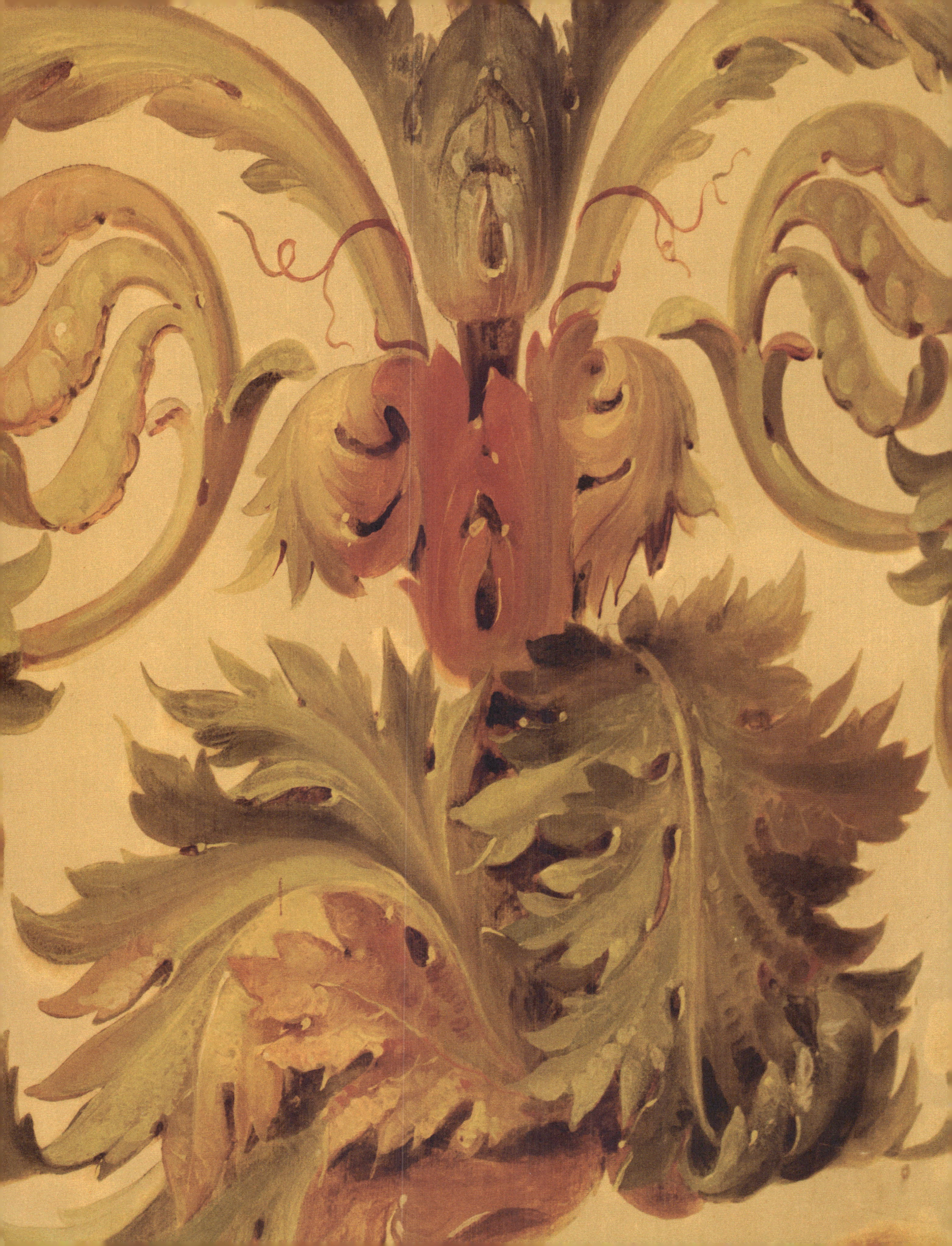

RESTAURANT VEFOUR

SALLE DE SOCIÉTÉ

LES ENTRÉES

Foie gras de canard, fine gelée au céleri-branche, navets et betteraves multicolores

POUR 10 PERSONNES
Préparation : 2 heures
Préparation du foie gras : la veille
Macération du foie gras : 2 heures

FOIE GRAS
800 g de foie gras de canard cru
11 g de sel fin
3 g de poivre du moulin
1,5 g de sucre semoule

GELÉE DE CÉLERI-BRANCHE
1 botte de céleri-branche
20 g de vinaigre de cidre
3 g d'agar-agar
5 g de feuilles de gélatine
Sel

BETTERAVES CUITES
1 betterave rouge crue de 400 g
1 betterave jaune crue de 400 g
1 betterave blanche crue de 400 g
10 g de gros sel par litre d'eau
3 feuilles de laurier
3 brins de thym

COULIS DE BETTERAVE
100 g de parures de betterave rouge
100 g de parures de betterave jaune
100 g de parures de betterave blanche
50 g de crème liquide
3 pincées de piment d'Espelette
Sel, poivre du moulin

BETTERAVE ET NAVETS CRUS
1 betterave Chioggia de 150 g
1 navet Boule d'or de 150 g
1 navet blanc de 150 g

TOASTS MELBA
50 tranches de pain de mie de 5 mm d'épaisseur
50 g de beurre clarifié

GARNITURE ET ASSAISONNEMENT
100 g de vinaigrette Grand Véfour
1 g de piment d'Espelette
30 feuilles jaunes de céleri
20 pousses de betterave rouge
Poivre blanc mignonnette
Sel de céleri

Foie gras
Retirez les veines et les nerfs du foie gras. Dans un bol, mélangez le sel fin, le poivre, le sucre. Assaisonnez minutieusement l'intérieur et l'extérieur des lobes de foie gras. Reformez-les, puis couvrez-les de film alimentaire. Réservez-les 2 heures au réfrigérateur.
Chauffez une poêle sans matière grasse et poêlez les lobes à feu moyen, 3 à 4 minutes de chaque côté, en les arrosant de leur graisse. Égouttez-les sur une grille pour éliminer l'excédent de graisse. Moulez-les dans un cadre 18 x 18 x 2 cm en les pressant légèrement.
Filmez et réservez 24 heures au réfrigérateur.

Gelée de céleri-branche
Lavez, coupez puis centrifugez le céleri pour obtenir 230 g de jus. Ajoutez le vinaigre de cidre. Incorporez l'agar-agar, puis mixez. Faites ramollir la gélatine 1 minute dans de l'eau froide. Dans une casserole, faites chauffer le jus à l'agar-agar pendant 3 minutes, à petits bouillons. Ajoutez la gélatine ramollie et égouttée. Mélangez bien jusqu'à complète dissolution. Salez. Coulez le jus sur une plaque antiadhésive de 50 x 30 cm. Réservez au réfrigérateur 30 minutes pour que la gelée prenne. Découpez 20 rectangles de 9 x 1,70 cm. Filmez et réservez au réfrigérateur.

Betteraves cuites
Lavez les betteraves. Faites-les cuire avec leur peau séparément pour préserver leur couleur, dans une casserole d'eau avec du gros sel, une feuille de laurier et un brin de thym, à couvert et à petits bouillons, pendant 40 minutes pour la jaune et la blanche, 50 minutes pour la rouge. Laissez-les refroidir dans la cuisson, puis épluchez-les. Gardez les parures pour préparer le coulis, sans les mélanger. À l'aide d'un emporte-pièce « tube » de 1 cm de diamètre, réalisez 10 tubes de 3 cm de long dans chaque betterave.
Recouvrez les tubes de betterave de film alimentaire et réservez au réfrigérateur.

◆◆◆

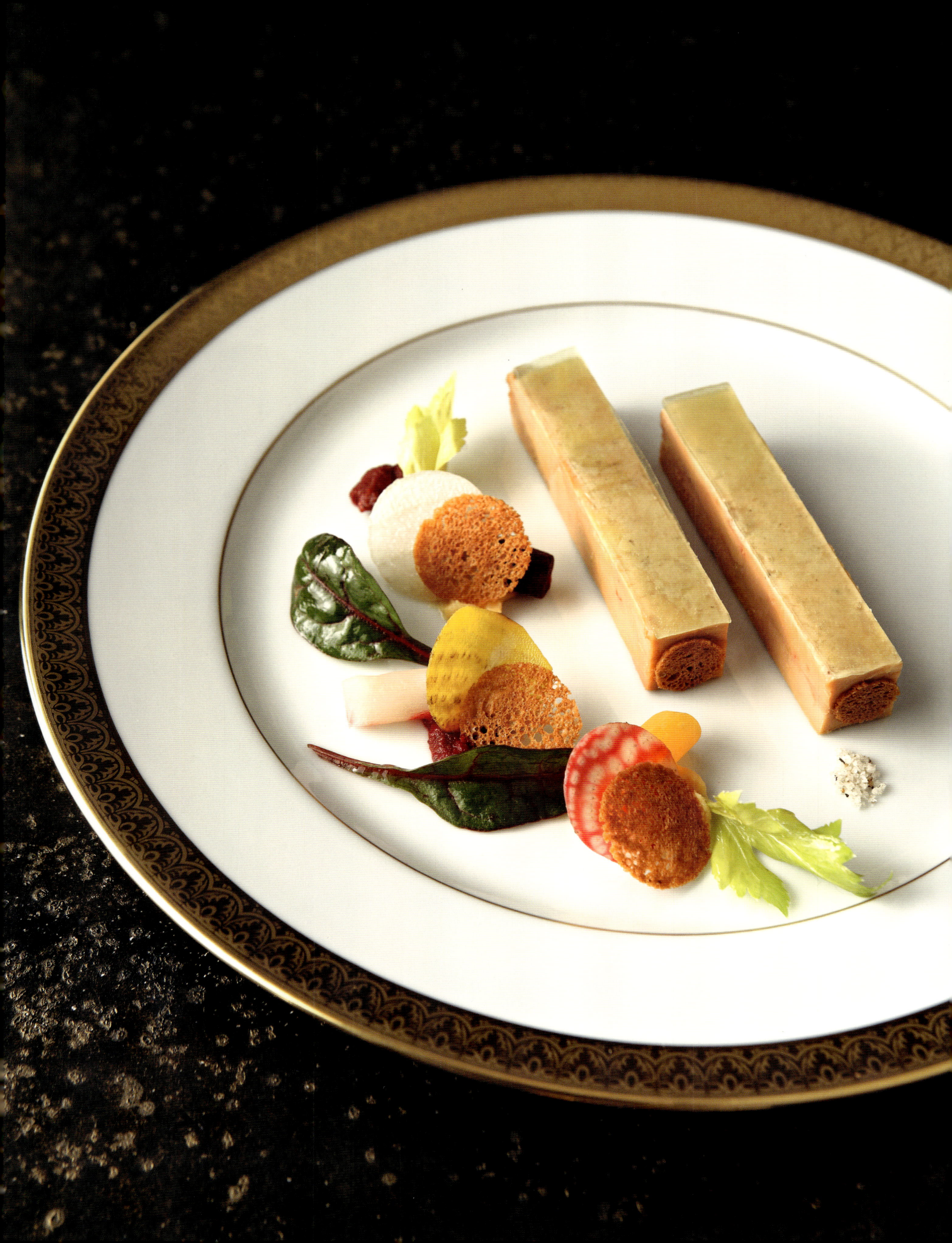

Foie gras de canard, fine gelée au céleri-branche, navets et betteraves multicolores

Coulis de betterave
Mixez les parures de betterave jaune avec 10 g de crème. Procédez de même pour les parures de betterave blanche et de betterave rouge, avec 20 g de crème. Assaisonnez d'une pincée de piment, de sel et de poivre. Versez chaque coulis en pipette. Réservez au réfrigérateur.

Betterave et navets crus
Épluchez la betterave et les navets. Taillez-les en 10 tranches de 1,5 mm d'épaisseur à la mandoline. À l'aide d'un emporte-pièce rond de 2 cm de diamètre, découpez 10 cercles dans les tranches de betterave. Faites de même pour les navets, avec des emporte-pièce de 3 cm (navet blanc) et de 4 cm (navet Boule d'or).
Réservez séparément dans des bols d'eau froide, au réfrigérateur.

Toasts Melba
Réalisez 30 disques de pain de mie à l'aide d'un emporte-pièce de 3,5 cm de diamètre, puis 20 disques avec un emporte-pièce de 2 cm de diamètre.
Déposez les disques sur une plaque à pâtisserie entre deux feuilles de papier sulfurisé légèrement beurré au beurre clarifié. Posez une plaque par-dessus. Enfournez dans un four préchauffé à 160 °C pendant 5 minutes. Retirez le papier sulfurisé et réservez dans un endroit sec.

Assaisonnement et dressage
Mélangez le poivre mignonnette et le sel de céleri. Ajoutez le piment dans la vinaigrette Grand Véfour. Taillez le foie gras dans sa longueur en 2 bandes de 9 cm de large. Retaillez dans chaque bande 10 rectangles de 9 x 1,8 cm.
Sur chaque assiette, posez 2 rectangles de foie gras et sur chacun d'eux, un rectangle de gelée de céleri. Faites 3 points de purée de coulis jaune, blanc et rouge sur le côté droit.
Assaisonnez de vinaigrette au piment les cercles de légumes crus, les tubes de betterave ainsi que les feuilles de céleri et de betterave.
Disposez un tube de chaque betterave cuite entre les points de coulis de betterave.
Déposez un cercle de chaque légume contre les tubes de betterave cuite.
Terminez par des feuilles de céleri et de betterave.
Disposez 3 disques de pain de mie de 3,5 cm entre les légumes et 2 disques de 2 cm collés devant chaque rectangle de foie gras.
Déposez un petit dôme du mélange mignonnette et sel de céleri sur le bord de l'assiette. Servez.

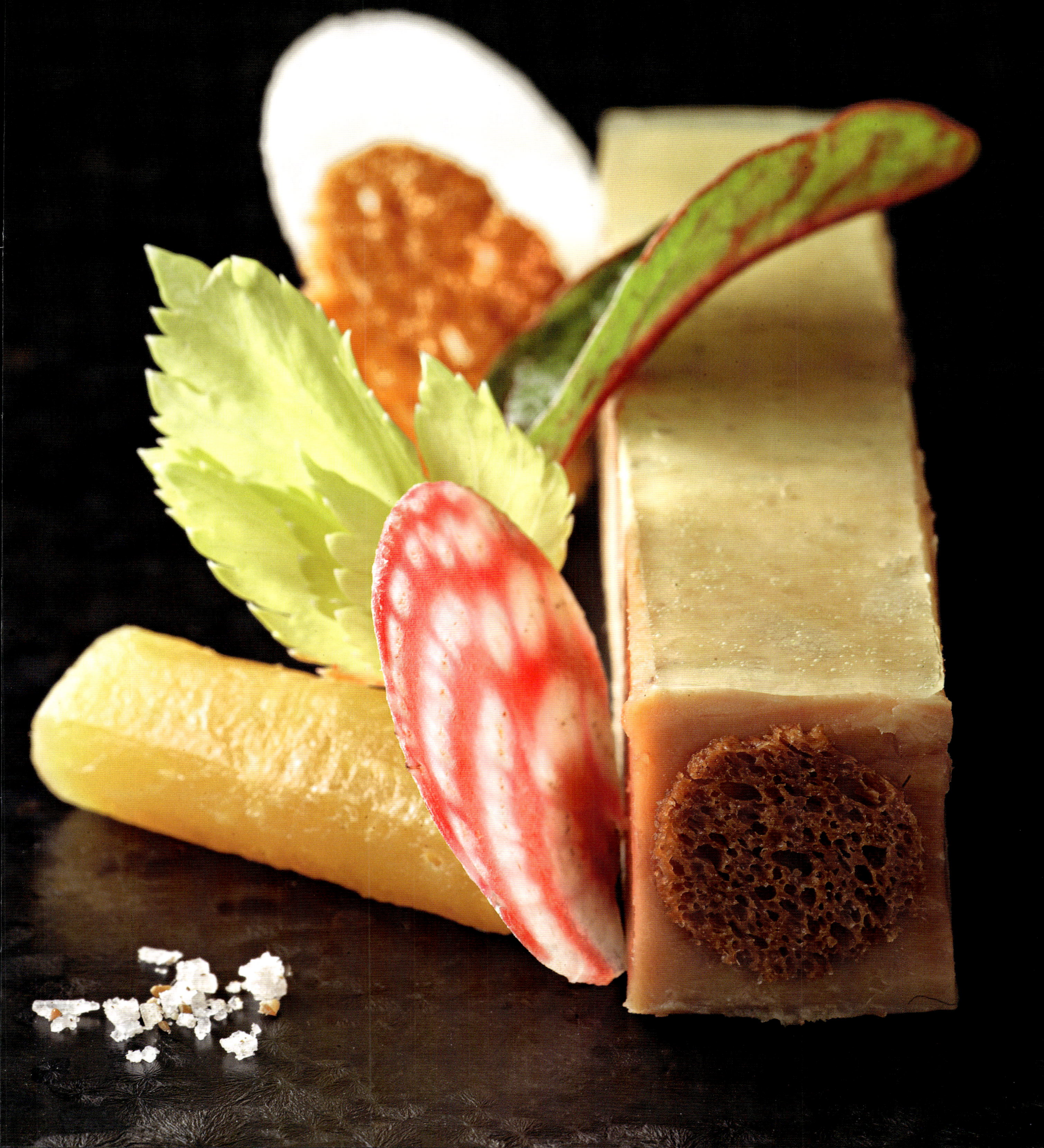

Foie gras de canard Sarrade en terrine, pommes et mangues acidulées à l'anis étoilé

POUR 10 PERSONNES
Préparation : 2 heures
Préparation du foie gras : la veille
Macération du foie gras : 2 heures

FOIE GRAS
1 kg de foie gras de canard cru
14 g de sel fin
4 g de poivre noir Sarawak en poudre
3 g de sucre semoule

CHUTNEY ANANAS, POMME ET MANGUE
150 g de dés de pomme de 5 mm
300 g de dés d'ananas de 5 mm
150 g de dés de mangue de 5 mm
15 g de gingembre frais
20 g de vinaigre de riz
30 g de vergeoise blonde
Sel, poivre Sarawak moulu

POCHAGE DES POMMES
1 kg de pommes Royal Gala
50 g de sucre semoule
4 clous de girofle
8 baies de genièvre
4 feuilles de laurier
3 étoiles de badiane
50 g de jus de citron

KAPPA AU SIROP DE LIÈGE
300 g d'eau du pochage des pommes
125 g de sirop de Liège
5 g de kappa

MOUSSE DE POMME ROYAL GALA
100 g de chutes de pomme Royal Gala pochées
10 g de jus de citron jaune
10 g de citron confit au sel en brunoise
Sel, poivre du moulin

GARNITURE ET ASSAISONNEMENT
30 billes de mangues réalisées avec une cuillère parisienne de 1,8 cm
3 cuillerées à soupe d'huile d'olive
150 g de sirop de Liège
30 pousses de cordifolle
Fleur de sel, poivre blanc mignonnette

Foie gras
Retirez les veines et les nerfs du foie gras.
Dans un bol, mélangez le sel fin, le poivre, le sucre. Assaisonnez minutieusement l'intérieur et l'extérieur des lobes de foie gras. Reformez-les, puis couvrez-les de film alimentaire. Réservez-les 2 heures au réfrigérateur. Chauffez une poêle sans matière grasse et poêlez les lobes 3 à 4 minutes de chaque côté, en les arrosant de leur graisse. Égouttez-les sur une grille pour éliminer l'excédent de graisse, puis moulez-les dans une terrine de 23 x 8 cm. Pressez légèrement. Couvrez de film alimentaire et réservez 24 heures au réfrigérateur.

Chutney ananas, pomme et mangue
Épluchez et râpez le gingembre.
Dans une casserole, portez à ébullition le vinaigre et la vergeoise. Ajoutez les dés de fruits, le gingembre. Salez et poivrez. Mélangez bien, puis faites cuire 12 minutes environ à feu doux, en remuant de temps à autre. Rectifiez l'assaisonnement. Laissez refroidir. Réservez.

Pochage des pommes
Dans une casserole, portez à ébullition 1 litre d'eau avec le sucre et les épices. Épluchez les pommes, coupez-les en deux puis épépinez-les. Transférez les pommes dans l'eau de pochage, puis versez le jus de citron. Faites cuire pendant 15 minutes à petits bouillons. Laissez refroidir dans l'eau de pochage. Égouttez les pommes. À l'aide d'un tube de 2,5 cm de diamètre, réalisez 30 bouchons de 2 cm de haut. Réservez. Réservez les chutes pour la mousse de pomme.

Kappa au sirop de Liège
Diluez le sirop avec l'eau de pochage. Incorporez le kappa. Mixez puis faites bouillir 3 minutes à feu vif. Maintenez au chaud.

Mousse de pomme Royal Gala
Mixez les chutes de pomme et le jus de citron pour obtenir une purée lisse. Ajoutez la brunoise de citron confit. Salez, poivrez. Mélangez, puis rectifiez l'assaisonnement. Moulez la préparation dans 10 demi-sphères de 3 cm de diamètre de 8 g chacune et placez 30 minutes au congélateur. Lorsqu'elles sont prises, piquez-les sur une pique en bois et enrobez-les deux fois dans le kappa au sirop de Liège. Réservez.

Dressage
Coupez le foie gras en 10 tranches de 2 cm d'épaisseur. Lustrez-les avec l'huile d'olive. Saupoudrez de fleur de sel et de poivre. Dans chaque assiette, à l'aide d'une spatule, réalisez 3 virgules de sirop de Liège en quinconce sur le côté gauche. Disposez sur chaque virgule une bille de mangue, un bouchon de pomme et une pousse de cordifolle. Placez à droite un cadre carré de 5,5 cm de côté et remplissez-le de 50 g de chutney. Déposez dessus une demi-sphère de mousse de pomme. Ajoutez la tranche de foie gras lustrée. Servez.

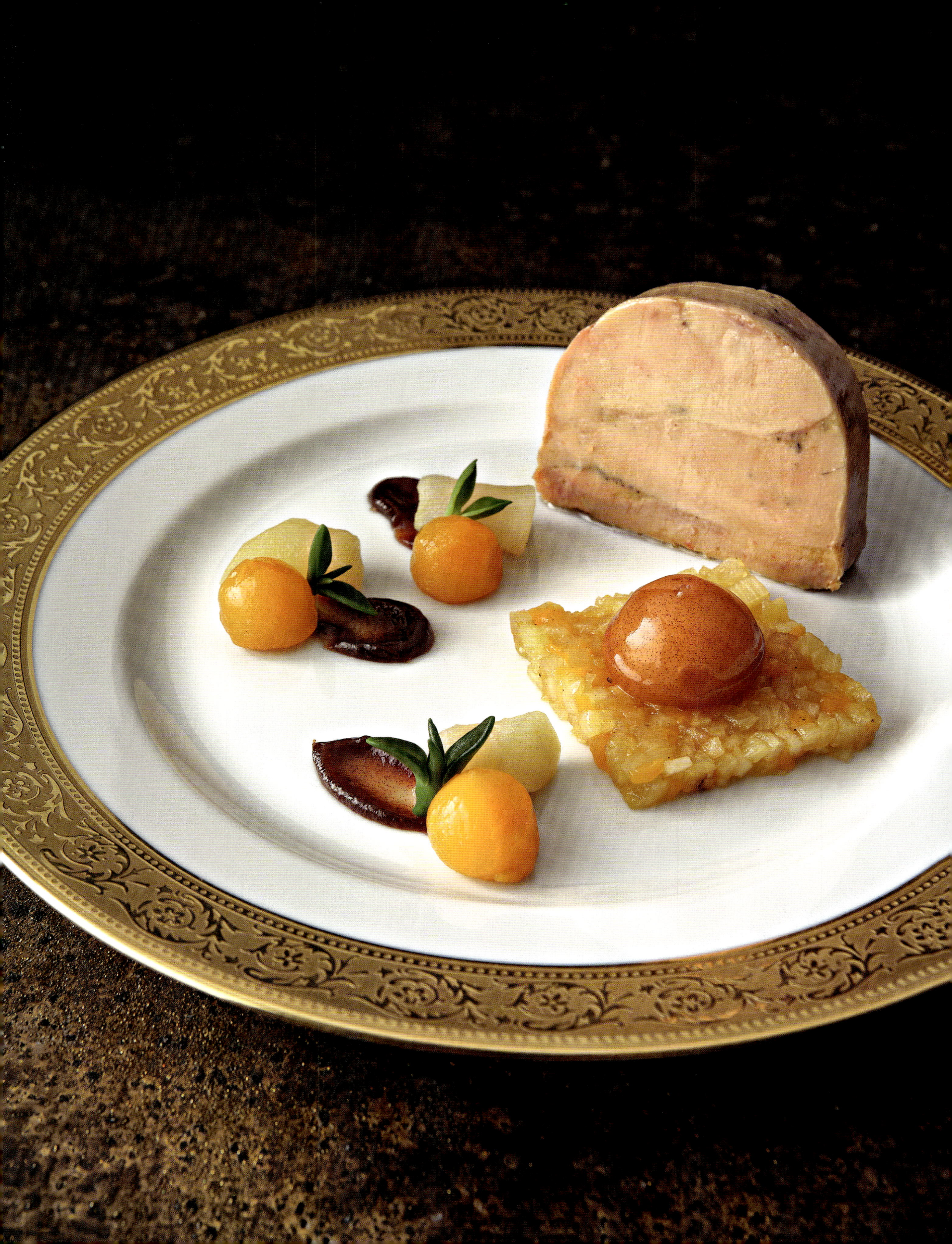

Foie gras de canard, légumes croquants à l'anis étoilé, fine purée de fenouil

POUR 10 PERSONNES
Préparation : 1 heure 30
Préparation du foie gras : la veille
Macération du foie gras : 2 heures
Marinade de légumes : 6 heures

FOIE GRAS
800 g de foie gras de canard cru
11 g de sel fin
3 g de poivre du moulin
1,5 g de sucre semoule

LÉGUMES MARINÉS
5 mini courgettes vertes
5 mini pâtissons jaunes
5 mini fenouils
5 tomates cerises
10 radis roses sans fane
100 g de miel toutes fleurs
100 g de vinaigre cristal
2 étoiles de badiane
10 capsules de cardamome verte
20 g de jus de citron
5 g de gros sel

PURÉE DE FENOUIL
100 g de fenouil
6 g de vinaigre de riz
60 g de crème liquide
Sel, poivre du moulin

GARNITURE ET ASSAISONNEMENT
5 asperges vertes moyennes
1 cuillerée à soupe de vinaigrette Grand Véfour
Sel, poivre du moulin, fleur de sel

Foie gras
Retirez les veines et les nerfs du foie gras. Dans un bol, mélangez le sel fin, le poivre, le sucre. Assaisonnez minutieusement l'intérieur et l'extérieur des lobes de foie gras. Reformez-les, puis couvrez-les de film alimentaire. Réservez-les 2 heures au réfrigérateur.
Chauffez une poêle sans matière grasse et poêlez les lobes 3 à 4 minutes de chaque côté, en les arrosant de leur graisse. Égouttez-les sur une grille pour éliminer l'excédent de graisse et moulez-les dans un cadre de 18 x 18 x 2 cm. Pressez légèrement. Filmez et réservez 24 heures au réfrigérateur.

Légumes marinés
Lavez et taillez les courgettes en deux dans la longueur, puis en 3 tronçons de 2 cm légèrement en biais. Lavez et taillez les pâtissons en six dans la hauteur. Lavez et taillez les fenouils en deux dans la longueur. Lavez et coupez les tomates cerises en deux. Lavez les radis.
Placez tous les légumes dans un bocal.
Dans une casserole à feu moyen, faites colorer le miel au caramel brun. Versez le vinaigre, 80 g d'eau, les épices, le jus de citron et le gros sel. Mélangez bien, puis portez à ébullition. Versez la marinade sur les légumes. Fermez hermétiquement et réservez au réfrigérateur au moins 6 heures.

Purée de fenouil
Lavez et coupez le fenouil en petits morceaux. Faites-le cuire dans une casserole d'eau bouillante salée 10 minutes. Égouttez puis mixez en une fine purée. Ajoutez le vinaigre et la crème. Mélangez puis rectifiez l'assaisonnement. Réservez au réfrigérateur.

Finitions et dressage
Lavez les asperges, coupez-les à 15 cm de long, puis taillez-les à l'aide d'un économe sur toute la longueur. Assaisonnez de vinaigrette Grand Véfour. Salez, poivrez. Réservez.
Coupez le foie gras en 10 rectangles de 9 x 3,5 cm, puis retaillez chaque rectangle en 3 autres de 3 x 3,5 cm.
Placez dans chaque assiette 3 rectangles de foie gras. Saupoudrez d'un peu de fleur de sel. Disposez harmonieusement 3 tronçons de courgette, 3 morceaux de pâtisson, un demi-fenouil, un radis rose et une demi-tomate cerise. Répartissez les copeaux d'asperge verte assaisonnés.
Terminez par un trait de 10 g de purée de fenouil. Servez.

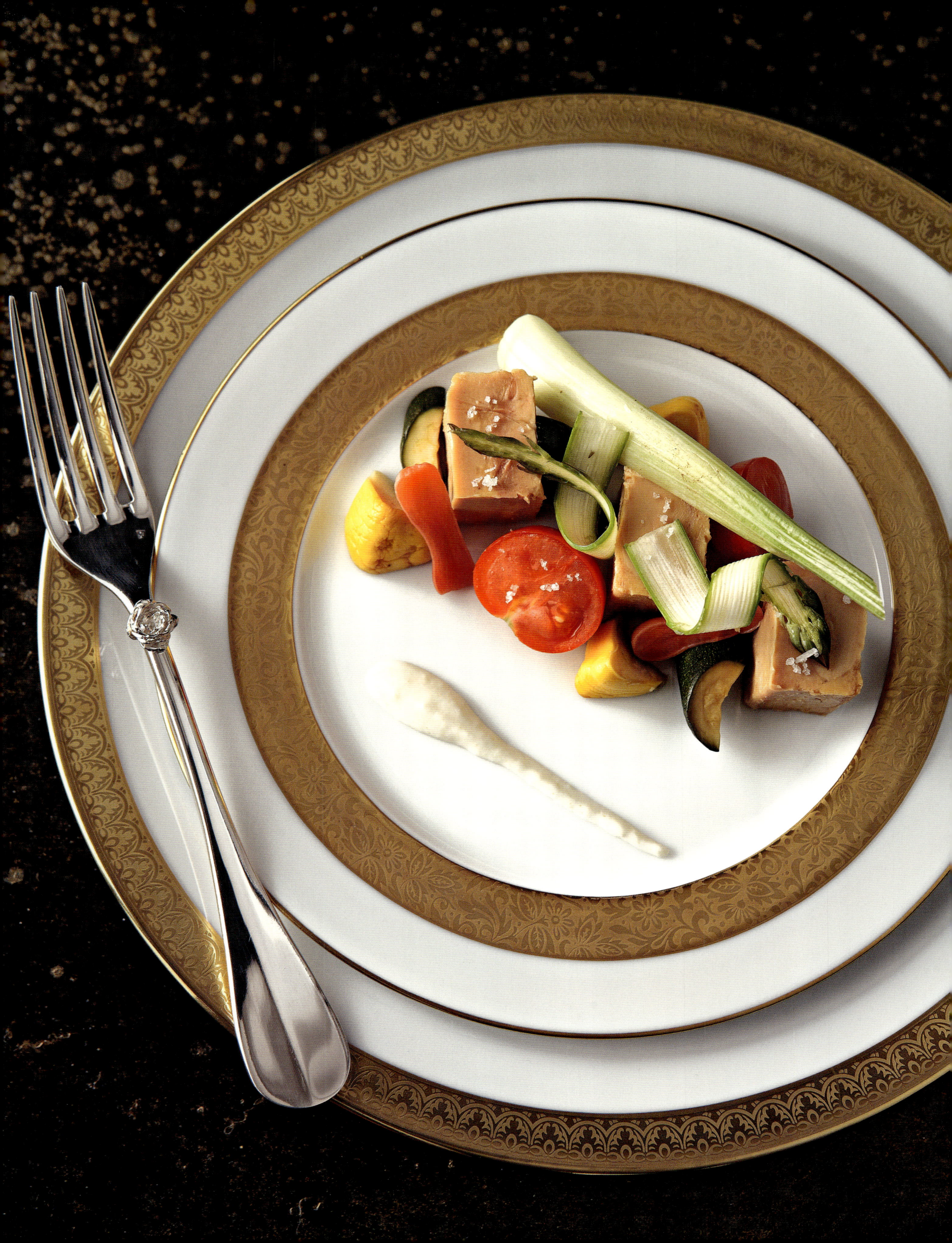

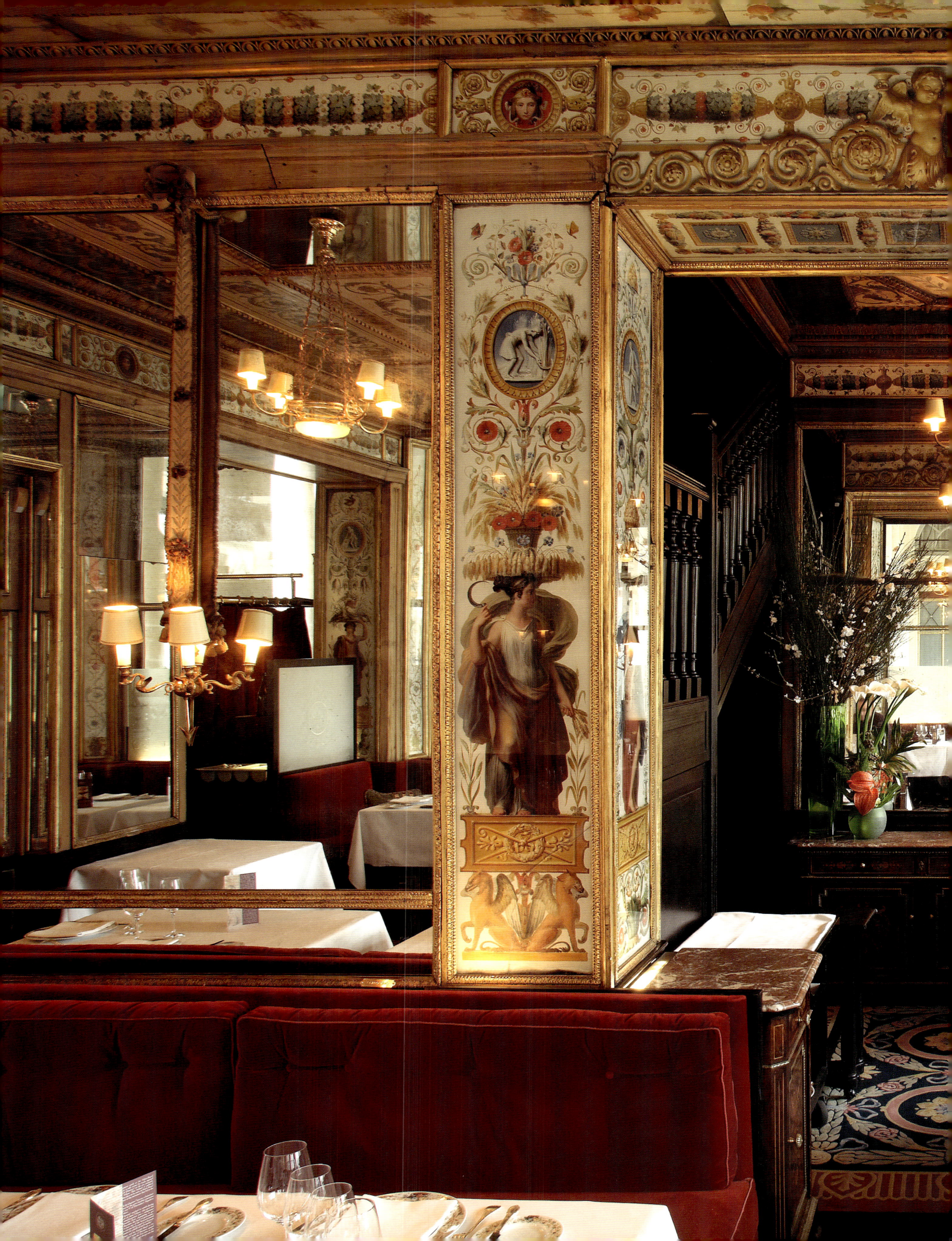

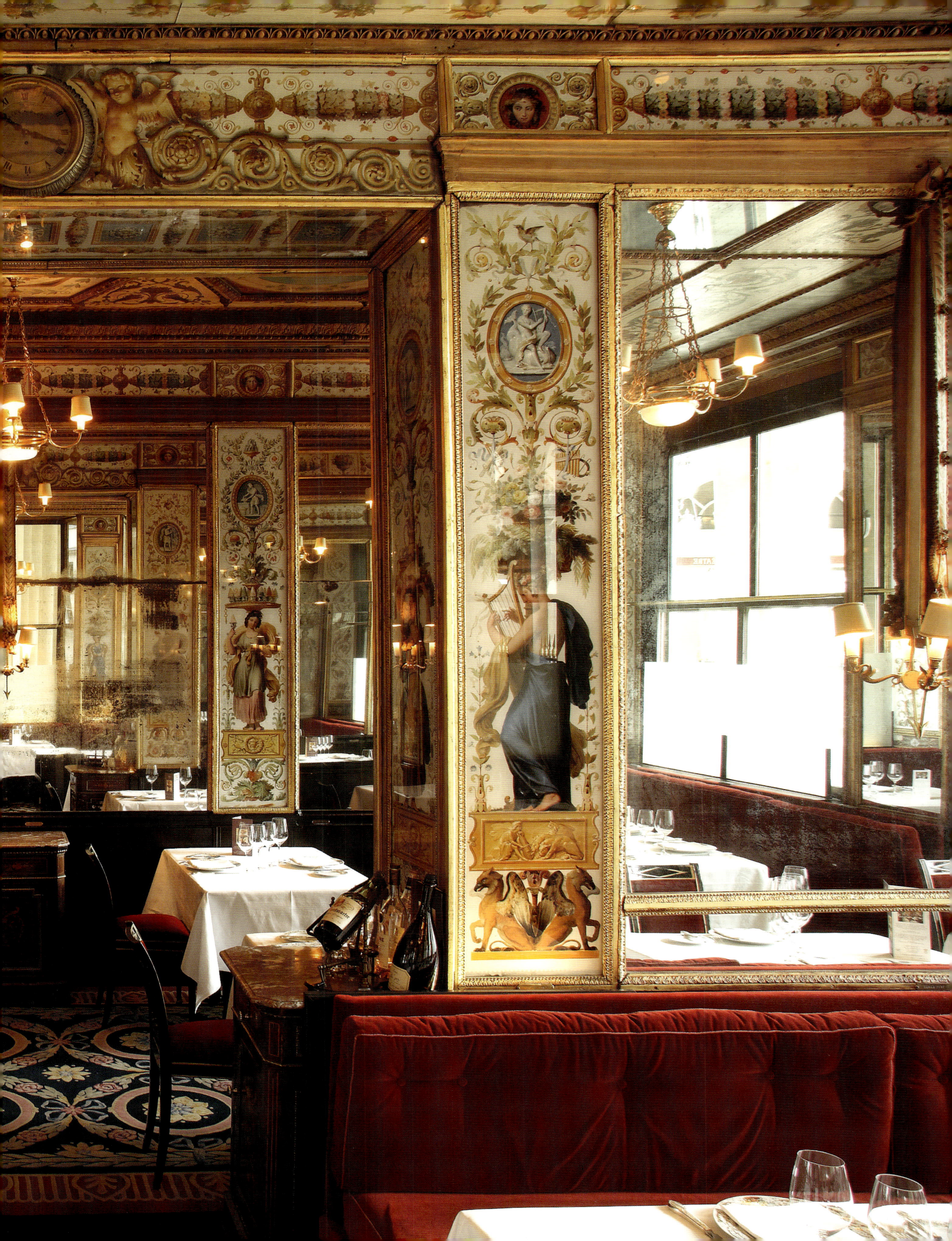

Daurade à la sauge relevée au ras-el-hanout, en escabèche et crue en fins copeaux

POUR 10 PERSONNES
Préparation : 2 heures
Repos du pressé de daurade :
12 heures

PRESSÉ DE DAURADE
3 daurades royales de 600 g
250 g de foie de lotte
3 cuillerées à soupe d'huile d'olive
5 g de feuilles de sauge finement ciselées
2 g de ras-el-hanout
Sel, poivre du moulin

DAURADE EN ESCABÈCHE
10 goujonnettes de daurade sans peau de 25 g
20 g d'échalote émincée
50 g de carotte en fines lamelles
30 g de céleri-branche émincé
80 g d'huile d'olive
15 g de vinaigre de xérès
Sel, poivre du moulin

SALADE DE CAROTTES ET FINS COPEAUX DE DAURADE
150 g de chair de daurade sans peau
200 g de spaghettis de carotte
50 g de vinaigrette Grand Véfour
0,2 g de ras-el-hanout
Sel, poivre du moulin

SAUCE MOUTARDE
10 g de moutarde de Dijon
25 g de vinaigre de riz
30 g de crème fraîche épaisse
4 g de pluches de persil plat
4 g de pluches de sauge
40 g d'huile de pépins de raisin
20 g d'eau
Sel, poivre du moulin

PAIN CROUSTILLANT
3 petits pains blancs
20 g de beurre clarifié
1 g de ras-el-hanout

GARNITURE ET ASSAISONNEMENT
50 g de shibazuke haché
30 g de girolles au vinaigre
20 pluches de pousses de moutarde
10 fleurs de bourrache
Fleur de sel, poivre du moulin

Pressé de daurade

Levez les filets des 3 daurades puis ôtez les arêtes. Salez et poivrez. Dans une poêle, faites chauffer 2 cuillerées à soupe d'huile d'olive, puis saisissez les filets côté peau pendant 1 minute à feu moyen. Réservez sur du papier absorbant.

Taillez le foie de lotte en 3 escalopes de 1 cm d'épaisseur. Salez et poivrez. Dans une poêle, faites chauffer 1 cuillerée à soupe d'huile d'olive, puis saisissez les foies à feu moyen 1 minute de chaque côté. Coupez-les en deux dans l'épaisseur. Réservez sur du papier absorbant.

Dans un cadre de 18 x 18 x 2 cm, disposez un film alimentaire en le faisant largement déborder, puis placez dans le fond 3 filets de daurade côte à côte et tête-bêche, côté peau sur le film. Salez et poivrez, puis posez dessus les escalopes de foie de lotte

Répartissez la sauge ciselée sur toute la surface et saupoudrez de ras-el-hanout.

Recouvrez avec le reste des filets, côté peau sur le dessus. Repliez le film sur le dessus et faites refroidir au réfrigérateur.

Préchauffez le four en vapeur à 70 °C. Enfournez et baissez la température à 65 °C. Faites cuire 8 minutes.

Pressez le montage entre deux plaques, puis posez un poids de 8 kg dessus. Laissez ainsi 12 heures au réfrigérateur.

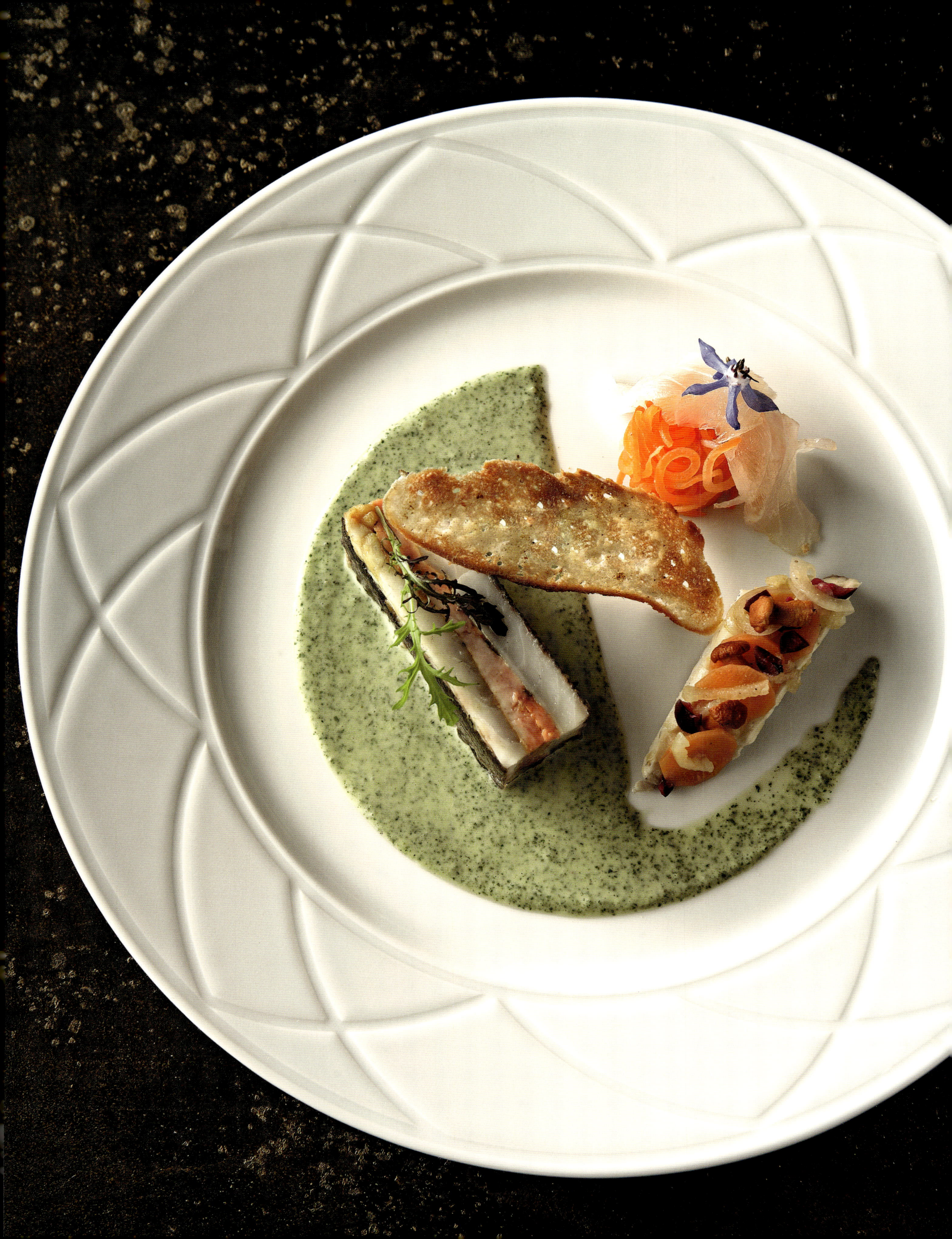

Daurade à la sauge relevée au ras-el-hanout, en escabèche et crue en fins copeaux

Daurade en escabèche
Placez les goujonnettes dans un plat creux.
Dans un faitout, faites suer dans 20 g d'huile d'olive les échalotes, les carottes et le céleri à feu moyen pendant 2 minutes, sans coloration. Versez le reste d'huile d'olive, 150 g d'eau et le vinaigre. Salez, poivrez, puis portez à ébullition et faites cuire 1 minute. Faites descendre en température à 70 °C, puis versez sur les goujonnettes. Couvrez et laissez à température ambiante 15 minutes avant de réserver au réfrigérateur.

Salade de carottes et fins copeaux de daurade
Mélangez la vinaigrette Grand Véfour avec le ras-el-hanout. Salez et poivrez.
Assaisonnez les spaghettis de carotte avec 30 g de vinaigrette. Réservez au réfrigérateur.
Escalopez la chair de daurade. Réservez au frais.

Sauce moutarde
Mixez tous les ingrédients le plus finement possible. Reservez à température ambiante.

Pain croustillant
Taillez les petits pains dans leur longueur en 10 tranches de 2 mm d'épaisseur. Badigeonnez-les de beurre clarifié et saupoudrez-les de ras-el-hanout des deux côtés.
Faites-les sécher sous la salamandre ou le gril du four pendant 1 à 2 minutes, des deux côtés. Réservez.

Dressage
Ôtez le film alimentaire et le cadre du pressé de daurade. Taillez 10 rectangles de 9 x 3,5 cm.
Badigeonnez-les avec 10 g de vinaigrette au ras-el-hanout.
Égouttez la daurade en escabèche et placez-la sur du papier absorbant.
Disposez sur chaque goujonnette, 18 g de garniture de la cuisson égouttée, puis répartissez le shibazuke et les girolles au vinaigre.
Moulez 10 g de salade de carottes dans des cercles de 3 cm de diamètre. Répartissez dessus les escalopes de daurade crue nappées au pinceau avec les 10 g restants de vinaigrette au ras-el-hanout.
Placez sur chaque assiette un cercle de 16 cm de diamètre. Versez en demi-cercle la sauce moutarde.
Posez dessus le pressé de daurade. Parsemez de fleur de sel et d'un tour de moulin à poivre.
Posez une goujonnette puis la salade de carottes démoulée. Parsemez de fleur de sel et de poivre du moulin. Répartissez dessus les pluches de pousses de moutarde et les fleurs de bourrache.
Posez le pain croustillant en appui sur le pressé de daurade. Servez.

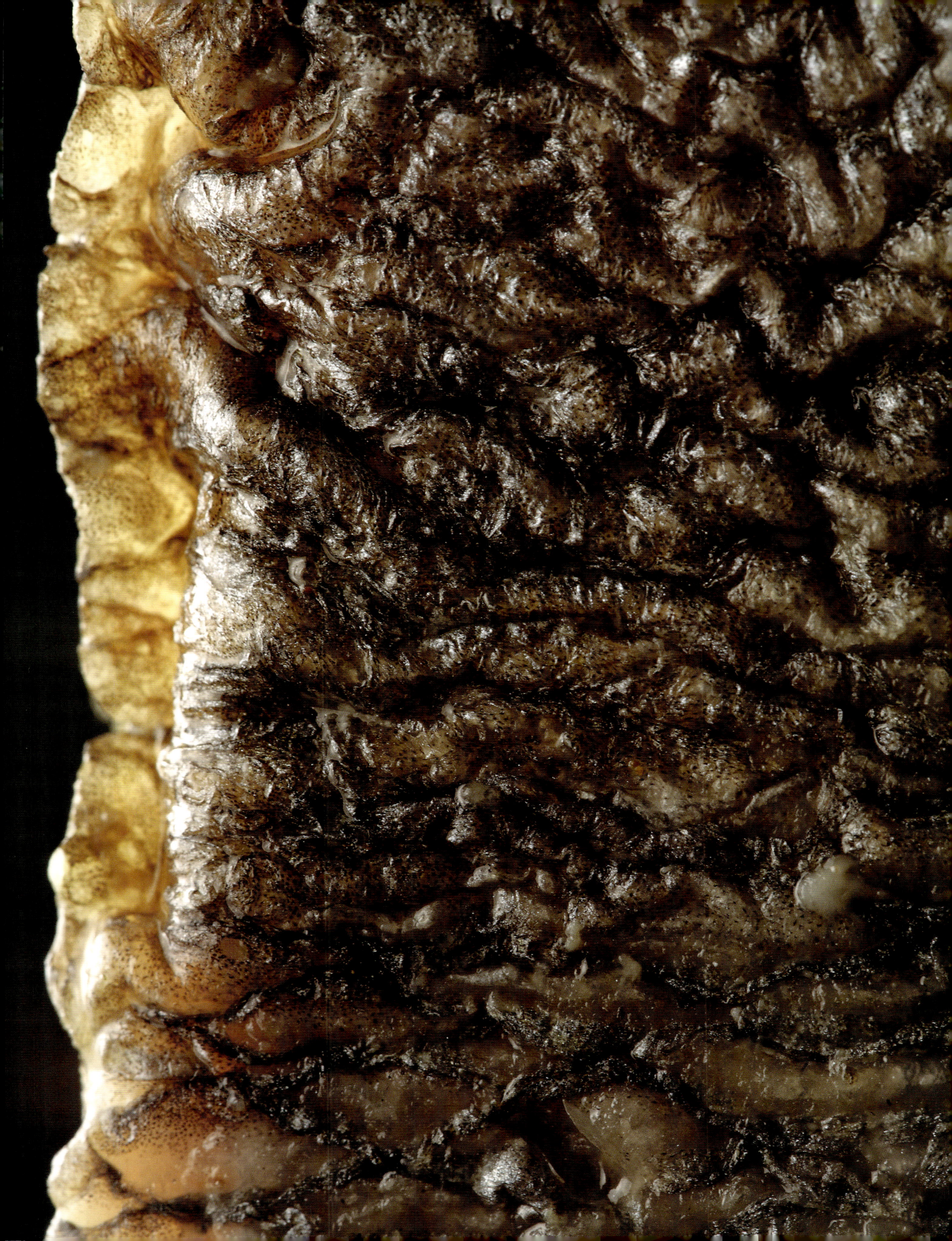

Chipirons farcis d'une semoule de chou-fleur assaisonnée d'une vinaigrette de roquette

POUR 10 PERSONNES
Préparation : 1 heure 30

30 chipirons
2 cuillerées à soupe d'huile d'olive
Sel, poivre du moulin

VINAIGRETTE SHIBAZUKE
40 g de vinaigrette Grand Véfour
10 g de shibazuke haché finement
10 g de sommités de mini chou-fleur au vinaigre
Sel, poivre du moulin

SAUCE ROQUETTE
60 g de feuilles de roquette sauvage
15 g de feuilles de persil plat
75 g d'huile d'olive
60 g de vinaigre de riz
30 g de saké
20 g de sauce soja
Sel, poivre du moulin

FARCE DES CHIPIRONS
500 g de sommités de chou-fleur
140 g de sauce roquette
35 g de dés de jambon cru de 3 mm
50 g de dés de seiche de 5 mm
35 g de mascarpone
Sel, poivre du moulin

GARNITURE ET ASSAISONNEMENT
2 tranches de jambon cru
1 cuillerée à soupe de graines de nigelle
50 g de roquette sauvage
10 g de pousses de moutarde verte
10 g de pousses de moutarde rouge
5 g de feuilles d'herbe à huître
2 cuillerées à soupe de vinaigrette Grand Véfour
1 sachet de 2 g d'encre de seiche
Sel, poivre du moulin

Placez les tranches de jambon cru parsemées de graines de nigelle entre deux feuilles de papier sulfurisé. Placez-les ensuite entre deux plaques et faites cuire dans un four préchauffé à 160 °C pendant 30 minutes. Cassez-les pour obtenir des brisures. Réservez.

Vinaigrette shibazuke
Mélangez dans un bol la vinaigrette Grand Véfour, le shibazuke et les sommités de mini chou-fleur au vinaigre. Assaisonnez. Réservez.

Sauce roquette
Mixez ensemble tous les ingrédients afin d'obtenir une purée lisse. Assaisonnez et réservez.

Farce des chipirons
Nettoyez proprement les chipirons. Séparez les têtes et retirez les becs. Réservez les corps et les têtes sur du papier absorbant. Lavez les sommités de chou-fleur et râpez-les afin d'obtenir une semoule. Portez à ébullition une grande casserole d'eau salée. Blanchissez la semoule de chou-fleur pendant 1 minute. Égouttez-la puis refroidissez-la aussitôt dans un récipient d'eau glacée.
Égouttez de nouveau soigneusement le plus longtemps possible. Poêlez séparément à sec les dés de jambon cru et les dés de seiche, à feu moyen, pendant 3 à 4 minutes.
Dans un bol, mélangez la semoule de chou-fleur avec 140 g de sauce roquette, le mascarpone, les dés de jambon et de seiche. Rectifiez l'assaisonnement et mettez en poche à douille.

Remplissez chaque chipiron avec environ 20 g de cette farce, puis fermez l'extrémité avec une pique en bois.
Dans une poêle, faites chauffer l'huile d'olive et laissez colorer les chipirons pendant environ 2 minutes de chaque côté. Attention, ils doivent rester souples au toucher. Débarrassez sur du papier absorbant. Salez et poivrez. Laissez refroidir, puis réservez au réfrigérateur.

Finitions et dressage
Faites frire dans un bain de friture à 150 °C les têtes de chipirons 3 à 4 minutes. Elles doivent être croustillantes. Égouttez-les sur du papier absorbant et salez. Réservez à température ambiante. Ôtez les piques en bois des chipirons.
Dans un bol, mélangez la roquette sauvage, les pousses de moutarde et les feuilles d'herbe à huître avec la vinaigrette Grand Véfour. Salez et poivrez.
Dressez 3 chipirons par assiette. Versez à côté 1 cuillerée à café de sauce roquette et posez dessus le mélange de roquette et de pousses en dôme. Piquez dans le dôme des brisures de jambon séché aux graines de nigelle et 3 têtes de chipirons frites. Réalisez des points intercalés d'encre de seiche et de sauce roquette. Versez délicatement de la vinaigrette shibazuke sur chaque chipiron. Servez.

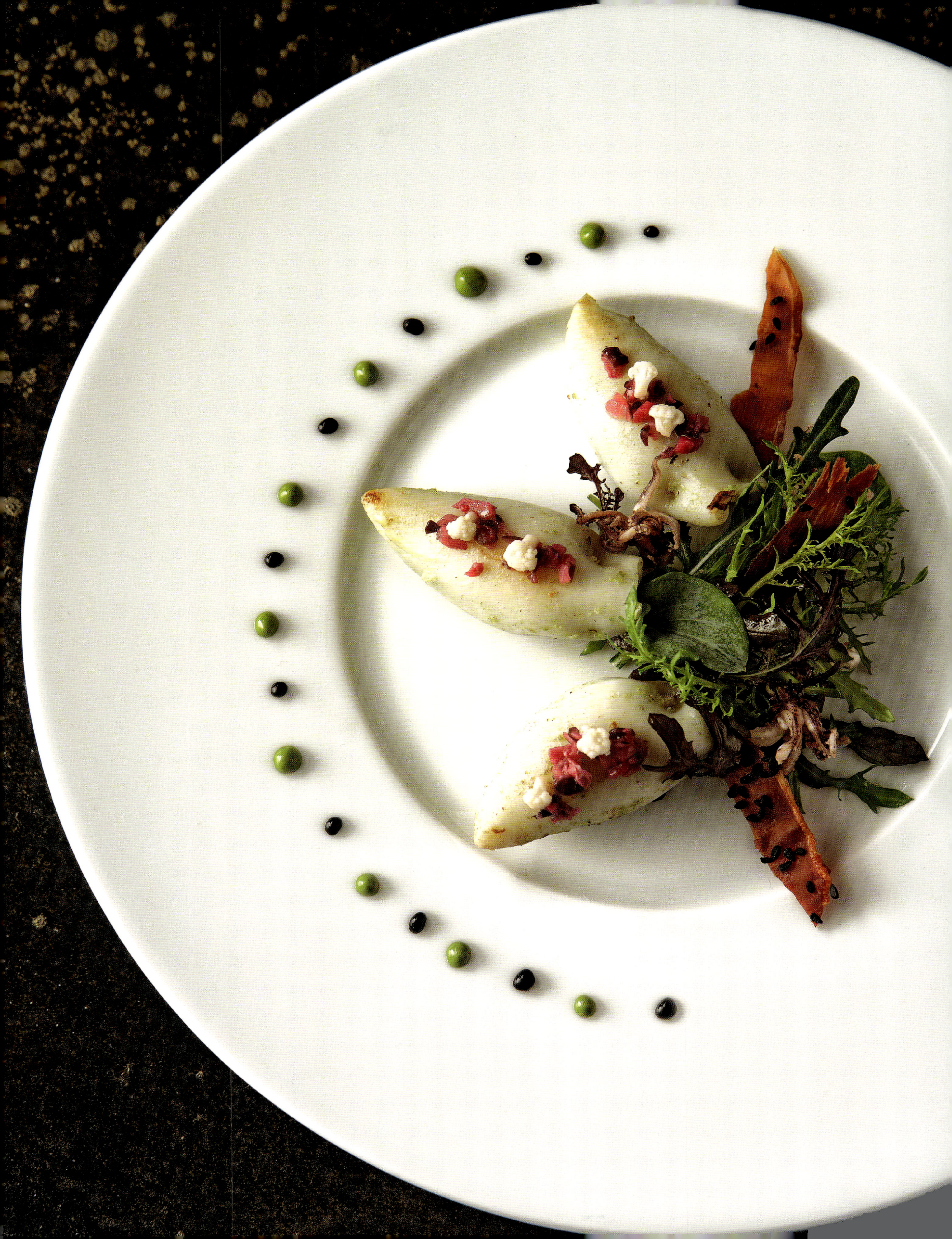

Huîtres dans un bouillon d'algue et bonite, radis vert et rouge

POUR 10 PERSONNES
Préparation : 1 heure
Réhydratation du kombu : 3 heures

30 huîtres
1 radis Green meat de 250 g
1 radis Red meat de 200 g
5 feuilles d'herbe à huître

BOUILLON
10 g de kombu séché
20 g de copeaux de bonite séchée
2 zestes de citron vert
40 g de saké
15 g de sauce soja

GELÉE
200 g de saké
30 g d'eau d'huîtres
1,5 g d'agar-agar
1 feuille de gélatine de 2 g

30 feuilles d'herbe à huître

Huîtres
Décoquillez les huîtres. Récupérez 30 g d'eau. Filtrez-la puis réservez les huîtres et l'eau au réfrigérateur.

Radis
Tranchez 10 disques de radis Green meat et 30 disques de radis Red meat à la mandoline, dans la partie la plus large.
Avec le reste de chaque radis, réalisez 30 g de brunoise Green meat et 30 g de Red meat. Mélangez les deux brunoises avec 5 feuilles d'herbe à huître finement ciselées.
Réservez au réfrigérateur.

Bouillon
Réhydratez le kombu pendant 3 heures dans une casserole avec 1 litre d'eau, puis faites chauffer à feu doux jusqu'à frémissement. Couvrez et laissez infuser 5 minutes hors du feu.
Retirez le kombu. Ciselez-le finement. Réservez.
Ajoutez les copeaux de bonite dans le bouillon puis portez à ébullition. Hors du feu, ajoutez les zestes de citron et laissez infuser 2 minutes, à couvert. Versez la sauce soja et le saké. Mélangez bien puis filtrez. Ajoutez le kombu ciselé. Réservez au chaud.

Gelée
Faites ramollir la gélatine dans un bol d'eau froide pendant 2 minutes.
Versez dans une casserole 100 g d'eau, le saké et l'eau d'huîtres. Ajoutez l'agar-agar, mixez, puis chauffez 3 minutes à petits bouillons. Hors du feu, ajoutez la gélatine égouttée. Mélangez bien jusqu'à complète dissolution.
Versez la gelée dans 30 demi-sphères de 3 cm de diamètre avec dans chacune d'elles 2 g de brunoise de radis. Placez au réfrigérateur pendant 15 à 20 minutes.

Dressage
Disposez 3 demi-sphères et 3 huîtres dans le fond de chaque assiette. Incisez les disques de radis du centre vers le bord et pliez-les en cône. Disposez-les entre les demi-sphères. Ajoutez 3 feuilles d'herbe à huîtres.
Versez le bouillon chaud dans les assiettes. Servez aussitôt.

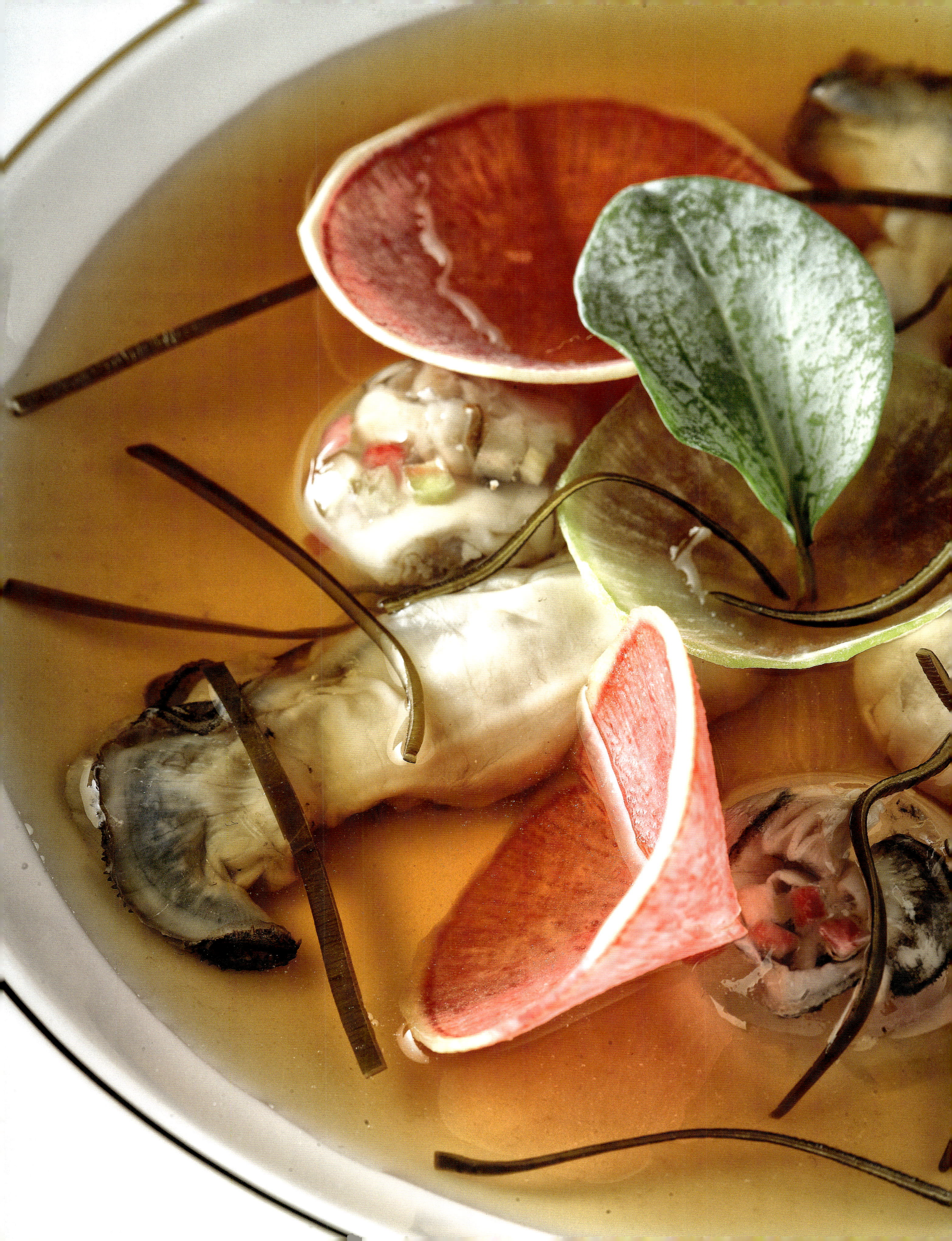

Homard bleu servi tiède sur des salsifis fondants comme une salade, copeaux de chou-fleur, chips de homard

POUR 10 PERSONNES
Préparation : 2 heures 30

10 homards bleus de 500 à 600 g
1 cuillerée à soupe d'huile d'olive

COURT-BOUILLON
DES HOMARDS
1 carotte
1 oignon
1 branche de céleri
1 brin de thym
1 feuille de laurier
1 cuillerée à soupe de gros sel
1 pointe de couteau de piment de Cayenne

BISQUE DE HOMARD
1 kg de têtes de homards
2 carottes
1/2 poireau
2 tomates
1 branche de céleri sans les feuilles
2 échalotes
1 gousse d'ail
2 cuillerées à soupe d'huile d'olive
5 g de cognac
2 dl de vin blanc
1 bouquet garni
4 baies de genièvre broyées
1,5 g de sel
2 g de poivre noir en grains
0,8 g de xanthane

MOUSSE DE CHOU-FLEUR
150 g de chou-fleur
100 g de crème fleurette
50 g de lait de soja
5 g de feuilles de gélatine
Sel, poivre du moulin

SALSIFIS
600 g de salsifis
2 brins de thym
2 feuilles de laurier
1 cuillerée à soupe d'huile d'olive
30 g de beurre
Sel, poivre du moulin

CHIPS DE HOMARD
100 g de coudes de homard décortiqués
70 g de noix de saint-jacques
4 sachets de 4 g d'encre de seiche
Sel

GARNITURE ET ASSAISONNEMENT
30 copeaux de chou-fleur réalisés à la mandoline
30 fleurs de sauge Ananas
1 cuillerée à soupe de vinaigrette Grand Véfour
Sel, poivre du moulin

Court-bouillon des homards
Portez à ébullition 5 litres d'eau. Ajoutez tous les légumes épluchés et taillés en rondelles avec les aromates, le sel et le piment de Cayenne. Faites cuire à couvert et à petits bouillons pendant 20 minutes.
Détachez les queues et les pinces des homards. Réservez les têtes. Ficelez les queues pour les maintenir droites à la cuisson. Plongez les petites pinces dans le court-bouillon 3 minutes, les grosses pinces 6 minutes et les queues 4 minutes. Rafraîchissez-les dans un bol d'eau glacée avant de les décortiquer.
Décortiquez délicatement les queues et les pinces, puis récupérez la chair des coudes.

Bisque de homard
Dans un faitout, saisissez les têtes de homards dans l'huile brûlante, jusqu'à ce qu'elles deviennent rouges. Flambez au cognac, puis déglacez au vin blanc. Ajoutez les carottes, le poireau, le céleri, les échalotes et l'ail, épluchés et grossièrement coupés. Faites-les revenir 2 à 3 minutes. Ajoutez les tomates lavées puis coupées en huit. Versez 1,5 litre d'eau.
Ajoutez le sel, le poivre, le bouquet garni, les baies de genièvre. Laissez mijoter pendant 45 minutes, à feu doux. Écumez pendant la cuisson.
Filtrez et reversez dans le faitout, puis laissez réduire environ 20 minutes, à petits bouillons, pour obtenir environ 200 g de bisque. Passez-la au chinois étamine. Laissez refroidir puis mixez avec le xanthane. Versez en pipette.

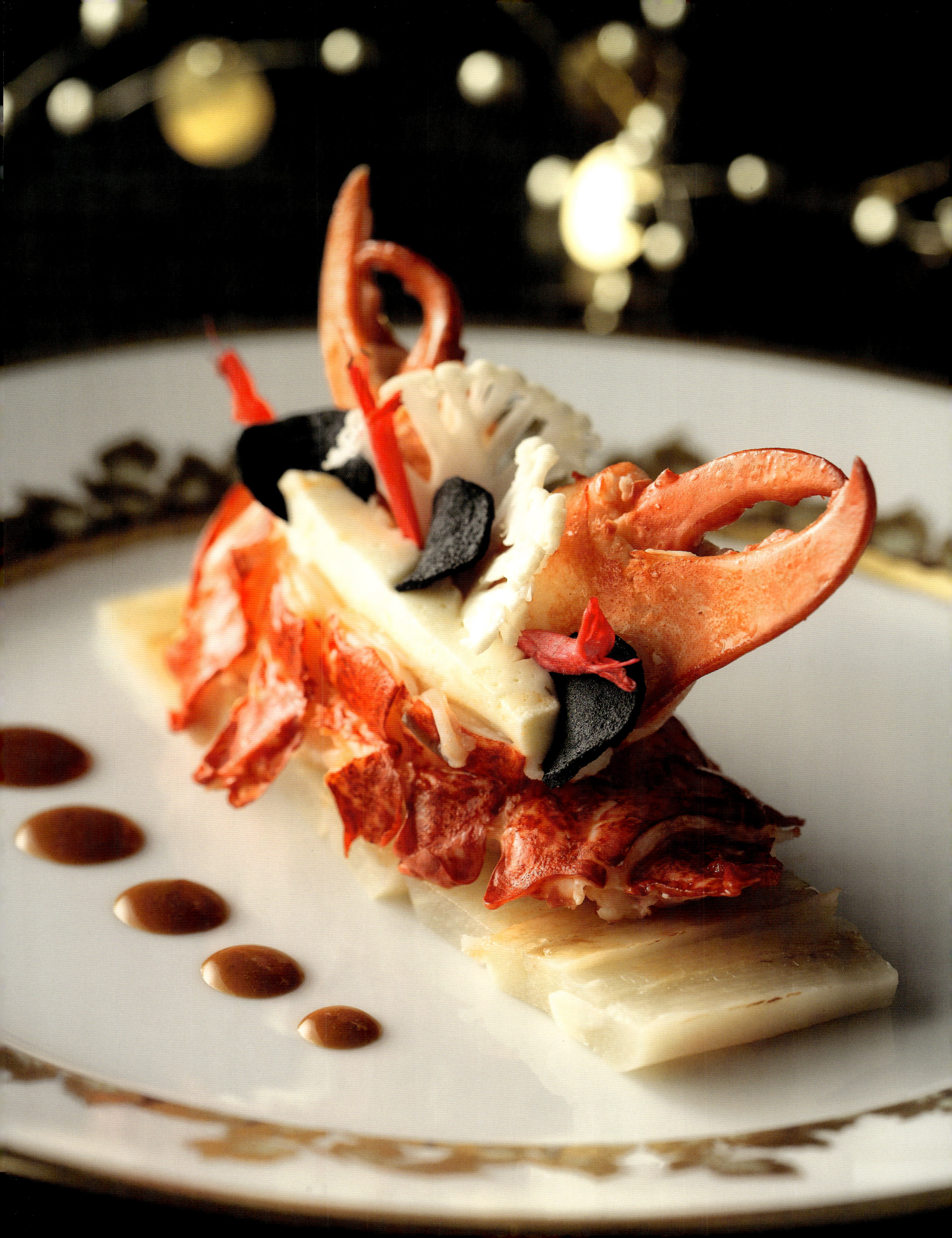

Homard bleu servi tiède sur des salsifis fondants comme une salade, copeaux de chou-fleur, chips de homard

Mousse de chou-fleur
Lavez puis détachez le chou-fleur en bouquets.
Faites-le cuire dans une casserole d'eau bouillante salée pendant environ 10 minutes. Égouttez-le, puis passez-le au tamis. Vous obtiendrez 100 g de purée de chou-fleur.
Laissez refroidir.
Montez la crème en chantilly.
Faites ramollir la gélatine dans un bol d'eau froide pendant 2 minutes.
Dans une casserole, chauffez le lait de soja. Ajoutez la gélatine égouttée, mélangez bien jusqu'à complète dissolution, puis hors du feu, montez l'appareil au fouet électrique jusqu'à ce qu'il commence à prendre en gelée.
Incorporez le lait de soja et la crème Chantilly à la purée de chou-fleur.
Rectifiez l'assaisonnement.
Coulez la mousse de chou-fleur dans un cadre de 15 x 6 x 2 cm. Réservez au réfrigérateur pendant 30 minutes.

Salsifis
Lavez puis épluchez les salsifis. Taillez-les en 45 tronçons de 4 cm.
Chauffez l'huile d'olive dans une casserole et faites revenir les tronçons de salsifis sans coloration. Versez de l'eau à hauteur, ajoutez le beurre, le thym et le laurier, salez et poivrez. Faites cuire à petits bouillons 10 à 12 minutes. Réservez au réfrigérateur.

Chips de homard
Mixez tous les ingrédients ensemble jusqu'à obtenir une pâte très fine. Étalez-la entre deux feuilles de Rhodoïd et laissez prendre au congélateur pendant 15 à 20 minutes.
Détaillez dans la pâte 30 cercles de 3 cm de diamètre et faites-les frire aussitôt pendant 1 à 2 minutes dans un bain de friture à 180 °C.
Épongez les chips de homard sur du papier absorbant. Salez. Réservez dans un endroit sec.

Dressage
Assaisonnez les copeaux de chou-fleur avec la vinaigrette Grand Véfour. Salez et poivrez.
Coupez la mousse de chou-fleur en 10 bandes de 6 x 1,5 cm.
Coupez les tronçons de salsifis en deux dans l'épaisseur.
Assaisonnez-les avec un peu de bisque de homard.
Placez un cadre de 15 x 4,5 cm au centre de chaque assiette. Disposez 9 tronçons de salsifis.
Réalisez 5 points avec la bisque restante, de taille décroissante.
Poêlez légèrement les queues et les pinces à l'huile d'olive pour les réchauffer sans les sécher.
Épongez-les sur du papier absorbant.
À l'aide d'un couteau, faites une ouverture au centre et dans la longueur de la queue des homards.
Placez la mousse de chou-fleur dans l'ouverture, puis piquez dedans les pinces, 3 chips, 3 copeaux de chou-fleur et 3 fleurs de sauge Ananas. Servez aussitôt.

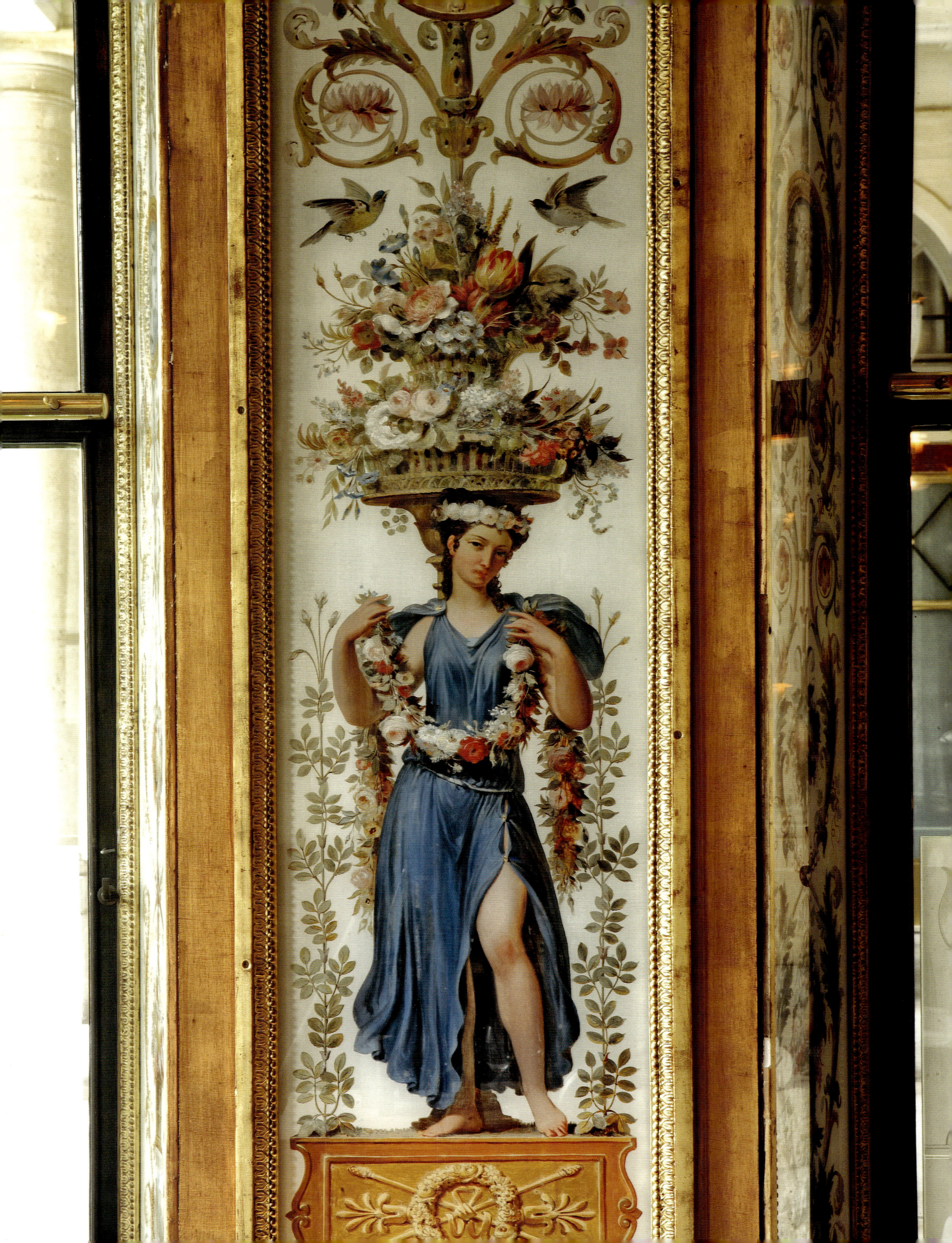

Homard bleu servi tiède sur une salade croquante et pamplemousse, huile de basilic

POUR 10 PERSONNES
Préparation : 1 heure

10 homards bleus de 500 à 600 g
1 cuillerée à soupe d'huile d'olive
Fleur de sel, poivre du moulin

PURÉE DE BASILIC
100 g de feuilles de basilic

SAUCE WASABI
110 g de mayonnaise
40 g de jus de pamplemousse
10 g de sauce soja
7 g de wasabi
80 g de purée de basilic
Sel, poivre du moulin

SALADE CROQUANTE
ET PAMPLEMOUSSE
75 g de dés de carotte de 5 mm
75 g de dés de radis blanc
de 5 mm
75 g de févettes écossées
100 g de suprêmes
de pamplemousse rose
250 g de sucrines
75 g de dés de tomate mondée
de 5 mm
100 g de sauce wasabi
Sel fin, poivre du moulin

HUILE AU BASILIC
15 g de purée de basilic
15 g d'huile d'olive
Sel, poivre du moulin

COURT-BOUILLON
DES HOMARDS
1 carotte
1 oignon
1 branche de céleri
1 brin de thym
1 feuille de laurier
1 cuillerée à soupe de gros sel
1 pointe de couteau de piment
de Cayenne

GARNITURE ET
ASSAISONNEMENT
2 sucrines
10 pétales de tomates confites
30 pousses de basilic
1 cuillerée à soupe de vinaigrette
Grand Véfour
Sel, poivre du moulin

Purée de basilic
Faites blanchir les feuilles de basilic dans une casserole d'eau bouillante salée pendant 5 minutes.
Égouttez-les, puis rafraîchissez-les dans un bol d'eau glacée.
Égouttez-les de nouveau puis mixez-les en une fine purée.
Vous obtiendrez 95 g. Réservez.

Sauce wasabi
Mélangez 80 g de purée de basilic avec tous les ingrédients de la sauce.
Rectifiez l'assaisonnement. Réservez au réfrigérateur.

Salade croquante et pamplemousse
Dans une casserole d'eau bouillante salée, faites cuire les dés de carotte, les dés de radis blanc et les févettes pendant 2 minutes. Égouttez. Laissez refroidir.
Coupez les suprêmes de pamplemousse en quatre.
Coupez les sucrines en deux dans la longueur, puis émincez-les à 5 mm.
Mélangez la sucrine avec les légumes cuits refroidis, les dés de tomate et les suprêmes de pamplemousse. Ajoutez la sauce wasabi. Salez, poivrez. Mélangez bien puis réservez au frais.

Huile au basilic
Mélangez 15 g de purée de basilic avec l'huile d'olive. Salez, poivrez. Mélangez bien. Réservez.

Court-bouillon et cuisson des homards
Portez à ébullition 5 litres d'eau. Ajoutez tous les légumes épluchés et taillés en rondelles avec les aromates, le sel et le piment de Cayenne. Faites cuire à couvert et à petits bouillons pendant 20 minutes.
Détachez les queues et les pinces des homards. Ficelez les queues pour les maintenir droites à la cuisson. Plongez les petites pinces dans le court-bouillon pendant 3 minutes, les grosses pinces 6 minutes et les queues 4 minutes. Rafraîchissez-les dans un bol d'eau glacée avant de les décortiquer.
Poêlez légèrement les queues et les pinces à l'huile d'olive pour les réchauffer, sans les sécher. Épongez-les sur du papier absorbant. Taillez les queues en 6 tronçons. Saupoudrez de fleur de sel et d'un tour de moulin à poivre.
Réservez à température ambiante pour servir tiède.

Finitions et dressage
Prélevez 10 feuilles sur les sucrines, puis taillez-les en pointe. Assaisonnez-les avec la vinaigrette Grand Véfour.
Salez, poivrez. Réservez.
Placez un cercle de 10 cm de diamètre au centre de chaque assiette et remplissez-le de salade croquante. Posez dessus en rosace les tronçons de queue de homard puis les pinces. Piquez une feuille de sucrine au centre. Nappez le homard de 10 g de sauce wasabi et ajoutez quelques gouttes sur le fond de l'assiette. Intercalez de petites croix d'huile au basilic. Ajoutez ensuite un pétale de tomate confite et 3 pousses de basilic. Servez aussitôt.

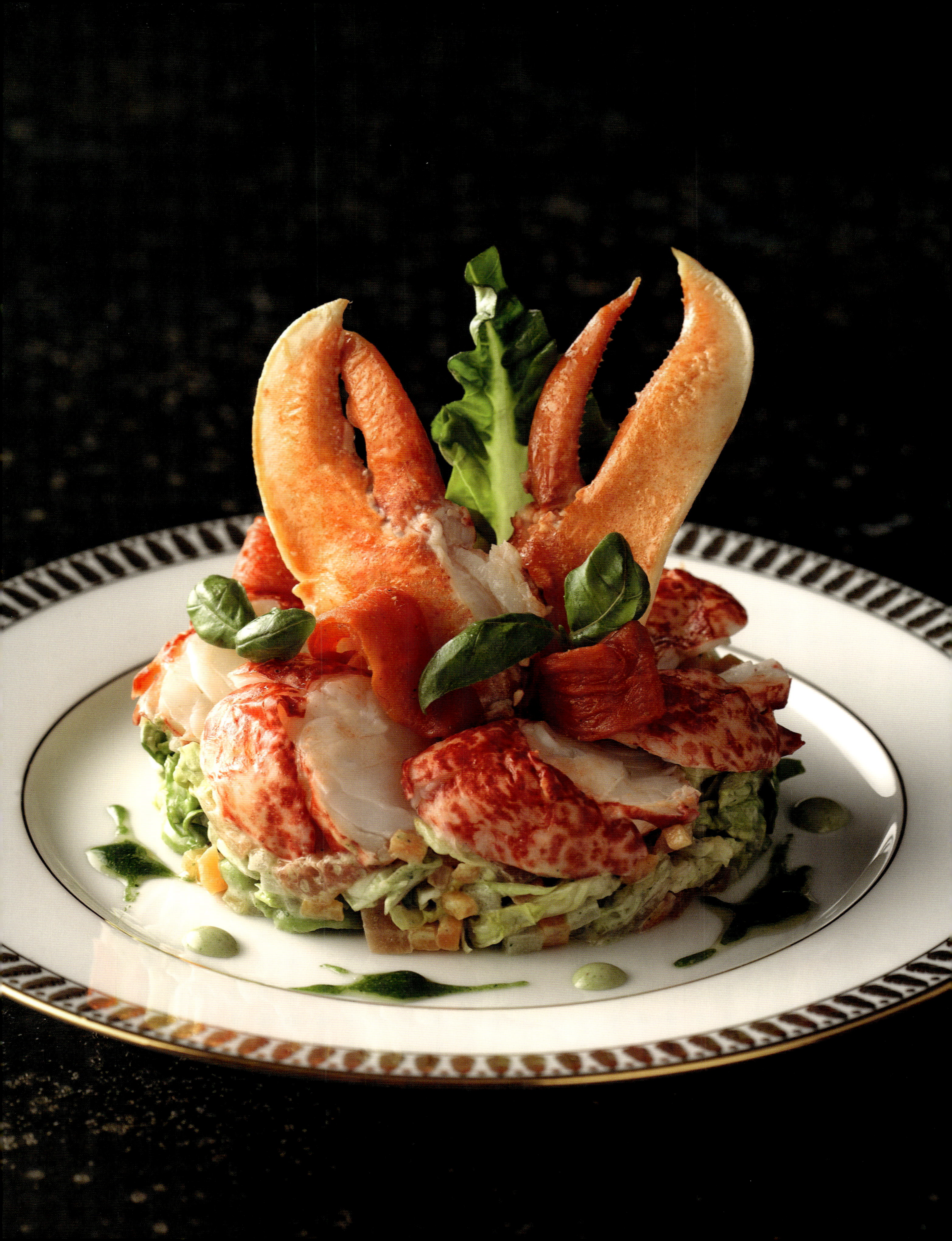

Langoustines juste saisies, courge Butternut relevée au poivre du Népal, vinaigrette à la betterave

POUR 10 PERSONNES
Préparation : 2 heures

20 langoustines de 200 g
2 cuillerées à soupe d'huile d'olive
Sel, fleur de sel, poivre du moulin

COURGE BUTTERNUT
350 g de courge Butternut épluchée
35 g de miel
30 g d'oignon ciselé
50 g de raisins blonds
70 g de vinaigre de cidre
1 feuille de laurier
0,5 g de poivre du Népal en poudre
5 g de jus de yuzu
35 g de beurre
Sel, poivre du moulin

COULIS DE BETTERAVE
700 g de jus de betterave rouge
100 g de vinaigre de riz
1 g de poivre du Népal en grains
0,1 g de xanthane
Sel, poivre du moulin

VINAIGRETTE À LA BETTERAVE
100 g de coulis de betterave
50 g d'huile d'olive
30 g de vinaigre de riz
Sel, poivre du moulin

FEUILLES DE BETTERAVE
1 betterave rouge crue de 200 g
30 g de gros sel
2 g de poivre du Népal en grains

GARNITURE ET ASSAISONNEMENT
20 feuilles de pousses de betterave
1 cuillerée à soupe de vinaigrette Grand Véfour
Sel, poivre du moulin

Courge butternut

Taillez la courge Butternut en brunoise de 5 mm.
Dans une casserole, faites chauffer le miel à feu moyen jusqu'à obtenir un caramel blond. Versez la brunoise de butternut et l'oignon ciselé. Salez, poivrez puis mélangez.
Versez le vinaigre de cidre et 100 g d'eau. Portez à ébullition, puis ajoutez le laurier, le poivre du Népal en poudre et les raisins blonds. Faites réduire à sec, à feu moyen, pendant environ 5 à 6 minutes. Incorporez le beurre sur le feu. Mélangez bien. Hors du feu, rectifiez l'assaisonnement et laissez refroidir. Enlevez la feuille de laurier. Ajoutez le jus de yuzu. Réservez au réfrigérateur.

Coulis de betterave

Dans une casserole, portez à ébullition le jus de betterave et le poivre du Népal. Faites réduire ensuite à feu doux jusqu'à obtenir un quart de jus. Ajoutez le vinaigre et faites réduire à consistance sirupeuse. Filtrez puis laissez refroidir. Mixez le coulis froid avec le xanthane.
Rectifiez l'assaisonnement. Réservez au réfrigérateur.

Vinaigrette à la betterave

Mélangez tous les ingrédients. Réservez au réfrigérateur.

Feuilles de betterave

Faites cuire la betterave dans une casserole avec 3 litres d'eau, le gros sel et le poivre du Népal, à petits bouillons et à couvert, pendant 1 h 30.
Laissez refroidir dans la cuisson. Épluchez la betterave.
Taillez-la d'abord en 20 tranches de 2 mm, puis chaque tranche en un rectangle de 5 x 4 cm. Réservez.

Langoustines

Décortiquez les langoustines en prenant soin d'enlever les boyaux et de garder la carapace au bout des queues.
Assaisonnez-les de sel.
Dans une poêle, faites chauffer l'huile d'olive. Saisissez les langoustines 1 minute de chaque côté, puis poursuivez la cuisson dans un four préchauffé à 220 °C pendant 2 à 3 minutes. Épongez-les sur papier absorbant. Donnez un tour de moulin à poivre et saupoudrez de quelques cristaux de fleur de sel.

Dressage

Réchauffez les rectangles de betterave et la courge Butternut.
Assaisonnez les pousses de betterave avec la vinaigrette Grand Véfour. Salez, poivrez.
Donnez des coups de pinceau de coulis de betterave sur le fond des assiettes.
Posez 2 cadres de 9 x 2 x 2 cm en décalé dans chaque assiette. Placez à chaque extrémité des cadres, une feuille de betterave en la faisant dépasser d'un côté. Remplissez de 20 g de courge Butternut. Tassez puis repliez les feuilles de betterave par-dessus. Enlevez les cadres. Posez une langoustine sur chaque rectangle. Nappez de quelques traits de vinaigrette à la betterave. Terminez par 2 feuilles de pousses de betterave. Servez aussitôt.

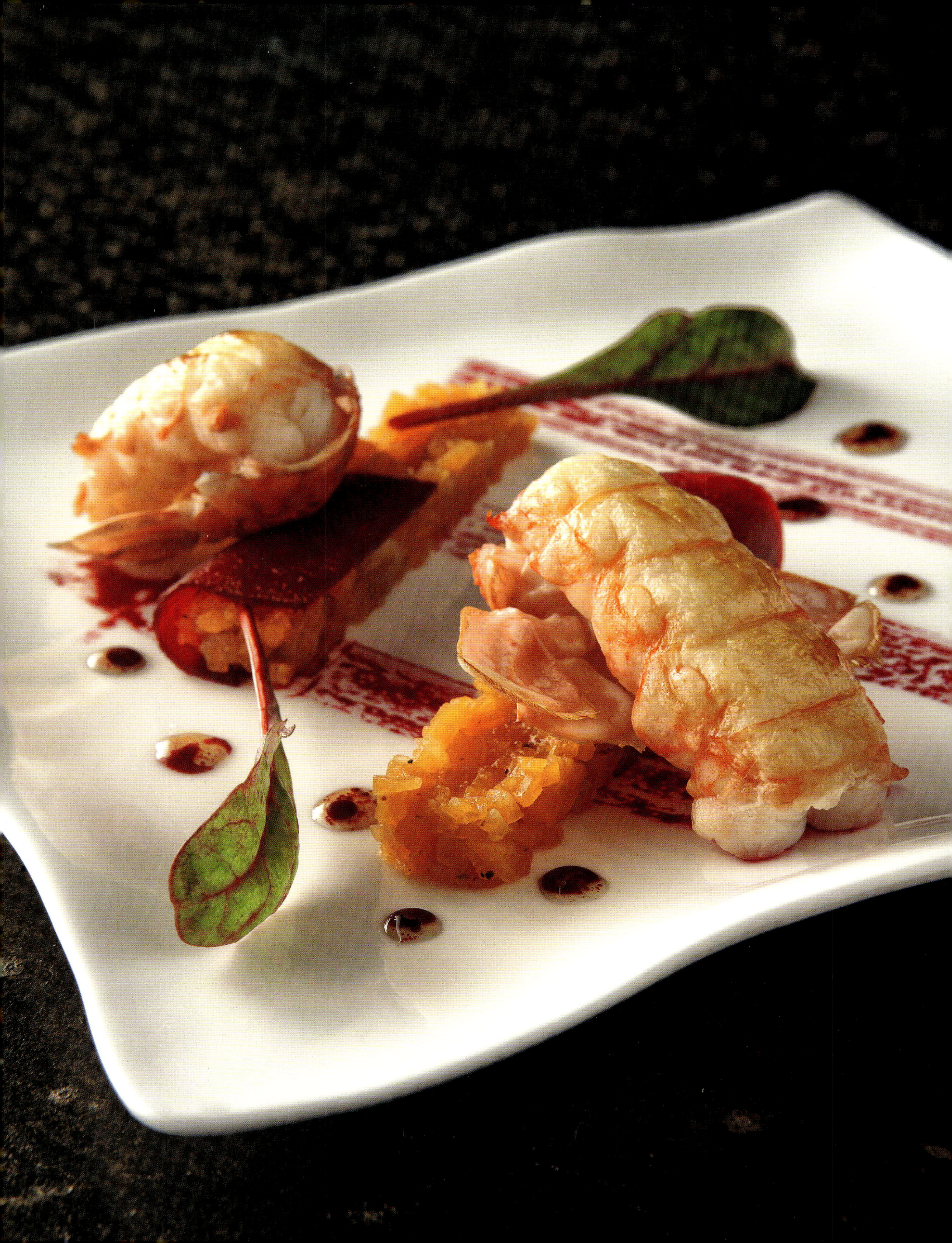

UN ÉCLAT ÉBLOUISSANT

Pour obtenir des verres impeccables, nous les passons au-dessus d'un récipient d'eau très chaude et de quelques rondelles de citron : un voile de vapeur envahit alors la paraison du verre. Puis le mouvement de l'essuyage fait scintiller le cristal. D'opaque, le verre passe à un éclat lumineux.

— PATRICK TAMISIER ET ROMAIN ALZY, CHEFS SOMMELIER —

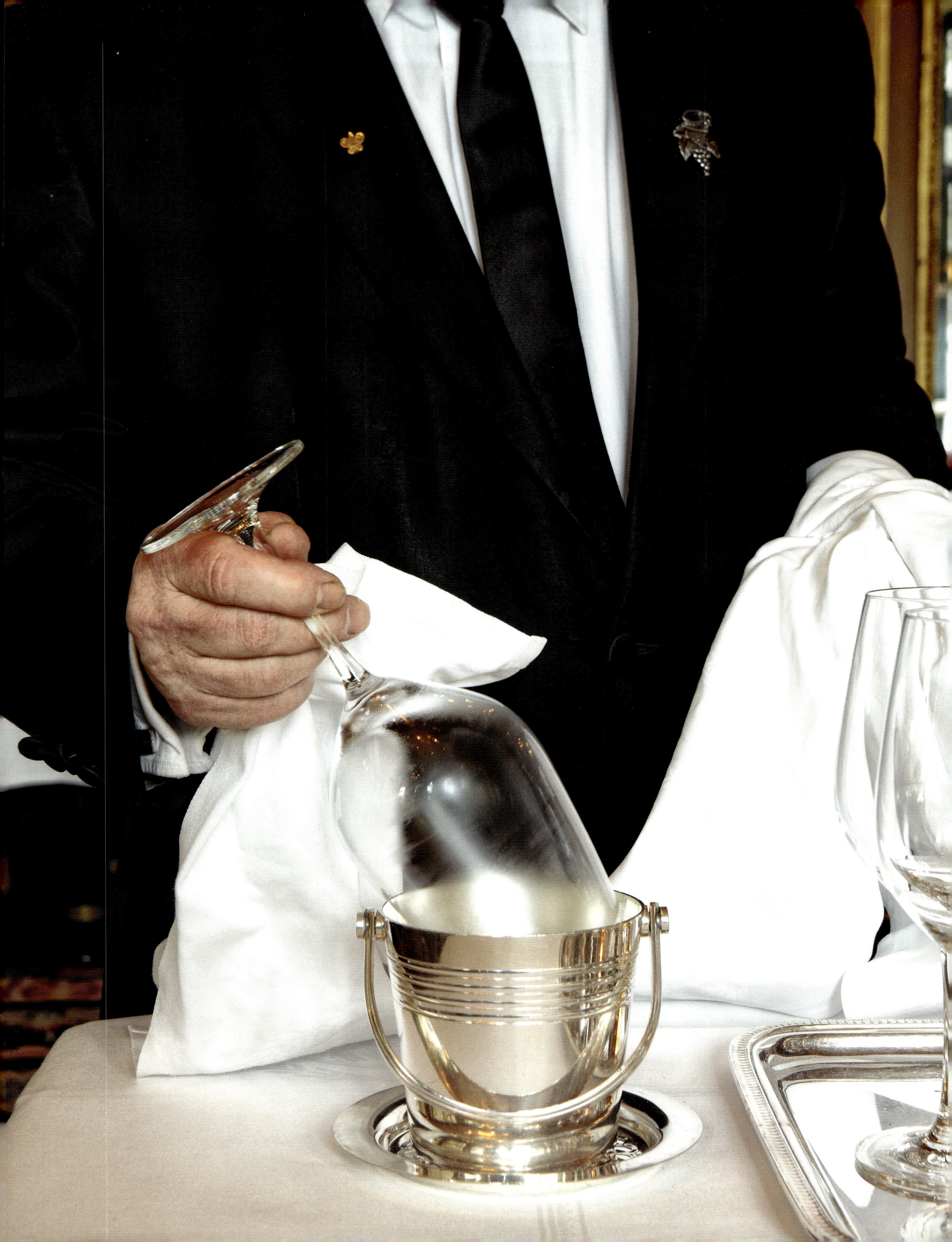

Cuisses de grenouille cuites dans un beurre mousseux, potimarron rôti en fine purée, émulsion café au lait

POUR 10 PERSONNES
Préparation : 1 heure

50 paires de cuisses de grenouilles
2 cuillerées à soupe de farine
2 cuillerées à soupe d'huile d'olive
50 g de beurre
1 gousse d'ail
1 brin de thym
1 feuille de laurier
Sel, poivre du moulin

PURÉE DE POTIMARRON RÔTI
1 potimarron de 600 g
150 g de lait entier
1 g de zeste de citron jaune râpé
Sel, poivre du moulin

SIROP AU CAFÉ
55 g de café expresso
6 g de sucre semoule
6 g de pectine jaune
4 g d'encre de seiche

ÉMULSION CAFÉ AU LAIT
100 g de lait de soja
100 g de crème liquide
100 g de café expresso
Sel, poivre du moulin

Purée de potimarron rôti
Coupez le potimarron en deux puis épépinez-le. Salez la chair puis placez-le sur une plaque de four couverte d'une feuille de papier sulfurisé, côté peau sur le dessus. Faites-le cuire dans un four préchauffé à 180 °C pendant 30 minutes.
Mixez le plus finement possible le potimarron, sans retirer sa peau, avec le lait. Passez la purée au tamis fin, puis ajoutez le zeste de citron. Rectifiez l'assaisonnement. Réservez au chaud.

Sirop au café
Dans une casserole, portez à ébullition le café et 45 g d'eau. Versez en pluie la pectine mélangée au sucre, tout en fouettant. Faites cuire à gros bouillons 2 minutes, puis hors du feu, ajoutez l'encre de seiche. Versez dans une pipette. Réservez au chaud.

Émulsion café au lait
Versez tous les ingrédients dans une casserole puis portez à ébullition. Salez et poivrez.
Mixez au dernier moment au mixeur plongeant pour obtenir une émulsion. Réservez au chaud.

Cuisses de grenouilles
Séparez les cuisses de grenouilles des coffres, puis désossez les hauts de cuisses. Salez et poivrez. Farinez les cuisses de grenouilles, puis faites-les colorer dans une poêle à l'huile d'olive, à feu vif, pendant 2 à 3 minutes. Égouttez-les dans une passette.
Poursuivez la cuisson des cuisses de grenouilles en meunière dans la même poêle en les roulant dans le beurre moussant avec l'ail épluché, le thym et le laurier, 2 à 3 minutes pour obtenir une belle coloration dorée. Égouttez sur du papier absorbant.

Dressage
Posez au centre de chaque assiette, un cercle de 12 cm de diamètre et remplissez-le de 50 g de purée de potimarron. Piquez dans la purée 10 cuisses de grenouilles.
Réalisez autour des points de sirop au café.
Nappez les cuisses de grenouilles de l'émulsion café au lait. Servez aussitôt.

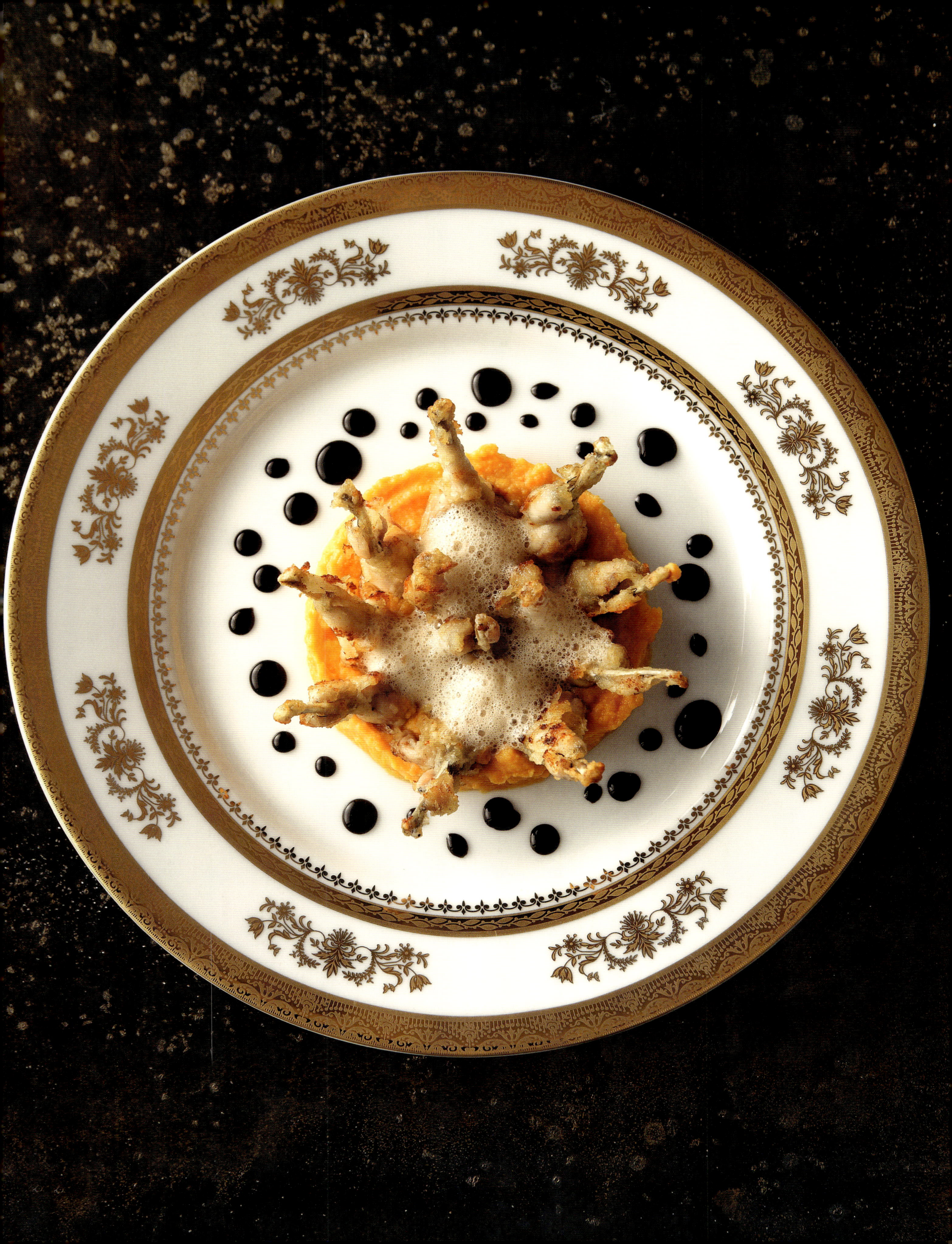

Bar de ligne préparé en tartare et mariné, betteraves crues et cuites, relevées au wasabi

POUR 10 PERSONNES
Préparation : 1 heure 30
Marinade : 30 minutes

5 filets de bar de 150 g avec peau écaillée
1 cuillerée à soupe d'huile d'olive

MARINADE
100 g d'eau
100 g de vinaigre cristal
20 baies de piment de la Jamaïque
2 g de bâton de cannelle
2 clous de girofle
25 g de gingembre râpé
1 jus de citron vert

BRUNOISE DE BETTERAVE JAUNE ET CHIOGGIA
20 g de brunoise de betterave Chioggia crue
20 g de brunoise de betterave jaune cuite
1 cuillerée à soupe de vinaigrette Grand Véfour
Sel, poivre du moulin

TARTARE DE BAR
200 g de chair de bar + le reste des filets
50 g de betterave jaune cuite en dés de 3 mm
20 g de marinade
Sel, poivre du moulin

ROULEAUX DE BAR
10 tronçons de bar de 10 cm de long
10 bâtonnets de betterave jaune cuite de 1 cm de côté et 8 cm de long
Sel, poivre du moulin

SAUCE YAOURT WASABI
125 g de yaourt nature brassé
4 g de wasabi en pâte
Sel, poivre du moulin

GARNITURE ET ASSAISONNEMENT
30 ronds de betterave rouge crue de 3 cm de diamètre et 2 mm d'épaisseur
30 bandes de concombre de 15 cm de long, 1 cm de large et 2 mm d'épaisseur
30 triangles de betterave Chioggia crue, de 6 cm de côté et 2 mm d'épaisseur
50 cubes de betterave jaune cuite de 1 cm
20 ronds de radis blanc de 5 cm de diamètre et 2 mm d'épaisseur
10 feuilles de coriandre
30 petites feuilles de pousses de betterave
3 cuillerées à soupe de vinaigrette Grand Véfour
Sel, poivre du moulin

Marinade
Dans une casserole, portez tous les ingrédients à ébullition. Retirez du feu et laissez infuser 30 minutes. Filtrez.
Réservez au réfrigérateur.

Brunoise de betterave jaune et Chioggia
Mélangez les deux brunoises à la vinaigrette. Salez et poivrez. Réservez au réfrigérateur.

Préparation du bar
Retirez les peaux des filets de bar. Huilez-les des deux côtés avec l'huile d'olive et placez-les entre deux feuilles de papier sulfurisé puis entre deux plaques. Déposez dans un four préchauffé à 180 °C pendant 10 minutes environ pour les sécher. À la sortie du four, salez-les puis coupez-les en 20 triangles de 3 cm de côté. Réservez.
Coupez dans chaque filet de bar 2 tronçons de 10 cm de long. Réservez le reste pour le tartare.

Tartare de bar
Taillez les 200 g de chair de bar et le reste des filets en dés de 5 mm. Mélangez avec les dés de betterave jaune cuite et 20 g de marinade. Salez et poivrez. Réservez au réfrigérateur.

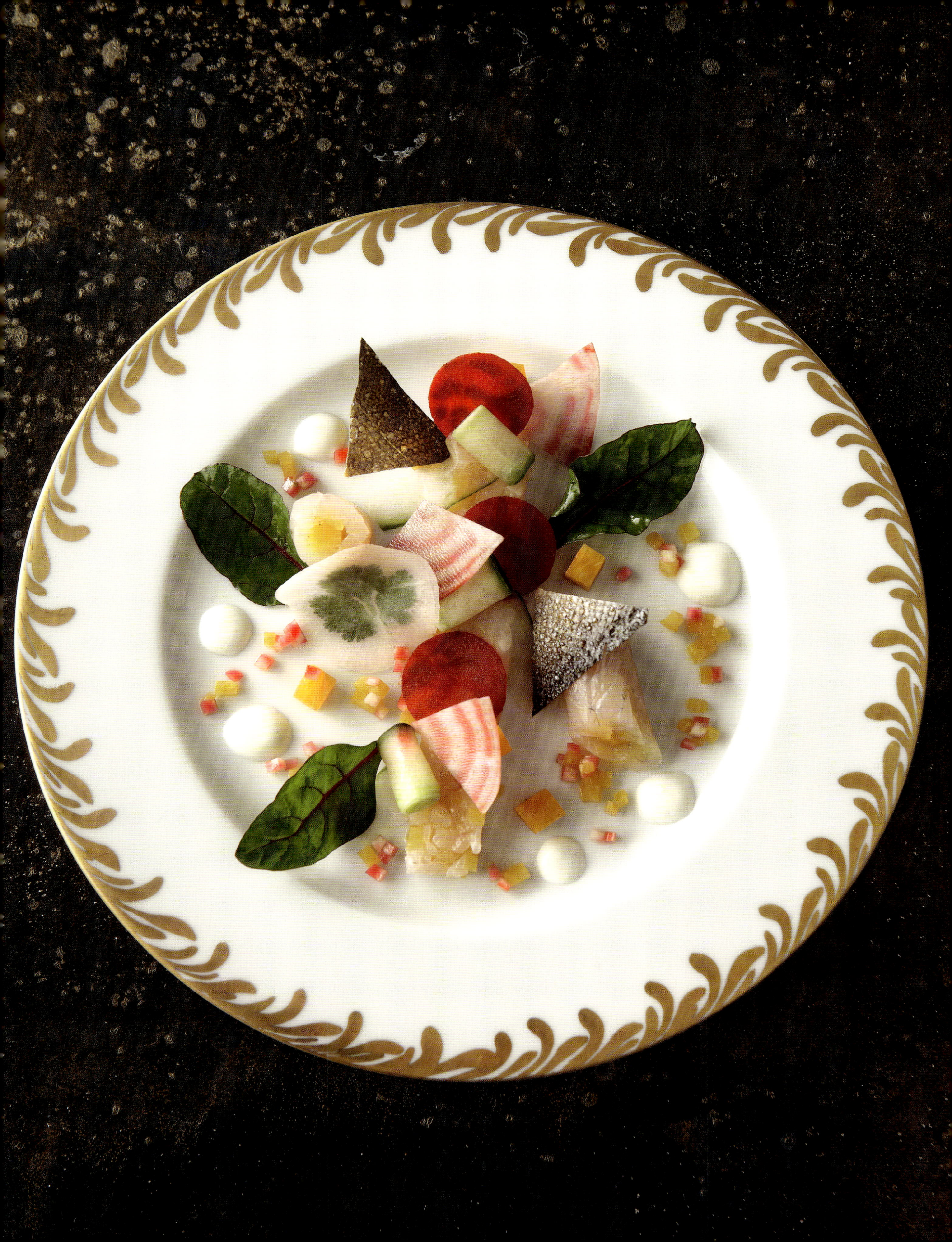

Bar de ligne préparé en tartare et mariné, betteraves crues et cuites, relevées au wasabi

Rouleaux de bar
Coupez chaque tronçon de bar dans la longueur sans le séparer. Badigeonnez-le à l'aide d'un pinceau avec le reste de la marinade. Salez et poivrez.
Placez dessus un bâtonnet de betterave jaune. Roulez dans un film alimentaire bien serré. Réservez au réfrigérateur.

Sauce yaourt wasabi
Mélangez le yaourt et le wasabi. Salez et poivrez. Réservez au réfrigérateur.

Dressage
Assaisonnez de vinaigrette Grand Véfour tous les ronds, bandes, triangles et cubes de légumes crus et cuits ainsi que les pousses de betterave. Salez et poivrez.
Glissez une feuille de coriandre entre deux rondelles de radis blanc.
Dans chaque assiette, placez en diagonale un cadre de 15 x 2 cm. Déposez 25 g de tartare de bar bien tassé dedans. Disposez dessus harmonieusement les betteraves et concombre assaisonnés. Coupez les rouleaux de bar en 2 morceaux égaux, puis posez-les de chaque côté du tartare. Ajoutez dessus un peu de brunoise de betterave jaune et Chioggia et un triangle de peau séchée. Terminez par les feuilles de pousses de betterave et le rond de radis à la coriandre.
Faites des points de sauce wasabi de chaque côté. Servez aussitôt.

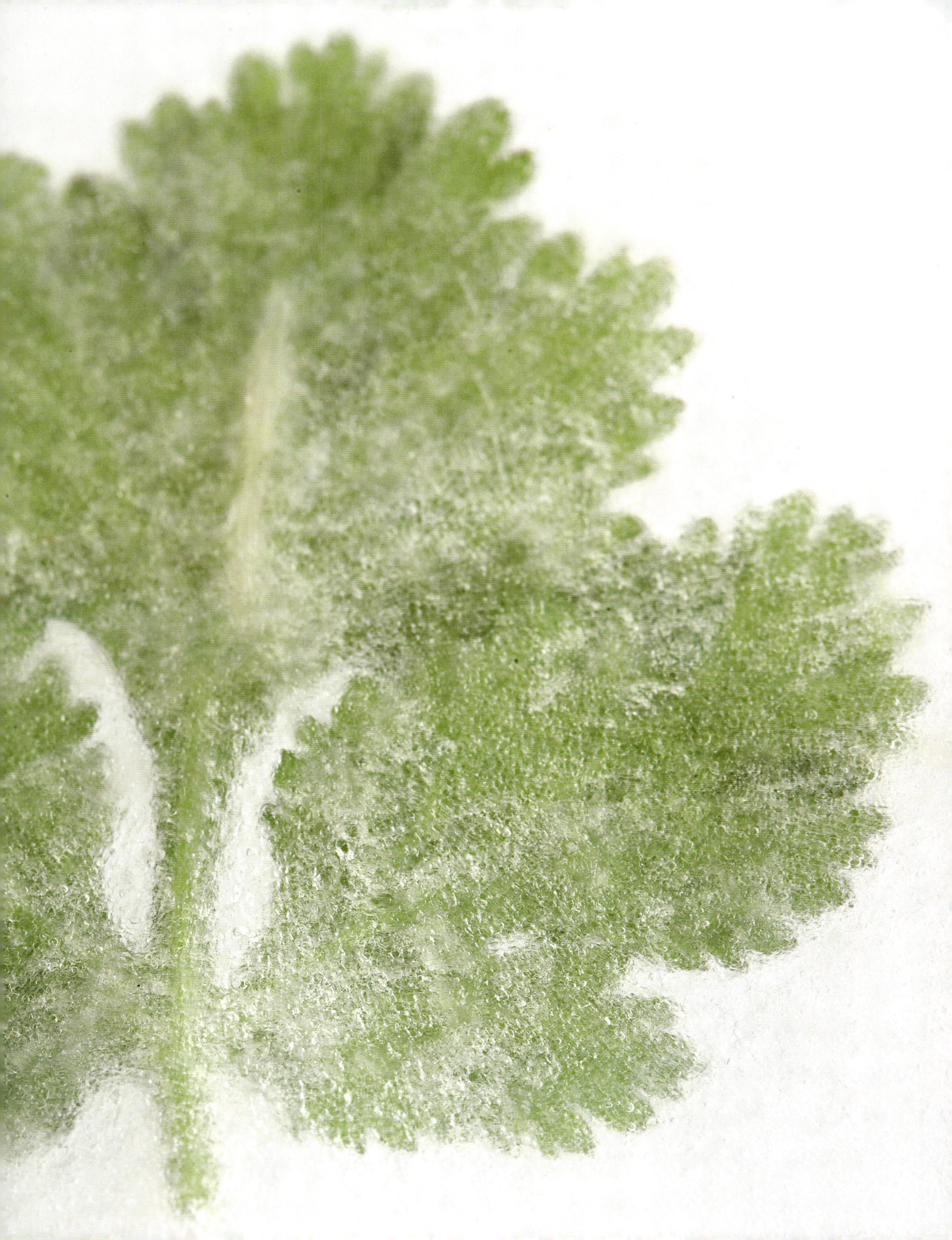

Jus d'ananas, concombre et coriandre, nougat de fromage de chèvre frais aux pistaches de Sicile

POUR 10 PERSONNES
Préparation : 1 heure
Réfrigération : 30 minutes

JUS D'ANANAS, CONCOMBRE
ET CORIANDRE
1,1 kg de chair d'ananas
1,1 kg de concombre épluché
180 g de jus de pamplemousse rose
20 g de coriandre fraîche
75 g de vinaigre de riz
Sel

NOUGAT DE FROMAGE
DE CHÈVRE FRAIS
400 g de fromage de chèvre frais
50 g de crème liquide
100 g de dés de concombre de 5 mm
35 g de pistaches de Sicile grillées et concassées
40 g d'huile d'olive
1 g de piment d'Espelette
5 feuilles de gélatine
Sel, poivre du moulin

GARNITURE
30 g de pistaches de Sicile grillées
30 pétales de tomates confites

Jus d'ananas, concombre et coriandre
Passez l'ananas, le concombre et la coriandre fraîche à la centrifugeuse. Ajoutez le jus de pamplemousse et le vinaigre. Mélangez bien. Filtrez. Salez. Réservez au réfrigérateur.

Nougat de fromage de chèvre frais
Faites ramollir la gélatine dans un bol d'eau froide pendant 2 minutes.
Dans une casserole, faites chauffer à feu doux la crème puis ajoutez la gélatine égouttée.
Mélangez bien jusqu'à complète dissolution.
Dans un bol, incorporez délicatement le chèvre dans la crème encore chaude pour obtenir une préparation homogène.
Ajoutez les dés de concombre et les pistaches, l'huile d'olive et le piment d'Espelette. Salez, poivrez.
Versez le nougat dans un cadre de 15 x 2 cm et laissez prendre au réfrigérateur pendant environ 30 minutes.

Dressage
Taillez dans le nougat des cubes de 2 cm de côté.
Placez dans chaque assiette, 3 cubes de nougat, 3 g de pistaches de Sicile grillées et 3 pétales de tomates confites.
Versez le jus d'ananas. Servez.

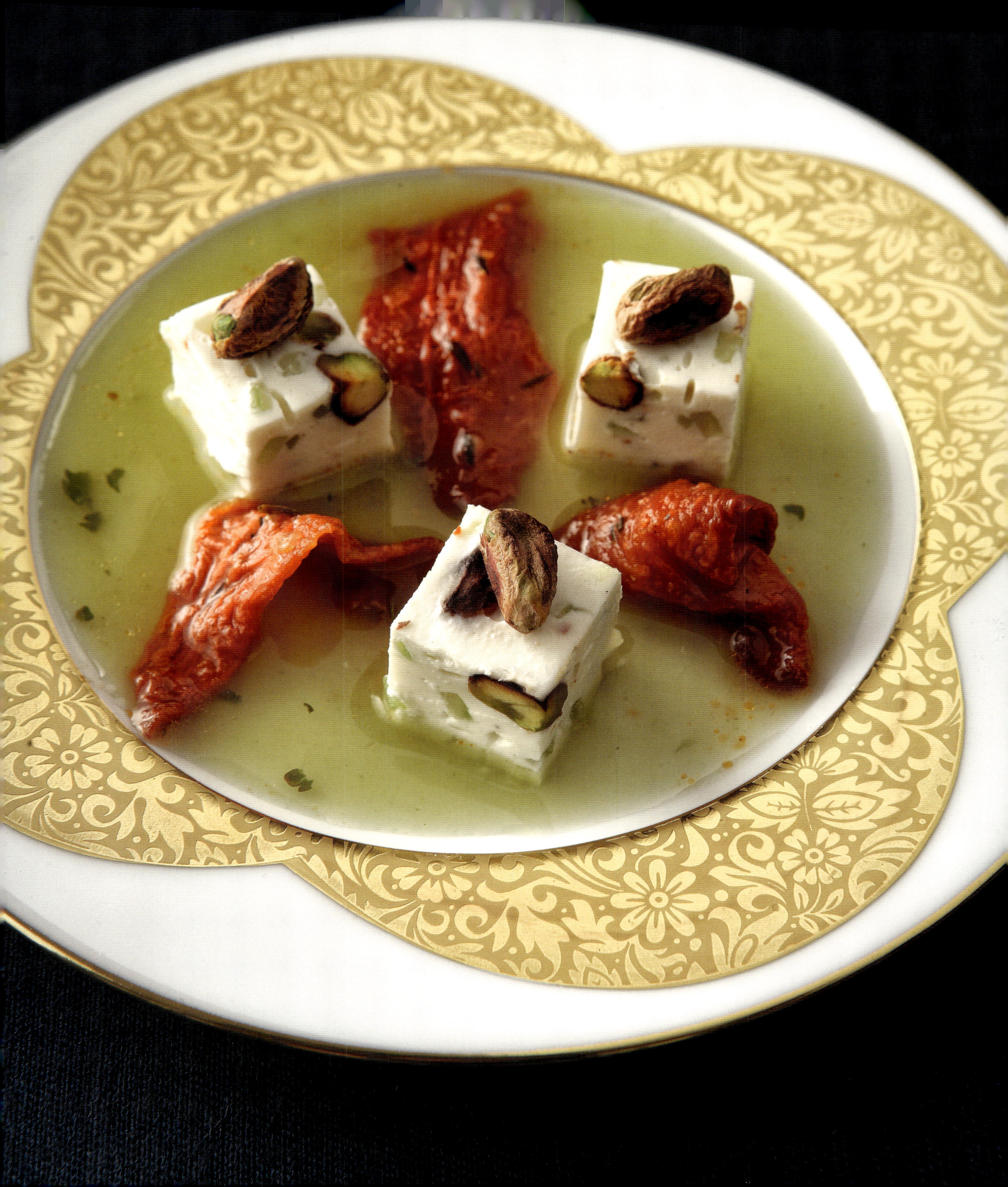

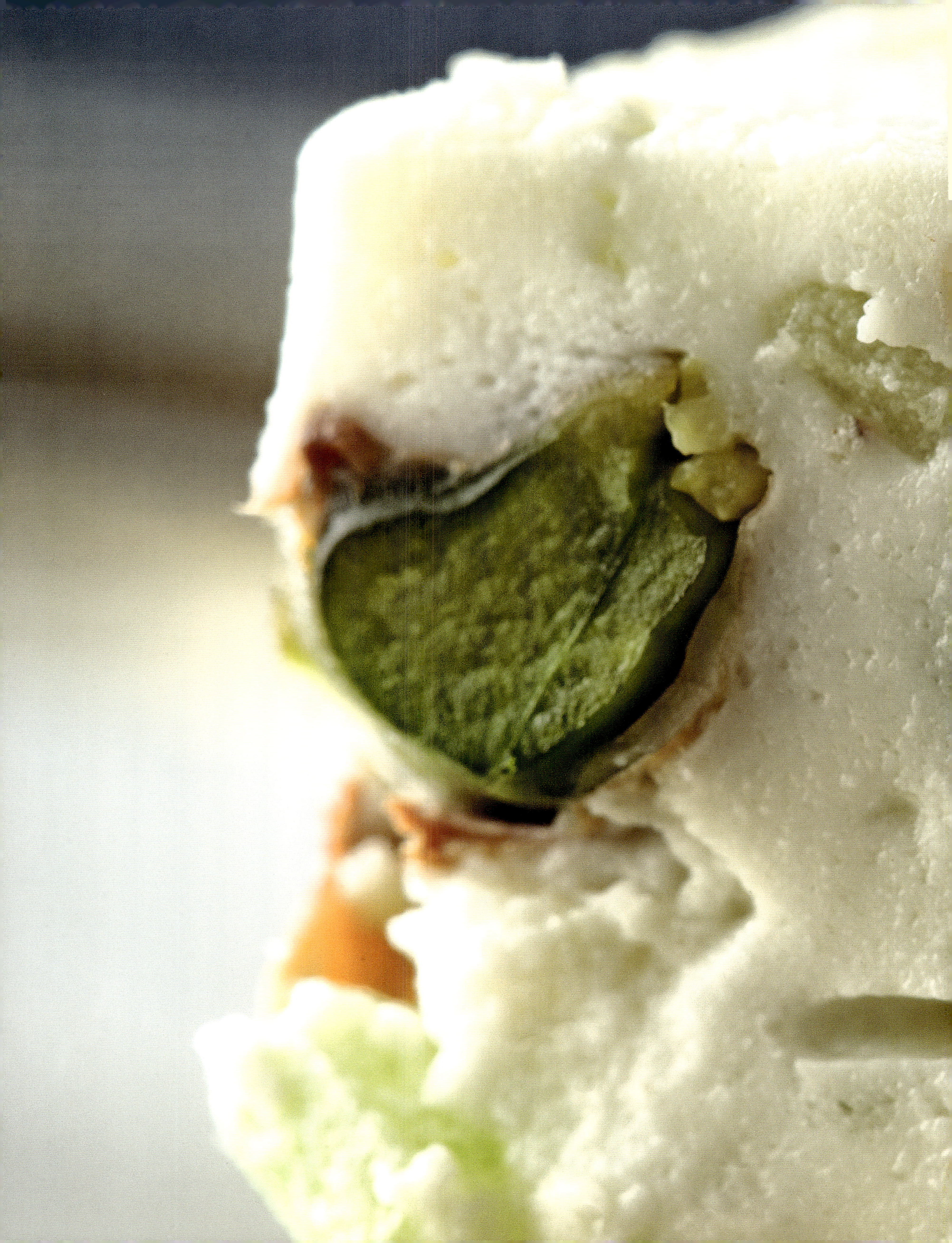

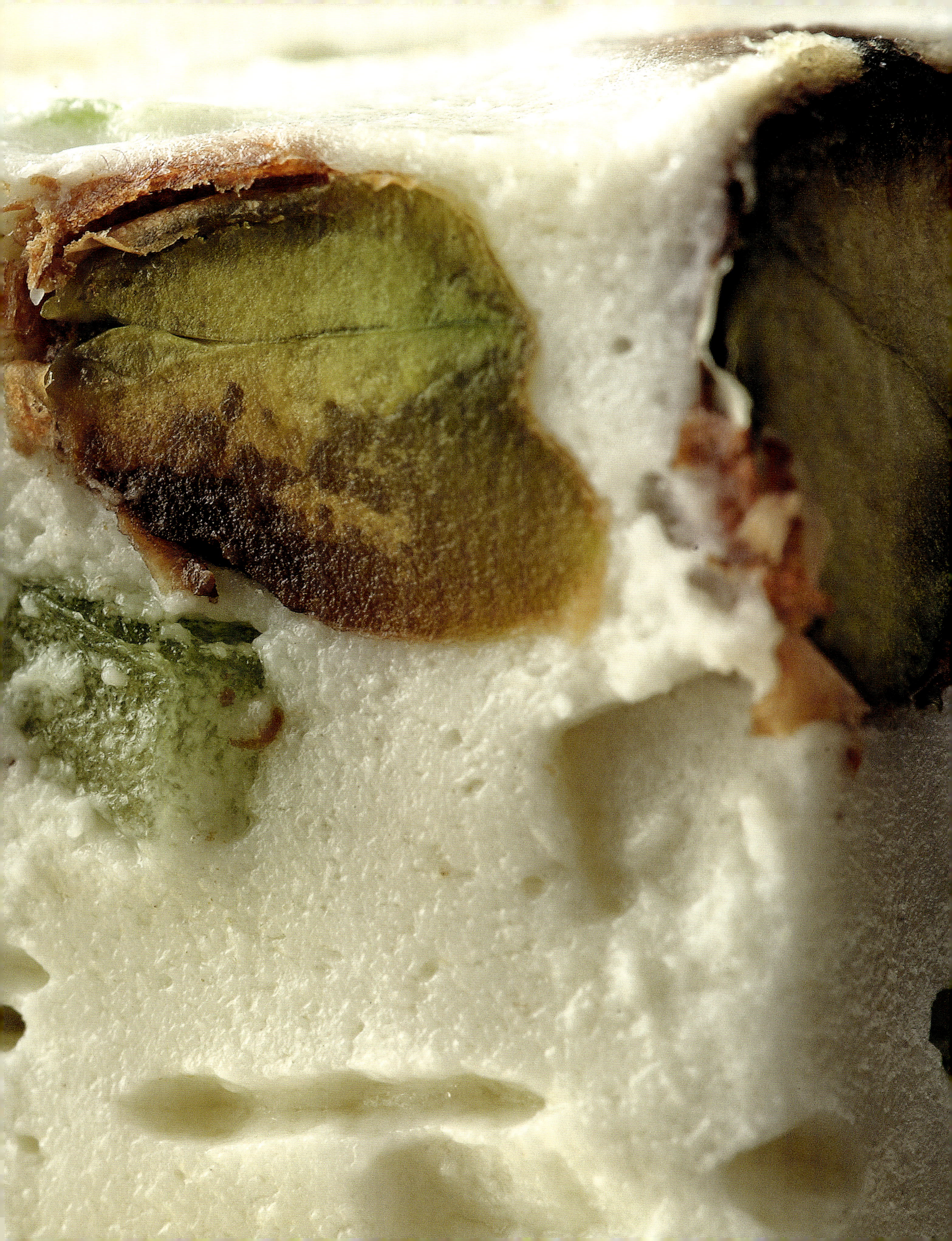

Légumes de saison préparés de différentes façons sur une purée de rutabagas relevée au ras-el-hanout, guimauve de légumes

POUR 10 PERSONNES
Marinade des pickles : 12 heures
Préparation : 1 heure 30

LÉGUMES DE SAISON
50 sommités de chou Romanesco
50 sommités de chou-fleur
30 feuilles de chou de Bruxelles
100 g de potiron
30 disques de 2 cm de chou rouge
30 copeaux de chou Romanesco
3 cuillerées à soupe de vinaigrette Grand Véfour
Sel, poivre

OIGNON ROUGE EN PICKLES
1 oignon rouge
100 g de vinaigre d'alcool
135 g de sucre semoule

PURÉE DE RUTABAGAS
600 g de rutabagas épluchés
150 g de crème liquide
4 g de ras-el-hanout
Sel, poivre du moulin

GELÉE DE CHOU ROUGE
250 g de jus de chou rouge
20 g de vinaigre de xérès
2 g de xanthane
Sel

BOUILLON DE LÉGUMES
1/2 poireau
1/4 de branche de céleri
1 carotte
1 bouquet garni
6 g de gros sel
2 g de poivre blanc en grains

GUIMAUVE AU BOUILLON DE LÉGUMES
250 g de bouillon de légumes
18 g de gélatine
Sel, poivre du moulin

GARNITURE
10 pousses de cordifolle
10 fleurs de violette
30 girolles au vinaigre
30 brins de ciboulette

Oignon rouge en pickles
Épluchez l'oignon rouge et coupez-le en quatre. Réalisez des petits copeaux d'oignon et déposez-les dans un bocal. Dans une casserole, portez à ébullition 100 g d'eau, le vinaigre et le sucre, puis versez sur l'oignon. Fermez hermétiquement. Réservez au réfrigérateur pendant 12 heures au moins.

Purée de rutabagas
Coupez les rutabagas en morceaux. Faites-les cuire dans une casserole d'eau bouillante salée pendant 15 minutes. Égouttez puis mixez finement avec la crème. Assaisonnez puis ajoutez le ras-el-hanout. Laissez refroidir puis réservez au réfrigérateur.

Gelée de chou rouge
Dans une casserole, versez le jus de chou rouge, le vinaigre et le xanthane. Fouettez et portez à ébullition. Faites cuire 2 minutes. Versez en pipette et laissez refroidir. Réservez au réfrigérateur.

Bouillon de légumes
Portez à ébullition 1 litre d'eau. Ajoutez les légumes épluchés et grossièrement coupés en morceaux et les autres ingrédients. Portez à ébullition et laissez cuire à frémissement pendant 35 minutes. Passez au chinois étamine. Rectifiez l'assaisonnement. Réservez au chaud.

Guimauve au jus de bouillon
Faites ramollir la gélatine pendant 2 minutes dans un bol d'eau froide. Ajoutez la gélatine égouttée dans le bouillon de légumes chaud. Rectifiez l'assaisonnement. Versez dans la cuve d'un batteur avec fouet. Montez la préparation jusqu'à obtenir une texture de génoise. Coulez-la dans un cadre de 25 x 11 cm. Laissez prendre au réfrigérateur pendant 30 minutes.
Coupez la guimauve en cubes de 1,5 cm. Réservez.

Légumes de saison
Faites cuire séparément les sommités de chou Romanesco et de chou-fleur dans une casserole d'eau bouillante salée, pendant 3 à 4 minutes. Rafraîchissez-les dans un bol d'eau glacée. Faites blanchir les feuilles des choux de Bruxelles 1 minute à l'eau bouillante salée ; refroidissez-les dans un bol d'eau glacée.
Découpez le potiron en tranches de 2 mm d'épaisseur. Coupez dans les tranches 30 rectangles de 7 x 3 cm puis roulez-les en cône. Réservez au frais tous les légumes.
Au moment du dressage, assaisonnez les légumes crus et cuits avec la vinaigrette Grand Véfour. Salez, poivrez.

Dressage
Placez un cercle de 10 cm de diamètre au centre de chaque assiette. Déposez-y 70 g de purée de rutabagas. Disposez les légumes de saison, les pousses de cordifolle et les fleurs. Ajoutez 3 girolles au vinaigre, 3 copeaux d'oignon rouge, 3 brins de ciboulette et 3 cubes de guimauve de bouillon.
Réalisez 5 points de gelée de chou rouge autour des légumes. Servez aussitôt.

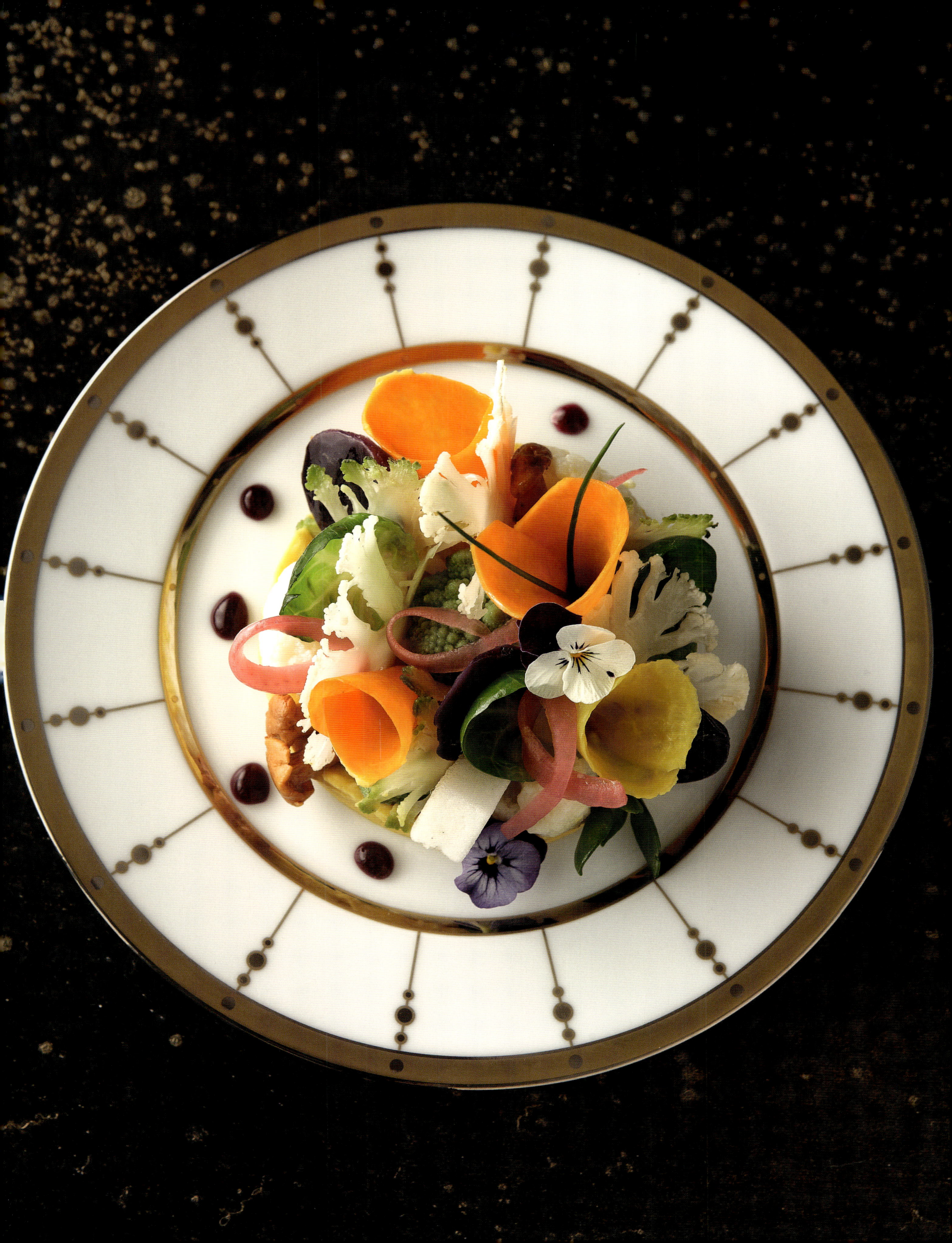

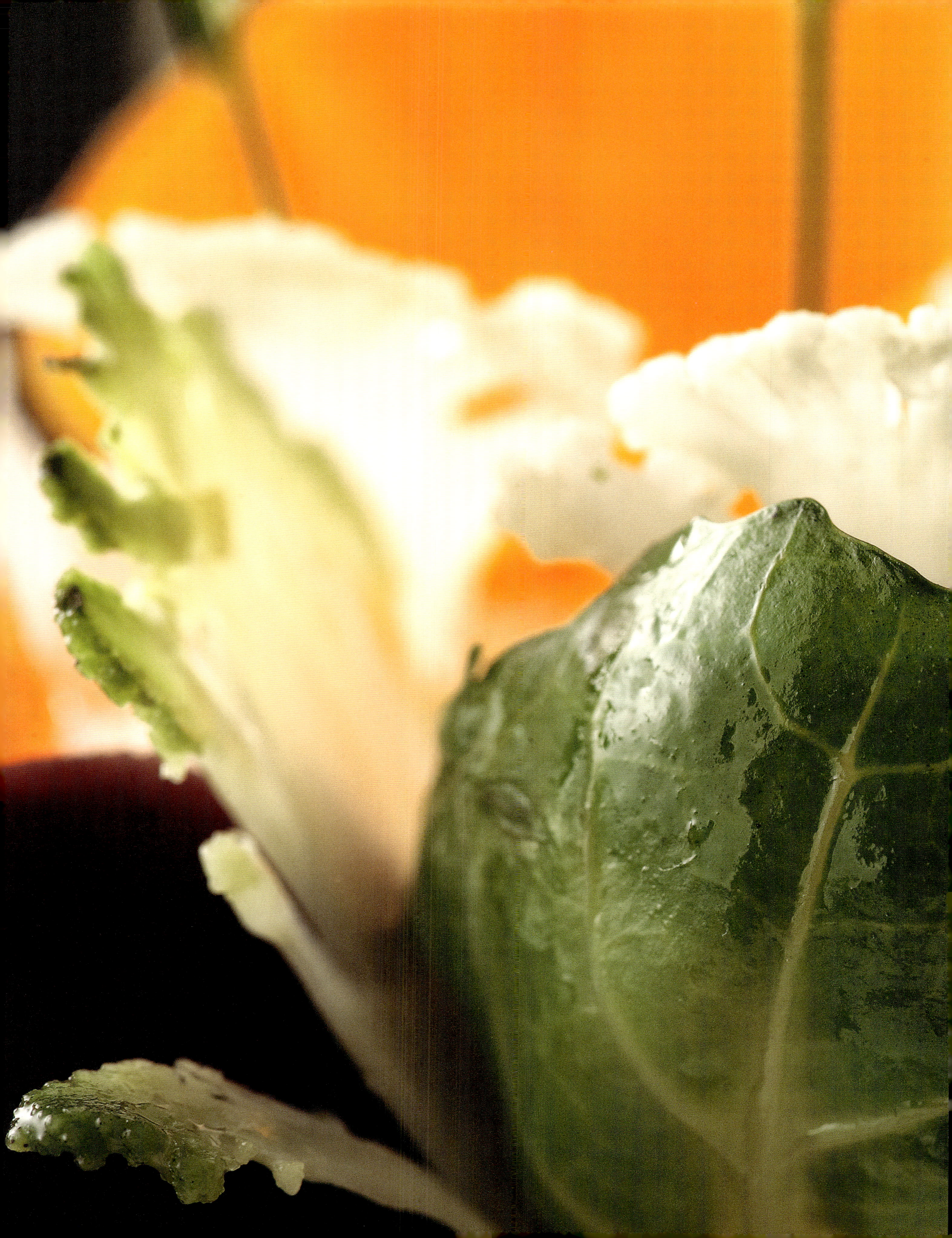

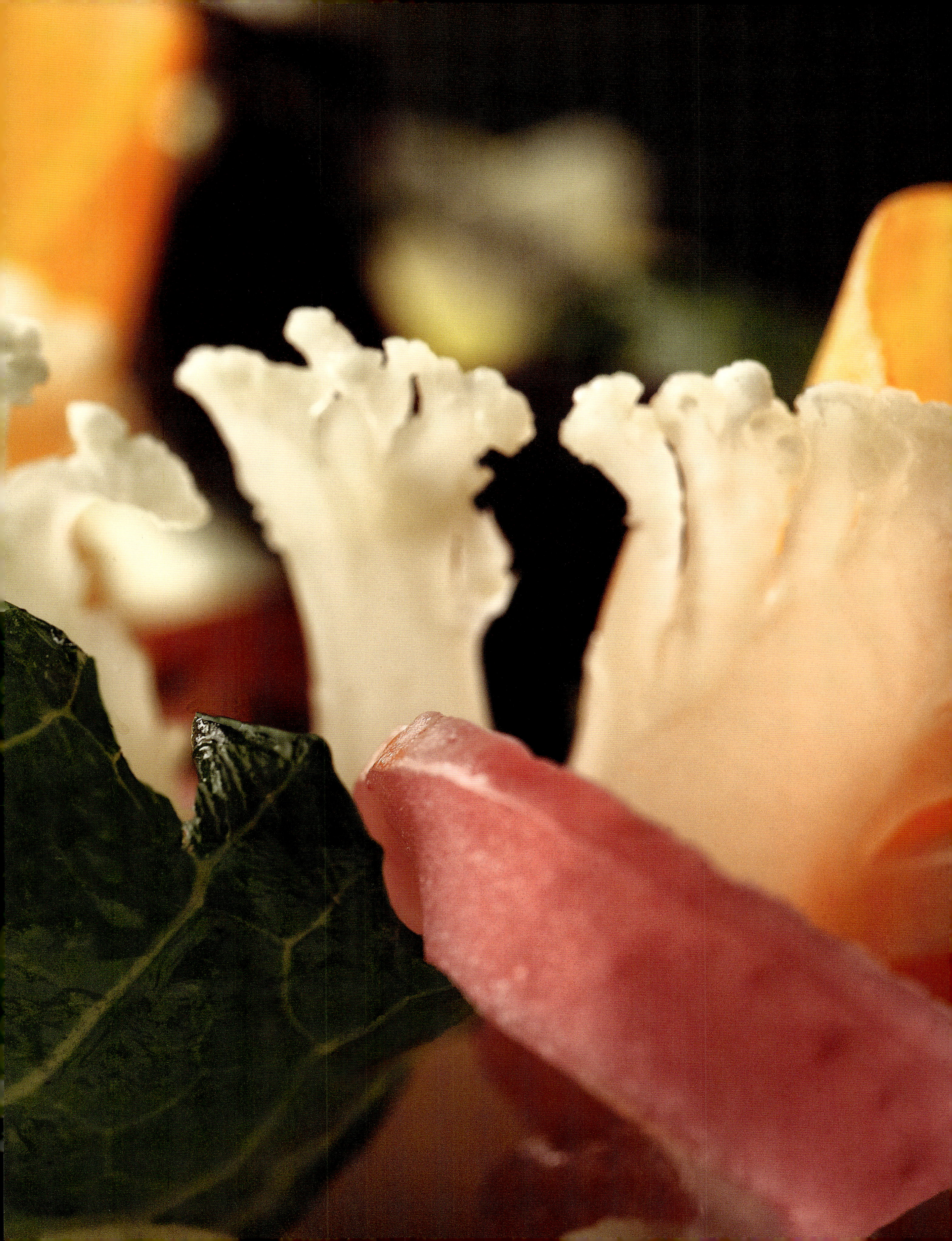

LES
POISSONS

Cabillaud rôti sur la peau, pesto coriandre, patate douce comme une semoule, condiment de pois chiche

POUR 10 PERSONNES
Préparation : 1 heure 30

10 pavés de cabillaud de 130 g
avec la peau
200 g de gros sel
50 g d'huile d'olive
Poivre du moulin

SAUCE CHAMPIGNONS
250 g de mélange de
champignons (girolles, chanterelles,
pieds bleus…)
40 g d'échalote émincée
300 g de lait entier
100 g de crème liquide
20 g d'huile d'olive
Sel, poivre du moulin

SEL AUX AMANDES
10 g d'amandes hachées
5 g de fleur de sel

PESTO CORIANDRE
20 g de feuilles de coriandre
fraîche
15 g d'amandes torréfiées
60 g d'huile d'olive
Sel, poivre du moulin

PATATE DOUCE
COMME UNE SEMOULE
600 g de patate douce orange
25 g de jus de citron vert
30 g de dattes Medjool
50 g d'amandes torréfiées
30 g de zeste de citron vert râpé
Sel, poivre du moulin

PURÉE DE POIS CHICHES
150 g de pois chiches cuits
30 g d'huile l'olive
8 g de jus de citron vert
3 gouttes de Tabasco
Sel, poivre du moulin

CHIPS DE PATATE DOUCE
10 bandes de patate douce non
épluchée de 1,5 mm d'épaisseur,
taillées dans la longueur
Sel

Sauce champignons
Nettoyez et coupez en morceaux les champignons.
Dans une poêle, à feu moyen, faites revenir l'échalote émincée 2 minutes dans l'huile d'olive, sans coloration. Ajoutez les champignons et faites-les revenir 2 minutes. Salez et poivrez.
Versez le lait et la crème. Portez à ébullition et poursuivez la cuisson à petits bouillons pendant 5 minutes. Mixez et passez au chinois fin. Rectifiez l'assaisonnement. Réservez au chaud.

Sel aux amandes
Grillez les amandes à sec dans une poêle pendant 2 minutes. Mélangez-les à la fleur de sel. Réservez.

Pesto coriandre
Mixez la coriandre avec les amandes. Ajoutez doucement l'huile. Salez et poivrez. Réservez.

Patate douce comme une semoule
Épluchez et coupez la patate douce en morceaux. Râpez-la pour obtenir une texture de semoule.
Dans une casserole, versez 240 g d'eau et le jus de citron. Portez à ébullition. Ajoutez la semoule de patate douce, salez, poivrez et faites-la cuire 3 minutes à feu moyen. Faites-la refroidir en l'étalant dans un plat.
Dénoyautez et taillez les dattes en dés de 5 mm. Taillez les amandes en six dans la longueur. Mélangez la semoule de patate douce, les amandes, les dattes et le zeste de citron vert. Réchauffez doucement le mélange. Réservez au chaud.

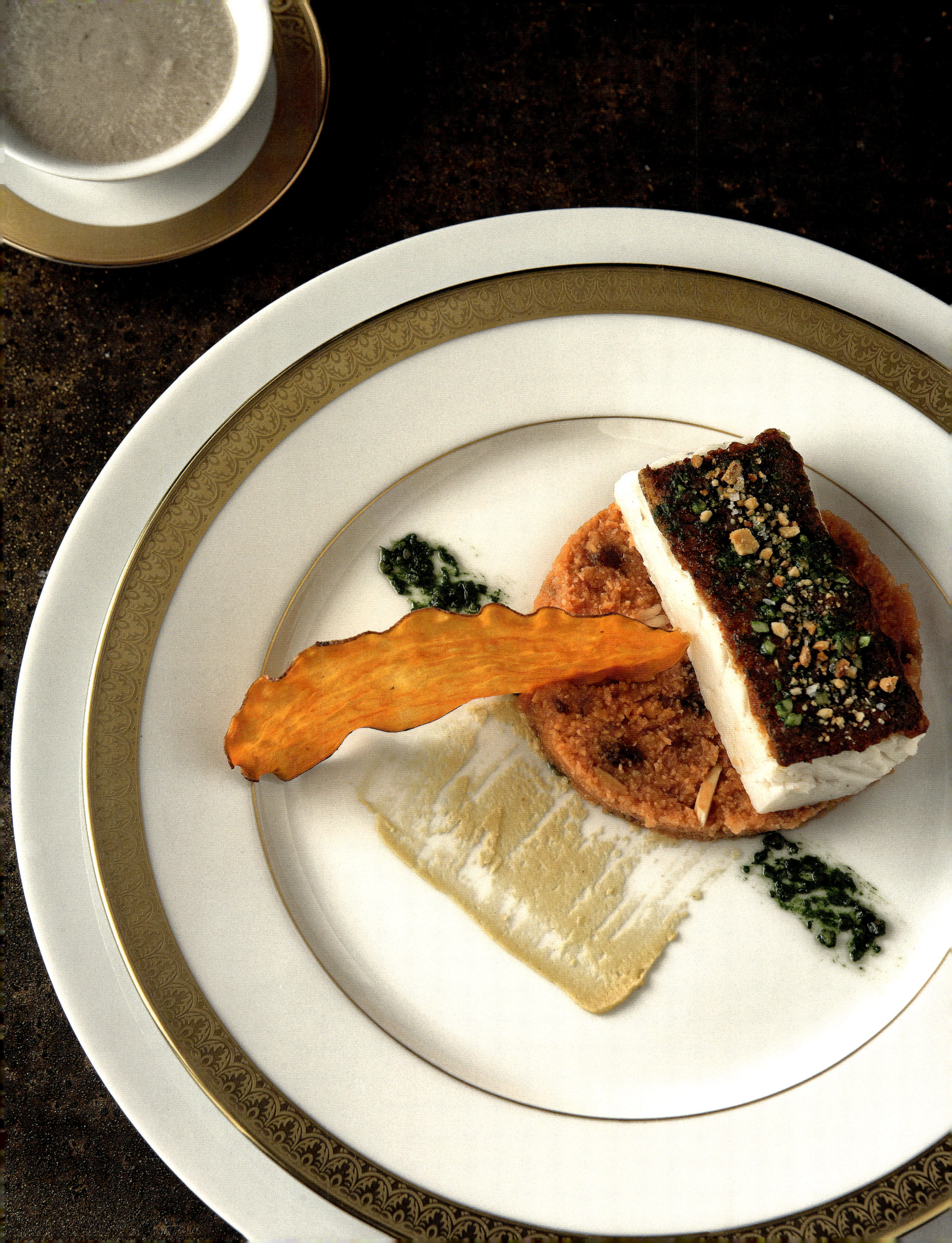

Cabillaud rôti sur la peau, pesto coriandre, patate douce comme une semoule, condiment de pois chiche

Purée de pois chiches
Dans une casserole, faites chauffer les pois chiches avec l'huile et un peu d'eau. Mixez puis ajoutez le jus de citron vert, le Tabasco. Salez, poivrez. Réservez au chaud.

Chips de patate douce
Plongez les bandes de patate douce dans un bain d'huile à 150 °C pendant 30 secondes.
Disposez-les entre deux feuilles de papier sulfurisé sur une plaque, puis posez deux plaques dessus.
Placez dans un four préchauffé à 110 °C pendant 35 à 40 minutes.
Salez et réservez au chaud.

Cabillaud
Versez la moitié du gros sel sur une plaque. Posez dessus les pavés de cabillaud et couvrez-les du reste du sel. Laissez mariner 6 minutes. Rincez les pavés à l'eau courante.
Épongez-les sur du papier absorbant. Poivrez.
Dans une poêle, faites chauffer l'huile d'olive à feu moyen, puis placez-y les pavés côté peau pour leur donner une belle coloration, environ 2 minutes. Posez-les ensuite sur une plaque couverte d'une feuille de papier sulfurisé et poursuivez la cuisson 5 à 6 minutes dans un four préchauffé à 220 °C.
Badigeonnez la peau de pesto coriandre. Saupoudrez d'une pincée de sel aux amandes et d'un tour de moulin à poivre.

Dressage
Faites un trait au pinceau de pesto coriandre sur la moitié de chaque assiette.
À l'aide d'une poche à douille unie de 8 mm, réalisez un trait de purée de pois chiches dans le coin droit et aplanissez avec une spatule.
Versez dans un cercle de 12 cm de diamètre, au centre de l'assiette, 50 g de semoule de patate douce. Posez dessus le cabillaud.
Piquez une chips de patate douce.
Donnez une ébullition à la sauce champignons, puis mixez-la pour obtenir une belle mousse. Versez-la en saucière. Servez aussitôt.

VOLTAIRE

Cabillaud rôti sur la peau aux petits pois et risotto croustillant

POUR 10 PERSONNES
Préparation : 1 heure 30

10 pavés de cabillaud de 130 g avec la peau
200 g de gros sel
50 g d'huile d'olive
Poivre du moulin

RISOTTO
300 g de riz Arborio
30 g d'échalote finement ciselée
600 g de vin blanc
1,1 litre de fond blanc de volaille
300 g de crème liquide
30 g de parmesan râpé
320 g de petits pois cuits
30 g d'huile d'olive
Sel, poivre du moulin

VINAIGRETTE AUX PETITS POIS
175 g de petits pois crus hachés grossièrement
100 g de dés de pulpe de citron jaune
10 g de persil ciselé
100 g d'huile d'olive
Sel, poivre du moulin

TUILES AUX POIS CASSÉS
50 g de beurre mou
50 g de farine de pois cassés
50 g de blanc d'œuf
Sel, poivre du moulin

GARNITURE ET ASSAISONNEMENT
10 pousses de petit pois
1 cuillerée à soupe de vinaigrette Grand Véfour
Sel, poivre du moulin

Risotto
Dans un sautoir, faites suer l'échalote ciselée dans 10 g d'huile d'olive pendant 1 minute, à feu moyen, sans coloration. Ajoutez le riz et faites-le cuire en remuant de temps à autre pendant 3 minutes environ, jusqu'à ce qu'il soit nacré. Versez le vin blanc et faites-le réduire à sec. Versez une petite quantité du fond blanc chaud, mélangez. Lorsque le riz a absorbé le fond, ajoutez-en de nouveau ; répétez l'opération jusqu'à ce que le riz ait cuit 15 minutes.
Ajoutez la crème, le parmesan râpé et les petits pois. Mélangez et poursuivez la cuisson pendant 5 minutes. Rectifiez l'assaisonnement en sel et poivre.
Moulez dans 2 cadres de 18 x 18 cm et lissez le dessus.
Laissez refroidir, puis placez au réfrigérateur.

Vinaigrette aux petits pois
Mélangez tous les ingrédients. Réservez.

Tuiles aux pois cassés
Mélangez le beurre, la farine de pois cassés et les blancs d'œufs jusqu'à obtenir une texture homogène. Salez et poivrez. Versez dans une poche à douille. À l'aide d'un pochoir en forme de triangle de 15 cm de haut et 4 cm de base, étalez 10 tuiles de pois cassés sur une toile de cuisson.
Faites-les cuire dans un four préchauffé à 110 °C pendant 25 minutes. Réservez-les sur du papier absorbant dans un endroit sec.

Garniture
Taillez le risotto en 20 rectangles de 9 x 3,5 cm et poêlez-les dans l'huile d'olive restante de chaque côté, 2 à 3 minutes à feu moyen, pour leur donner une belle coloration.
Réservez au chaud.
Assaisonnez les pousses de petit pois de vinaigrette Grand Véfour. Salez, poivrez.

Cabillaud
Versez la moitié du gros sel sur une plaque. Posez dessus les pavés de cabillaud et couvrez-les du reste du sel. Laissez mariner 6 minutes. Rincez les pavés à l'eau courante. Épongez-les sur du papier absorbant. Poivrez.
Dans une poêle, faites chauffer l'huile d'olive à feu moyen, puis placez-y les pavés côté peau pour leur donner une belle coloration, environ 2 minutes. Posez-les ensuite sur une plaque couverte d'une feuille de papier sulfurisé et poursuivez la cuisson 5 à 6 minutes dans un four préchauffé à 220 °C.

Dressage
Placez dans chaque assiette 2 rectangles de risotto croustillant puis le pavé de cabillaud dessus, à cheval. Nappez de vinaigrette aux petits pois. Piquez une tuile aux pois cassés.
Décorez d'une pousse de petit pois. Servez aussitôt.

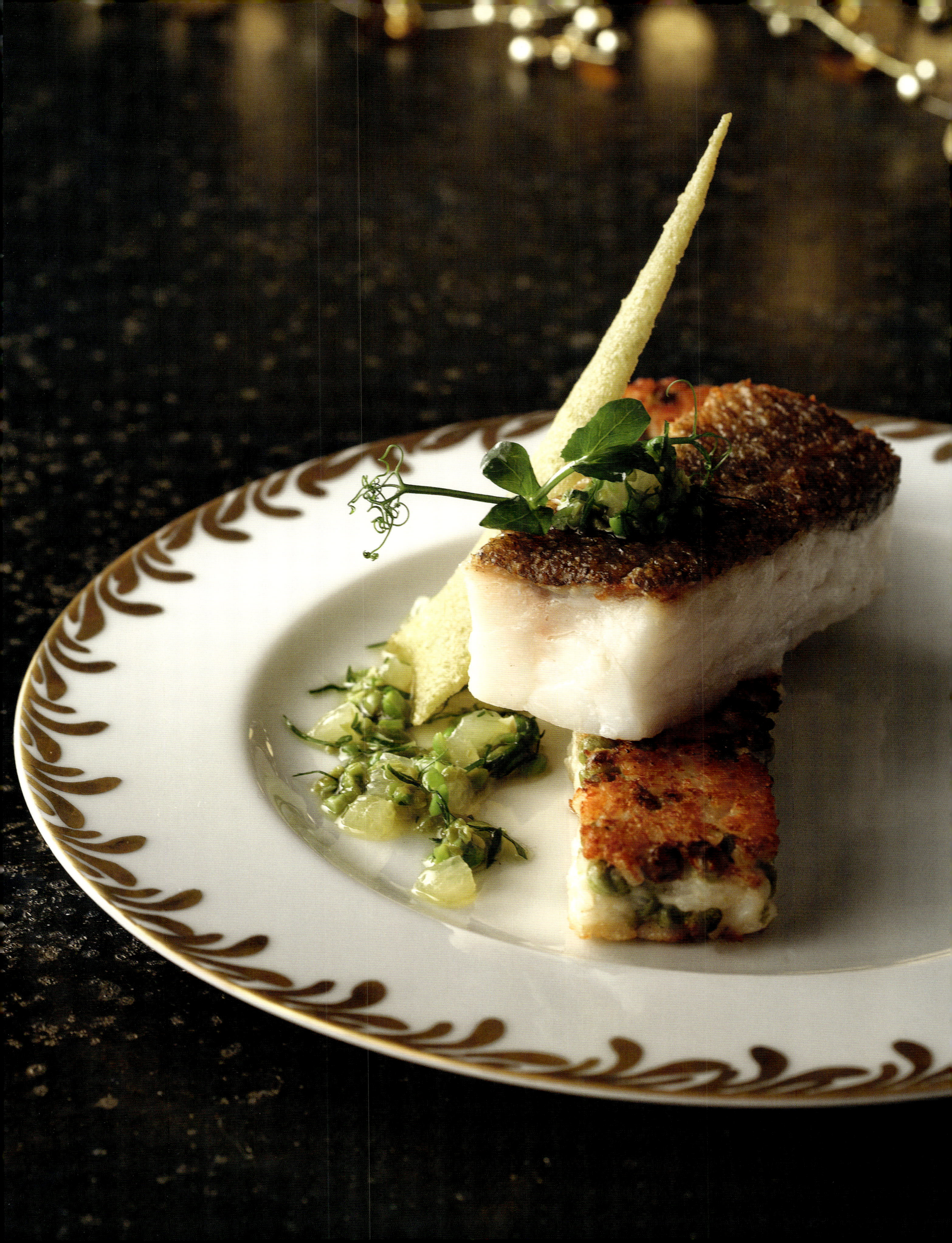

Filets de sole cuits vapeur, blettes, les côtes acidulées et le vert en condiment

POUR 10 PERSONNES
Préparation : 1 heure 30
Marinade : 6 heures

20 filets de sole de 120 g sans peau
20 bandes de vert de blette de 12 x 3 cm
Sel, poivre du moulin

CÔTES DE BLETTES MARINÉES
525 g de côtes de blettes
225 g de miel toutes fleurs
225 g de vinaigre d'alcool
45 g de jus de citron jaune
3 étoiles de badiane
15 capsules de cardamome verte

VINAIGRETTE AU VERT DE BLETTE
25 g de vert de blette
20 g d'huile d'olive
10 g de vinaigre de riz
10 g de saké
10 g de sauce soja
Sel, poivre du moulin

GARNITURE
200 g d'harusamé
60 g de vert de blettes émincées
100 g de côtes de blettes marinées
30 g de shibazuke en lanières
100 g d'avocat en dés de 5 mm
30 g de vinaigrette au vert de blette
Sel, poivre du moulin

ÉMULSION À LA VINAIGRETTE DE BLETTE
50 g de vinaigrette au vert de blette
35 g de crème liquide
50 g de lait de soja
Sel, poivre du moulin

Côtes de blettes marinées
Ôtez la fine peau et les filaments des côtes de blettes. Lavez les côtes puis placez-les dans une boîte fermant avec un couvercle hermétique.
Dans une casserole, portez à ébullition 120 g d'eau avec le miel, le vinaigre, le jus de citron et les épices. Versez sur les côtes de blettes. Fermez et laissez complètement refroidir, puis laissez mariner au moins 6 heures au réfrigérateur.
Égouttez les côtes, épongez-les puis taillez-y 10 sifflets de 5 mm de large.

Vinaigrette au vert de blette
Mixez ensemble tous les ingrédients. Rectifiez l'assaisonnement en sel et poivre.

Garniture
Plongez les vermicelles d'harusamé dans une casserole d'eau bouillante salée pendant 2 minutes. Égouttez-les. Dans un bol, mélangez tous les ingrédients de la garniture. Rectifiez l'assaisonnement.

Filets de sole
Posez les filets de sole à plat, côté arête sur le plan de travail, côté peau en haut. Salez et poivrez. (Il n'y a plus de peau mais on dit côté peau pour se repérer.)
Posez sur chaque filet de sole une bande de vert de blette. Répartissez les sifflets de blettes marinées sur 10 filets. Posez dessus le second filet, côté peau sur les blettes.
Roulez chaque paire de filets bien serrée dans un film alimentaire pour obtenir des rouleaux de 12 cm de long. Faites cuire les rouleaux de sole 5 à 6 minutes dans un cuiseur vapeur. Enlevez le film puis épongez les rouleaux sur du papier absorbant. Coupez les entames et taillez les rouleaux en deux légèrement en biais, aux deux tiers. Épongez de nouveau sur du papier absorbant. Réservez au chaud.

Émulsion à la vinaigrette de blette
Versez la vinaigrette, la crème et le lait de soja dans une casserole. Chauffez à feu doux. Salez, poivrez puis mixez afin d'obtenir une jolie mousse. Réservez au chaud.

Dressage
Dans chaque assiette, posez un cadre de 15 x 4 cm et remplissez-le de garniture. Placez à côté le même cadre puis versez dans le fond un peu de vinaigrette au vert de blette.
Posez dessus les deux demi-rouleaux de sole.
Nappez d'émulsion à la vinaigrette de blette. Servez aussitôt.

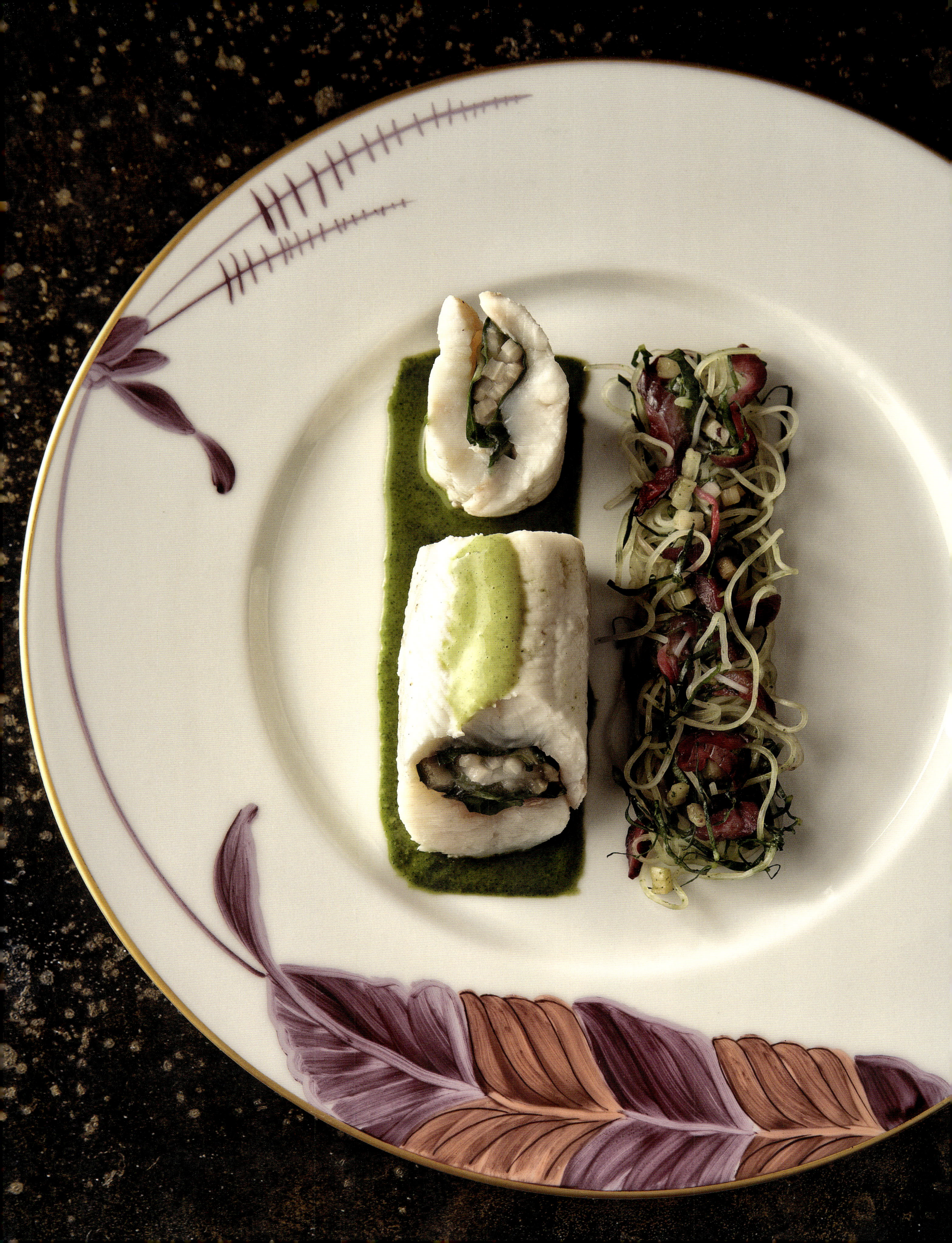

Filet de barbue poêlé, polenta de riz Venere, jus piquillo et orange

POUR 10 PERSONNES
Préparation : 1 heure

10 pavés de barbue de 140 g
3 cuillerées à soupe d'huile d'olive
50 g de beurre
Sel, poivre du moulin

GARNITURE
1 carotte jaune de 15 cm de long et 3 cm de diamètre
20 mini carottes orange
30 petites feuilles de pak choï
10 g de beurre
Sel

HUILE DE CHORIZO
100 g de chorizo fort
200 g d'huile d'olive

POLENTA DE RIZ NOIR VENERE
125 g de riz noir Venere
10 g d'échalote ciselée
50 g de dés de carotte de 3 mm
50 g de dés de côte de pak choï
650 g de bouillon de volaille
10 g d'huile d'olive
40 g de beurre
4 g d'encre de seiche
1,5 g de piment d'Espelette
Sel, poivre du moulin

JUS PIQUILLO ET ORANGE
200 g de piquillos
160 g de jus d'orange
0,6 g de xanthane
Sel, poivre du moulin

Garniture
Épluchez et faites cuire 10 à 12 minutes la carotte entière à l'eau bouillante salée. Laissez-la refroidir. Coupez-la en 5 tronçons de 3 cm de long, puis taillez chaque tronçon en deux en biais.
Épluchez puis faites cuire les mini carottes dans une casserole d'eau bouillante salée pendant 3 à 4 minutes. Faites refroidir en les plongeant dans de l'eau glacée.
Lavez les feuilles de pak choï. Séparez les feuilles des côtes et réservez ces dernières, coupées en dés, pour la polenta de riz noir Venere.

Huile de chorizo
Taillez le chorizo en dés de 5 mm.
Versez l'huile d'olive et les dés de chorizo dans une sauteuse et chauffez à feu très doux pendant 30 minutes. Couvrez et laissez infuser jusqu'à complet refroidissement. Filtrez. Réservez.

Polenta de riz noir Venere
Passez le riz noir Venere au moulin à épices le plus fin possible. Passez ensuite à la passette pour obtenir une poudre grossière. Réservez.
Dans un faitout, faites suer l'échalote ciselée dans l'huile d'olive, sans coloration. Versez 500 g de bouillon. Portez à ébullition. Versez en pluie la poudre de riz et faites cuire 8 minutes à feu doux en remuant. En fin de cuisson, ajoutez l'encre de seiche, le piment d'Espelette, le beurre. Mélangez bien puis rectifiez l'assaisonnement. Réservez au chaud.
Faites blanchir les dés de carotte dans une casserole d'eau bouillante salée pendant 2 minutes.
Ils doivent rester croquants. Faites-les refroidir en les plongeant dans de l'eau glacée et réservez.

Jus piquillo et orange
Placez tous les ingrédients dans un blender et mixez afin d'obtenir une purée bien lisse. Rectifiez l'assaisonnement. Réservez à température ambiante.

Barbue
Salez et poivrez les pavés de barbue.
Dans une poêle, faites chauffer l'huile d'olive, puis faites cuire les pavés de barbue à feu moyen, 2 minutes de chaque côté. Ajoutez le beurre et continuez la cuisson 2 minutes en arrosant constamment. Épongez les pavés sur du papier absorbant puis badigeonnez-les légèrement d'huile de chorizo à l'aide d'un pinceau. Réservez au chaud.

Finitions et dressage
Réchauffez la polenta de riz avec le reste de bouillon. Ajoutez dans le riz chaud les dés de carotte et de côte de pak choï. Mélangez bien. Réservez au chaud.
Badigeonnez les feuilles de pak choï d'huile de chorizo.
Réchauffez les carottes dans une casserole avec un peu d'eau, le beurre et une pincée de sel.
Au centre de chaque assiette, posez un cadre de 15 x 3 x 1 cm et remplissez-le de 70 g de polenta de riz. Tassez légèrement. Autour du riz, réalisez 3 points de jus piquillo et orange de tailles différentes.
Posez dessus 2 mini carottes et un tronçon de carotte jaune. Terminez par les feuilles de pak choï. Salez, poivrez.
Posez à cheval sur le riz le pavé de barbue.
Versez en saucière le reste du jus piquillo et orange.
Servez aussitôt.

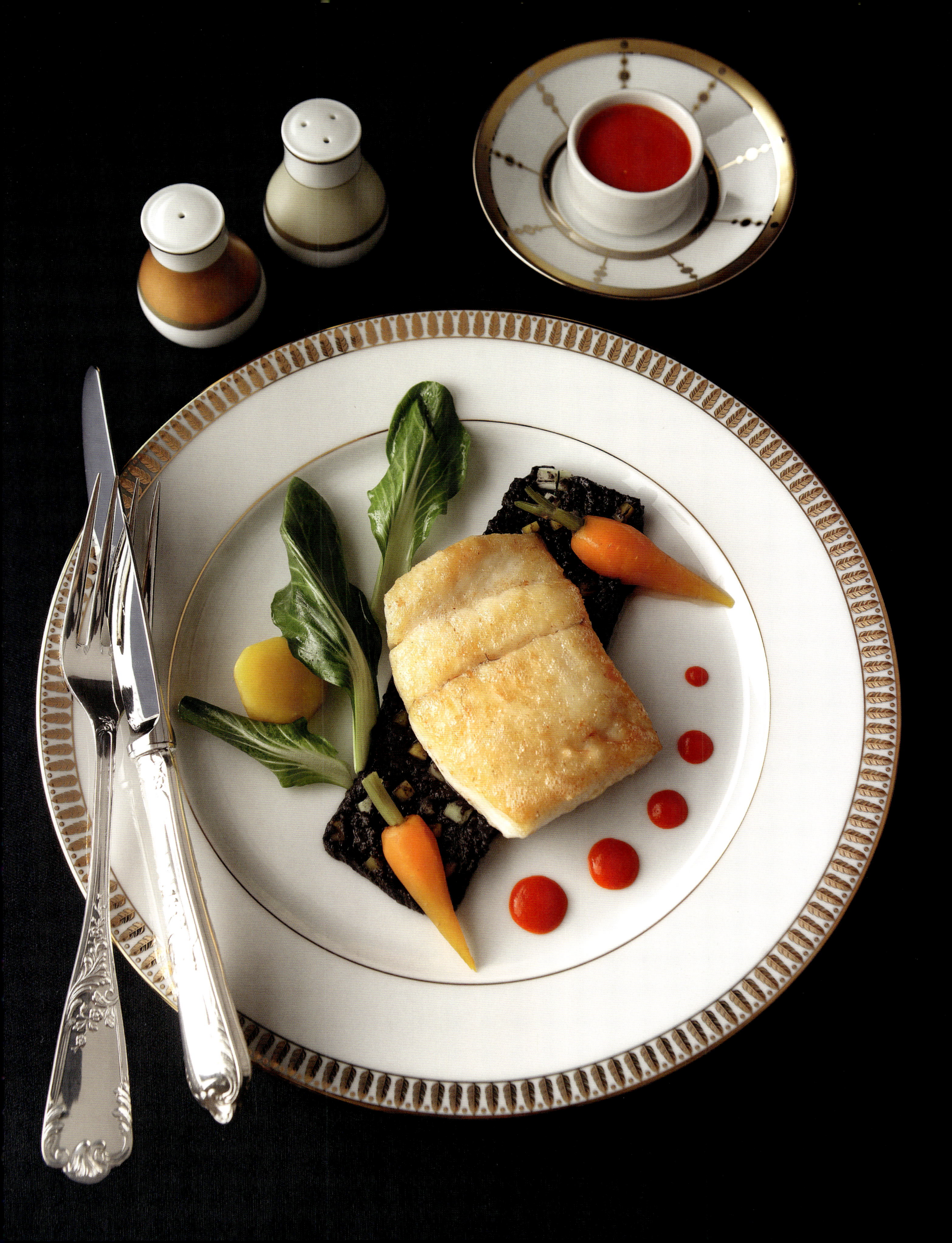

Filet de barbue, huile aux douze épices, avocat, quinoa aux fèves et basilic

POUR 10 PERSONNES
Préparation : 1 heure 30

10 pavés de barbue de 140 g
3 cuillerées à soupe
d'huile d'olive
50 g de beurre
Sel, poivre du moulin

PURÉE DE BASILIC
30 g de feuilles de basilic
20 g d'huile d'olive
Sel

MÉLANGE DOUZE ÉPICES
5 g de graines de coriandre
5 g de graines de cumin
2,5 g de graines de fenouil
1 g de graines de carvi
1 g de poivre blanc en grains
1 g de poivre du Sichuan en grains
15 g de curcuma en poudre
2,5 g de cardamome en poudre
2,5 g de gingembre en poudre
1 g de vanille en poudre
1 g de safran en poudre
0,5 g de piment de Cayenne en poudre

HUILE AUX DOUZE ÉPICES
20 g d'huile d'olive
2 g de mélange douze épices

PURÉE D'AVOCAT
300 g de chair d'avocat
45 g de jus de citron
1,5 g de mélange douze épices
4 g d'encre de seiche
Sel, poivre du moulin

QUINOA AUX FÈVES ET BASILIC
150 g de quinoa
150 g de dés de carotte jaune de 5 mm
100 g de fèves cuites écossées
150 g de dés d'avocat de 5 mm
50 g de beurre
50 g de purée de basilic
Sel, poivre du moulin

JUS DE COQUILLAGES
200 g de jus de coques
200 g de crème liquide
Sel, poivre du moulin

Purée de basilic
Faites cuire les feuilles de basilic dans une casserole d'eau bouillante salée, pendant 5 minutes. Rafraîchissez-les dans un bol d'eau glacée. Égouttez et mixez en une fine purée. Ajoutez l'huile d'olive. Réservez.

Mélange douze épices
Torréfiez les épices en graines dans une poêle sans matière grasse pendant 2 à 3 minutes. Réduisez-les en poudre puis mélangez-les avec les épices en poudre. Réservez.

Huile aux douze épices
Mélangez les ingrédients.

Purée d'avocat
Mixez la chair d'avocat, le jus de citron, 45 g d'eau et 1,5 g de mélange douze épices pour obtenir une purée fine. Divisez la purée en un tiers, deux tiers. Dans le premier tiers, ajoutez l'encre de seiche ; mélangez bien. Rectifiez l'assaisonnement des deux purées. Réservez au réfrigérateur.

Quinoa aux fèves et basilic
Faites cuire le quinoa dans une casserole d'eau bouillante salée, le temps indiqué sur le paquet. Rafraîchissez-le en le plongeant dans de l'eau glacée, puis égouttez-le.
Faites cuire les dés de carotte dans une casserole d'eau bouillante salée pendant 2 minutes. Rafraîchissez-les en les plongeant dans de l'eau glacée, puis égouttez-les.
Mélangez le quinoa avec les fèves et les dés de carotte, puis réchauffez-le avec le beurre.
Ajoutez la purée de basilic et terminez par les dés d'avocat. Mélangez délicatement. Salez et poivrez. Réservez au chaud.

Jus de coquillages
Portez à ébullition le jus de coques et la crème. Poursuivez la cuisson à petits bouillons pendant 5 minutes. Mixez et rectifiez l'assaisonnement. Réservez au chaud.

Barbue
Salez et poivrez les pavés de barbue.
Dans une poêle, faites chauffer l'huile d'olive, puis faites cuire les pavés de barbue à feu moyen, 2 minutes de chaque côté. Ajoutez le beurre et continuez la cuisson 2 minutes en arrosant constamment. Épongez les pavés sur du papier absorbant, puis badigeonnez-les légèrement d'huile aux douze épices à l'aide d'un pinceau. Réservez au chaud.

Dressage
Au centre de chaque assiette, posez un cercle de 10 cm de diamètre et remplissez-le de 75 g de quinoa. Tassez légèrement. Posez dessus un pavé de barbue.
Réalisez 4 points de purée d'avocat nature et 4 points de purée à l'encre de seiche autour.
Avec le manche d'une cuillère en plastique, tirez une larme dans chaque point.
Versez le jus de coquillages en saucière. Servez aussitôt.

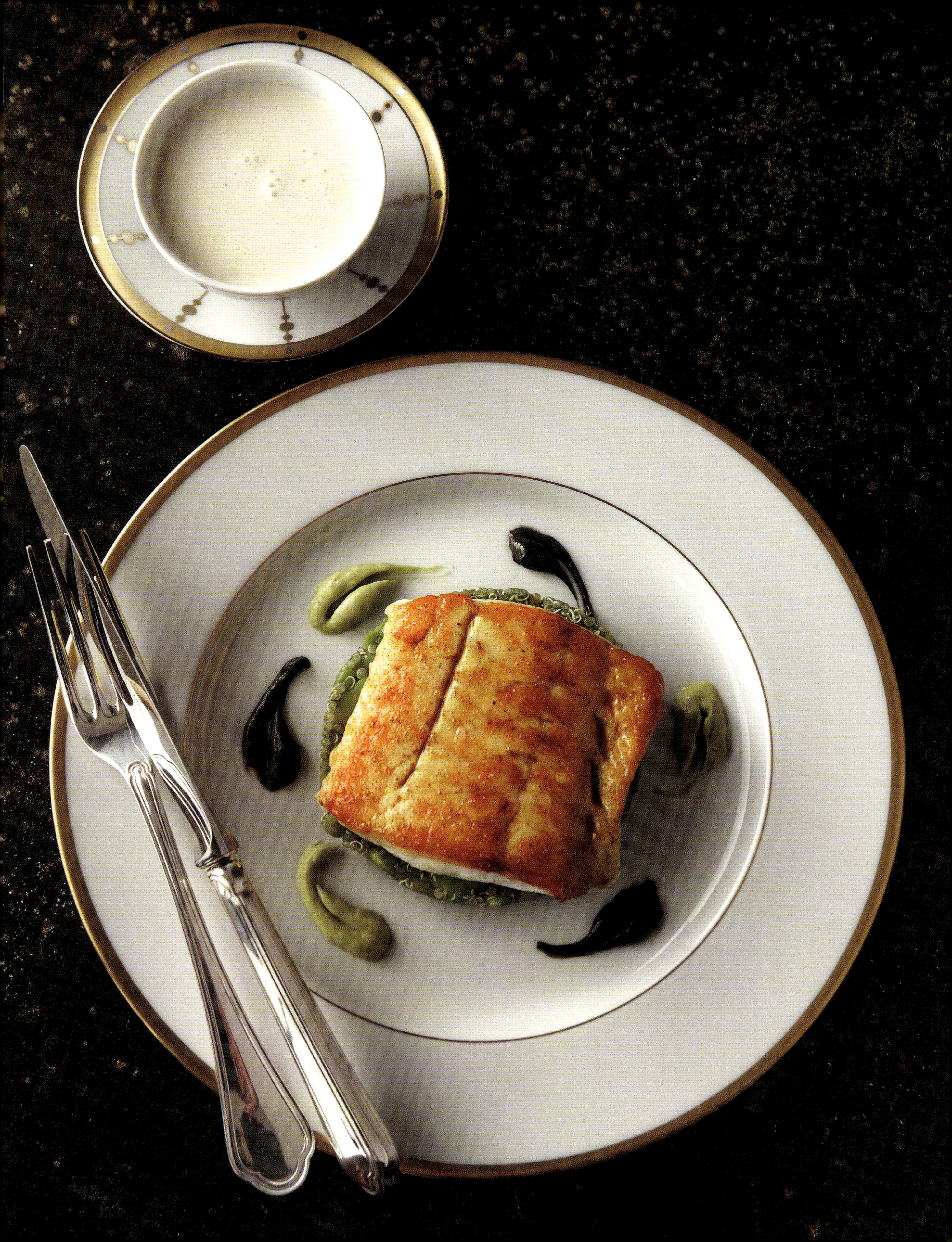

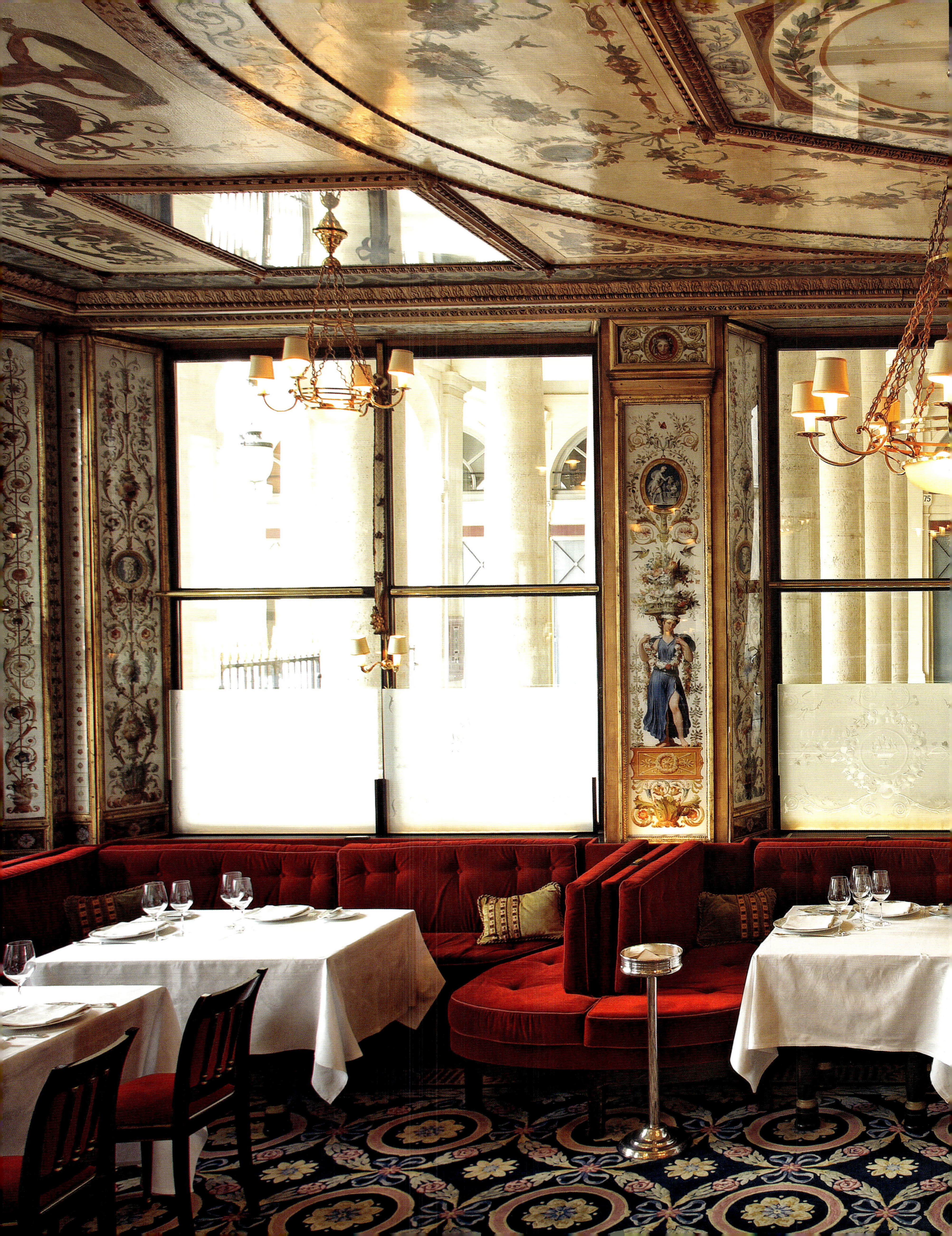

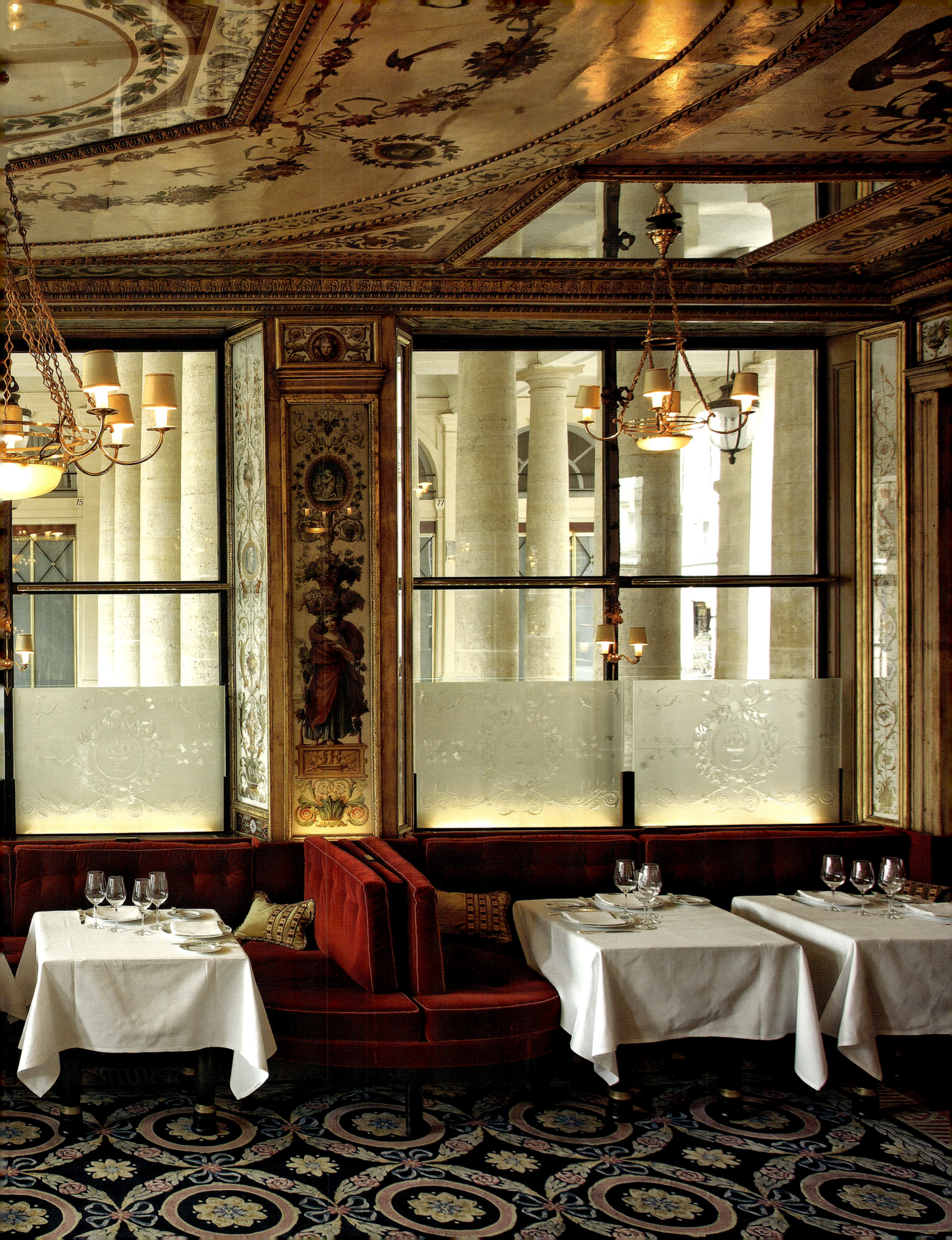

Turbot en épais tronçon servi nacré, fine purée de fenouil et citron au sel, caviar osciètre Prestige

POUR 10 PERSONNES
Préparation : 1 heure 30

10 pavés de turbot de 140 g
10 morceaux de barbe de turbot
50 g de beurre
3 cuillerées à soupe d'huile d'olive
Sel, fleur de sel, poivre du moulin

CAVIAR
40 g de carotte
30 g de fenouil
10 g de poireau
10 g de céleri-branche
2 g de gros sel
1 feuille de gélatine
100 g de caviar osciètre Prestige

PURÉE DE FENOUIL
375 g de fenouil
45 g de citron au sel
1,5 g de curcuma
7 g de brins de coriandre
7 g de gousse d'ail dégermée
Sel, poivre du moulin

MÉLANGE DE LÉGUMES
2 carottes jaunes de 15 cm de long et 3 cm de diamètre
150 g de chou-fleur en sommités de 5 g
50 pois gourmands
5 artichauts poivrade
20 g de beurre doux
Sel, poivre du moulin

ÉMULSION FENOUIL
70 g de purée de fenouil
30 g de beurre
100 g de lait de soja

GARNITURE ET ASSAISONNEMENT
50 g de fenouil cru émincé finement dans l'épaisseur
2 cuillerées à soupe de vinaigrette Grand Véfour
10 pluches de fenouil
Sel, poivre du moulin

Caviar
Lavez, épluchez puis taillez les légumes en fines lamelles. Placez-les dans une casserole avec 300 g d'eau et le gros sel. Portez à ébullition et faites cuire à petits bouillons pendant 15 minutes.
Filtrez le bouillon et laissez-le tiédir.
Faites ramollir la gélatine dans un bol d'eau froide pendant 2 minutes. Incorporez la gélatine égouttée dans le bouillon. Mélangez jusqu'à complète dissolution. Laissez refroidir.
Posez 10 cadres de 10 x 2 cm sur du papier sulfurisé. Répartissez 10 g de caviar dans le fond de chaque cadre. Coulez 3 g de bouillon sur le caviar. Faites prendre au réfrigérateur pendant au moins 15 minutes.

Purée de fenouil
Lavez puis taillez le fenouil en lanières. Enlevez les éventuels pépins du citron au sel.
Versez tous les ingrédients dans une casserole, avec 1 litre d'eau. Couvrez, portez à ébullition puis faites cuire à feu doux pendant 15 minutes. Égouttez soigneusement et mixez en fine purée. Rectifiez l'assaisonnement. Réservez au chaud.

Mélange de légumes
Épluchez et faites cuire les carottes entières dans une casserole d'eau bouillante salée pendant 10 à 12 minutes. Faites-les refroidir en les plongeant dans de l'eau glacée. Coupez-y 5 tronçons de 5 cm de long, puis taillez chaque tronçon en deux en biais pour obtenir 10 tronçons. Réservez.
Faites cuire les sommités de chou-fleur et les pois gourmands séparément dans une casserole d'eau bouillante salée pendant 3 à 4 minutes. Faites refroidir en les plongeant dans de l'eau glacée. Égouttez, réservez.
Tournez les artichauts poivrade et faites-les cuire dans une casserole d'eau bouillante salée pendant 6 à 7 minutes. Rafraîchissez-les dans un bol d'eau glacée.
Égouttez-les puis taillez-les en six. Réservez.

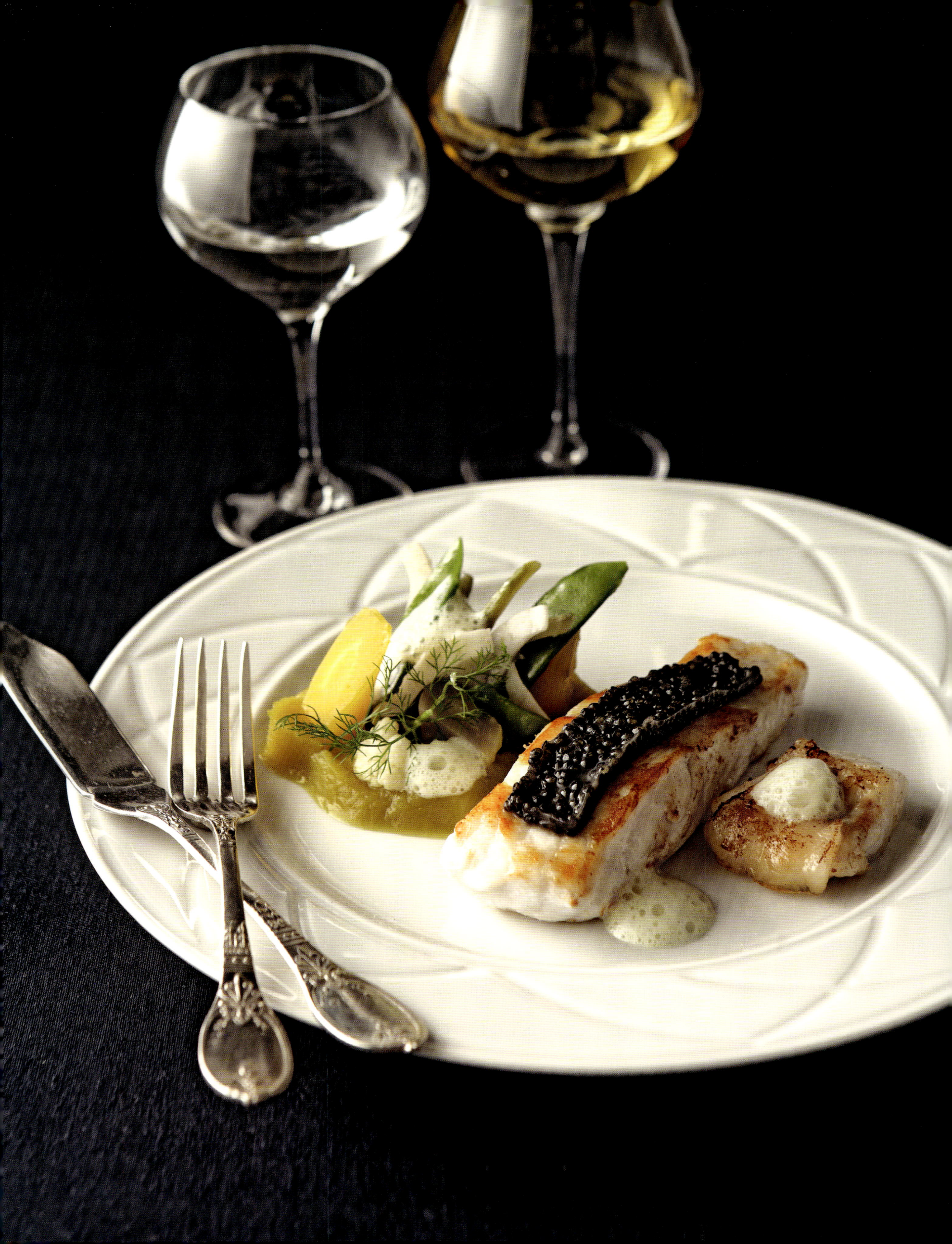

Turbot en épais tronçon servi nacré, fine purée de fenouil et citron au sel, caviar osciètre Prestige

Émulsion fenouil
Mélangez tous les ingrédients dans une casserole. Faites tiédir. Assaisonnez et mixez afin d'obtenir une jolie mousse. Réservez au chaud.

Turbot
Salez et poivrez les tronçons et les barbes de turbot.
Dans une poêle, faites chauffer le beurre et l'huile d'olive, puis faites cuire les tronçons et les barbes de turbot à feu moyen, 3 à 4 minutes de chaque côté, en arrosant constamment. Épongez sur du papier absorbant. Saupoudrez de fleur de sel et de poivre. Réservez au chaud.

Finitions et dressage
Réchauffez le mélange de légumes avec un peu d'eau et le beurre. Rectifiez l'assaisonnement. Assaisonnez le fenouil émincé avec la vinaigrette. Salez, poivrez.
Dans chaque assiette, posez à droite un cadre rectangulaire de 9 x 3 cm, et à gauche un cadre carré de 5,5 cm de côté. Déposez 15 g de purée de fenouil dans le fond du cadre rectangulaire et 20 g dans le carré.
Posez sur le rectangle de purée un pavé de turbot et placez dessus le rectangle de caviar démoulé.
Placez sur le carré de purée, un tronçon de carotte, une barbe, 3 sommités de chou-fleur, 5 pois gourmands, 3 morceaux d'artichaut et 5 g de fenouil cru assaisonné. Enlevez le cadre et ajoutez une pluche de fenouil sur les légumes.
Servez aussitôt avec l'émulsion fenouil en saucière.

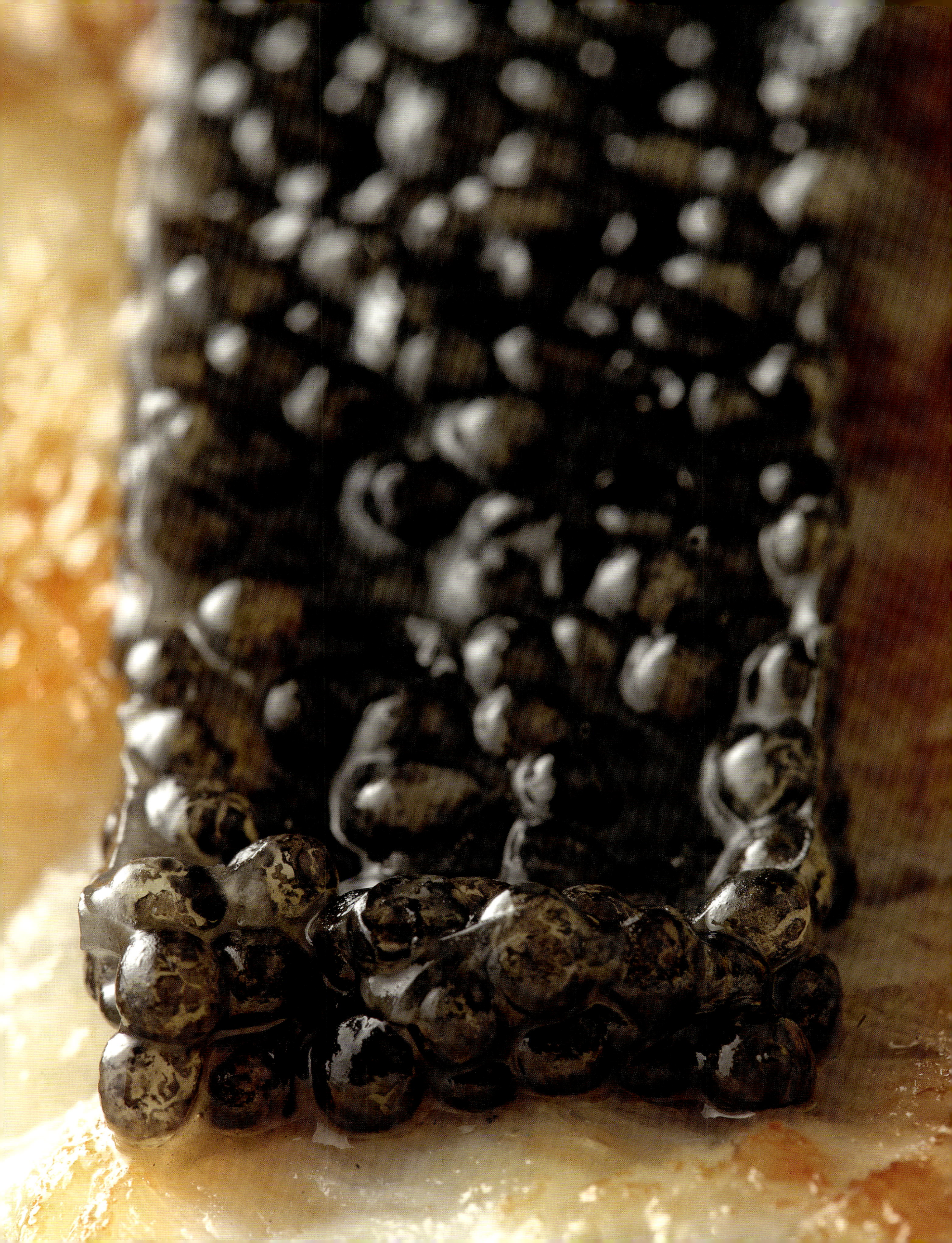

Turbot en épais tronçon servi nacré, tranches de brocolis rehaussées de gingembre, caviar des champs

POUR 10 PERSONNES
Préparation : 40 minutes

10 tronçons de turbot de 140 g
10 morceaux de barbe de turbot
50 g de beurre
3 cuillerées à soupe d'huile d'olive
Sel, fleur de sel, poivre du moulin

BROCOLIS
4 têtes de brocolis
100 g de beurre
20 g de gingembre rose mariné en fine julienne
Sel, poivre du moulin

TRAIT TANDOORI
10 g de poudre de tandoori

VINAIGRETTE AU CAVIAR DES CHAMPS
130 g de caviar des champs
70 g d'huile de noix
40 g de jus de citron vert
40 g de gingembre rose mariné en brunoise
Sel, poivre du moulin

Brocolis
Coupez les brocolis en gros bouquets, puis taillez-les en 70 tranches de 1,5 cm d'épaisseur. Faites-les cuire à plat au four vapeur à 100 °C pendant 3 minutes. Salez à la sortie de cuisson. Laissez refroidir à température ambiante.

Trait tandoori
Mélangez 10 g d'eau et la poudre de tandoori. Réservez.

Vinaigrette au caviar des champs
Mélangez l'huile, le jus de citron et le gingembre. Ajoutez le caviar des champs au moment du dressage. Salez, poivrez.

Turbot
Salez et poivrez les tronçons et les barbes de turbot.
Dans une poêle, faites chauffer le beurre et l'huile d'olive, puis faites cuire les tronçons et les barbes de turbot à feu moyen, 3 minutes de chaque côté, en arrosant constamment.
Épongez-les sur du papier absorbant. Saupoudrez de fleur de sel et de poivre du moulin. Réservez au chaud.

Finitions et dressage
Poêlez les tranches de brocolis au beurre à feu doux pendant 3 minutes, en leur donnant une légère coloration. Ajoutez le gingembre rose. Salez et poivrez. Épongez sur du papier absorbant. Réservez au chaud.
Réalisez un trait de tandoori au centre de chaque assiette. Placez dessus un cercle de 22 cm de diamètre. Disposez dans le cercle 7 tranches de brocolis. Nappez de quelques traits de vinaigrette au caviar des champs.
Posez le tronçon et la barbe de turbot sur les brocolis.
Versez le reste de vinaigrette de caviar des champs en saucière. Servez aussitôt.

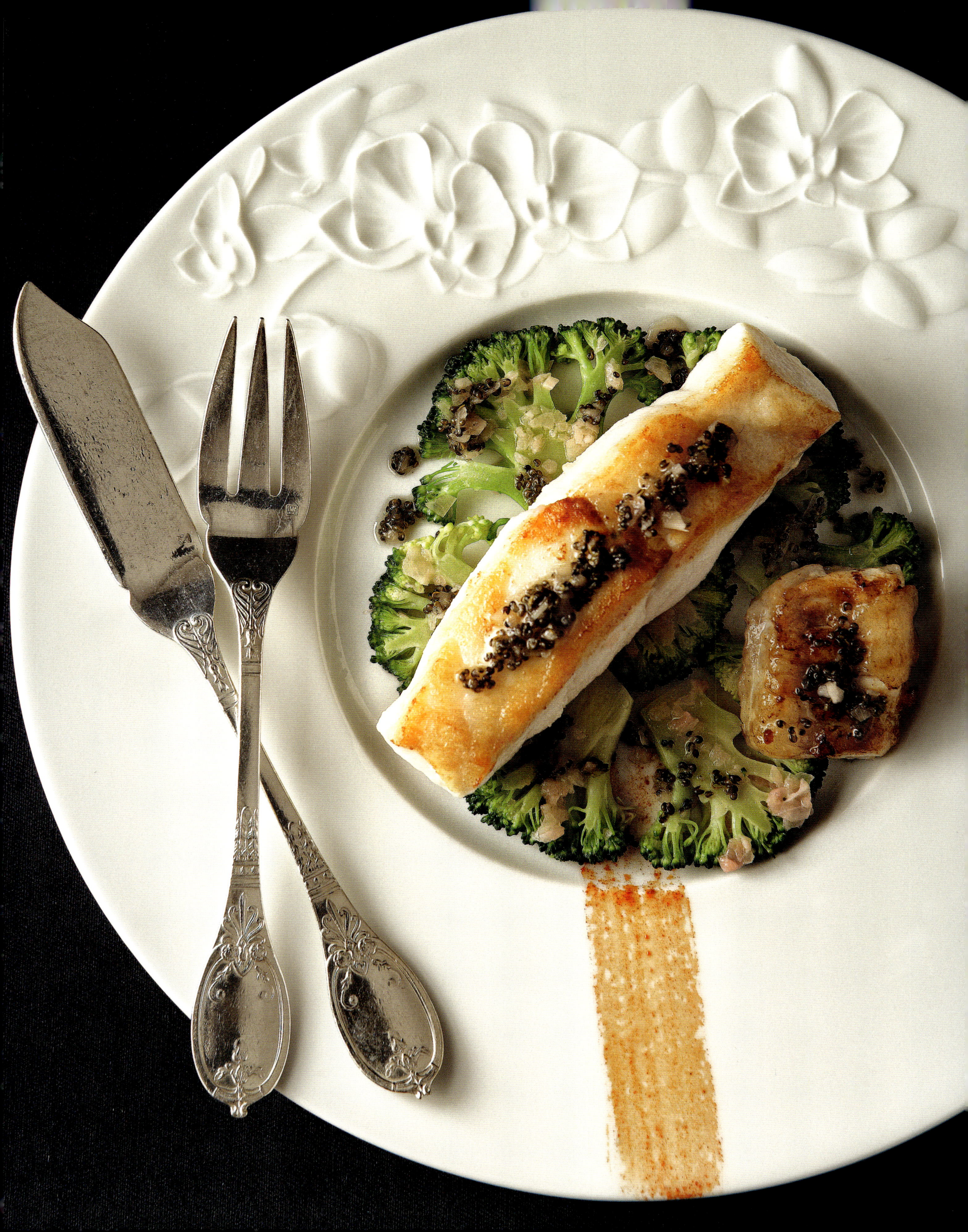

Turbot en épais tronçon servi nacré, huile de pamplemousse, mousseline de carottes jaunes et orange au poivre du Népal

POUR 10 PERSONNES
Préparation : 2 heures

10 pavés de turbot de 140 g
10 morceaux de barbe de turbot
50 g de beurre
3 cuillerées à soupe d'huile d'olive
Sel, fleur de sel, poivre du moulin

PURÉE DE CAROTTES ORANGE
255 g de carottes orange épluchées
85 g de crème liquide
8 g de vinaigre de riz
Sel, poivre du moulin

PURÉE DE CAROTTES JAUNES
85 g de carottes jaunes épluchées
30 g de crème liquide
3 g de vinaigre de riz
Sel, poivre du moulin

CAROTTES VIOLETTES CONFITES
250 g de carottes violettes épluchées
5 g d'huile d'olive
2 g de sel fin
0,5 g de poivre du Népal

HUILE DE PAMPLEMOUSSE
1 pamplemousse rose non traité
100 g d'huile de pépins de raisin
2 g de poudre de zeste de pamplemousse

MÉLANGE SEL, POIVRE, PAMPLEMOUSSE
4 g de fleur de sel
4 g de poivre du Népal concassé
2 g de poudre de zeste de pamplemousse

ÉMULSION CAROTTE
100 g de purée de carottes orange
150 g de lait de soja
10 g d'huile de pamplemousse
Sel, poivre du moulin

GARNITURE
1 pamplemousse rose non traité
30 pluches de carotte

Purée de carottes orange
Coupez les carottes en petits morceaux. Faites-les cuire dans une casserole d'eau bouillante salée pendant 10 minutes.
Égouttez-les puis réduisez-les en une fine purée. Ajoutez la crème et le vinaigre de riz.
Rectifiez l'assaisonnement. Réservez au chaud.

Purée de carottes jaunes
Procédez comme pour la purée de carottes orange. Réservez au chaud.

Carottes violettes confites
Coupez les fanes des carottes à 2 cm du légume. Réservez les fanes pour le dressage.
Épluchez les carottes. Placez-les dans un sac sous vide avec l'huile d'olive, le sel et le poivre du Népal. Faites-les cuire au four vapeur à 90 °C pendant 2 heures.
Taillez-les ensuite en 20 diamants de 3 cm de long. Réservez au chaud.

Pamplemousse
Prélevez les zestes du pamplemousse à l'aide d'un économe fin. Faites-les sécher au four à 90 °C pendant 30 minutes. Éteignez le four et laissez-les jusqu'au complet refroidissement. Réduisez-les en poudre.
Prélevez 10 segments du pamplemousse et coupez-les en deux. Réservez au frais.

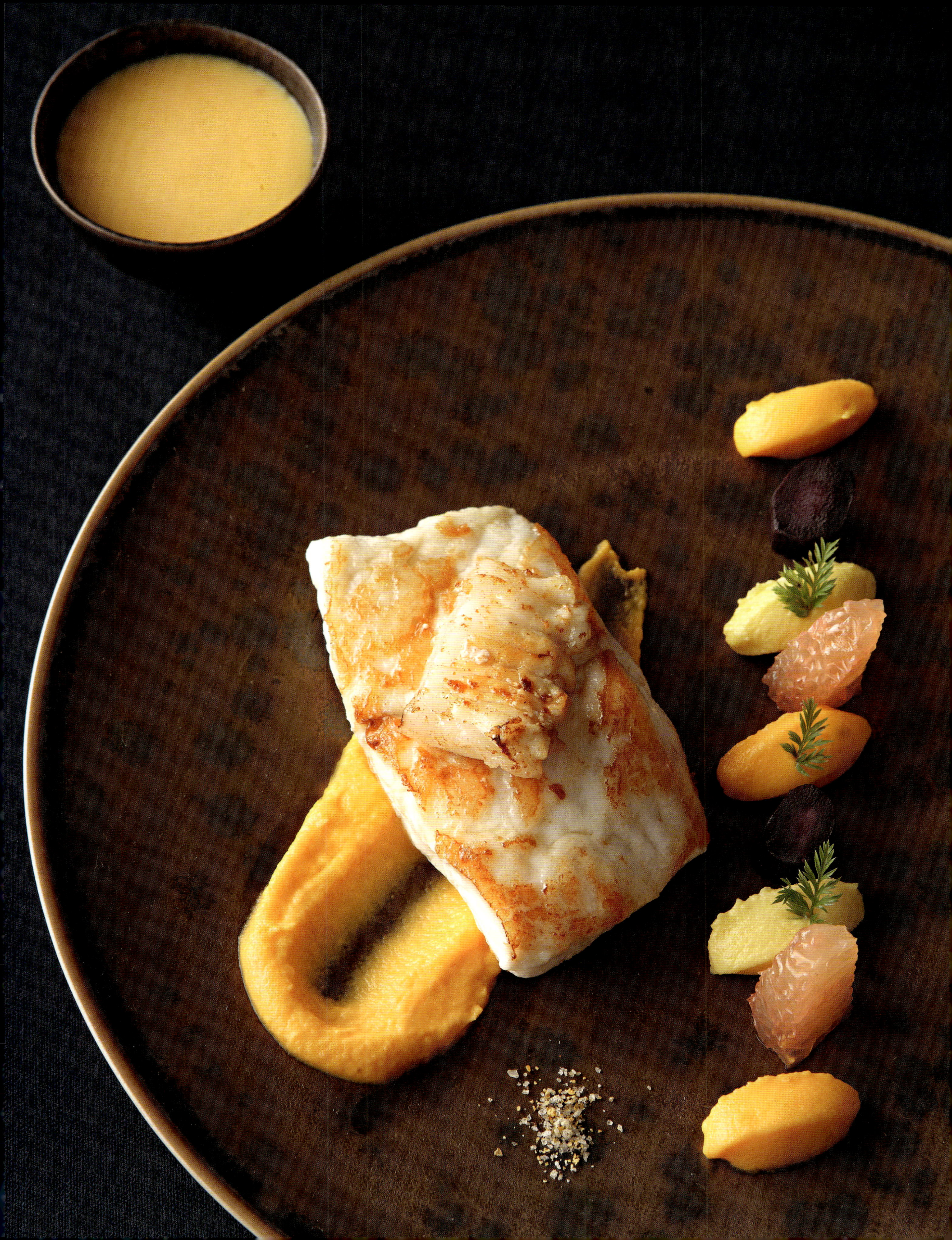

Turbot en épais tronçon servi nacré, huile de pamplemousse, mousseline de carottes jaunes et orange au poivre du Népal

Huile de pamplemousse
Prélevez les zestes du pamplemousse à l'aide d'un écorome fin.
Dans une casserole, faites chauffer l'huile à 65 °C. Hors du feu, versez les zestes de pamplemousse.
Couvrez et laissez infuser jusqu'à refroidissement complet. Filtrez.
Ajoutez ensuite 2 g de poudre de zeste de pamplemousse. Mélangez. Réservez.

Mélange sel, poivre, pamplemousse
Mélangez tous les ingrédients. Réservez.

Émulsion carotte
Dans une casserole, versez tous les ingrédients. Mélangez bien. Portez à ébullition, puis mixez pour obtenir une belle mousse. Réservez au chaud.

Turbot
Salez les tronçons et les barbes de turbot.
Dans une poêle, faites chauffer le beurre et l'huile d'olive, puis faites cuire les tronçons et les barbes de turbot à feu moyen, 3 minutes de chaque côté, en arrosant constamment.
Épongez tronçons et barbes sur du papier absorbant. Badigeonnez-les légèrement d'huile de pamplemousse à l'aide d'un pinceau. Saupoudrez de fleur de sel et de poivre du moulin. Réservez au chaud.

Dressage
Sur la droite de l'assiette, dressez 3 quenelles de purée de carottes orange et 2 quenelles de purée de carottes jaunes en les intercalant. Entre les quenelles, posez 2 diamants de carotte violette et 2 morceaux de pamplemousse. Terminez par 3 pluches de carotte.
Sur la gauche, réalisez une larme de 15 g de purée de carottes orange. Posez dessus les pavés de turbot, ainsi que la barbe.
Posez un petit dôme de mélange sel, poivre, pamplemousse.
Versez l'émulsion carotte en saucière. Servez aussitôt.

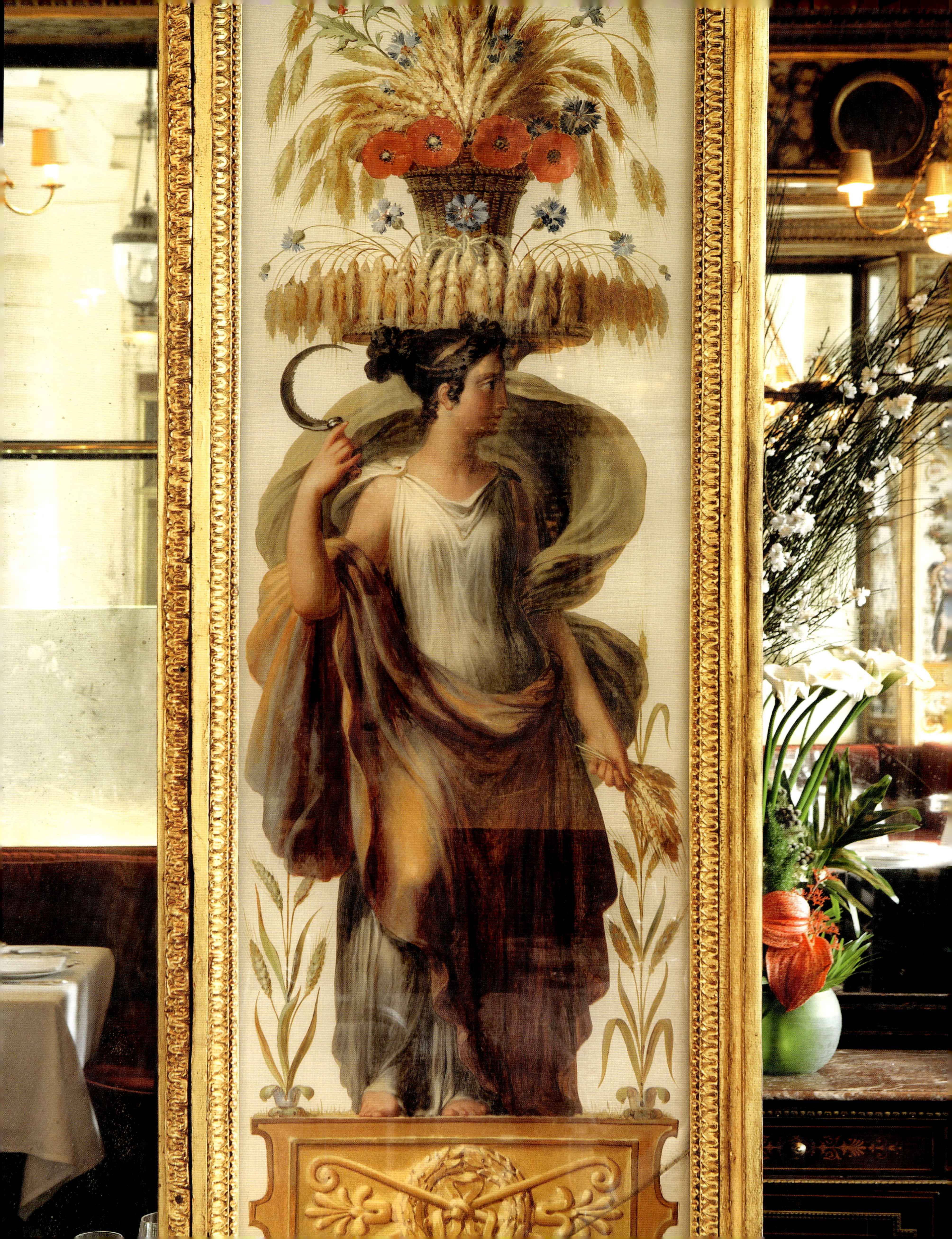

Homard rôti dans sa carapace, endives roussies au beurre moussant, eau de réglisse

POUR 10 PERSONNES
Préparation : 40 minutes

10 homards bleus
de 500 à 600 g
4 cuillerées à soupe d'huile d'olive
Sel, fleur de sel, poivre du moulin

ENDIVES ROUSSIES
1,5 kg d'endives
60 g de beurre
Sel, poivre du moulin

ÉMULSION RÉGLISSE
100 g de jus de coques
140 g de lait de soja
140 g de crème liquide
20 g de beurre
0,7 g de réglisse en poudre
Sel, poivre du moulin

EAU DE RÉGLISSE
400 g d'eau minérale
4 g de copeaux de réglisse

Endives roussies
Réservez 20 pointes de feuille d'endive.
Coupez les endives en deux dans la longueur. Éliminez les premières feuilles et le cœur. Taillez-les dans la longueur, en lamelles de 5 à 6 mm de large.
Dans une poêle, faites mousser le beurre, puis poêlez les endives en leur donnant une légère coloration pendant 3 à 4 minutes, en remuant souvent. Salez et poivrez. Réservez au chaud.

Émulsion réglisse
Dans une casserole, faites réduire de moitié le jus de coques, à feu moyen. Versez le lait de soja, la crème liquide, le beurre et la réglisse en poudre. Mélangez bien.
Donnez une ébullition puis mixez pour obtenir une jolie mousse. Rectifiez l'assaisonnement. Réservez au chaud.

Eau de réglisse
Versez dans une casserole l'eau et les copeaux de réglisse. Portez à ébullition et faites cuire à petits bouillons pendant 5 minutes. Filtrez. Réservez à température ambiante.

Homards
Détachez les pinces des homards. Faites chauffer 2 cuillerées à soupe d'huile d'olive dans une poêle et faites-y cuire les pinces 1 minute de chaque côté, à feu vif. Prolongez la cuisson dans un four préchauffé à 220 °C, 2 minutes pour la petite pince et 3 minutes pour la plus grosse. Décortiquez délicatement les pinces, puis récupérez la chair des coudes. Réservez.
À l'aide d'une paire de ciseaux, enlevez la membrane sous les queues des homards et la pointe des anneaux de la carapace.
Assaisonnez les queues de sel fin. Dans une poêle, faites chauffer le restant d'huile d'olive et poêlez les queues côté chair. Poursuivez la cuisson dans un four préchauffé à 220 °C pendant 2 minutes.
Décortiquez les queues de homard, en gardant l'extrémité de la queue attachée à l'éventail caudal. Réservez au chaud.
Dans la même poêle, faites colorer et réchauffer les pinces et les coudes pendant 2 minutes, à feu moyen. Égouttez sur du papier absorbant. Parsemez de fleur de sel et d'un tour de moulin à poivre.
Placez les pinces dans la carapace de homard.

Dressage
Placez au centre de chaque assiette 2 cadres de 9 x 3 cm et déposez 50 g d'endives roussies par cadre.
Posez le homard à cheval sur les deux rectangles d'endives.
Piquez 2 pointes de feuille d'endive avec les pinces, puis nappez d'émulsion réglisse.
Versez le reste en saucière et l'eau de réglisse dans un bol à bouillon. Servez aussitôt.

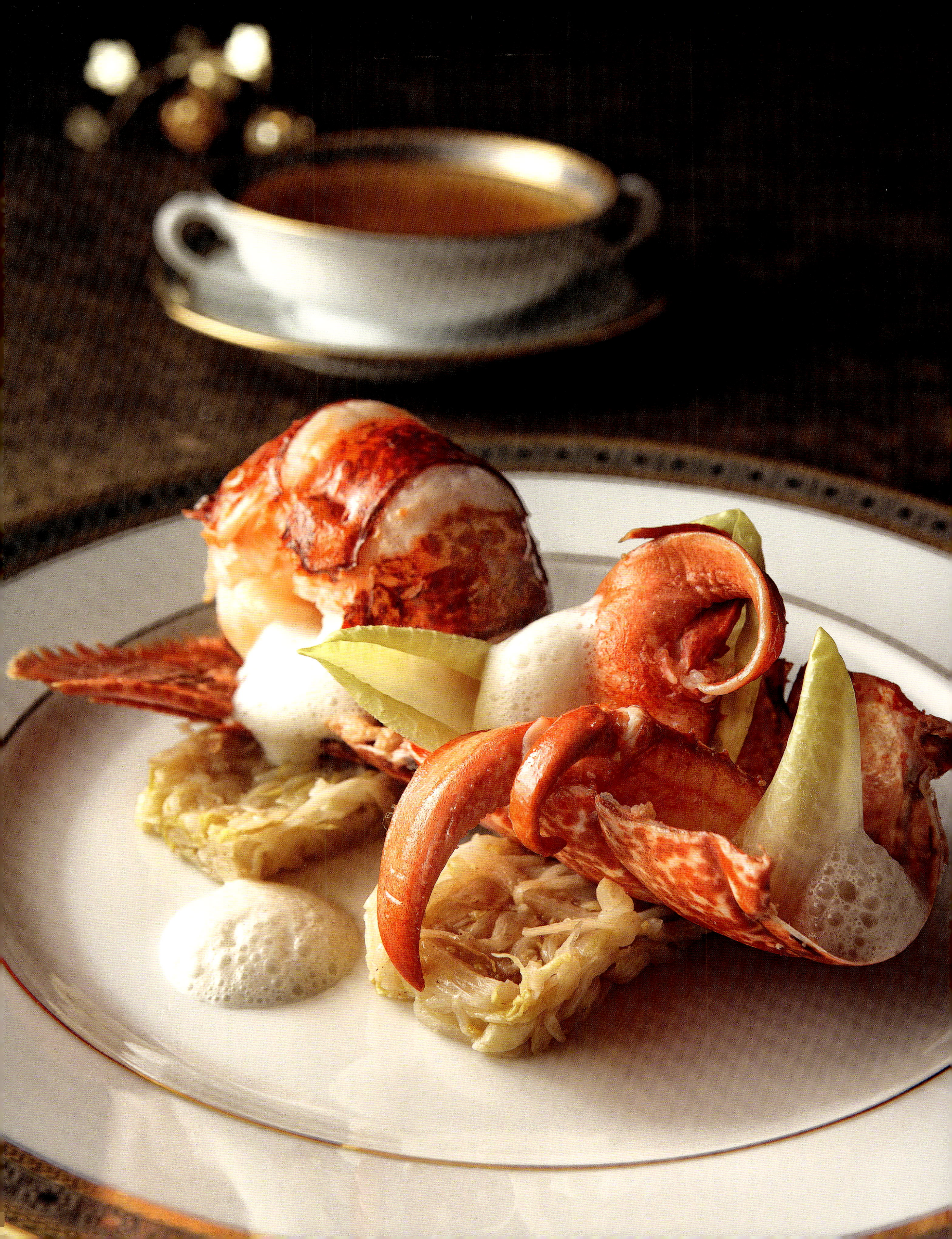

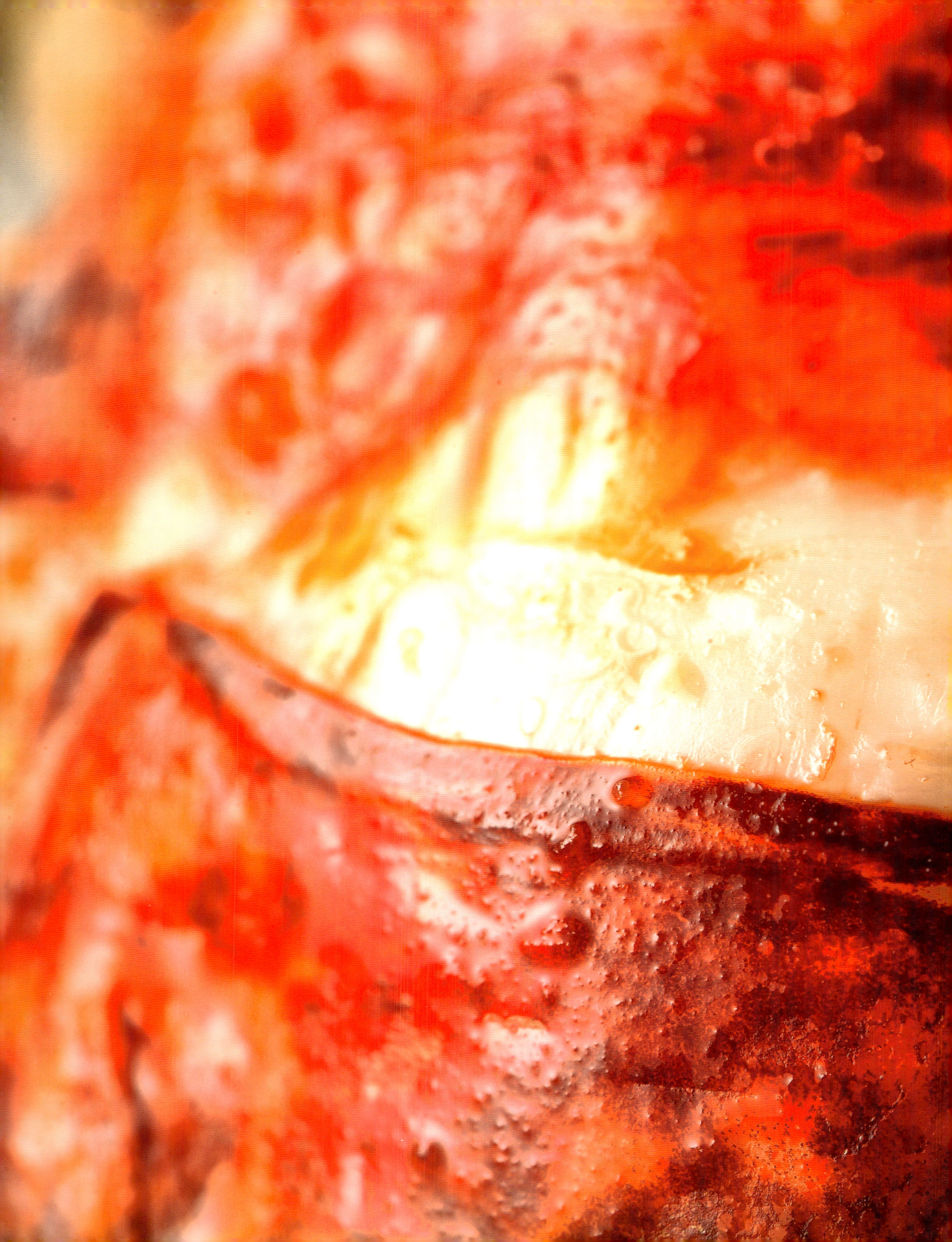

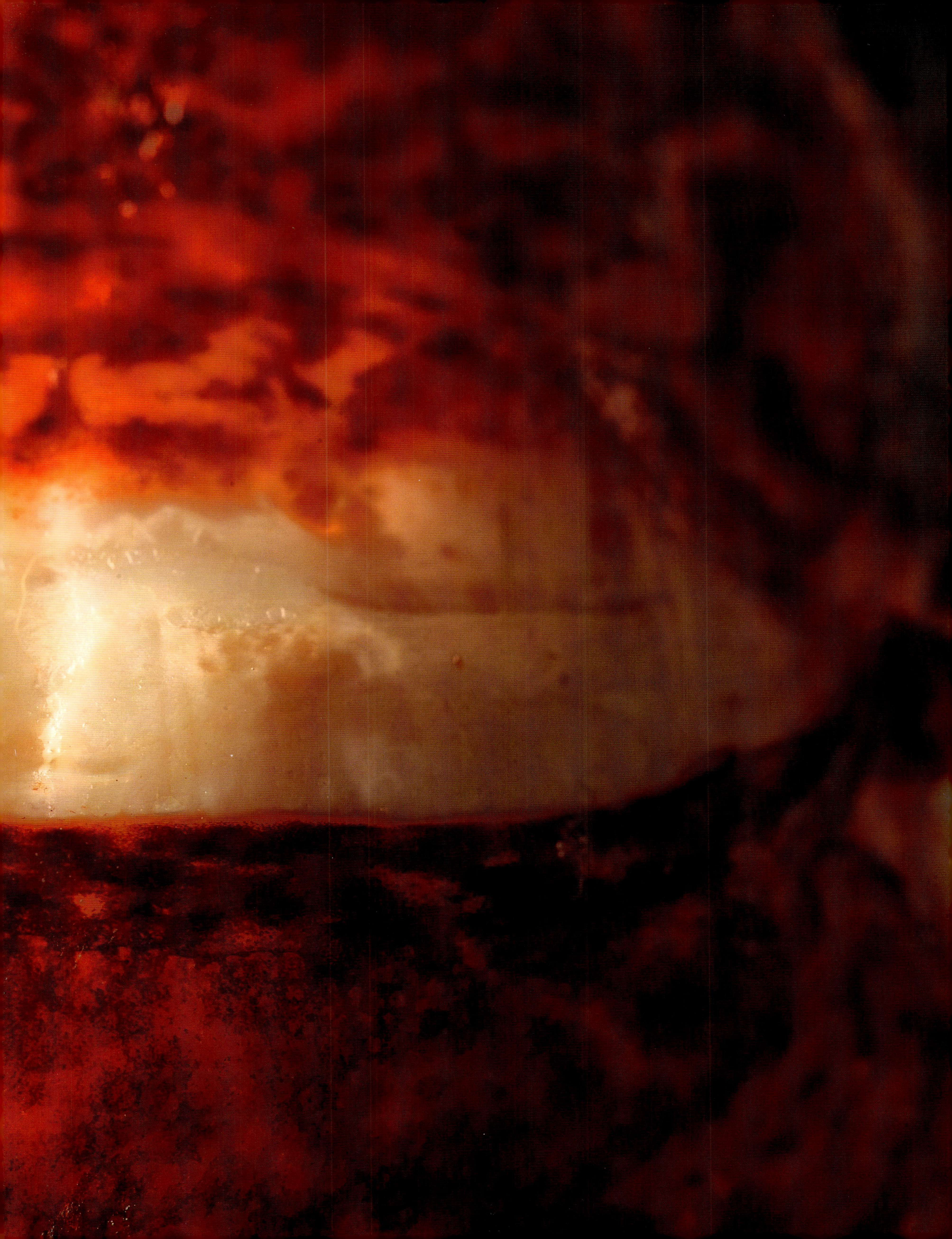

Homard rôti dans sa carapace, fondue de courgette et aubergine, jus de légumes d'été

POUR 10 PERSONNES
Préparation : 1 heure

10 homards bleus de 500 à 600 g
4 cuillerées à soupe d'huile d'olive
Sel, fleur de sel, poivre du moulin

JUS DE LÉGUMES D'ÉTÉ
90 g de courgette verte
40 g d'aubergine
150 g de tomate rouge
10 g d'oignon blanc ciselé
1 brin de thym
1 feuille de laurier
1 brin de romarin
15 g de piquillos
10 g d'huile d'olive
Sel, poivre du moulin

FONDUE DE COURGETTE
ET AUBERGINE
225 g d'aubergines
300 g de courgettes vertes
65 g d'oignon ciselé
100 g de dés de fenouil cru de 5 mm
200 g de dés de tomates mondées de 5 mm
65 g de dés de tomates confites de 5 mm

5 g de basilic
65 g d'huile d'olive
1 brin de thym
1 feuille de laurier
1 brin de romarin
Sel, poivre du moulin

Jus de légumes d'été
Épluchez et coupez en cubes de 1 cm la courgette, l'aubergine et la tomate, sans les mélanger.
Dans un faitout, faites suer l'oignon blanc à l'huile d'olive, avec le thym et le laurier, pendant 2 minutes à feu moyen, sans coloration. Ajoutez les cubes d'aubergine ; salez et poivrez, puis faites revenir 10 minutes sans coloration. Ajoutez les cubes de courgette ; salez et poivrez, puis faites revenir 5 minutes sans coloration. Ajoutez les cubes de tomate et faites revenir 2 minutes. Mouillez avec 250 g d'eau. Ajoutez le romarin. Portez à ébullition et faites cuire à petits bouillons pendant 10 minutes.
Ôtez le thym, le romarin et le laurier. Ajoutez les piquillos. Mixez puis filtrez.
Réservez au chaud.

Fondue de courgette et aubergine
Lavez et épluchez les aubergines. Taillez leur peau en fines lanières de 10 cm de long ; réservez. Coupez leur chair en dés de 1 cm.
Lavez puis taillez les courgettes en dés de 1 cm environ.
Dans un sautoir, chauffez l'huile d'olive et faites suer l'oignon quelques minutes à feu moyen, sans coloration. Ajoutez les dés d'aubergine. Remuez et faites suer 10 minutes. Ajoutez les dés de courgette, le thym, le laurier et le romarin. Mélangez bien et faites cuire à feu doux 5 à 7 minutes. Ôtez le thym, le laurier et le romarin. Assaisonnez. Ajoutez les dés de fenouil cru, de tomate crue et confite et le basilic haché. Mélangez et rectifiez l'assaisonnement. Maintenez au chaud.
Faites frire les peaux d'aubergine dans un bain de friture à 150 °C. Égouttez sur du papier absorbant, puis salez.
Réservez au chaud.

Homards
Détachez les pinces des homards. Faites chauffer 2 cuillerées à soupe d'huile d'olive dans une poêle et faites-y cuire les pinces 1 minute de chaque côté, à feu vif. Prolongez la cuisson dans un four préchauffé à 220 °C, 2 minutes pour la petite pince et 3 minutes pour la plus grosse. Décortiquez délicatement les pinces, puis récupérez la chair des coudes. Réservez.
À l'aide d'une paire de ciseaux, enlevez la membrane sous la queue des homards et la pointe des anneaux de la carapace. Assaisonnez les queues de sel fin. Dans une poêle, chauffez l'huile d'olive restante et poêlez les queues côté chair. Poursuivez la cuisson dans un four préchauffé à 220 °C pendant 2 minutes.
Décortiquez les queues de homard.
Dans la même poêle, faites colorer et réchauffer les pinces et les coudes pendant 2 minutes à feu moyen. Égouttez sur du papier absorbant. Parsemez de fleur de sel et d'un tour de moulin à poivre.
Piquez les pinces dans les queues de homard.

Dressage
Au centre de chaque assiette, versez 80 g de fondue de courgette et aubergine dans un cadre de 15 x 4 cm. Enlevez le cadre puis posez un cercle de 16 cm de diamètre, versez 40 g de jus de légumes et étendez-le sur le fond de l'assiette. Posez une queue de homard à gauche sur la fondue de légumes et les coudes à droite. Placez 3 brindilles de peau d'aubergine frites sur les coudes. Servez aussitôt.

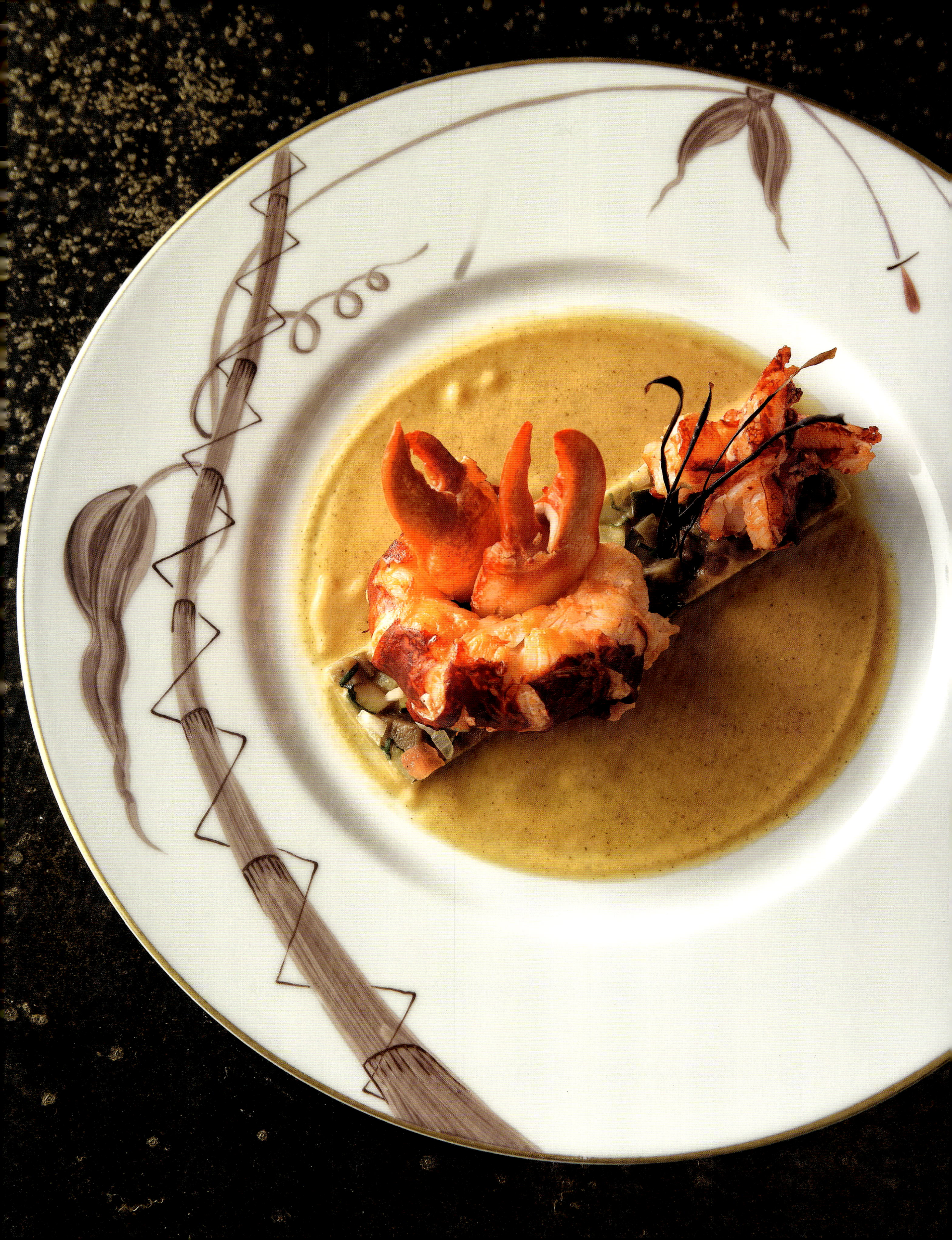

LIBÉRER L'ARÔME DU VIN

Il faut tout d'abord découper et retirer la collerette sous le rebord de la bouteille. Puis essuyer les impuretés et placer délicatement la vrille du tire-bouchon au centre. Ensuite, tourner doucement, prendre appui sur le goulot avec le crapaud du tire-bouchon et extraire le bouchon. C'est l'instant qui libère arômes et volume du vin. Le geste du sommelier sera sobre, précis, et son visuel donnera du plaisir aux clients.

— PATRICK TAMISIER ET ROMAIN ALZY, CHEFS SOMMELIER —

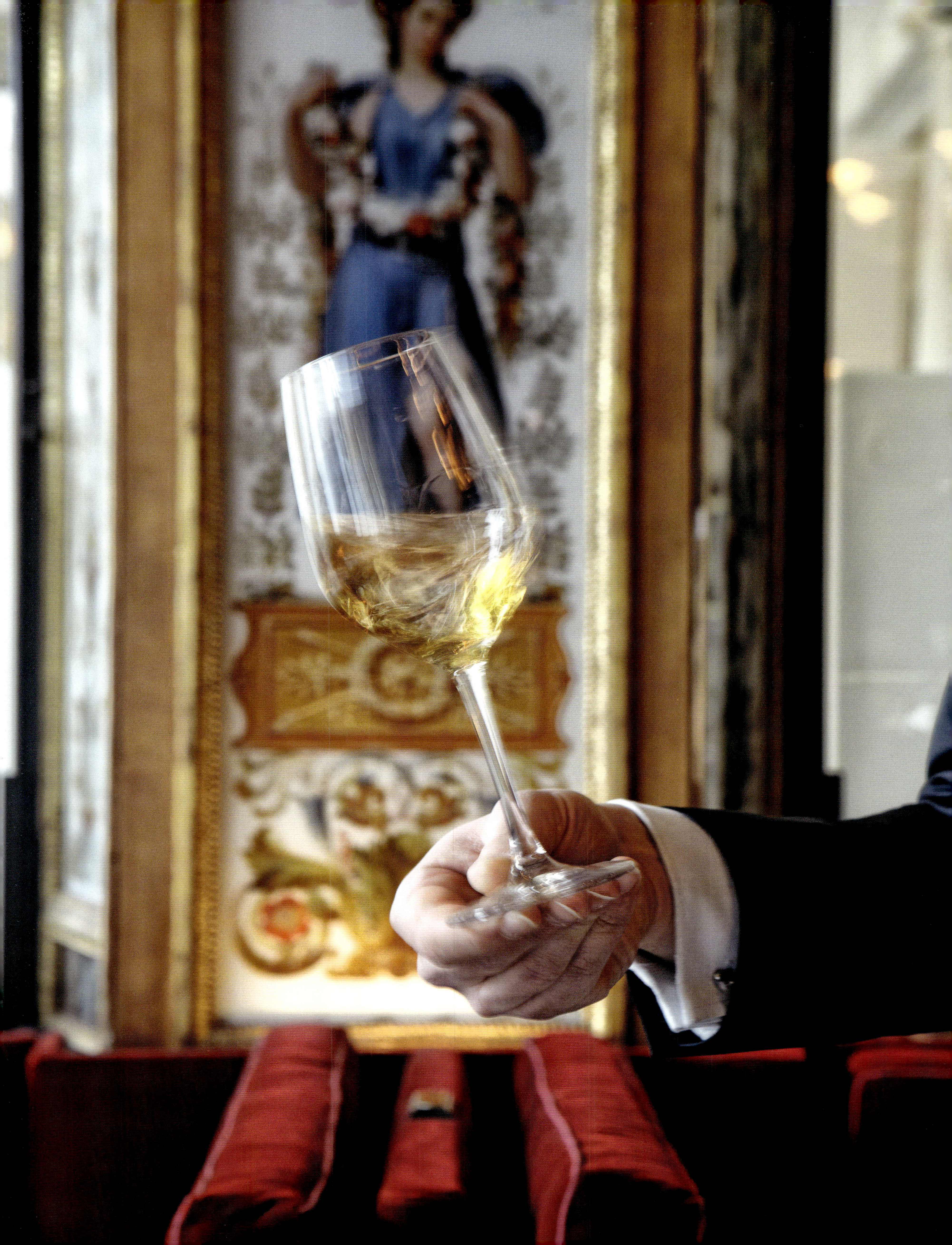

Homard bleu rôti dans sa carapace, asperges vertes et blanches, jus de tomate relevé au poivre du Sichuan

POUR 10 PERSONNES
Préparation : 1 heure

10 homards bleus de 500 à 600 g
4 cuillerées à soupe d'huile d'olive
Sel, fleur de sel, poivre du moulin

JUS DE TOMATE RELEVÉ
AU POIVRE DU SICHUAN
1 litre de jus de tomate
35 g de miel toutes fleurs
125 g de vinaigre cristal
0,75 g de poivre
du Sichuan en grains
0,37 g de xanthane
0,12 g de piment d'Espelette

ASPERGES VERTES
ET BLANCHES
30 asperges vertes moyennes
30 asperges blanches moyennes
1 blanc d'œuf
500 g de chapelure japonaise
50 g de beurre
1 cuillerée à soupe de vinaigrette Grand Véfour
Sel, poivre du moulin

Jus de tomate relevé au poivre du Sichuan
Dans une sauteuse, versez 750 g d'eau, le miel, le vinaigre et le poivre. Portez à ébullition puis faites réduire à feu moyen jusqu'à obtenir un quart de jus. Ajoutez le jus de tomate et faites de nouveau réduire jusqu'à obtenir 500 g de jus.
Passez le jus au chinois. Versez le xanthane et le piment, puis mixez. Rectifiez l'assaisonnement. Réservez au chaud.

Asperges vertes et blanches
Épluchez les asperges vertes et coupez les pointes à 10 cm. Réservez les tiges.
Fouettez le blanc d'œuf avec une fourchette.
Trempez les pointes d'asperges vertes sauf les têtes dans le blanc d'œuf et roulez-les ensuite dans la chapelure. Faites-les frire dans un bain d'huile à 170 °C, pendant 2 minutes pour leur donner une belle coloration. Épongez-les sur du papier absorbant. Salez et poivrez. Réservez au chaud.
Épluchez les asperges blanches et coupez les pointes à 10 cm. Réservez les tiges.
Faites cuire les pointes dans une casserole d'eau bouillante salée pendant 3 minutes. Rafraîchissez-les en les plongeant dans de l'eau glacée. Égouttez-les. Réservez.
Coupez les tiges des asperges vertes et blanches en dés de 5 mm. Assaisonnez-les de vinaigrette Grand Véfour. Salez, poivrez. Réservez.

Homards
Détachez les pinces des homards. Faites chauffer 2 cuillerées à soupe d'huile d'olive dans une poêle et faites-y cuire les pinces 1 minute de chaque côté, à feu vif. Prolongez la cuisson dans un four préchauffé à 220 °C, 2 minutes pour la petite pince et 3 minutes pour la plus grosse. Décortiquez délicatement les pinces, puis récupérez la chair des coudes. Réservez.
À l'aide d'une paire de ciseaux, enlevez la membrane sous la queue des homards et la pointe des anneaux de la carapace. Assaisonnez les queues de sel fin. Dans une poêle, chauffez l'huile d'olive restante et poêlez les queues côté chair.
Poursuivez la cuisson dans un four préchauffé à 220 °C pendant 4 à 5 minutes.
Décortiquez les queues de homard. Salez, poivrez.
Dans la même poêle, faites colorer et réchauffer les pinces et les coudes pendant 1 minute à feu moyen. Égouttez sur du papier absorbant. Parsemez de fleur de sel et d'un tour de moulin à poivre.
Piquez les pinces dans les queues de homard.

Dressage
Réchauffez les asperges blanches dans une casserole avec le beurre en leur donnant une légère coloration. Salez, poivrez.
Placez un cercle de 16 cm de diamètre dans chaque assiette et versez dedans 50 g de jus de tomate chaud.
Posez à gauche en décalé les asperges blanches puis le homard dessus. Sur la droite, disposez les asperges vertes frites.
Répartissez les dés d'asperges sur le homard. Servez aussitôt.

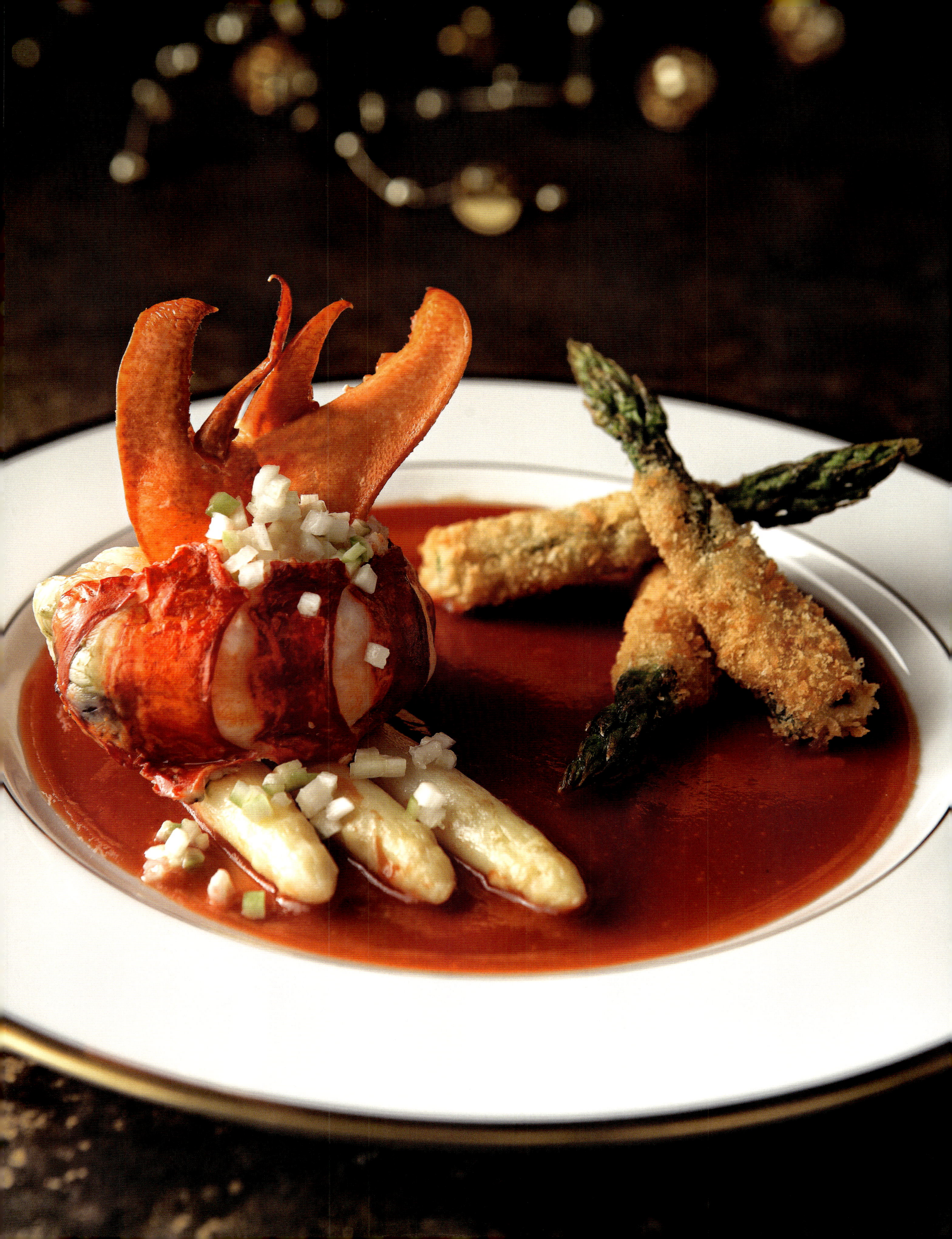

Filet de saint-pierre cuit sur la peau, pousses d'épinard au parmesan, émulsion piment doux fumé, fins copeaux de chorizo

POUR 10 PERSONNES
Préparation : 30 minutes

10 filets de saint-pierre de 130 g avec la peau
50 g de beurre
3 cuillerées à soupe d'huile d'olive
Sel, fleur de sel, poivre du moulin

PIMENT, CHORIZO ET PIQUILLOS
15 fines tranches de chorizo doux
6 piquillos
1 cuillerée à soupe de piment doux fumé en poudre

POUSSES D'ÉPINARD AU PARMESAN
500 g de pousses d'épinard
4 gousses d'ail grossièrement écrasées
20 g d'huile d'olive
350 g de mascarpone
80 g de parmesan râpé
0,4 g de xanthane
100 g de dés de piquillos
Sel, poivre du moulin

ÉMULSION PIMENT DOUX FUMÉ
2 dl de lait de soja
100 g de beurre
1 g de piment doux fumé en poudre
Sel, poivre du moulin

Piment, chorizo et piquillos
Délayez la poudre de piment doux fumé avec un peu d'eau pour le décor au pinceau. Coupez les tranches de chorizo en deux. Donnez-leur la forme d'un cône. Taillez dans les piquillos 60 disques de 1 cm de diamètre. Utilisez les parures pour préparer 100 g de dés à incorporer dans les épinards.

Pousses d'épinard au parmesan
Lavez les pousses d'épinard. Dans une poêle, faites sauter à l'huile d'olive à feu vif les pousses d'épinard et l'ail écrasé, pendant 2 minutes. Salez et poivrez. Ôtez les gousses d'ail. Égouttez les épinards sur du papier absorbant. Dans une casserole, faites tiédir légèrement le mascarpone sans le faire bouillir. Ajoutez le parmesan. Mélangez bien pour le faire fondre. Incorporez le xanthane et fouettez. Ajoutez les épinards égouttés et les dés de piquillos. Mélangez puis réservez au chaud.

Émulsion piment doux fumé
Dans une casserole, chauffez le lait de soja avec le beurre et le piment doux fumé. Salez et poivrez. Mixez pour obtenir une belle mousse. Réservez au chaud.

Saint-pierre
Salez et poivrez le poisson. Dans une poêle, faites chauffer le beurre et l'huile d'olive, puis faites-y cuire les pavés de saint-pierre, côté peau, à feu moyen pendant 2 à 3 minutes, en arrosant constamment. Retournez les filets et poursuivez la cuisson 2 minutes en arrosant. Épongez-les sur du papier absorbant. Saupoudrez de fleur de sel et de poivre du moulin. Réservez au chaud.

Dressage
Réalisez au pinceau, au centre de chaque assiette, une bande de 5 cm de large avec le mélange piment doux fumé et eau. Disposez de chaque côté en biais, 6 ronds de piquillos. Posez au centre de la bande un cadre de 15 x 3,5 x 1 cm et remplissez-le de pousses d'épinard. Posez dessus un filet de saint-pierre, côté peau dessus. Sur le filet, disposez 3 cônes de chorizo. Versez un peu d'émulsion piment doux fumé entre les cônes de chorizo et versez le reste en saucière. Servez aussitôt.

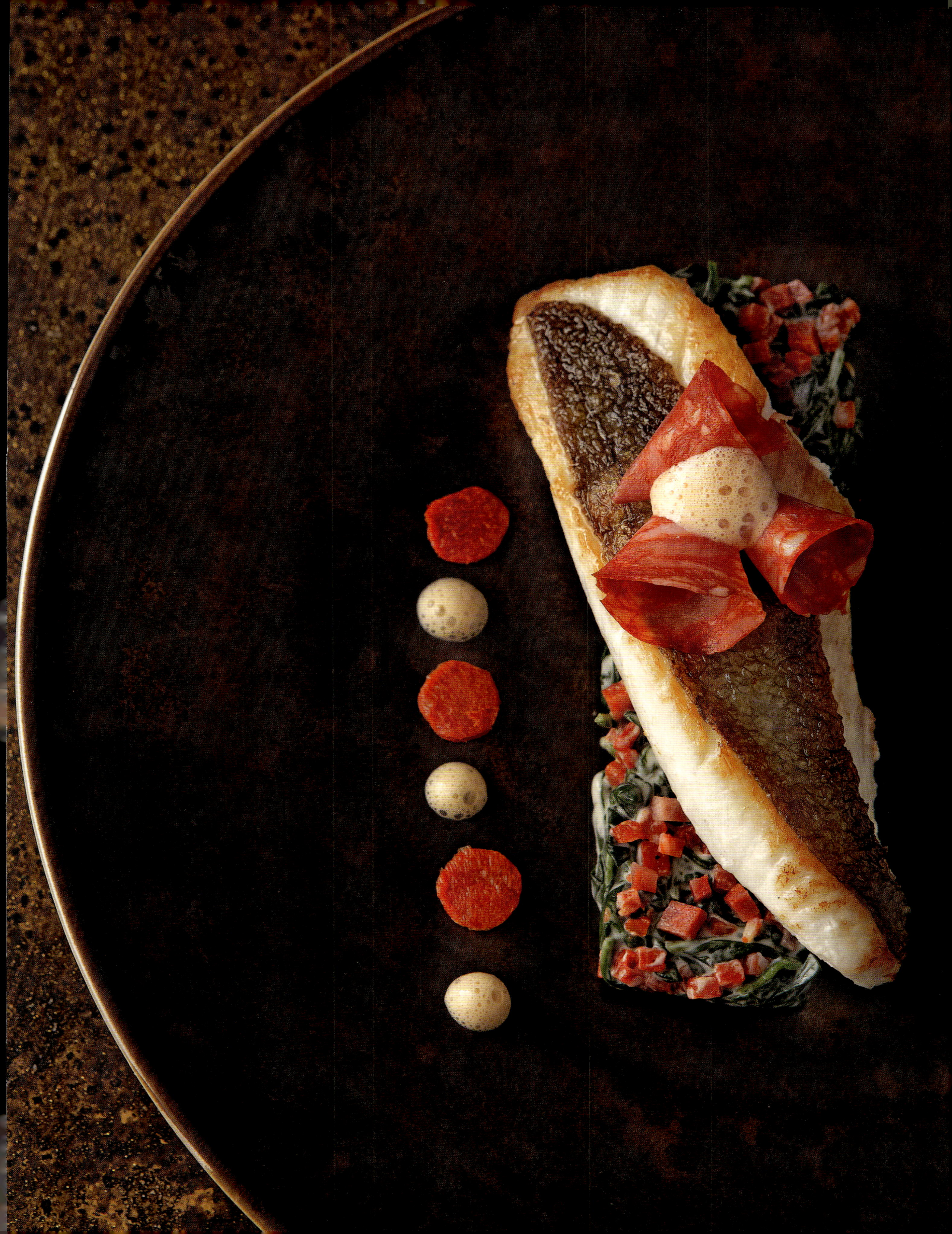

Lotte cuite au laurier, riz Arborio et fine purée de carottes acidulée, coulant de foie gras et oursin

POUR 10 PERSONNES
Préparation : 1 heure

2 lottes de 2 kg
250 g de gros sel
3 feuilles de laurier
5 cuillerées à soupe d'huile d'olive
Poivre du moulin, fleur de sel

RISOTTO
150 g de riz Arborio
15 g d'échalote finement ciselée
300 g de vin blanc
220 g de dés de carotte de 3 mm
550 g de fond blanc de volaille
150 g de crème liquide
15 g de parmesan râpé
15 g d'huile d'olive
Sel, poivre du moulin

PURÉE DE CAROTTES
300 g de carottes orange
90 g de crème liquide
10 g de vinaigre de riz
Sel, poivre du moulin

COULANT DE FOIE GRAS ET OURSIN
55 g de purée de carottes
85 g de foie gras de canard cru mou
30 g de langues d'oursin
1 œuf
50 g de chapelure noire
Sel, poivre du moulin

Lotte
Enlevez la peau des lottes et parez-les.
Étendez la moitié du gros sel sur une plaque. Posez les lottes et versez dessus le reste du gros sel. Laissez mariner pendant 6 minutes. Rincez sous l'eau courante. Égouttez sur du papier absorbant.
Coupez dans chaque lotte 5 tronçons avec os de 180 g.
Réservez au réfrigérateur.

Risotto
Dans un sautoir, faites suer l'échalote ciselée dans l'huile d'olive pendant 1 minute à feu moyen. Ajoutez le riz et faites-le nacrer pendant 1 minute tout en remuant. Versez le vin blanc et faites-le réduire à sec. Ajoutez les dés de carotte et versez une partie du fond blanc.
Mélangez. Lorsque le riz a absorbé le fond, ajoutez-en une petite quantité ; répétez l'opération jusqu'à ce que le riz ait cuit 15 minutes. Hors du feu, ajoutez la crème et le parmesan râpé. Mélangez. Rectifiez l'assaisonnement puis réservez au chaud.

Purée de carottes
Lavez puis coupez les carottes en petits morceaux.
Faites-les cuire dans une casserole d'eau bouillante salée pendant 15 minutes.
Égouttez-les puis mixez-les en une fine purée en ajoutant la crème et le vinaigre de riz. Rectifiez l'assaisonnement. Réservez au chaud.

Coulant de foie gras et oursin
Mixez 55 g de purée de carottes tiède avec le foie gras et les langues d'oursin. Salez, poivrez. Si le mélange n'est pas homogène, versez-le dans un cul-de-poule et chauffez-le doucement en mélangeant avec une spatule souple pour le lisser.

Répartissez ce mélange dans 20 demi-sphères de 3 cm de diamètre et placez-les au congélateur 30 minutes au moins. Une fois qu'elles sont prises, démoulez-les et assemblez-les deux par deux pour former des sphères.
Fouettez l'œuf avec du sel et du poivre. Trempez les sphères dans l'œuf puis dans la chapelure. Renouvelez l'opération. Réservez au congélateur.

Cuissons
Dans une poêle, faites colorer les tronçons de lotte des deux côtés à l'huile d'olive avec les feuilles de laurier, à feu vif, pendant 2 minutes. Poursuivez la cuisson 5 à 6 minutes dans un four préchauffé à 220 °C. Enlevez l'os des tronçons.
Poivrez et parsemez de quelques cristaux de fleur de sel.
Réservez au chaud.
Faites frire pendant 1 minute les sphères de coulant de foie gras dans un bain d'huile à 170 °C.
Réservez sur du papier absorbant.
Plongez de nouveau les sphères de coulant de foie gras dans la friteuse à 170 °C, jusqu'à ce qu'elles remontent à la surface.
Épongez-les sur du papier absorbant et salez.

Dressage
Sur chaque assiette, réalisez à gauche des points de purée de carottes. Posez un cadre carré de 10 cm de côté et remplissez-le de 80 g risotto. Lissez le dessus. Posez un tronçon de lotte sur le risotto, puis le coulant de foie gras et oursin sur la lotte. Servez.

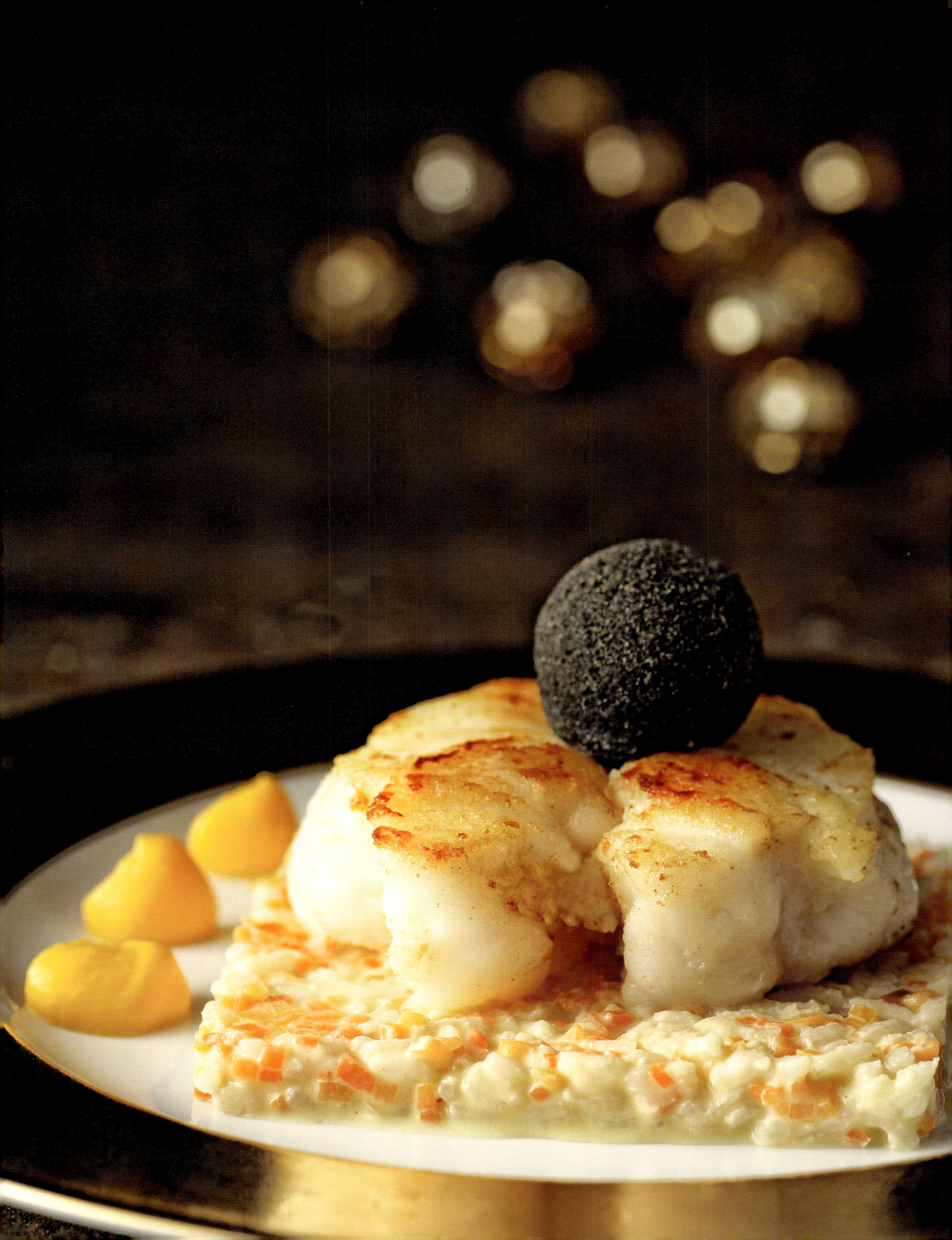

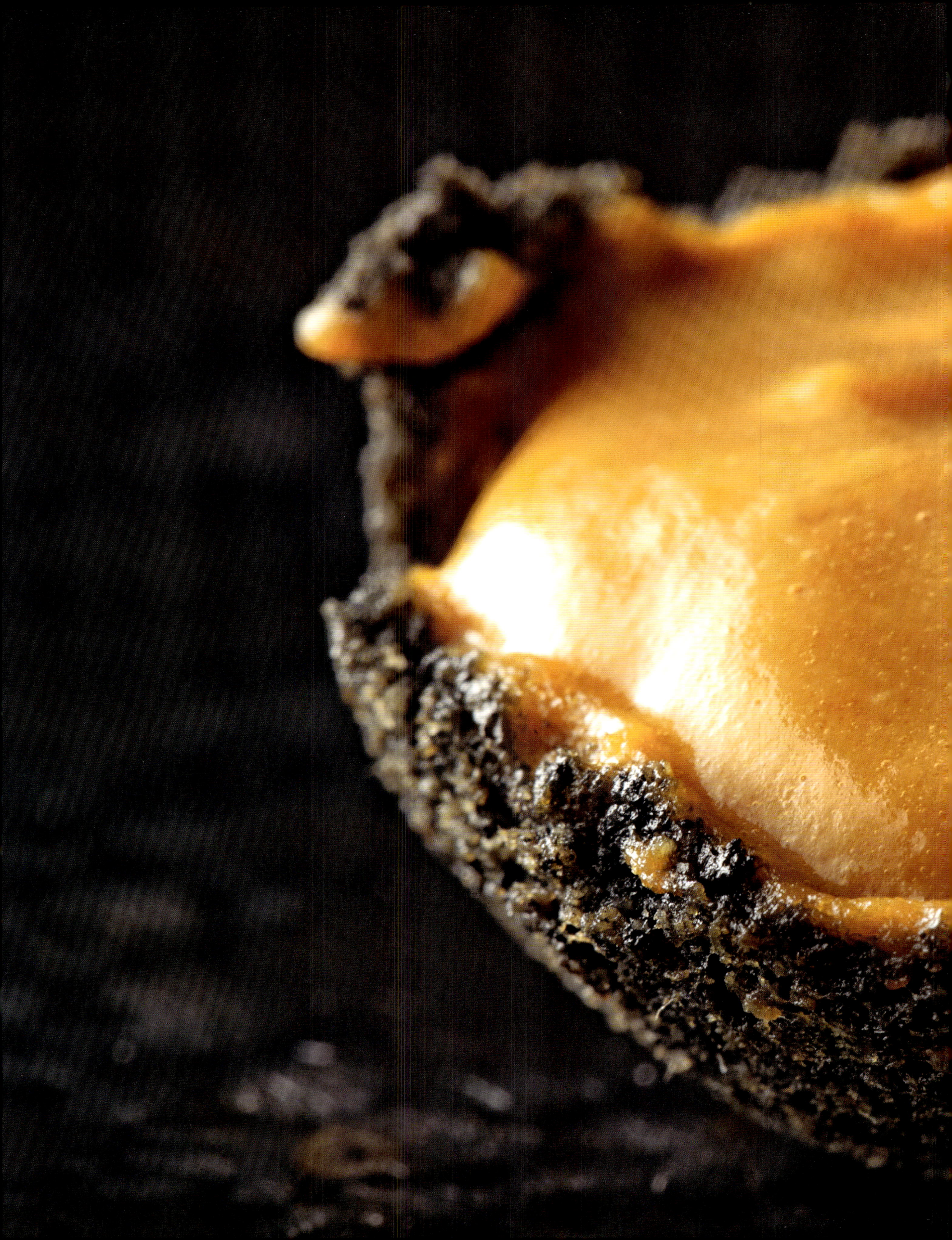

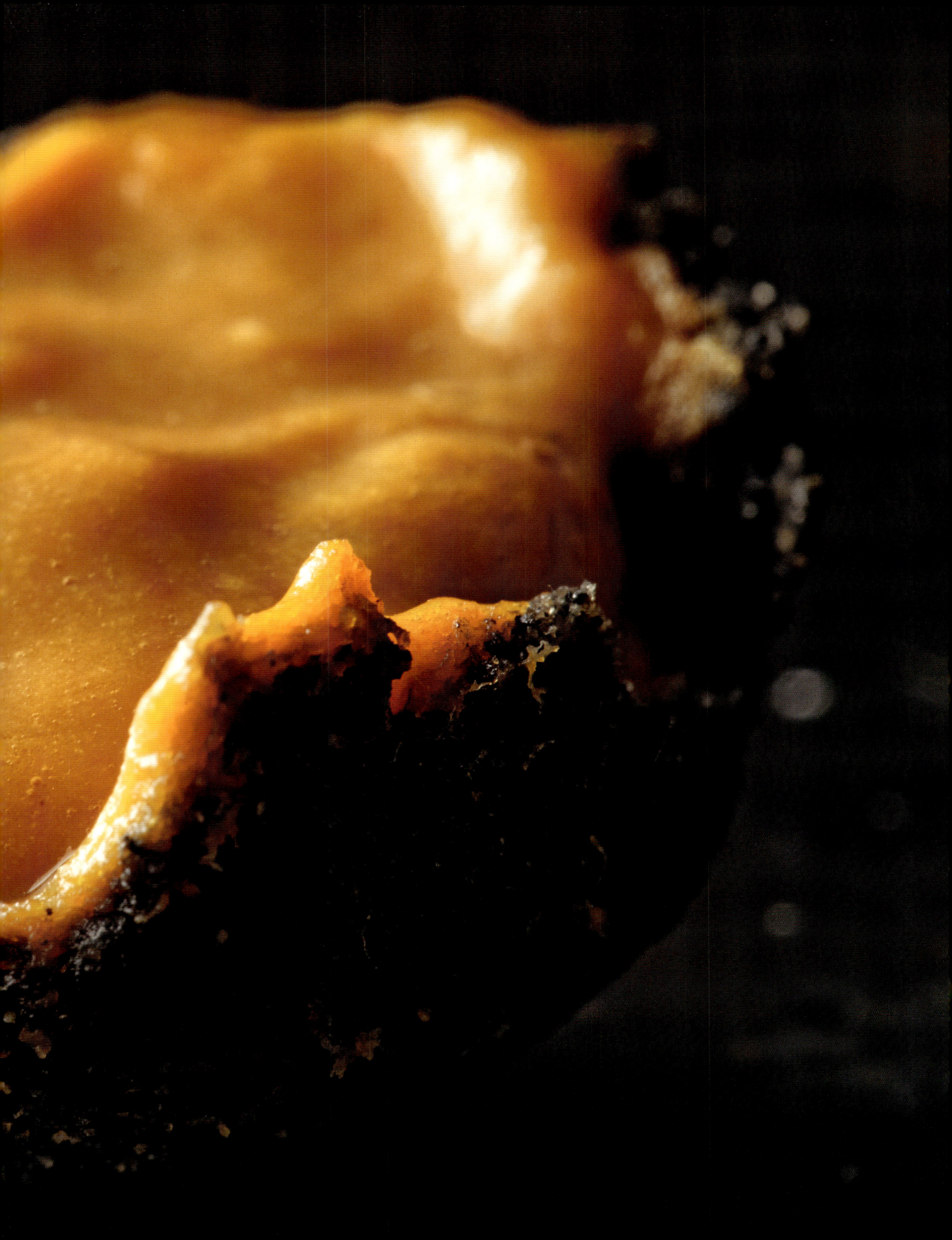

Noix de coquille Saint-Jacques sur une fine purée de topinambours, jus de persil plat, croustillant de lard

POUR 10 PERSONNES
Préparation : 1 heure
Macération du lard : 48 heures

50 noix de coquilles Saint-Jacques
2 cuillerées à soupe d'huile d'olive
50 g de beurre
60 g de noix de pécan
Sel, fleur de sel, poivre du moulin

CHIPS DE LARD
100 g de lard gras
1 feuille de laurier
1 brin de thym
1 brin de romarin
20 g de fleur de sel
5 g de poivre mignonnette

JUS DE PERSIL PLAT
140 g de feuilles de persil plat
10 g de gros sel
1,4 g de xanthane
20 g de jus de yuzu
Sel

PURÉE DE TOPINAMBOURS
800 g de topinambours épluchés
400 g de crème liquide
400 g de lait entier
100 g de jus de persil
1 brin de thym
1 feuille de laurier
5 g de gros sel
Sel, poivre du moulin

ÉMULSION
300 g de poitrine fumée
30 g de carotte
30 g de céleri-branche
30 g d'oignon
10 g de beurre
200 g de crème liquide
300 g de lait de soja
Sel, poivre du moulin

Chips de lard
Concassez les herbes et éparpillez-les avec la fleur de sel et le poivre sur toute la surface du lard. Roulez le lard dans un film alimentaire et réservez au réfrigérateur au moins 48 heures.
Enlevez les herbes et les épices.
Taillez le lard avec la couenne en 17 tranches dans la longueur, à 2 mm d'épaisseur. Retaillez ensuite chaque tranche en trois, légèrement en biais.
Disposez les chips de lard entre deux feuilles de papier sulfurisé sur une plaque, posez deux plaques dessus et faites cuire dans un four préchauffé à 150 °C pendant 30 minutes. Réservez.

Jus de persil plat
Dans une casserole, portez 1 litre d'eau à ébullition avec le gros sel. Versez les feuilles de persil et laissez cuire pendant 5 minutes.
Égouttez-les en réservant 200 g d'eau de cuisson. Mixez les feuilles de persil en une fine purée en ajoutant l'eau de cuisson réservée. Laissez refroidir puis mixez avec le xanthane.
Réservez 100 g de jus de persil pour la purée de topinambours.
Au moment de servir, ajoutez le jus de yuzu dans le jus de persil. Rectifiez l'assaisonnement.

Purée de topinambours
Coupez les topinambours en cubes. Versez-les dans une casserole avec la crème, le lait, le thym, le laurier et le gros sel. Faites cuire à petits bouillons pendant 15 minutes. Égouttez en réservant la cuisson. Mixez les topinambours en une fine purée en ajoutant petit à petit de la cuisson, environ 200 g, jusqu'à obtenir la bonne texture.
Ajoutez les 100 g de jus de persil réservé. Mélangez bien. Rectifiez l'assaisonnement.
Réservez au chaud.

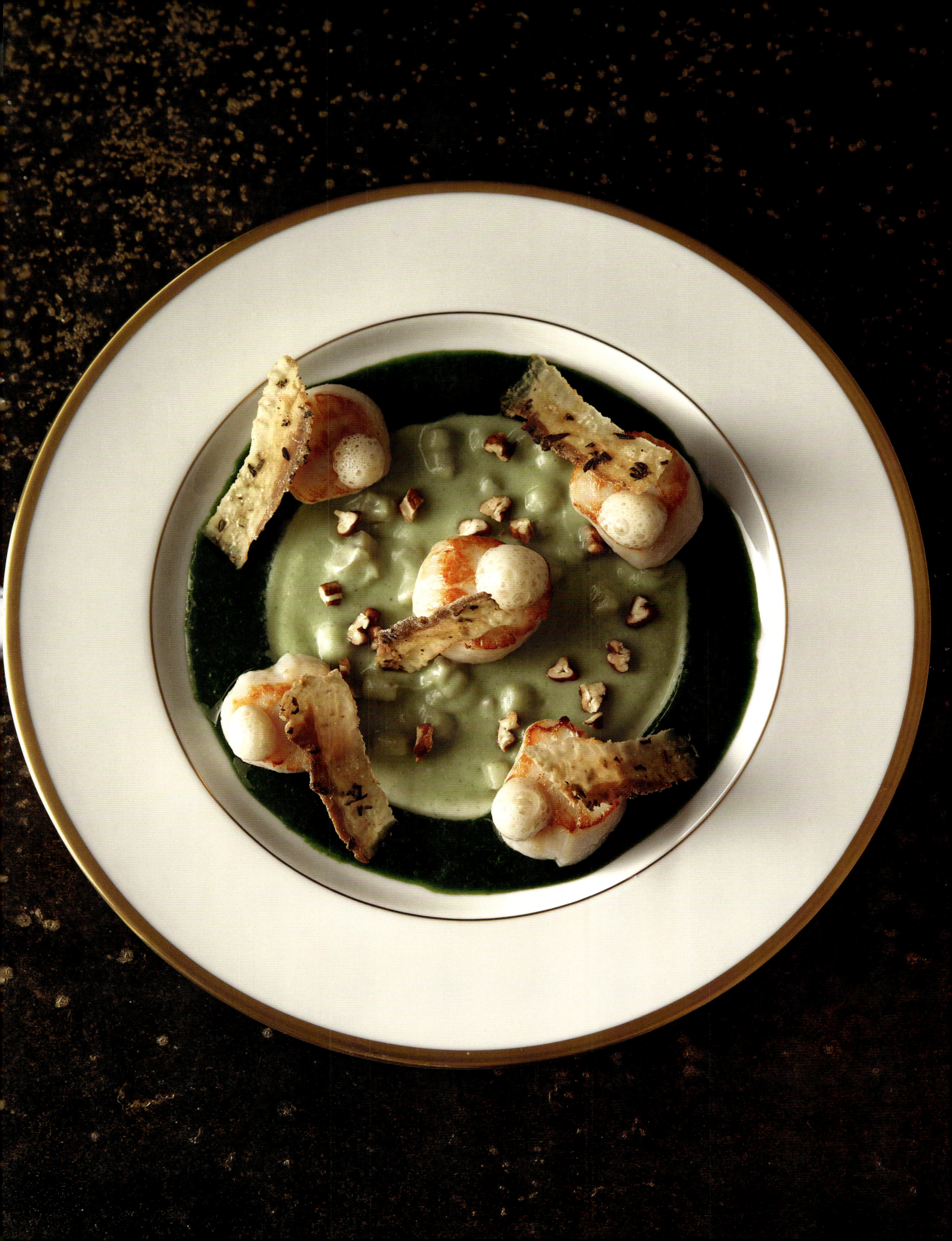

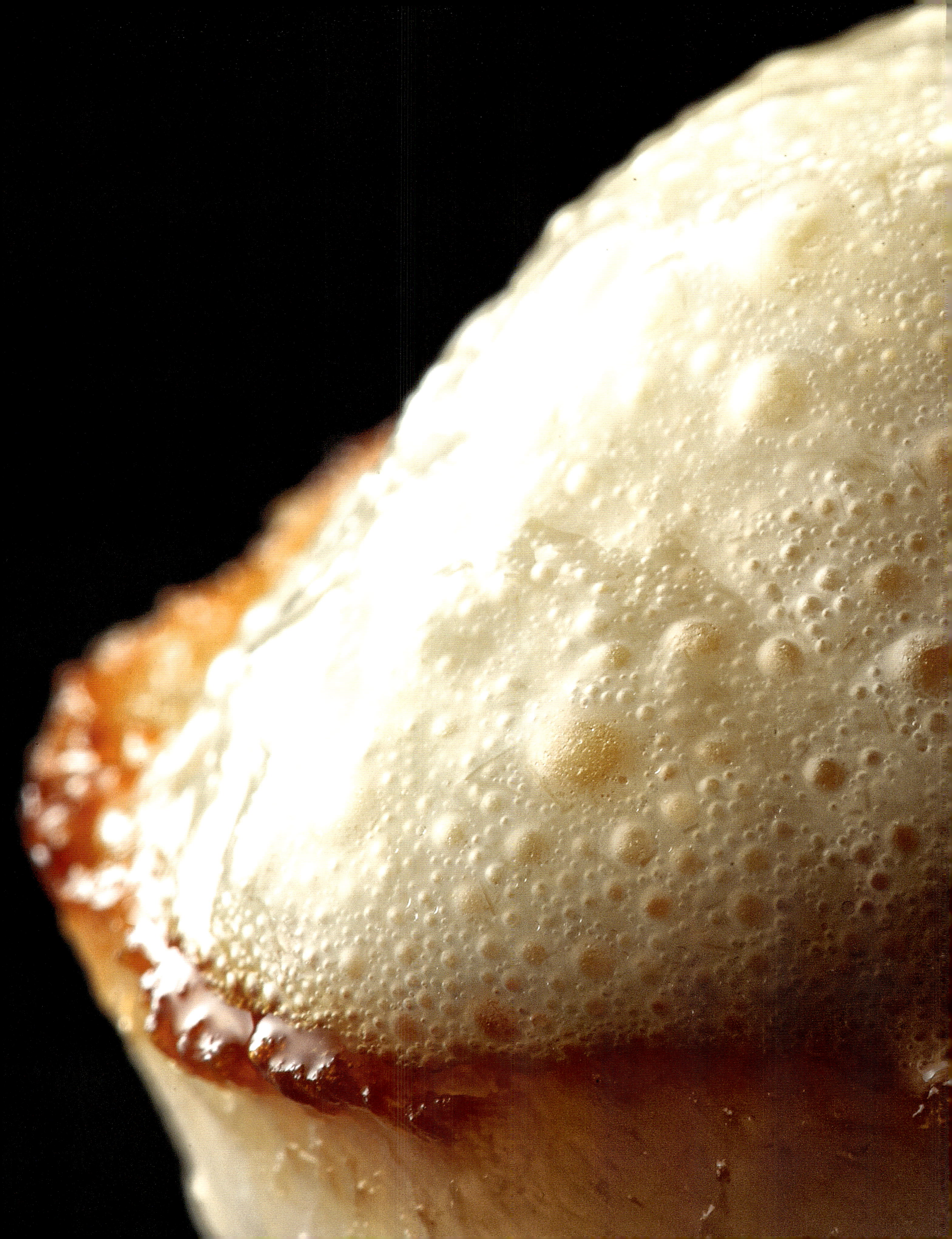

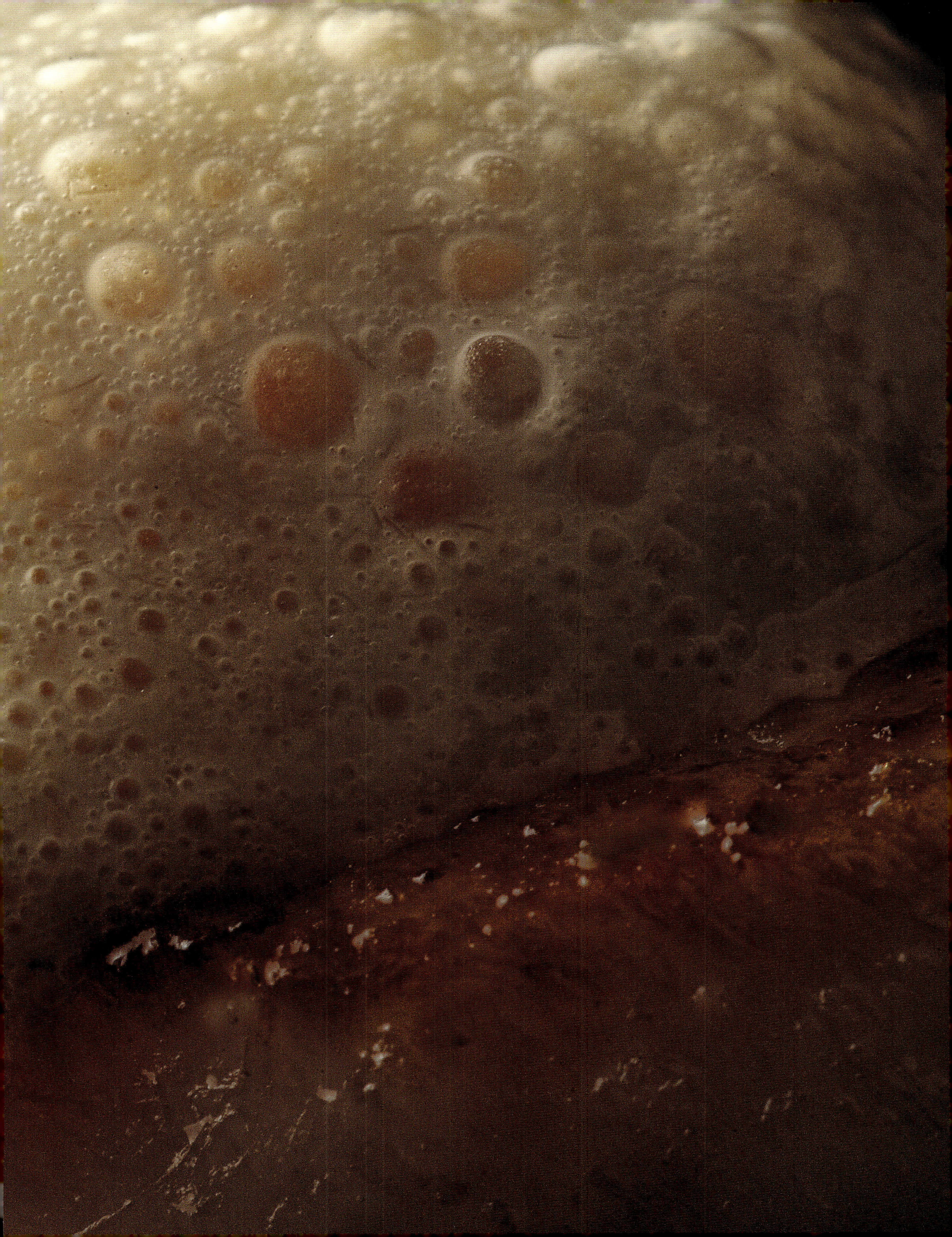

Noix de coquille Saint-Jacques sur une fine purée de topinambours, jus de persil plat, croustillant de lard

Émulsion
Taillez la poitrine fumée en petits lardons. Épluchez et émincez les légumes.
Dans une casserole, faites revenir au beurre les légumes et les lardons en leur donnant une légère coloration, pendant 4 à 5 minutes à feu moyen.
Mouillez avec la crème et le lait de soja. Portez à ébullition et faites cuire à petits bouillons pendant 15 minutes. Hors du feu, laissez infuser 30 minutes à couvert.
Mixez et passez au chinois fin. Rectifiez l'assaisonnement en sel et poivre.
Faites tiédir puis mixez pour obtenir une jolie mousse. Réservez au chaud.

Noix de pécan
Grillez les noix de pécan dans une poêle à sec pendant 3 à 4 minutes, puis concassez-les. Réservez.

Noix de saint-jacques
Salez les noix de saint-jacques. Faites chauffer l'huile d'olive dans une poêle. Faites-y colorer les noix de saint-jacques d'un côté à feu vif, pendant 2 minutes. Retournez-les puis ajoutez le beurre ; poursuivez la cuisson pendant 2 minutes. Épongez-les sur du papier absorbant. Parsemez d'un peu de fleur de sel et de poivre du moulin. Réservez au chaud.

Dressage
Placez dans chaque assiette un cercle de 16 cm de diamètre et à l'intérieur un autre cercle de 12 cm. Remplissez le cercle de 12 cm de 100 g de purée de topinambours au persil et celui de 16 cm de 20 g de jus de persil au yuzu.
Disposez 4 noix de saint-jacques sur le jus de persil et une au centre. Parsemez la purée de topinambours de noix de pécan concassées. Nappez les noix de quelques pointes d'émulsion, puis placez une chips de lard sur chacune d'elles. Servez aussitôt.

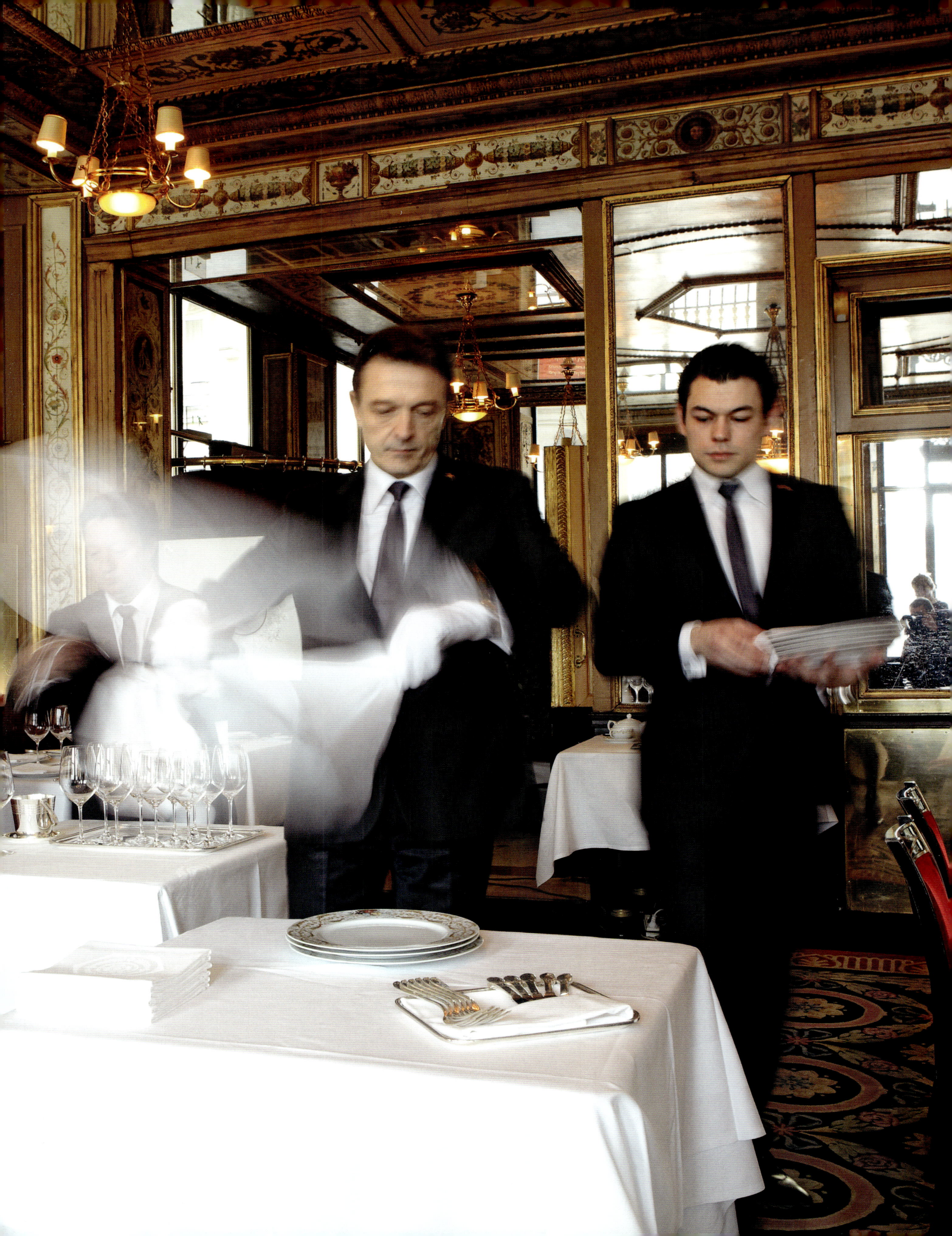

LES
VIANDES

Filet d'agneau piqué aux concombres acidulés, d'autres à la crème et ciboulette

POUR 10 PERSONNES
Préparation : 1 heure 30
Marinade du concombre acidulé :
24 heures

5 carrés d'agneau de 8 côtes
de 1,1 kg chacun
3 cuillerées à soupe d'huile d'olive
Sel, poivre du moulin

BÂTONNETS DE CONCOMBRE
ACIDULÉS
1 concombre
40 g de vinaigre cristal
10 g de sauce soja
30 g de sucre semoule
4 g de sel fin

CONCOMBRES À LA CRÈME
4 concombres
20 g d'huile d'olive
300 g de fromage Philadelphia
75 g de lait de soja
15 g de wasabi en pâte
10 g de ciboulette ciselée
Sel, poivre du moulin

JUS
400 g de fond de volaille
60 g de beurre
Sel, poivre du moulin

GARNITURE
20 g de roquette
1 cuillerée à soupe de vinaigrette
Grand Véfour
Sel, poivre du moulin

Bâtonnets de concombre acidulés

Lavez le concombre. Coupez-le en deux dans la longueur sans l'éplucher, puis épépinez-le. Coupez-le en tronçons de 12 cm, puis chaque tronçon en quatre pour réaliser 10 bâtonnets.
Dans un bol, mélangez le vinaigre, la sauce soja, le sucre et le sel. Plongez-y les bâtonnets de concombre. Mélangez pour bien imprégner les bâtonnets, puis laissez mariner 24 heures au réfrigérateur, couvert d'un film alimentaire.

Concombres à la crème

Épluchez les concombres. Coupez-les en tronçons de 10 cm, puis chaque tronçon en deux dans la longueur. Épépinez-les. Taillez de nouveau chaque tronçon en quatre dans la longueur afin d'en obtenir 60.
Dans une poêle, chauffez l'huile d'olive puis faites revenir les tronçons de concombre 2 à 3 minutes à feu moyen, en leur donnant une légère coloration. Salez et poivrez. Laissez refroidir.
Dans un bol, mélangez le Philadelphia avec le lait de soja, puis versez dans une casserole pour chauffer légèrement la préparation. Hors du feu, ajoutez le wasabi. Salez et poivrez. Réservez.

Jus

Dans une casserole, faites réduire le fond de volaille à feu vif pendant 10 minutes, pour obtenir 300 g de jus réduit.
Montez la réduction au beurre. Rectifiez l'assaisonnement. Réservez au chaud.

Filets d'agneau

Levez les carrés d'agneau puis pelez les filets à vif.
Taillez les filets en portion de 130 g. À l'aide d'un couteau, traversez de part en part chaque filet d'agneau, dans la longueur, avec un bâtonnet de concombre acidulé. Salez et poivrez.
Dans une poêle, chauffez l'huile d'olive, puis saisissez les filets 2 minutes de chaque côté. Poursuivez la cuisson pendant 4 minutes dans un four préchauffé à 250 °C. Laissez-les reposer sur une grille couverte d'une feuille de papier d'aluminium à température ambiante, pendant 5 minutes.
Au moment du dressage, faites-les cuire de nouveau 3 minutes au four à 250 °C.

Finitions et dressage

Réchauffez les concombres avec le mélange de Philadelphia. Rectifiez l'assaisonnement et ajoutez au dernier moment la ciboulette ciselée.
Mélangez la roquette avec la vinaigrette. Salez, poivrez.
Placez au centre de chaque assiette 6 bâtonnets de concombres à la crème. Parez les extrémités des filets d'agneau puis coupez-les en deux dans la largeur. Posez-les debout sur les concombres à la crème.
Nappez tout le fond de l'assiette de quelques traits de jus puis répartissez la roquette.
Servez aussitôt.

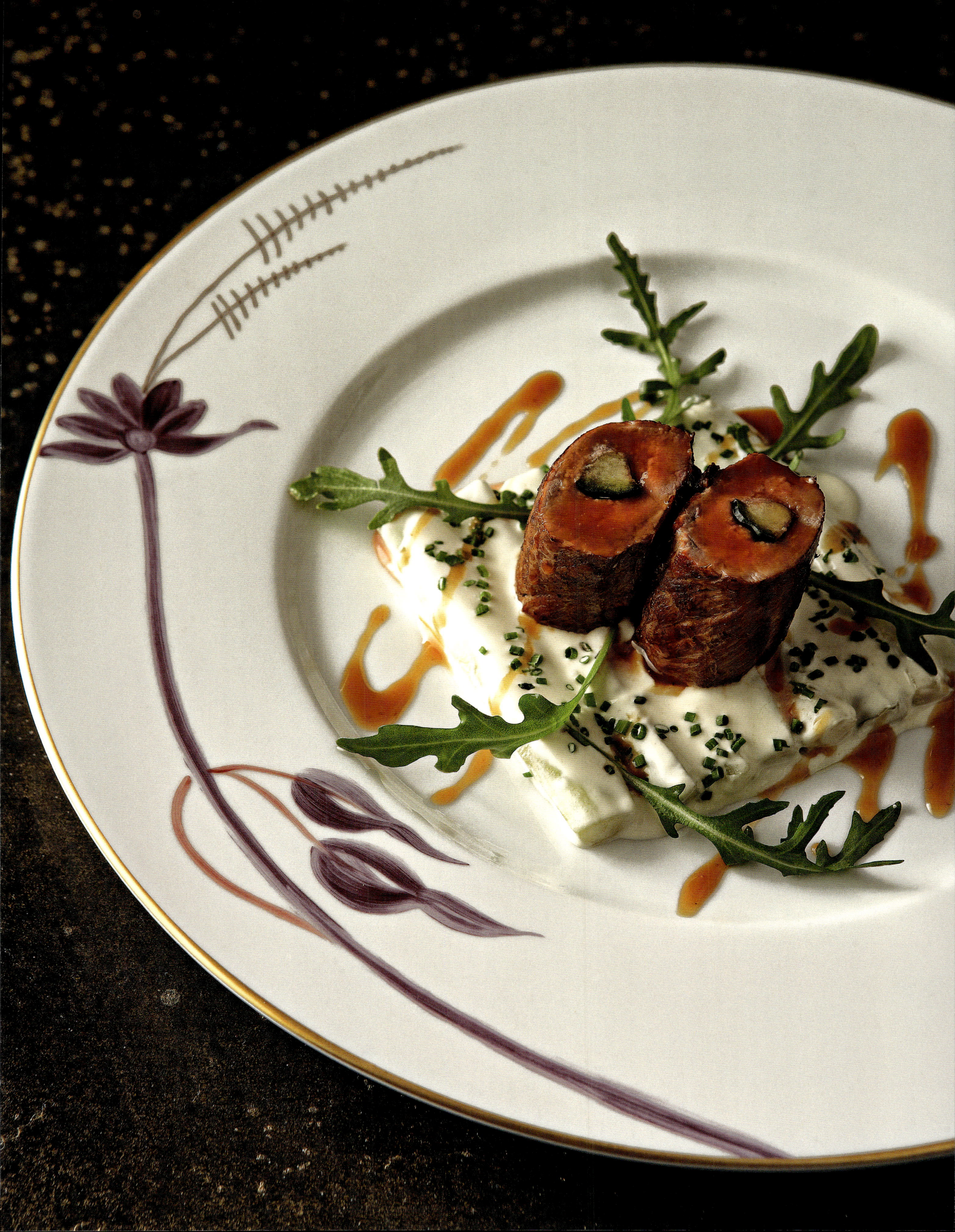

Filet d'agneau apprêté de cinq variétés de radis, rehaussé d'une râpée de raifort

POUR 10 PERSONNES
Préparation : 1 heure 30 minutes
Marinade : 24 heures

10 carrés d'agneau de 6 côtes de 1,1 kg pièce
3 cuillerées à soupe d'huile d'olive
Sel, poivre du moulin

BÂTONNETS DE RADIS BLANC ACIDULÉS
10 bâtonnets de radis blanc de 12 x 1 x 0,7 cm
40 g de vinaigre cristal
10 g de sauce soja
30 g de sucre semoule
4 g de sel fin

RADIS VERT AU SEL
170 g de radis vert épluché
3 g de sel fin

PURÉE DE RADIS ROSES ACIDULÉE
720 g de radis roses avec les fanes
18 g de vinaigre de cidre
Sel, poivre du moulin

RADIS ROUGES À LA CRÈME
20 radis rouges avec 2 cm de fane
300 g de lait de soja
300 g de crème liquide
Sel

BILLES DE RADIS NOIR
10 billes de radis noir avec la peau, de 18 mm de diamètre
1 g de poivre du Sichuan en grains
3 g de kappa
1 pincée de gros sel

JUS DE RADIS AU RAIFORT
105 g de radis blanc
180 g de lait entier
10 g de raifort frais râpé
1 pincée de gros sel
Sel, poivre du moulin

Bâtonnets de radis blanc acidulés
Dans un bol, mélangez le vinaigre, la sauce soja, le sucre et le sel. Plongez-y les bâtonnets de radis et laissez-les mariner 24 heures au réfrigérateur.

Radis vert au sel
Émincez finement et légèrement en biais le radis vert, à 2 mm d'épaisseur, et mélangez-le avec le sel. Laissez-le macérer 10 minutes puis pressez-le pour extraire l'eau de végétation. Réservez au réfrigérateur.

Purée de radis roses acidulée
Réservez les fanes pour le décor. Mixez les radis crus en très fine purée. Versez la purée dans un chinois étamine puis laissez-la s'égoutter pendant 30 minutes. Mélangez ensuite avec le vinaigre. Salez et poivrez. Réservez au réfrigérateur.

Radis rouges à la crème
Dans une casserole, portez à ébullition le lait de soja et la crème. Salez puis ajoutez les radis. Faites cuire à petits bouillons pendant 5 minutes. Réservez au chaud.

Billes de radis noir
Portez à ébullition 400 g d'eau avec le poivre du Sichuan et le sel. Versez les billes de radis noir et faites-les cuire 12 minutes à petits bouillons. Laissez refroidir dans la cuisson. Égouttez les billes au-dessus d'une casserole. Mixez la cuisson recueillie avec le kappa. Portez à ébullition et laissez cuire 1 minute. Réservez au chaud. Épongez les billes de radis noir sur du papier absorbant. Piquez chaque bille avec une pique en bois puis trempez-la entièrement dans la cuisson. Réservez à température ambiante.

Jus de radis au raifort
Épluchez et coupez en petits morceaux le radis blanc. Dans une casserole, faites-le cuire dans le lait salé à feu moyen pendant 10 minutes. Mixez pour obtenir une purée lisse. Ajoutez le raifort. Rectifiez l'assaisonnement. Réservez au chaud.

Carrés d'agneau
Levez les carrés d'agneau. Épluchez à vif les filets. Taillez-les en portions de 130 g et lardez-les d'un bâtonnet de radis acidulé. Salez et poivrez.
Dans une poêle, saisissez 1 à 2 minutes les filets à l'huile d'olive sur toutes leurs faces, puis poursuivez la cuisson 6 minutes dans un four préchauffé à 220 °C. Laissez-les reposer 2 minutes au chaud sur une grille, couverts d'une feuille de papier d'aluminium, puis coupez-les en deux.

Dressage
Dans chaque assiette, posez à gauche un cadre de 15 x 2 cm. Versez-y 25 g de purée de radis roses.
Répartissez dessus 10 g de radis vert au sel.
Posez dessus les deux morceaux de filet d'agneau.
À droite, dressez 3 cercles de 3 cm de diamètre avec 15 g de purée de radis roses. Sur le cercle central, posez une bille de radis noir et sur chacun des deux autres, un radis rouge à la crème.
Réalisez une larme de jus de radis au raifort et versez le reste en saucière.
Terminez en disposant 3 fanes de radis à côté des radis rouges à la crème et de la bille de radis noir.
Servez aussitôt.

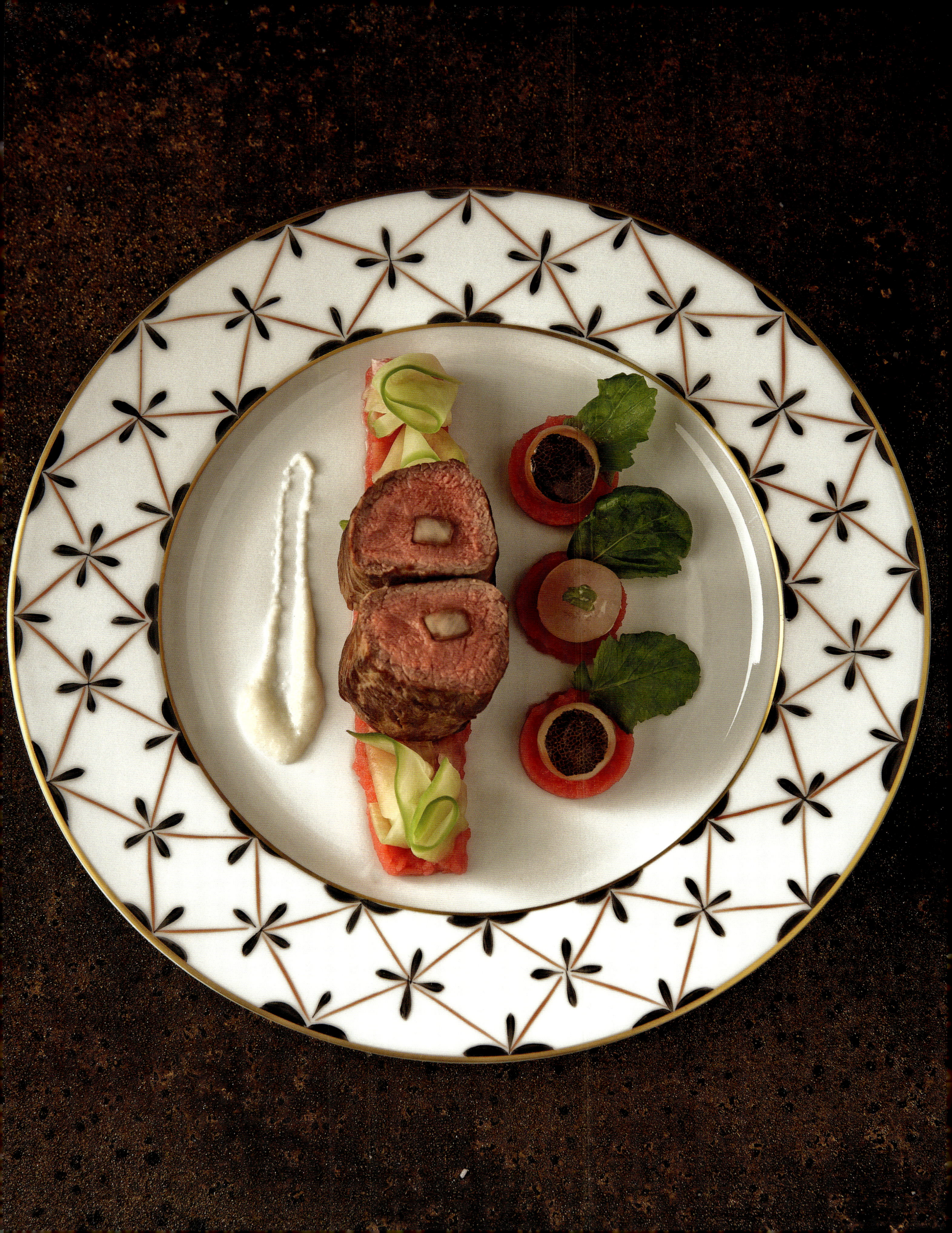

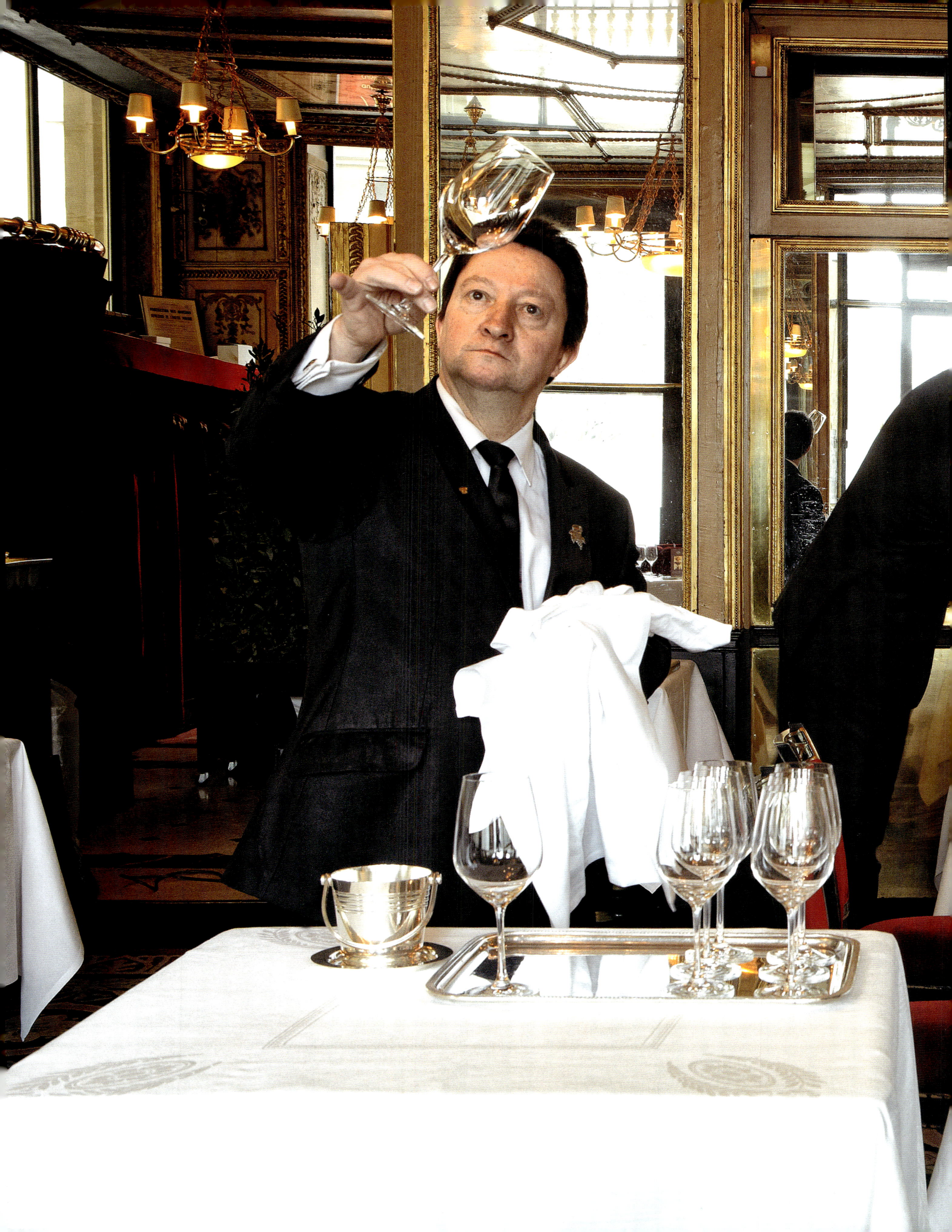

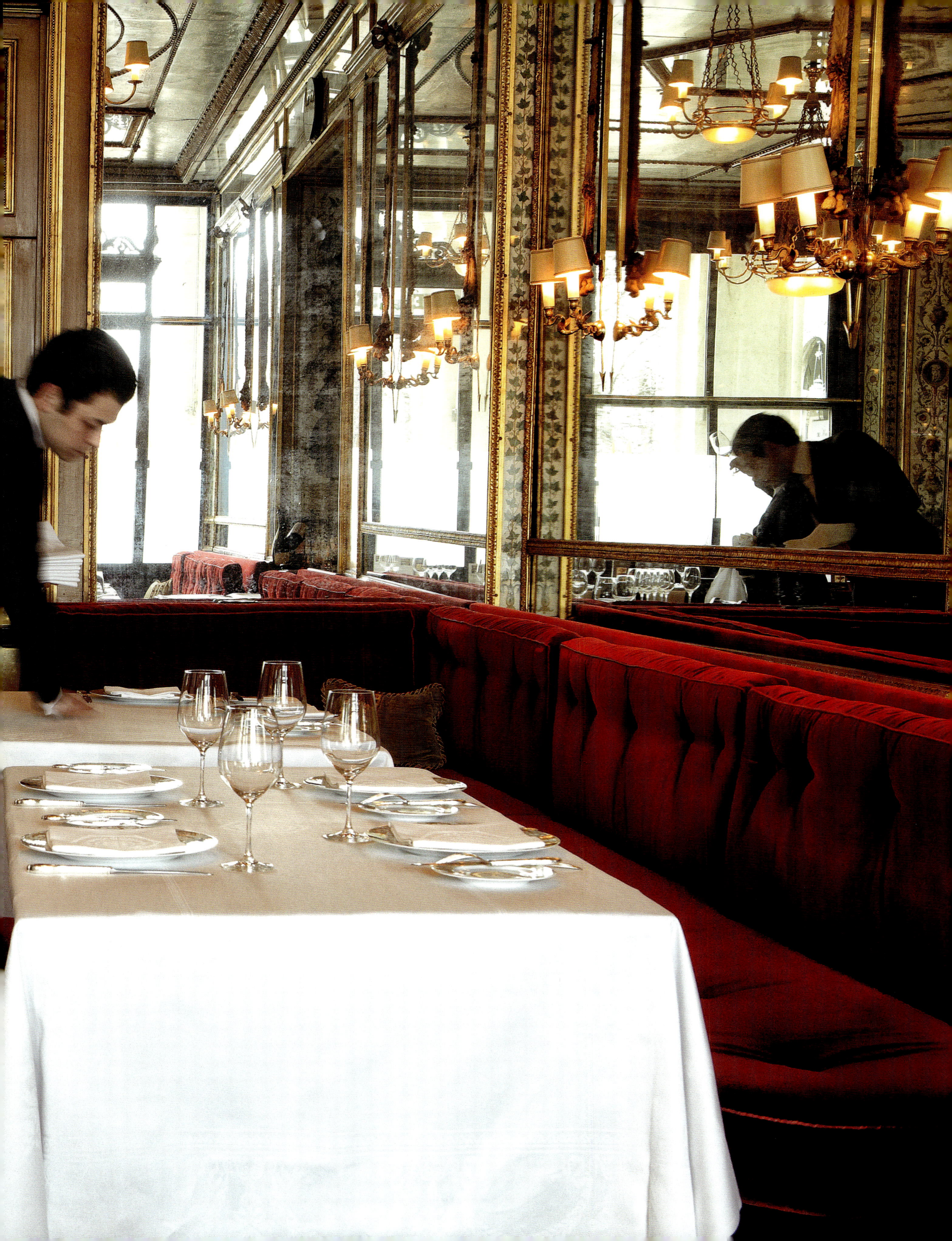

Onglet de veau poêlé, courgettes et câpres apprêtées à la coriandre, jus à la badiane

POUR 10 PERSONNES
Préparation : 1 heure

10 onglets de veau parés de 150 g
3 cuillerées à soupe d'huile d'olive
50 g de beurre
10 cubes de foie gras cru
de canard de 25 g et de 3 cm
de côté
10 tomates cerise en grappe
Sel, fleur de sel, poivre du moulin

TARTARE DE TOMATE
150 g de dés de tomate rouge
mondée et épépinée
50 g de dés de tomate verte
mondée et épépinée
25 g d'oignon nouveau ciselé
1 cuillerée à café de vinaigre
de xérès
2 cuillerées à soupe d'huile d'olive
Sel, poivre du moulin

COURGETTES ET CÂPRES
400 g de dés de courgettes fines
de 7 mm
15 g de câpres hachées
20 g de pignons de pin
15 g de dés de tomates confites de
5 mm
4 cuillerées à soupe d'huile d'olive
3 g de coriandre ciselée
Sel, poivre du moulin

OIGNONS FARCIS
10 oignons botte de 60 g
100 g de pain de mie sans croûte
40 g d'huile d'olive
1 brin de thym
1 feuille de laurier
6 g de feuilles de persil plat
3 g de feuilles de cerfeuil
3 g de feuilles d'estragon
5 g de thym effeuillé
20 g de jus de volaille
3 g de gros sel

JUS À LA BADIANE
400 g de fond de volaille
60 g de beurre
2 étoiles de badiane
Sel, poivre du moulin

Tomates cerise frites
À l'aide d'une paire de ciseaux, coupez les tomates une par une en laissant un morceau de tige. Faites-les frire dans un bain d'huile à 170 °C jusqu'à ce que la peau se décolle de la chair. Épongez-les sur du papier absorbant. Salez et poivrez. Réservez au chaud.

Tartare de tomate
Assaisonnez les dés de tomate et les oignons avec le vinaigre et l'huile d'olive.
Salez et poivrez. Réservez au réfrigérateur.

Courgettes et câpres
Torréfiez les pignons dans une poêle à sec pendant 2 minutes. Faites sauter les dés de courgettes dans une poêle à l'huile d'olive, à feu moyen pendant 5 à 6 minutes, pour leur donner une légère coloration. Salez et poivrez.
Hors du feu, ajoutez les câpres, les pignons de pin, la coriandre et les tomates confites. Mélangez bien. Rectifiez l'assaisonnement.
Réservez à température ambiante.

Oignons farcis
Ôtez la fine peau des oignons. Portez à ébullition 1 litre d'eau avec le gros sel, l'huile d'olive, le thym et le laurier. Faites-y cuire les oignons pendant 10 minutes.
Égouttez les oignons en réservant la cuisson au chaud, puis épongez-les. Coupez-leur un chapeau et creusez délicatement l'intérieur en laissant 2 épaisseurs de peau. Réservez l'intérieur des oignons.
Coupez la mie de pain en dés de 5 mm et mélangez-les avec le thym effeuillé, le persil, le cerfeuil et l'estragon hachés, l'intérieur des oignons haché et le jus de volaille. Remplissez les oignons de farce. Gardez au chaud avec un peu de cuisson réservée.

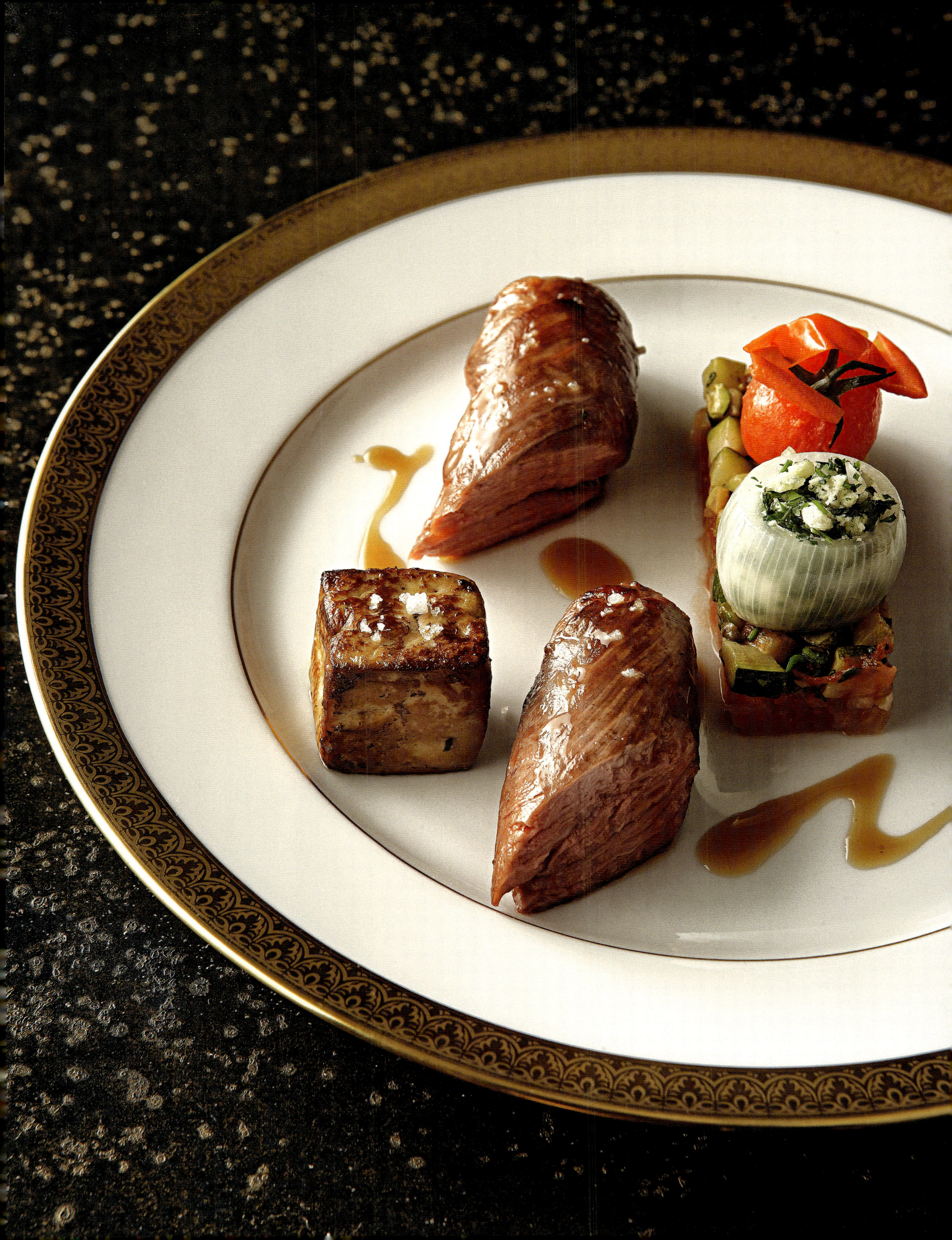

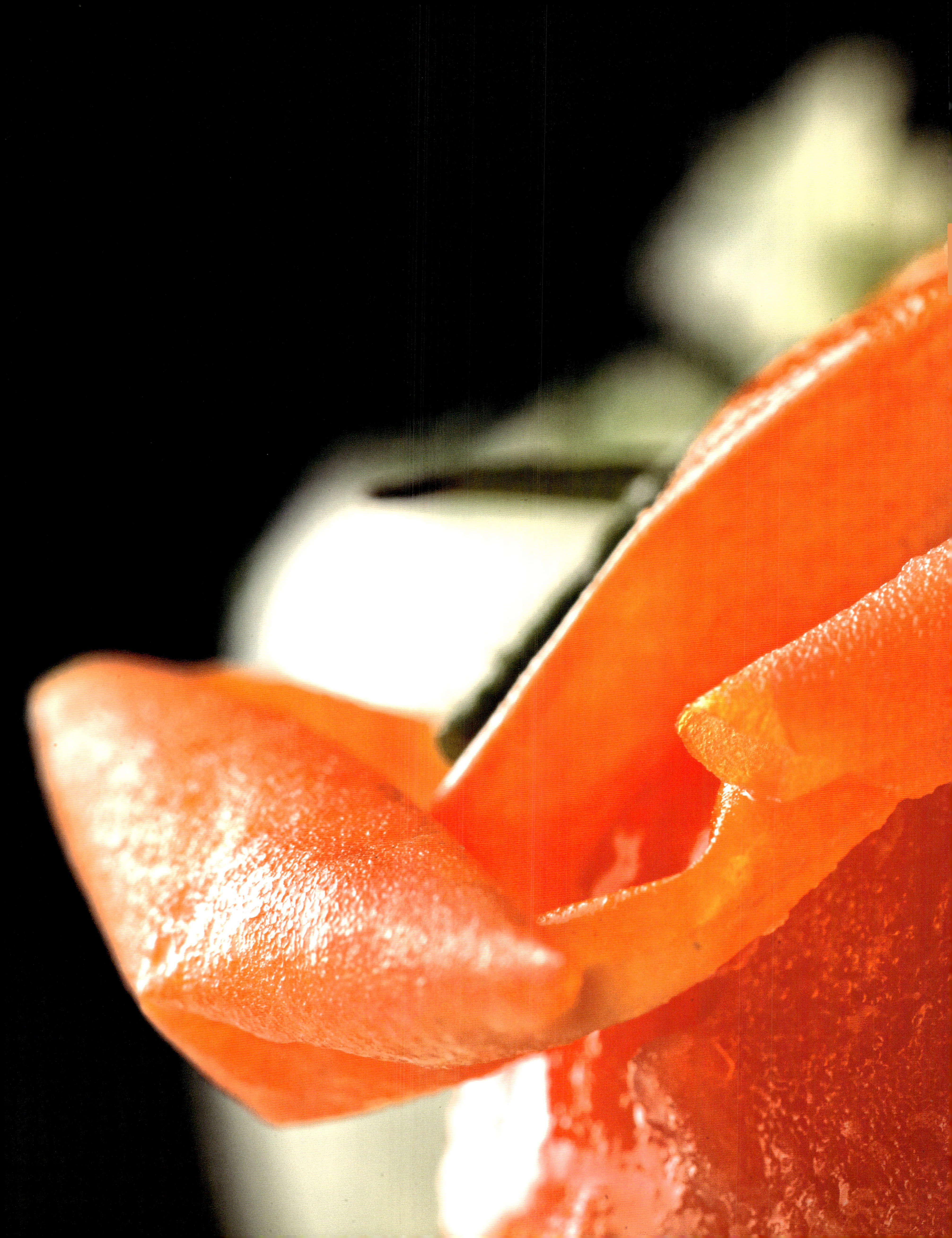

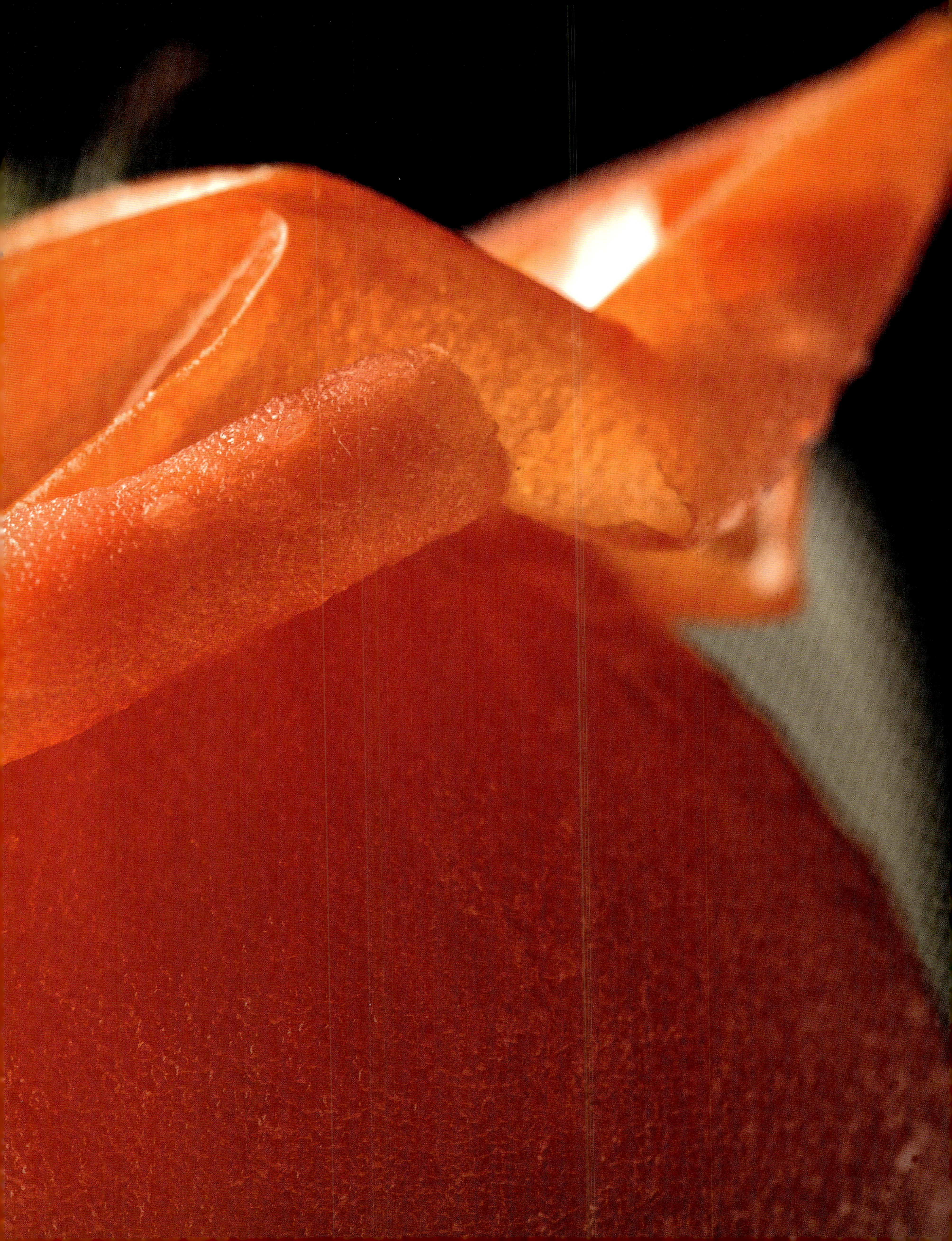

Onglet de veau poêlé, courgettes et câpres apprêtées à la coriandre, jus à la badiane

Jus à la badiane
Dans une casserole, portez à ébullition le fond de volaille avec la badiane, puis laissez cuire à petits bouillons pendant 10 minutes. Montez le jus au beurre. Rectifiez l'assaisonnement puis passez le jus au chinois. Réservez au chaud.

Onglets et foie gras
Salez et poivrez les onglets. Dans une poêle, faites chauffer l'huile d'olive et le beurre. Faites-y cuire les onglets à feu vif, pendant 2 à 3 minutes de chaque côté. Réservez-les au chaud, couverts d'une feuille de papier d'aluminium.
Poêlez les cubes de foie gras dans une poêle chaude sans matière grasse, pendant 5 minutes pour les colorer sur toutes leurs faces. Salez, poivrez. Piquez chaque cube d'une pique en bambou. Réservez au chaud.

Dressage
Réchauffez la préparation courgettes et câpres.
Dans chaque assiette, placez à droite un cadre de 8 x 4 cm. Remplissez-le avec 20 g de tartare de tomate et 30 g de courgettes et câpres. Tassez, enlevez le cadre et posez sur les courgettes un oignon farci et une tomate frite.
Coupez les onglets en deux.
À gauche de l'assiette, posez les deux morceaux d'onglet en les décalant, puis le cube de foie gras. Réalisez quelques traits de jus sur la viande et versez le reste en saucière.
Parsemez de fleur de sel et d'un tour de moulin à poivre. Servez aussitôt.

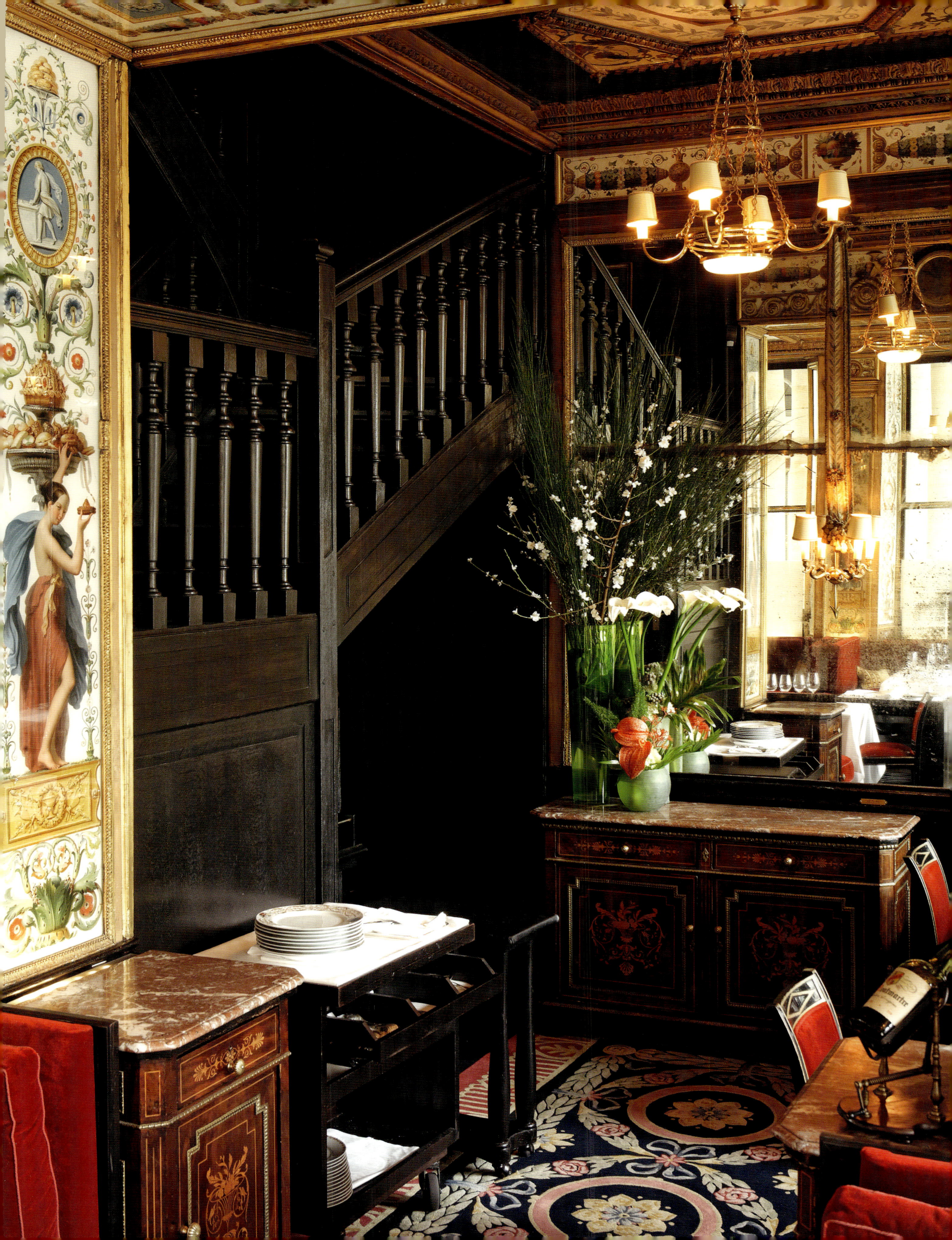

Quasi de veau frotté aux épices colombo, tranches de butternut et panais assaisonnées au tamarin et vieux comté

POUR 10 PERSONNES
Préparation : 1 heure

10 pavés de quasi de veau de 150 g
5 g d'épices colombo
2 cuillerées à soupe d'huile d'olive
50 g de beurre
Sel, poivre du moulin

SAUCE CIVET
400 g de parures de quasi de veau
50 g de dés de carotte de 5 mm
50 g de dés de radis blanc de 5 mm
50 g de dés de fenouil de 5 mm
50 g d'échalote finement ciselée
50 g de sommités de chou-fleur
50 g de farine
100 g de vin blanc
200 g de crème liquide
100 g de fond de veau
10 g d'épices colombo
10 g de zeste de citron
10 g de jus de citron
50 g d'huile d'olive
1 brin de thym
1 feuille de laurier
Sel, poivre du moulin

SAUCE TAMARIN
20 g de sucre semoule
100 g de pâte de tamarin
400 g de fond de veau
8 grains de poivre du Sichuan
Sel, poivre du moulin

GARNITURE
20 tranches de panais de 7 x 3 x 0,5 cm
20 tranches de courge Butternut de 7 x 3 x 0,5 cm
10 tranches de vieux comté de 8 x 3 x 0,2 cm
30 dés de betterave rouge crue de 5 mm
30 dés de betterave jaune crue de 5 mm
30 dés de betterave Chioggia crue de 5 mm
20 copeaux de chou-fleur réalisés à la mandoline
30 dés de blanc d'œuf dur de 5 mm
200 g de beurre clarifié
4 grains de poivre du Sichuan
20 brins de ciboulette
1 cuillerée à soupe de vinaigrette Grand Véfour
Sel, poivre du moulin

Quasi de veau
Parez les quasis de veau. Réservez 400 g de parures pour la sauce civet.
Frottez les pavés avec les épices colombo. Réservez au frais.

Sauce civet
Coupez en petits dés les parures de quasi. Dans un faitout, faites-les revenir à l'huile d'olive avec tous les légumes, le thym et le laurier, 5 minutes à feu vif, pour leur donner une légère coloration. Ajoutez les épices colombo. Mélangez puis ajoutez la farine. Mélangez puis faites cuire 2 à 3 minutes. Déglacez avec le vin blanc. Ajoutez la crème et le fond de veau. Portez à ébullition. Ajoutez le zeste de citron et poursuivez la cuisson à petits bouillons 30 minutes. Ajoutez le jus de citron. Rectifiez l'assaisonnement. Réservez au chaud.

Sauce tamarin
Dans une casserole, faites cuire le sucre à feu vif au caramel brun. Ajoutez la pâte de tamarin et poursuivez la cuisson à feu doux 2 minutes. Ajoutez le fond de veau et le poivre du Sichuan. Faites réduire à feu doux jusqu'à obtenir une consistance sirupeuse. Rectifiez l'assaisonnement. Filtrez et réservez au chaud.

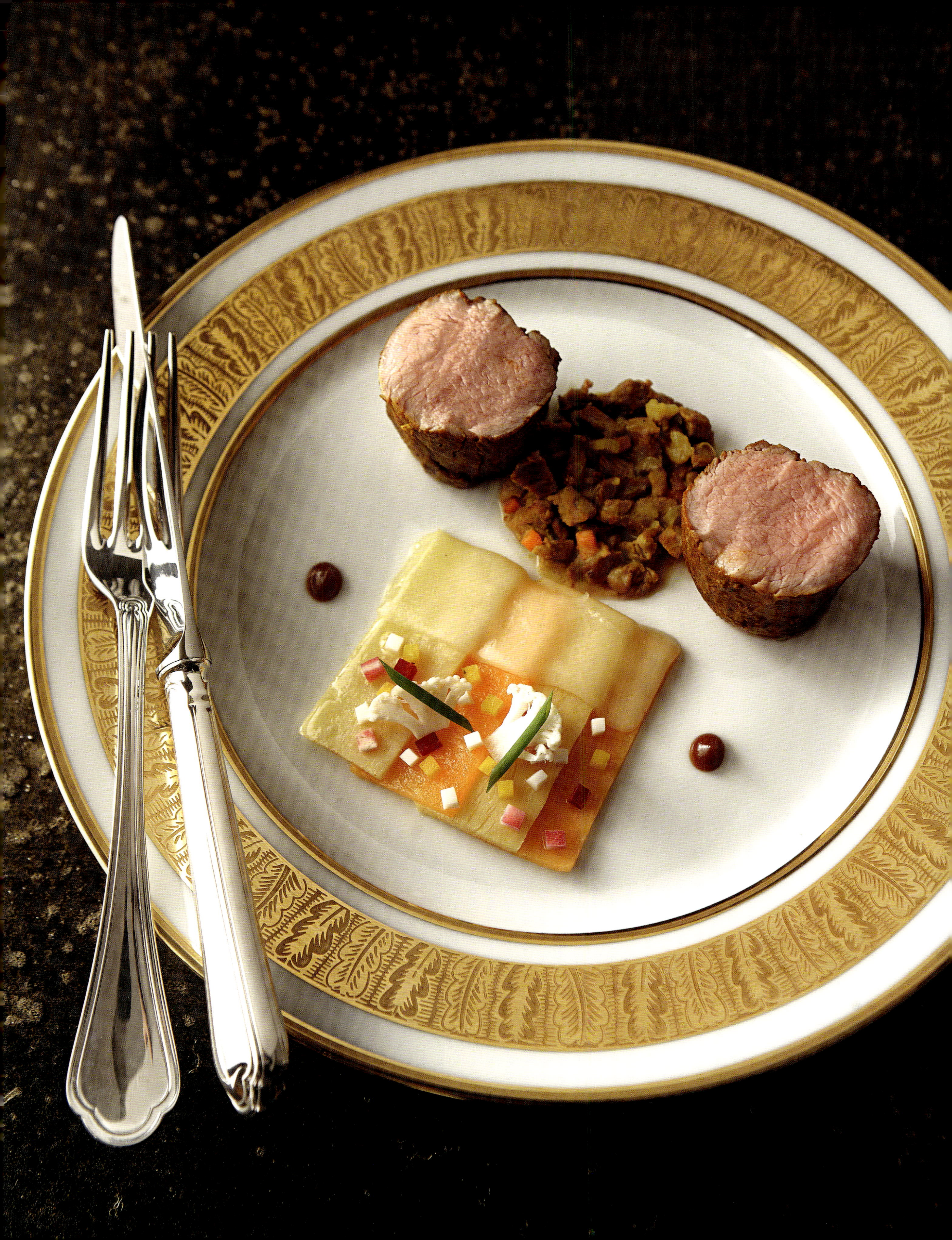

Quasi de veau frotté aux épices colombo, tranches de butternut et panais assaisonnées au tamarin et vieux comté

Garniture
Dans un plat allant au four, faites chauffer le beurre clarifié. Placez-y séparément les tranches de panais et de butternut, avec le poivre du Sichuan. Salez et poivrez.
Faites cuire 5 minutes à 80 °C.
Épongez les tranches sur du papier absorbant. Badigeonnez-les ensuite de sauce tamarin.
Réalisez 10 montages de la garniture en intercalant dans la longueur deux fois une tranche de panais et une tranche de butternut. Posez transversalement une tranche de comté sur une des extrémités du montage. Réservez au chaud.
Assaisonnez les dés des différentes betteraves, les copeaux de chou-fleur et les dés de blanc d'œuf avec la vinaigrette Grand Véfour. Salez et poivrez. Réservez.

Cuisson du quasi de veau
Salez et poivrez les quasis. Dans une poêle, faites chauffer l'huile d'olive, puis saisissez les quasis à feu moyen, 2 minutes de chaque côté. Poursuivez la cuisson pendant 5 à 6 minutes à feu moyen en ajoutant le beurre et en les arrosant. Réservez au chaud, couvert d'une feuille de papier d'aluminium.

Dressage
Placez dans chaque assiette un montage de garniture. Posez à côté un cercle de 6 cm de diamètre pour y verser la sauce civet. Ôtez le cercle.
Coupez les quasis aux extrémités puis en deux dans la largeur.
Posez de chaque côté de la sauce civet les deux morceaux de quasi, puis un peu de mélange de légumes et blanc d'œuf sur le montage de garniture.
Terminez par 2 points de sauce tamarin de chaque côté du montage et 2 brins de ciboulette.
Servez aussitôt.

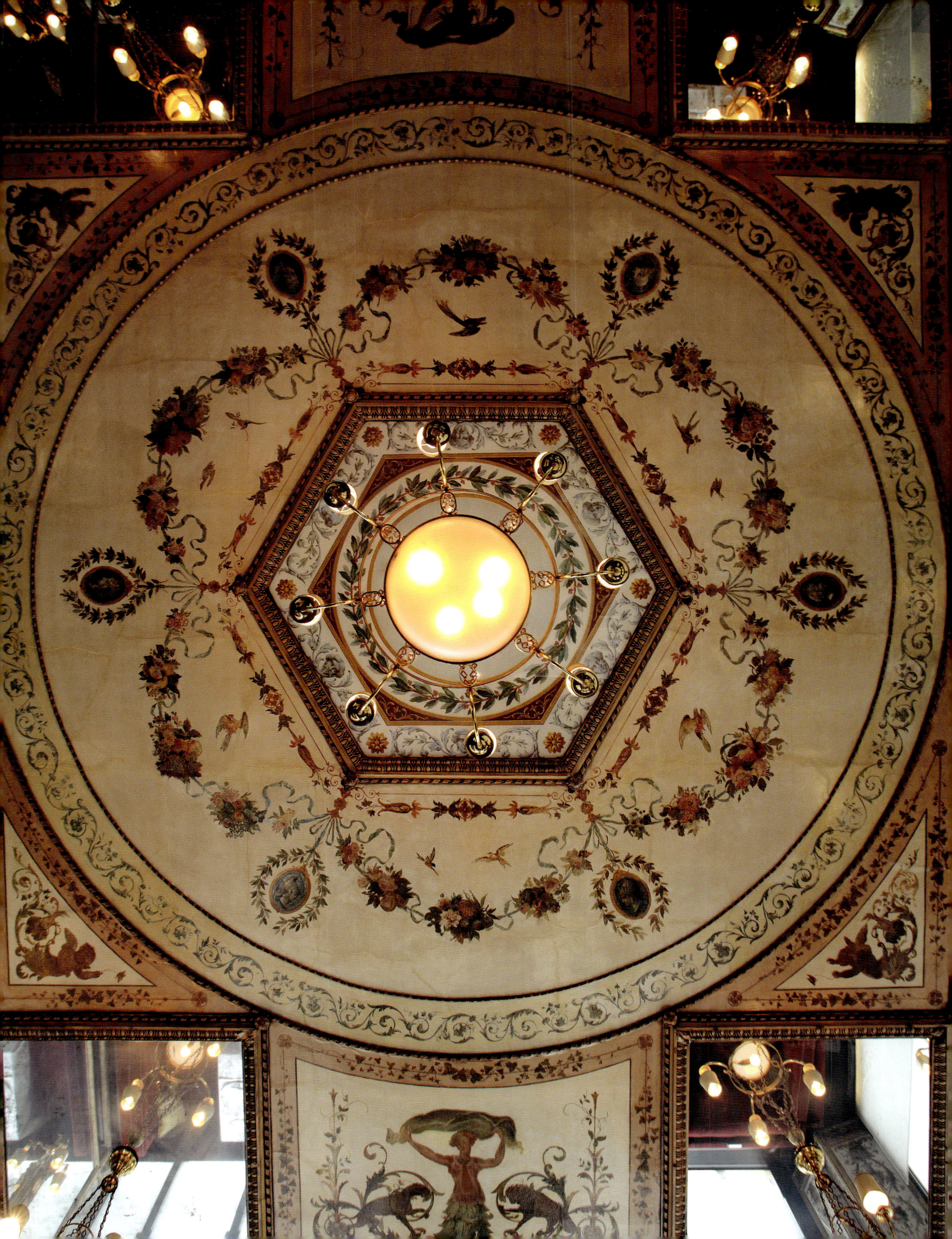

Côte de veau cuite poêlée, betterave blanche et moelle croustillante, jus à la cardamome

POUR 10 PERSONNES
Préparation : 1 heure 30
Trempage de la moelle : 3 heures

10 côtes de veau de 280 g, parées et manchonnées
50 g de beurre
4 cuillerées à soupe d'huile d'olive
Sel, poivre du moulin

PURÉE DE BETTERAVE BLANCHE
160 g de betterave blanche épluchée
150 g de lait entier
150 g de crème liquide
40 g de beurre
4 grains de poivre noir Sarawak
Sel, poivre du moulin

NAVETS ACIDULÉS
3 navets ronds de 100 g
30 g de sucre semoule
140 g de vinaigre de riz
30 g de beurre
Sel, poivre du moulin

JUS À LA CARDAMOME
850 g de parures de côtes de veau
300 g d'échalotes émincées
500 g de vinaigre de riz
500 g de vin blanc
500 g de fond de volaille
50 g d'huile d'olive
30 grains de poivre noir Sarawak concassés
1 gousse d'ail
4 capsules de cardamome
Sel, poivre du moulin

MOELLE PANÉE
500 g de moelle de veau ou de bœuf
20 g de farine
2 blancs d'œufs
50 g de chapelure japonaise
40 g de gros sel
Sel

Purée de betterave blanche
Coupez la betterave en cubes de 3 cm.
Dans un faitout, chauffez le beurre noisette puis faites-y suer 2 à 3 minutes, à feu moyen, les cubes de betterave avec les grains de poivre Sarawak. Mouillez avec le lait et la crème et laissez cuire à petits bouillons pendant 15 à 20 minutes. Mixez puis passez au chinois étamine. Rectifiez l'assaisonnement. Réservez au chaud.

Navets acidulés
Épluchez les navets. Coupez chacun d'eux en 10 quartiers.
Dans une casserole, faites caraméliser le sucre. Ajoutez les quartiers de navet. Mélangez bien. Mouillez avec le vinaigre et ajoutez le beurre, salez et poivrez. Couvrez et faites réduire à feu doux. Lorsque vous obtenez plus qu'un quart de jus, stoppez la cuisson et réservez au chaud.

Jus à la cardamome
Coupez les parures des côtes de veau en cubes de 5 cm. Dans un faitout, faites suer 10 minutes à l'huile d'olive les parures de veau avec les échalotes, le poivre Sarawak, la gousse d'ail écrasée. Versez le vinaigre de riz et la cardamome. Faites réduire à feu moyen de moitié, puis mouillez avec le vin blanc. De nouveau, faites réduire de moitié puis ajoutez 1,3 litre d'eau. Poursuivez la cuisson à petits bouillons pendant 1 heure. Ajoutez le fond de volaille et poursuivez la cuisson à feu doux pendant 30 minutes. Filtrez puis faites réduire à feu moyen jusqu'à obtenir une consistance nappante. Rectifiez l'assaisonnement. Réservez au chaud.

Moelle panée
Dans une casserole, portez à ébullition 700 g d'eau avec le gros sel puis laissez-la refroidir.
Plongez la moelle dans l'eau froide et laissez-la tremper 3 heures. Rincez-la puis taillez-la en 10 tronçons de 3,5 cm (40 g). Farinez les tronçons. Passez-les dans les blancs d'œufs légèrement battus puis dans la chapelure. Faites-les frire une première fois dans un bain d'huile à 180 °C pendant 2 minutes ; réservez à température ambiante. Au moment de servir, faites-les frire une seconde fois 2 à 3 minutes. Épongez sur du papier absorbant. Salez et réservez au chaud.

Côtes de veau
Salez, poivrez les côtes de veau. Dans une poêle, faites chauffer le beurre et l'huile d'olive. Faites-y colorer les côtes de veau en les arrosant constamment, 5 à 6 minutes de chaque côté. Réservez au chaud, couvert d'une feuille de papier d'aluminium.

Dressage
Égouttez les navets en conservant le jus de cuisson. Dans chaque assiette, réalisez une grande larme de purée de betterave. Posez 3 quartiers de navet acidulé. Coupez en deux morceaux chaque côte de veau et posez-les côte à côte.
Disposez un tronçon de moelle panée. Ajoutez au jus à la cardamome la cuisson des navets. Nappez légèrement la côte de jus à la cardamome, puis faites un trait dans la purée de betterave. Versez le reste de jus en saucière. Servez aussitôt.

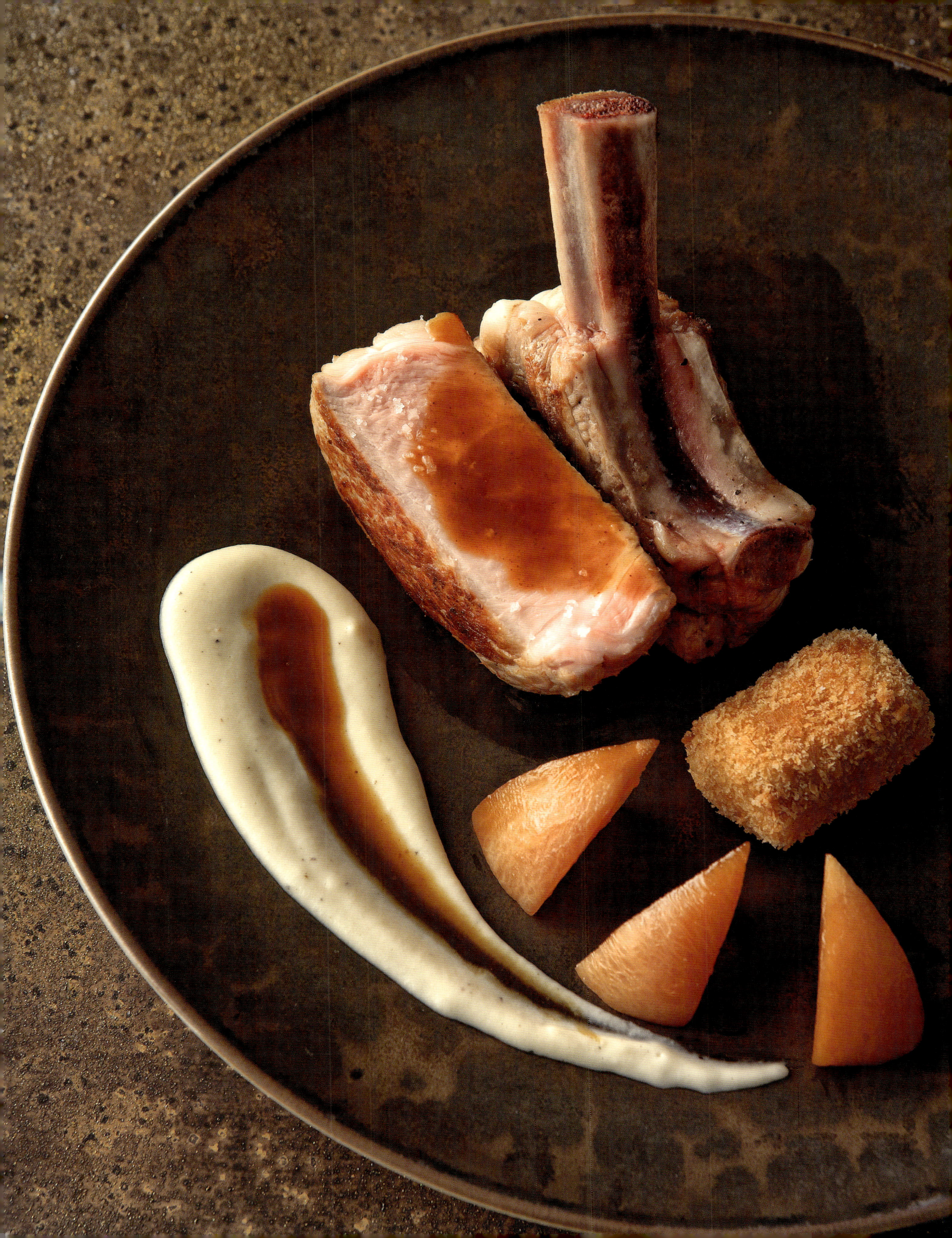

Ris de veau croustillant aux petits pois et gnocchis de carotte, jus rehaussé au cresson

POUR 10 PERSONNES
Préparation : 2 heures

10 pommes de ris de veau de 200 g
45 g de chapelure japonaise
90 g de petits pois crus hachés
5 blancs d'œufs
3 cuillerées à soupe d'huile d'olive
50 g de beurre
20 g de beurre clarifié
Sel, poivre du moulin

GNOCCHIS DE CAROTTE
500 g de carottes épluchées
80 g de farine
1 œuf + 1 jaune
30 g de beurre clarifié
Sel, poivre du moulin

GELLANS DE POITRINE DE PORC FUMÉE
80 g de poitrine de porc fumée
3 g de gellan

JUS DE VOLAILLE AU CRESSON
800 g de jus de volaille
120 g de beurre
50 g de feuilles de cresson ciselées
Sel, poivre du moulin

GARNITURE
750 g de petits pois cuits

Gnocchis de carotte

Coupez les carottes en petits morceaux. Faites-les cuire dans une casserole d'eau bouillante salée pendant 15 minutes. Égouttez-les et mixez-les en fine purée. Vous devez obtenir 380 g de purée. Incorporez la farine, le jaune d'œuf et l'œuf entier. Salez, poivrez.
Portez à frémissement une casserole d'eau salée à 10 g par litre. À l'aide de 2 cuillères à café, formez 50 quenelles de 10 g de purée de carottes et pochez-les 4 minutes. Rafraîchissez-les en les plongeant dans une eau glacée. Épongez-les sur du papier absorbant.
Dans une poêle, chauffez le beurre clarifié à feu moyen et colorez les gnocchis de chaque côté pendant 2 à 3 minutes. Épongez-les sur du papier absorbant.
Réservez au chaud.

Gellans de poitrine de porc fumée

Coupez la poitrine de porc en fins lardons avec la couenne. Placez-les dans une casserole avec 250 g d'eau. Portez à ébullition et faites cuire à feu doux pendant 5 minutes.
Mixez au blender la poitrine avec l'eau de cuisson, puis passez la préparation au chinois étamine. Versez-en 200 g dans une casserole. Ajoutez le gellan et mixez. Portez à ébullition et faites cuire 2 minutes en fouettant.
Versez le gellan de poitrine fumée dans un cadre de 15 x 4 x 3 cm préalablement filmé par l'intérieur sur sa base et les côtés. Laissez prendre au réfrigérateur pendant 15 minutes.
Taillez le gellan en 15 tranches de 1 cm de large, puis retaillez chaque tranche en quatre. Réservez.

Jus de volaille au cresson

Dans une casserole, faites réduire le jus de volaille de moitié puis montez-le au beurre.
Ajoutez le cresson ciselé. Rectifiez l'assaisonnement.
Réservez au chaud.

Ris de veau

Salez et poivrez les ris de veau.
Dans une poêle, chauffez l'huile d'olive, puis faites-y colorer les ris de veau sur toutes leurs faces à feu vif, pendant 2 minutes environ. Poursuivez la cuisson dans un four préchauffé à 220 °C, 10 minutes environ, en les retournant à mi-cuisson. Sortez les ris du four, puis terminez-les à feu doux avec les 50 g de beurre en les arrosant, 2 minutes de chaque côté. Réservez-les au chaud, couverts d'une feuille de papier d'aluminium.

Finitions et dressage

Réchauffez les gnocchis, les petits pois cuits et les gellans de poitrine fumée dans le jus de volaille au cresson.
Dans un bol, mélangez la chapelure et les petits pois crus hachés.
Dans un bol, faites mousser les blancs d'œufs, puis trempez-y la face la plus belle ou la plus droite des ris de veau. Procédez de même dans le mélange chapelure et petits pois crus hachés. Chauffez une poêle avec le beurre clarifié pour colorer la face panée des ris de veau pendant 2 minutes environ à feu moyen. Répartissez la garniture au fond des assiettes, puis posez les ris de veau, face croustillante sur le dessus.
Servez aussitôt.

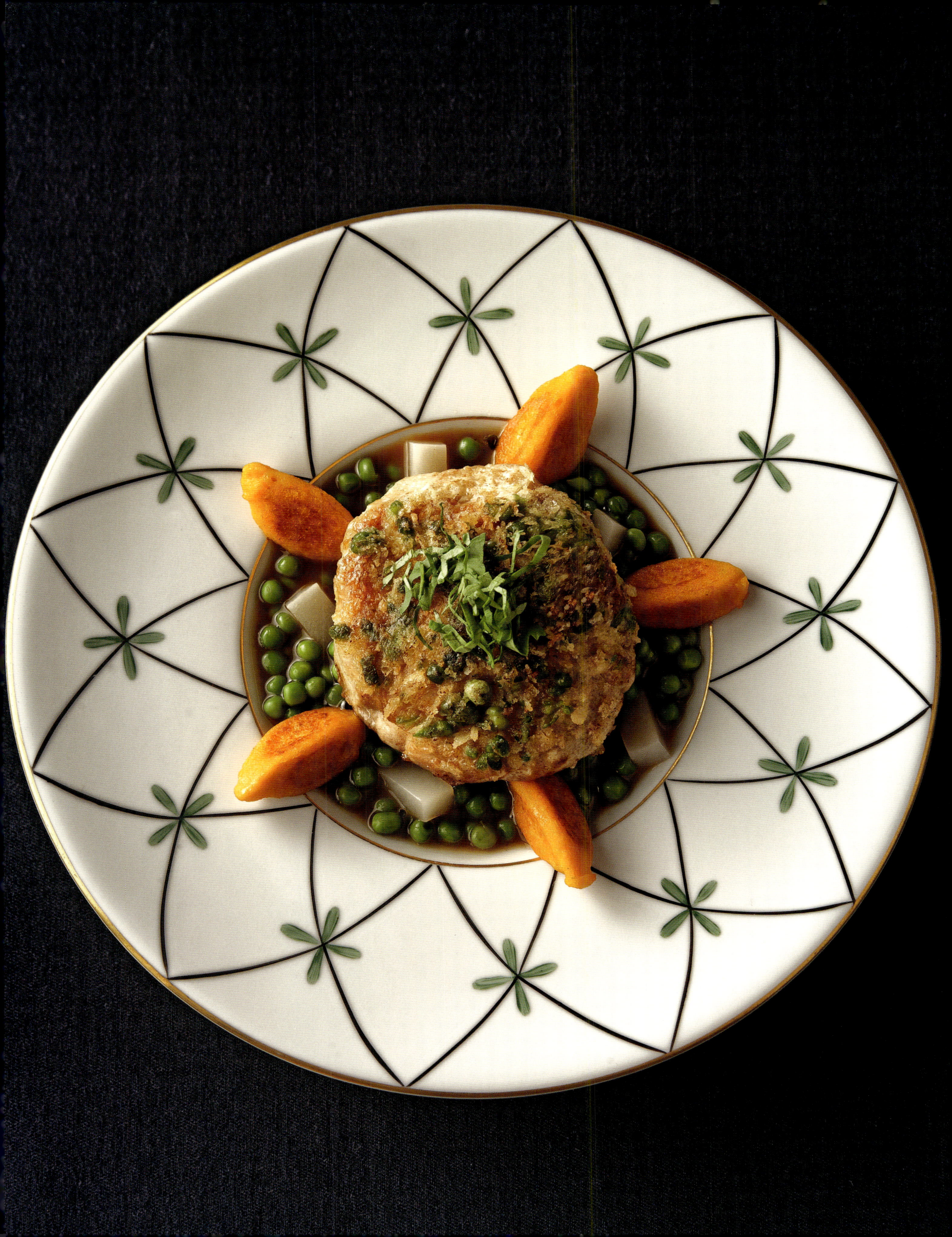

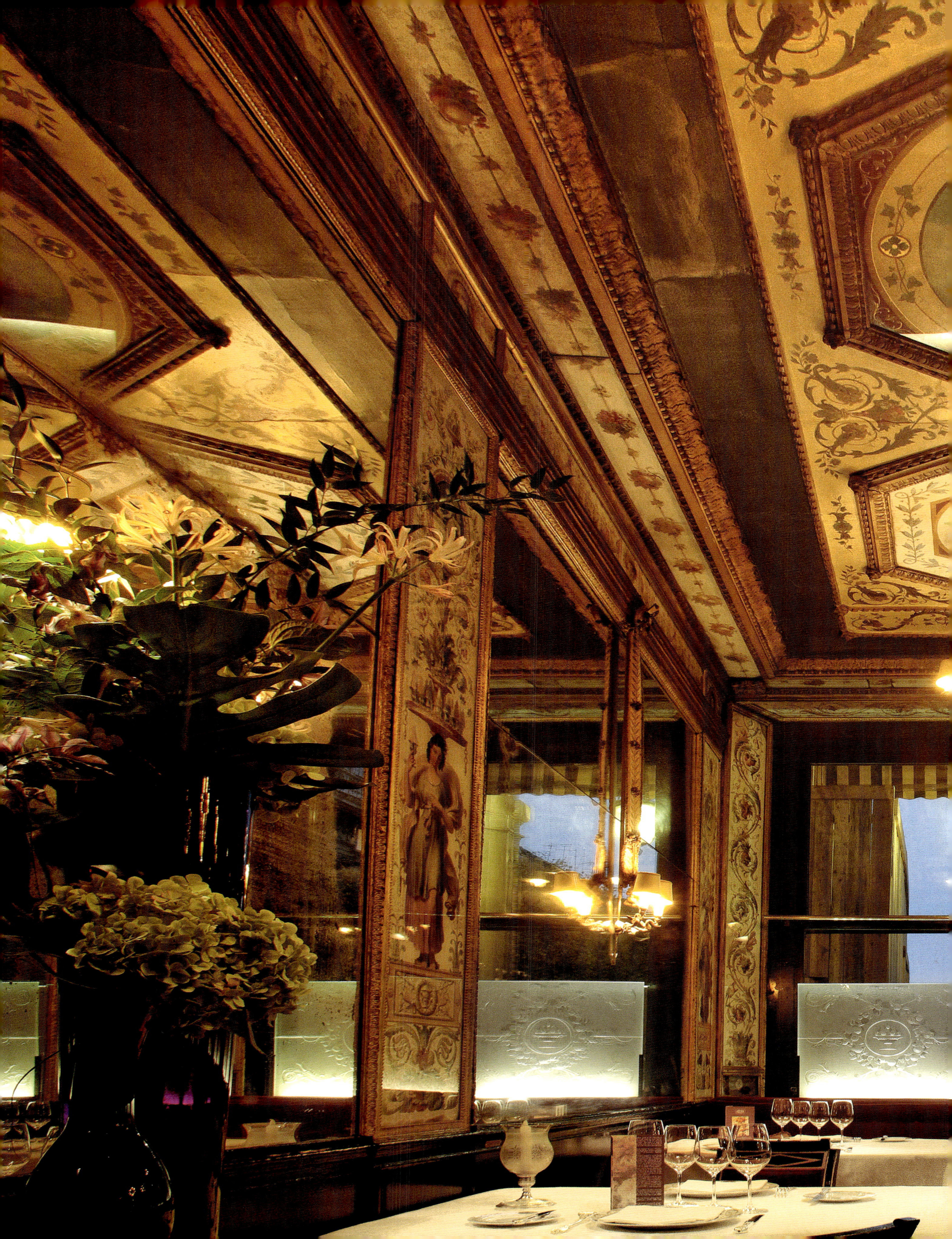

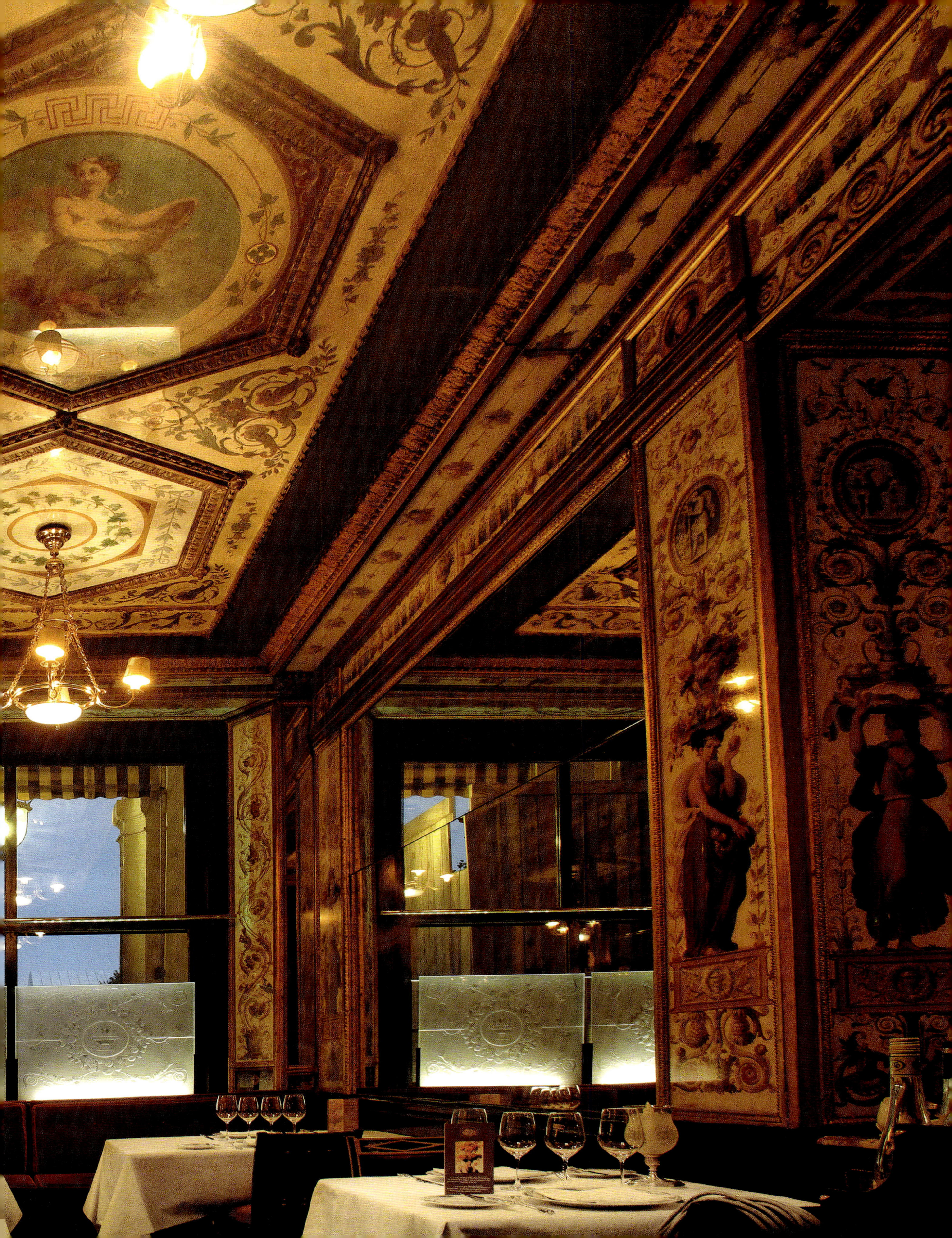

Ris de veau croustillant piqué à l'infusion de feuille de kaffir prise, riz complet et cerfeuil tubéreux aux trompettes de la mort

POUR 10 PERSONNES
Préparation : 1 heure
Trempage du riz : 1 heure
Marinade des ris de veau :
20 minutes

10 pommes de ris de veau de 200 g
45 g de chapelure japonaise
10 g de trompettes de la mort séchées, hachées grossièrement
5 blancs d'œufs
2 grosses pincées de piment d'Espelette
3 cuillerées à soupe d'huile d'olive
50 g de beurre
20 g de beurre clarifié
Sel, poivre du moulin

INFUSION DE FEUILLE DE KAFFIR PRISE
250 g de fond de volaille
4 feuilles de kaffir
3 g de gellan
Sel, poivre du moulin

MARINADE
40 g de sucre semoule
200 g de vinaigre de riz
40 g de sauce soja
200 g de fond de volaille
20 g de gingembre râpé
2 feuilles de kaffir
40 g d'huile d'olive
2 g de jus de kaffir

JUS
500 g de fond de volaille
200 g de marinade
Sel, poivre du moulin

GARNITURE
400 g de riz complet
50 cerfeuils tubéreux de 40 g
450 g de dés de cerfeuil tubéreux de 5 mm
700 g de trompettes de la mort
50 g d'oignon finement ciselé
50 g de beurre
2 cuillerées à soupe d'huile d'olive
Sel, poivre du moulin

Infusion de feuille de kaffir prise
Dans une casserole, portez à ébullition le fond de volaille. Retirez du feu et ajoutez les feuilles de kaffir. Laissez infuser 1 minute à couvert. Filtrez. Ajoutez le gellan. Fouettez puis faites cuire 2 à 3 minutes à feu vif. Salez et poivrez.
Versez l'infusion dans un cadre de 15 x 4 x 3 cm préalablement filmé par l'intérieur sur sa base et les côtés. Laissez refroidir. Réservez au réfrigérateur au moins 15 minutes.

Marinade
Dans une casserole, faites caraméliser le sucre puis déglacez avec le vinaigre. Ajoutez la sauce soja. Faites réduire à sec puis ajoutez le reste des ingrédients. Mélangez bien puis portez à ébullition. Faites cuire à petits bouillons pendant 10 à 15 minutes à feu moyen, jusqu'à obtenir une consistance sirupeuse. Filtrez. Réservez à température ambiante.

Jus
Dans une casserole, portez à ébullition le fond de volaille et 200 g de marinade.
Rectifiez l'assaisonnement. Réservez au chaud.

Garniture
Faites tremper le riz dans de l'eau froide pendant 1 heure puis faites-le cuire dans une casserole d'eau bouillante salée, le temps indiqué sur le paquet. Faites-le refroidir en le plongeant dans de l'eau glacée et égouttez-le. Réservez.
Épluchez les 50 cerfeuils tubéreux. Placez-les dans une casserole avec 20 g de beurre et de l'eau à hauteur. Salez puis faites cuire 8 à 10 minutes à petits bouillons. Réservez les cerfeuils dans leur cuisson. Nettoyez les trompettes de la mort et faites-les revenir à l'huile d'olive dans une poêle, à feu vif, pendant 2 minutes. Faites-les ensuite sauter dans 30 g de beurre avec l'oignon ciselé, pendant 2 à 3 minutes à feu moyen. Réservez au chaud.

◆◆◆

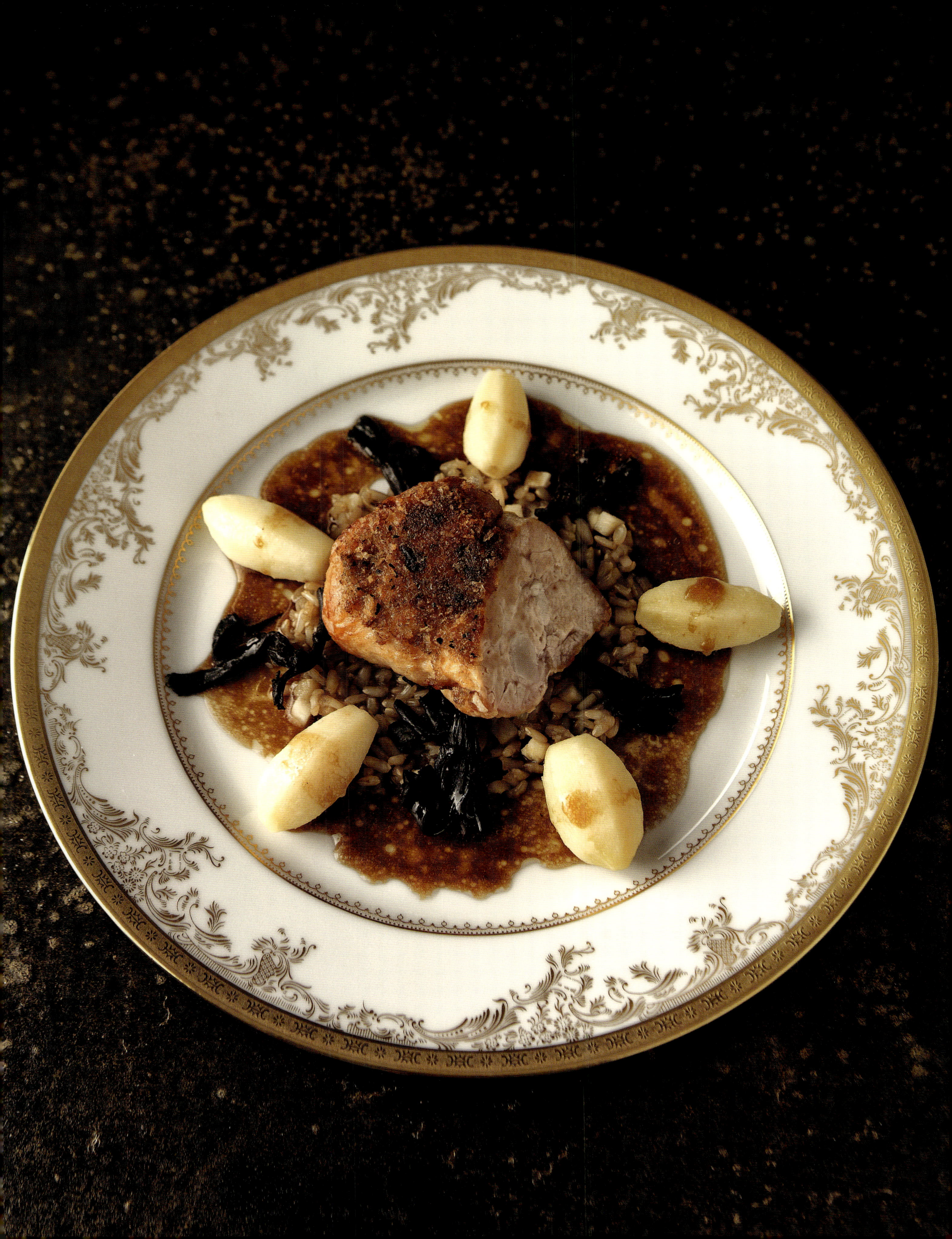

Ris de veau croustillant piqué à l'infusion de feuille de kaffir prise, riz complet et cerfeuil tubéreux aux trompettes de la mort

Ris de veau
Coupez l'infusion de feuille de kaffir prise en 20 bâtonnets de 7,5 x 1 x 1 cm. Piquez chaque ris de veau de 2 bâtonnets. Roulez les ris de veau dans le reste de marinade et laissez mariner 20 minutes à température ambiante.
Salez, poivrez et pimentez les ris de veau. Dans une poêle, faites-les colorer à l'huile d'olive sur toutes leurs faces, à feu vif, pendant environ 2 minutes. Poursuivez la cuisson dans un four préchauffé à 220 °C, 10 minutes environ, en les retournant à mi-cuisson. Sortez-les du four, puis terminez-les à feu doux avec les 50 g de beurre en les arrosant, 2 minutes de chaque côté. Réservez-les au chaud, couverts d'une feuille de papier d'aluminium.

Finitions et dressage
Réchauffez dans le jus le riz complet, les cerfeuils tubéreux, les trompettes sautées et la moitié de la brunoise de cerfeuil tubéreux. Au moment de servir, ajoutez l'autre moitié de brunoise.
Dans un bol, mélangez la chapelure et les trompettes séchées.
Dans un autre bol, faites mousser les blancs d'œufs. Trempez-y la face la plus belle ou la plus droite des ris de veau. Procédez de même dans le mélange chapelure et trompettes.
Chauffez une poêle avec le beurre clarifié pour colorer la face panée des ris de veau pendant 2 minutes environ à feu moyen.
Dressez au centre des assiettes le riz complet, les trompettes, la brunoise de cerfeuil avec le jus de la réchauffe. Répartissez les cerfeuils tubéreux puis posez le ris de veau sur le riz.
Servez aussitôt.

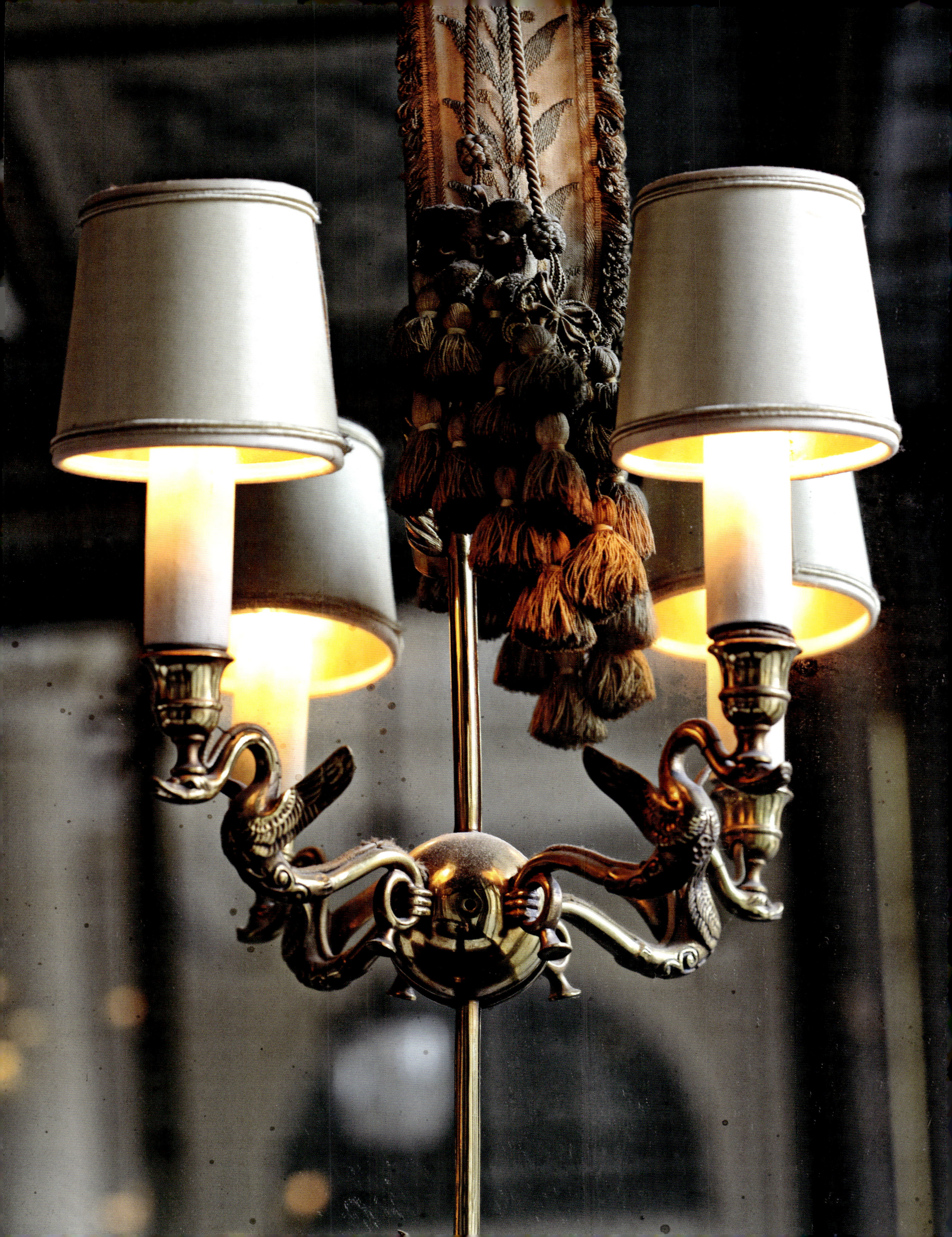

Tête de veau, caviar d'aubergine à l'estragon, cervelle croustillante et œuf de caille poché

POUR 10 PERSONNES
Préparation : 3 heures
Trempage de la cervelle : 3 heures
Marinade des aubergines : 6 heures

1 tête de veau désossée à plat
1 langue de veau
1 citron
100 g de carottes
100 g d'oignons
1 bouquet garni
1 cuillerée à soupe de gros sel
Sel, fleur de sel, poivre du moulin

CERVELLE
1 cervelle de veau
1 œuf
100 g de chapelure japonaise
Sel, poivre du moulin

AUBERGINE AU VINAIGRE
1 aubergine de 250 g
50 g d'huile d'olive
125 g de vinaigre d'alcool
2 gousses d'ail
1/2 cuillerée à soupe de gros sel
1 branche de thym
1 feuille de laurier
2 g de feuilles de menthe

CAVIAR D'AUBERGINE
720 g d'aubergines
60 g de dés d'aubergine au vinaigre de 1 cm
20 g de vinaigrette Grand Véfour
10 g de vinaigre d'estragon
4 g d'estragon haché
Sel, poivre du moulin

VINAIGRETTE AUX LÉGUMES CROQUANTS
50 g de peau d'aubergine en dés de 2 mm
70 g de dés de carotte de 5 mm
60 g de dés de céleri-branche de 5 mm
60 g de dés de fenouil de 5 mm
60 g de dés de tomate rouge de 5 mm
150 g de vinaigrette Grand Véfour
3 g d'estragon haché
Sel, poivre du moulin

TARTARE DE TOMATE
300 g de dés de tomates pelées et mondées de 5 mm
30 g de vinaigrette Grand Véfour
3 g d'estragon haché
Sel, poivre du moulin

ŒUFS DE CAILLE
10 œufs de caille
1 cuillerée à soupe de vinaigre

Tête et langue de veau
Citronnez la tête et la langue de veau. Placez-les dans un faitout avec de l'eau froide à hauteur, les carottes et les oignons épluchés et coupés grossièrement, le bouquet garni et le gros sel. Portez à ébullition, écumez et faites cuire à feu moyen pendant 2 heures.
Sortez les viandes de la cuisson. Coupez la tête en deux. Enlevez la peau de la langue et coupez-la en deux dans la longueur.
Sur un grand carré de film alimentaire, posez une demi-tête et une demi-langue au centre. Salez et poivrez. Roulez bien serré. Procédez de même pour la seconde moitié. Laissez-les refroidir avant de les couper en portions de 150 g. Placez-les sous vide dans des sacs individuels. Réservez au réfrigérateur.

Cervelle
Placez la cervelle dans un bol d'eau glacée pendant 3 heures. Éliminez le sang.
Égouttez sur du papier absorbant.
Détaillez la cervelle en 10 beaux morceaux. Assaisonnez-les. Trempez-les dans l'œuf battu puis panez-les dans la chapelure. Faites-les frire dans un bain d'huile à 180 °C pendant 2 à 3 minutes. Épongez-les sur du papier absorbant. Salez et poivrez. Réservez au chaud.

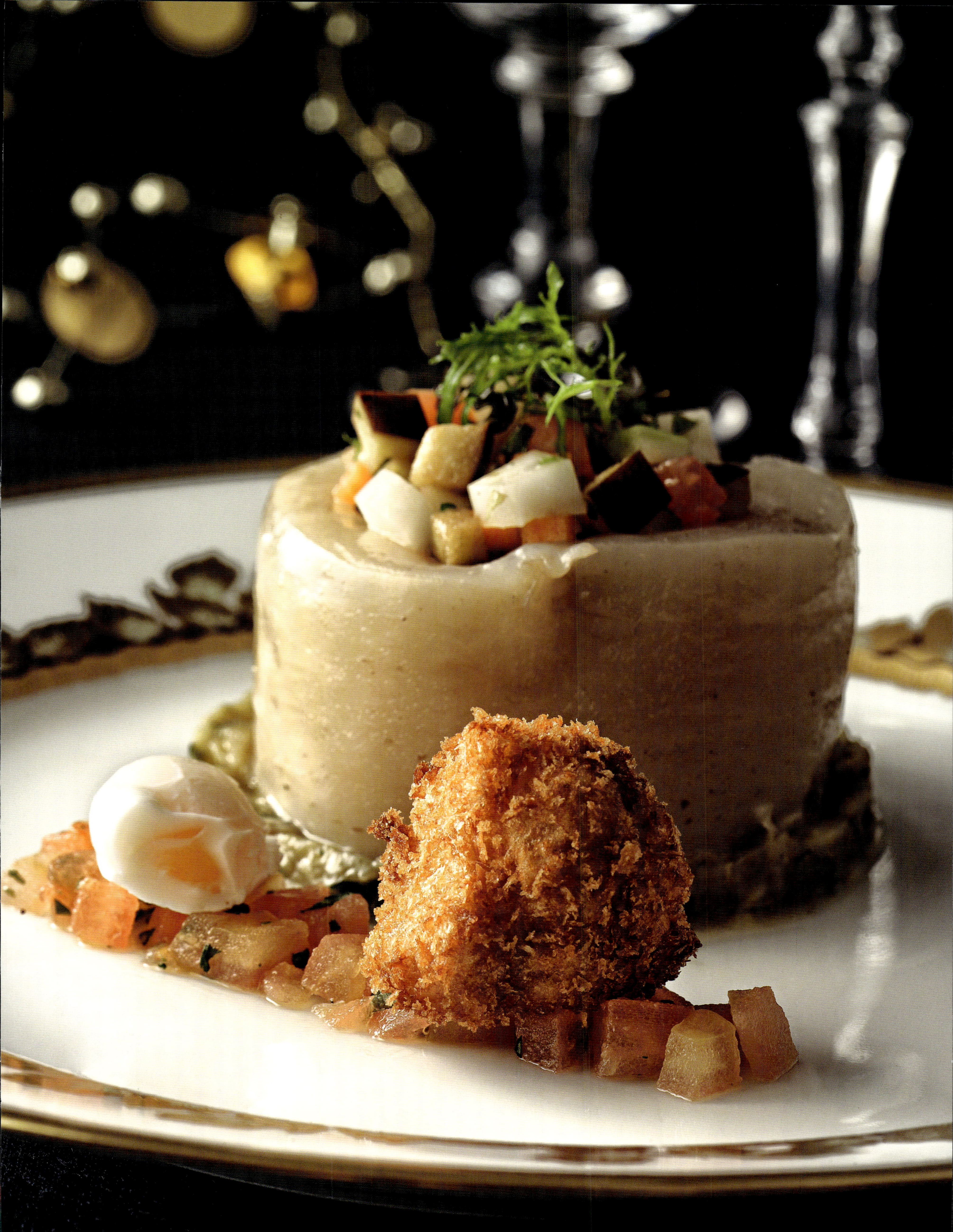

Tête de veau, caviar d'aubergine à l'estragon, cervelle croustillante et œuf de caille poché

Aubergine au vinaigre
Épluchez l'aubergine (en réservant la peau pour la vinaigrette), puis taillez-la en tranches de 1 cm d'épaisseur dans la longueur.
Dans une casserole, portez à ébullition 500 g d'eau, l'huile, le vinaigre, l'ail, le gros sel, le thym, le laurier et la menthe. Plongez-y les tranches d'aubergine. Retirez du feu. Versez dans un récipient avec la cuisson. Fermez avec un couvercle ou un film alimentaire et laissez refroidir. Réservez au réfrigérateur au moins 6 heures.

Caviar d'aubergine
Épluchez les aubergines (en réservant la peau pour la vinaigrette) puis coupez-les en cubes de 2 cm. Faites-les cuire au four vapeur pendant 15 minutes. Versez-les dans une casserole et fouettez-les pour les réduire en purée. Faites réduire sur feu doux pour obtenir 360 g de purée, en remuant constamment. Ajoutez à chaud les 60 g de dés d'aubergine au vinaigre, la vinaigrette Grand Véfour, le vinaigre d'estragon et l'estragon haché. Mélangez bien.
Rectifiez l'assaisonnement. Réservez au chaud.

Vinaigrette aux légumes croquants
Dans un bol, mélangez les dés de peau d'aubergine, les légumes et l'estragon. Assaisonnez avec la vinaigrette Grand Véfour. Salez et poivrez. Réservez au réfrigérateur.

Tartare de tomate
Assaisonnez les dés de tomate avec la vinaigrette Grand Véfour et l'estragon. Salez, poivrez. Réservez au réfrigérateur.

Œufs de caille
Pochez les œufs de caille 1 minute dans une casserole d'eau bouillante vinaigrée légèrement salée. Refroidissez-les dans un bol d'eau glacée. Ébarbez-les.
Au moment de servir, réchauffez-les dans une casserole d'eau chaude salée.

Dressage
Réchauffez les portions de tête de veau 15 à 20 minutes dans une eau à 65 °C.
Dans chaque assiette, placez à droite un cadre de 15 x 2 x 1 cm. Versez-y 30 g de tartare de tomate, puis posez dessus un morceau de cervelle frite et un œuf de caille.
À gauche, posez un cercle de 8 cm de diamètre et remplissez-le de 40 g de purée d'aubergines. Posez dessus la portion de tête de veau égouttée. Parsemez d'un peu de fleur de sel et de poivre du moulin. Versez dessus un peu de vinaigrette aux légumes ; servez le reste en saucière à part.
Dégustez aussitôt.

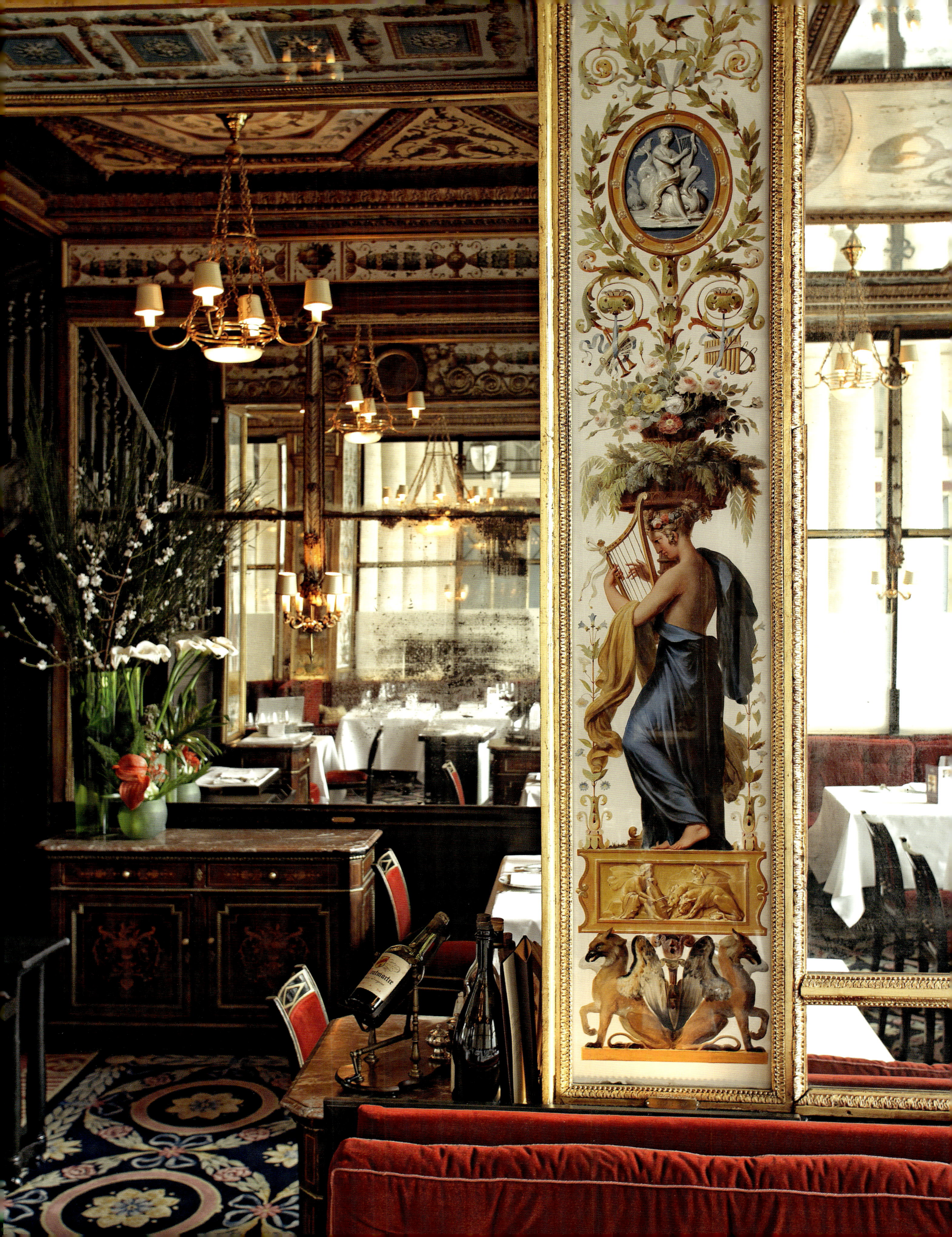

Poitrine de volaille de Bresse, artichauts blancs et violets, jus au thym citron

POUR 10 PERSONNES
Préparation : 1 heure 30

10 poitrines de volaille de Bresse avec la peau
100 g de fonds d'artichaut blanc en fines lamelles
30 g de beurre
2 cuillerées à soupe d'huile d'olive
2 g de sumac
Sel, fleur de sel, poivre du moulin

PURÉE D'ARTICHAUTS
360 g de fonds d'artichaut crus
25 g de vinaigre de riz
240 g de crème liquide
Sel, poivre du moulin

ARTICHAUTS POIVRADE
15 artichauts poivrade
100 g d'huile d'olive
2 brins de thym citron
1 feuille de laurier
1 brindille de romarin
Sel, poivre du moulin

JUS DE VOLAILLE AU THYM CITRON
400 g de jus de volaille
60 g de beurre
2 g de thym citron
Sel, poivre du moulin

Poitrines de volaille
Ouvrez en deux les poitrines sans les séparer. Salez-les et poivrez-les, puis saupoudrez-les d'une pincée de sumac sur toute la surface. Disposez sur chacune d'elles, dans la longueur, 10 g de fond d'artichaut. Roulez-les dans un film alimentaire. Réservez au réfrigérateur.

Purée d'artichauts
Faites cuire les fonds d'artichaut dans une casserole d'eau bouillante salée pendant 10 minutes. Mixez-les en une fine purée en ajoutant le vinaigre et la crème. Rectifiez l'assaisonnement. Réservez au chaud.

Artichauts poivrade
Tournez les artichauts en gardant la tige à 10 cm. Dans une sauteuse, faites chauffer l'huile d'olive puis ajoutez les artichauts et les aromates. Faites cuire à feu moyen sans coloration 5 à 6 minutes, en remuant de temps à autre. Salez et poivrez. Mouillez d'eau à hauteur. Couvrez, portez à ébullition puis poursuivez la cuisson 4 minutes. Coupez les artichauts en deux dans la longueur. Réservez-les au chaud dans leur cuisson.

Jus de volaille au thym citron
Dans une casserole, faites réduire le fond de volaille avec le thym citron, pendant 5 minutes, à feu doux. Montez-le au beurre. Rectifiez l'assaisonnement puis passez le jus au chinois. Réservez au chaud.

Cuisson des poitrines
Faites cuire les poitrines de volaille au cuiseur vapeur 10 à 12 minutes. Enlevez le film alimentaire. Dans une poêle, chauffez le beurre et l'huile et faites-y colorer les poitrines côté peau pendant 3 à 4 minutes à feu moyen. Épongez-les sur du papier absorbant, puis coupez-les en deux dans la longueur. Saupoudrez-les d'un peu de fleur de sel et de poivre. Réservez au chaud.

Dressage
Réalisez, dans chaque assiette, une larme de purée d'artichauts. Disposez le filet de Bresse en éventail puis 3 demi-artichauts poivrade. Versez du jus de volaille au thym citron dans la larme et le reste en saucière. Servez aussitôt.

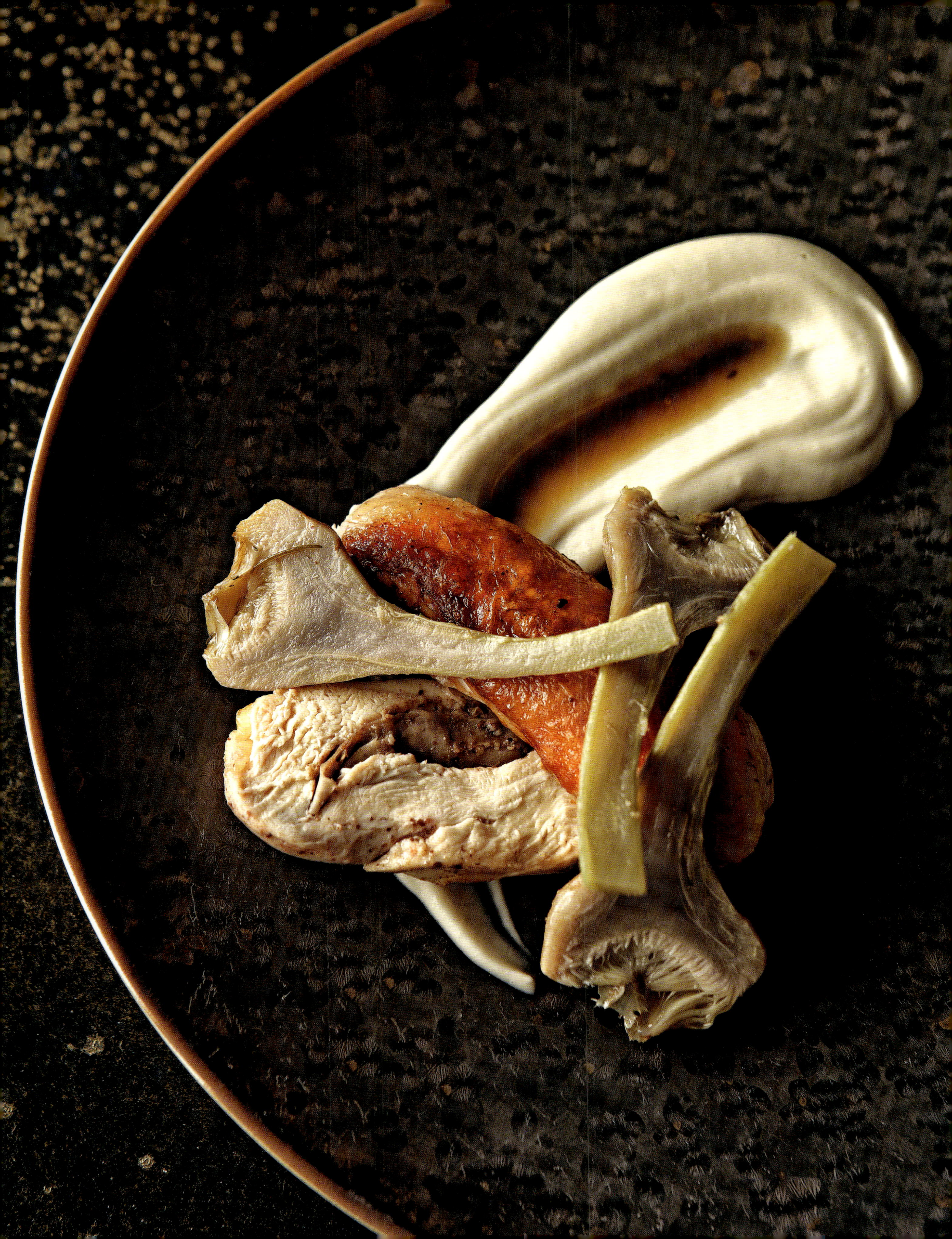

Poitrine de volaille de Bresse, ses « sot-l'y-laisse » confits et truffés, des écrevisses au jus

POUR 10 PERSONNES
Préparation : 1 heure 30

10 poitrines de volaille de Bresse avec la peau
10 « sot-l'y-laisse » de Bresse
20 bâtonnets de céleri-branche de 2,5 x 0,3 cm
20 bâtonnets de truffe de 2,5 x 0,3 cm
20 g de truffe hachée
100 g d'huile d'olive + 2 cuillerées à soupe pour les filets
30 g de beurre
Sel, fleur de sel, poivre du moulin

CUISSON DES ÉCREVISSES
30 écrevisses à pattes rouges
1 carotte
1 oignon
1 branche de céleri
1 brin de thym
1 feuille de laurier
1 cuillerée à soupe de gros sel
1 pointe de couteau de piment de Cayenne

GARNITURE
40 rognons de coq
10 cèpes bouchon
1 brin de thym
1 feuille de laurier
40 g de truffe hachée
300 g de fond de volaille
100 g d'huile d'olive + 1 cuillerée à soupe pour les cèpes farcis
20 g de beurre
1 cuillerée à soupe de vinaigre
Gros sel, sel fin, poivre du moulin

JUS
Les têtes concassées des 30 écrevisses
100 g de vinaigre de cidre
1,2 litre de fond de volaille
2 cuillerées à soupe d'huile d'olive
Sel, poivre du moulin

Volaille
Salez et poivrez les « sot-l'y-laisse ». Placez-les dans une casserole avec l'huile d'olive et faites-les cuire 1 heure dans un four préchauffé à 90 °C. Égouttez-les et laissez-les refroidir. Coupez-les en deux dans la longueur. Ouvrez en deux les poitrines sans les séparer. Salez-les et poivrez-les. Disposez sur chacune d'elles, dans la longueur, un demi-« sot-l'y-laisse », un bâtonnet de céleri, un bâtonnet de truffe, un bâtonnet de céleri, un bâtonnet de truffe, puis terminez par un demi-« sot-l'y-laisse ». Roulez les poitrines dans un film alimentaire. Réservez-les au réfrigérateur.

Cuisson des écrevisses
Dans un faitout, portez à ébullition 5 litres d'eau. Ajoutez les légumes épluchés et taillés en rondelles avec les aromates, le sel et le piment de Cayenne. Faites cuire à couvert et à petits bouillons pendant 20 minutes. Plongez les écrevisses dans le bouillon pendant 4 minutes. Faites-les refroidir en les plongeant dans de l'eau glacée. Décortiquez les queues et les pinces. Réservez les têtes pour le jus. Hachez les pinces. Réservez.

Garniture
Épluchez les rognons de coq. Faites-les blanchir 2 minutes dans une casserole d'eau bouillante salée et vinaigrée. Égouttez-les sur du papier absorbant. Réservez les 30 plus beaux. Émincez les autres en lamelles de 1 à 2 mm pour les cèpes farcis. Nettoyez les cèpes. Versez-les dans une casserole avec 100 g d'huile d'olive, le thym et le laurier. Salez, poivrez. Enfournez dans un four préchauffé à 65 °C pendant 30 minutes. Laissez refroidir. Séparez les têtes des pieds des cèpes. Taillez les pieds en brunoise. Dans un faitout, faites-les suer avec le beurre, à feu moyen, pendant 2 minutes. Ajoutez la truffe et les pinces hachées. Mouillez avec le fond de volaille. Faites réduire à sec. Laissez refroidir la farce avant d'en garnir les têtes de cèpes, puis posez dessus en rosace les lamelles de rognons. Réservez.

Jus
Dans un faitout, faites suer à l'huile d'olive les têtes d'écrevisses pendant 5 minutes à feu vif. Déglacez au vinaigre puis mouillez avec le fond de volaille. Poursuivez la cuisson dans un four préchauffé à 220 °C pendant 15 minutes. Filtrez, rectifiez l'assaisonnement en sel et en poivre. Réservez au chaud.

Cuisson des poitrines
Faites cuire les poitrines de volaille au cuiseur vapeur 10 à 15 minutes. Enlevez le film alimentaire. Dans une poêle, chauffez le beurre et l'huile et faites-y colorer les poitrines côté peau pendant 3 à 4 minutes à feu moyen. Épongez-les sur du papier absorbant, puis coupez-les en deux dans la longueur. Saupoudrez-les d'un peu de fleur de sel et de poivre du moulin. Réservez au chaud.

Finitions et dressage
Réchauffez les rognons de coq et les queues d'écrevisses dans un peu de jus. Poêlez les cèpes farcis avec 1 cuillerée à soupe d'huile d'olive pendant 5 minutes à feu moyen, puis passez-les sous le gril pendant 5 minutes. Posez les écrevisses à cheval sur les rognons de coq, à droite de chaque l'assiette. Posez à gauche le filet de volaille coupé en deux et saupoudrez de truffe hachée. Posez en haut de l'assiette un cèpe farci. Terminez par des traits de jus. Servez aussitôt.

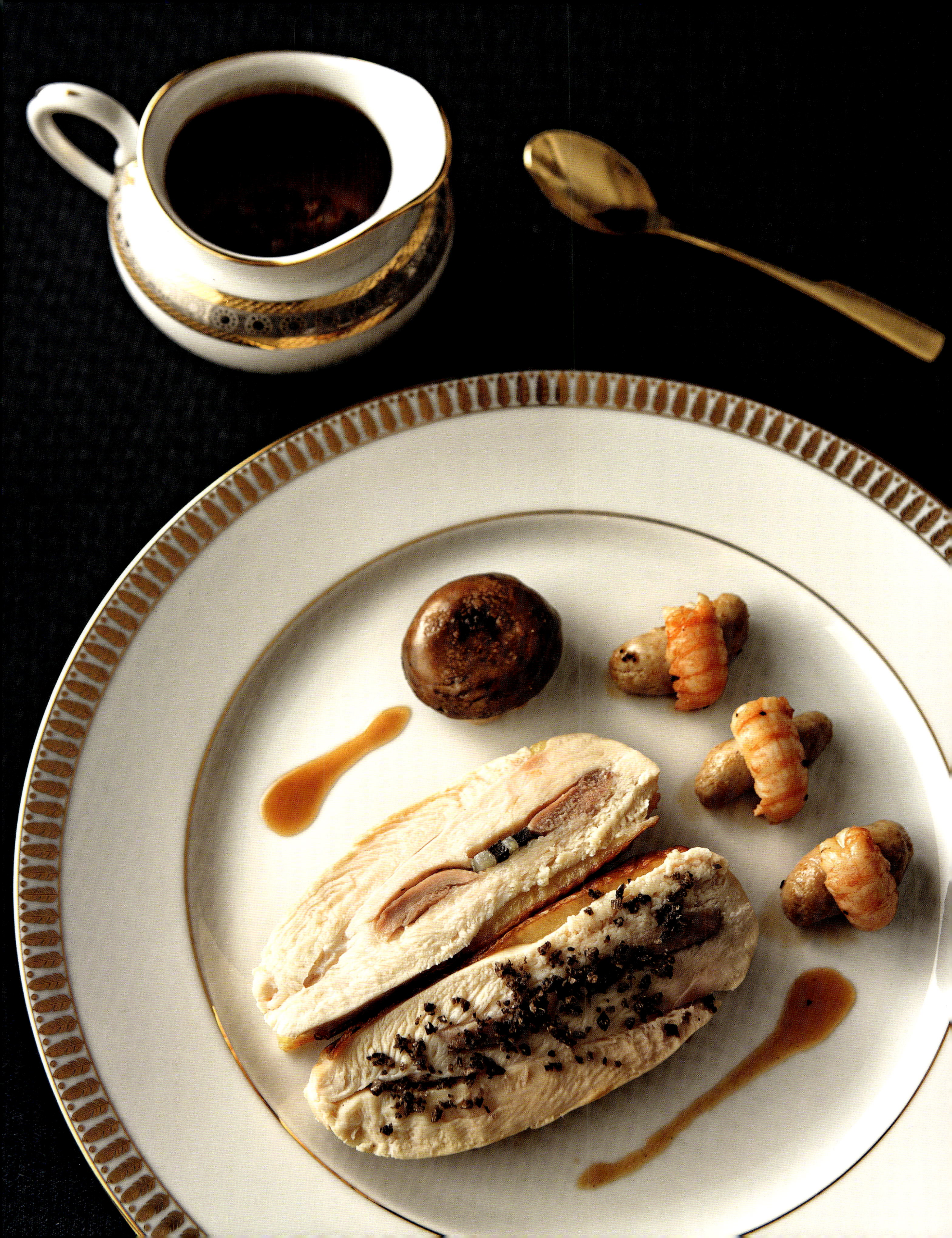

RÉVÉLER LA NOBLESSE

Pour donner un coup d'éclat à notre argenterie de style directoire et révéler la noblesse de ces couverts, un essuyage au vinaigre blanc est parfait pour faire éclater leur brillance. Les couverts sont présentés pointe en bas pour laisser apparaître l'armoirie de famille comme on le faisait au XVIIIe siècle.

— CHRISTIAN DAVID, DIRECTEUR DE SALLE —

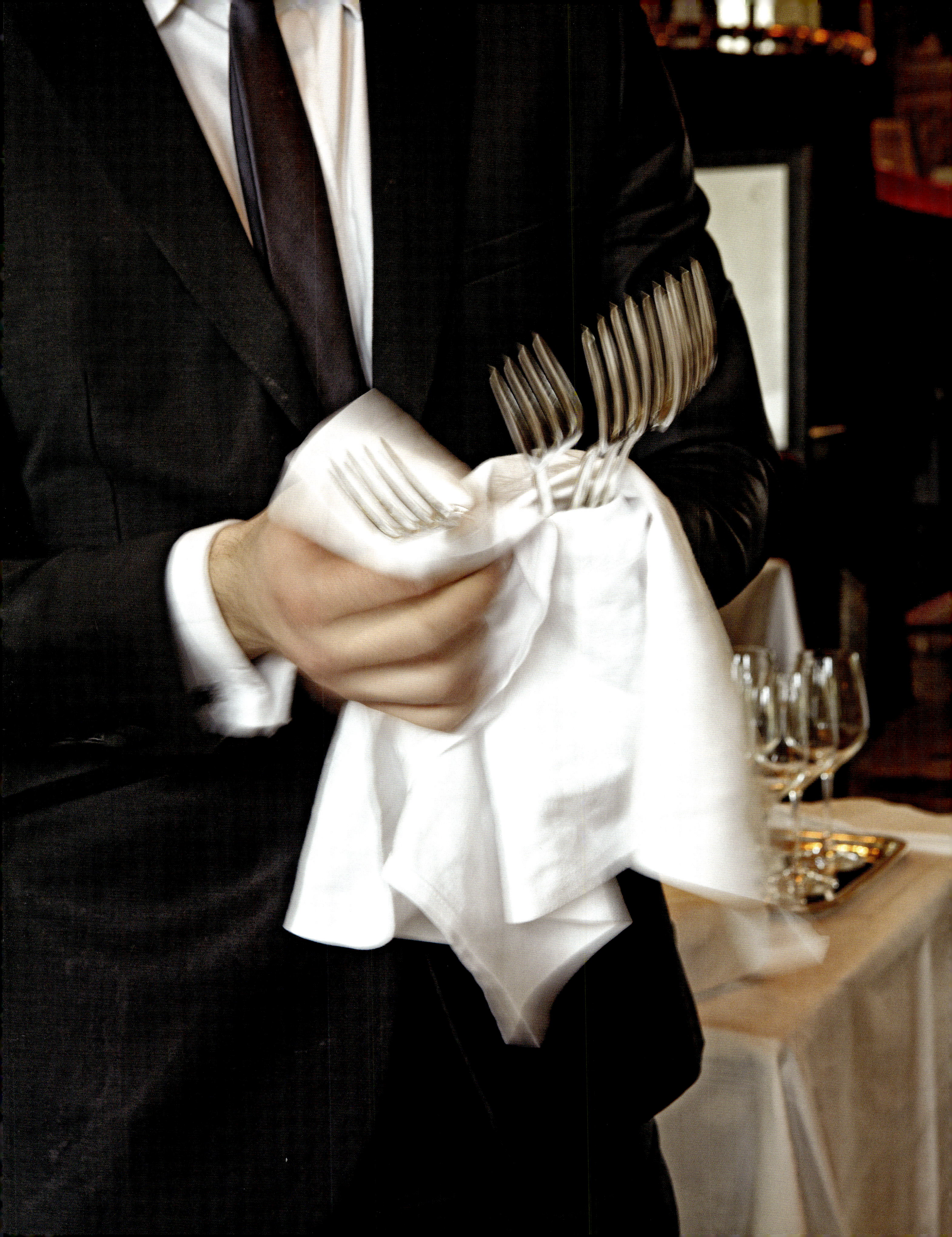

Poitrine de pintade de la Dombes rôtie, confit de tomates, tofu au pesto de verveine

POUR 10 PERSONNES
Préparation : 1 heure 30
Marinade du radis : 6 heures

10 filets de pintade de la Dombes de 150 g avec la peau
10 g de feuilles de verveine
Sel, fleur de sel, poivre du moulin

RADIS BLANC MARINÉ
10 tranches de radis blanc de 10 x 5 x 0,3 cm
75 g de vinaigre d'alcool blanc
1 gousse d'ail
25 g d'huile d'olive
1 brin de thym
1 feuille de laurier
1 cuillerée à café de gros sel

JUS DE TOMATE AUX ÉPICES
1 kg de tomates bien mûres
30 g de sucre semoule
200 g de vin blanc
7 feuilles de laurier
0,2 g de piment d'Espelette
6 étoiles de badiane
Sel, poivre du moulin

TOFU MARINÉ
10 tranches de tofu de 10 x 5 x 1 cm
5 g de feuilles de verveine
50 g d'huile d'olive
5 g de sauce soja
Sel

CONFIT DE TOMATES
1 kg de tomates bien mûres
1 cuillerée à café rase de sucre semoule
Sel, poivre du moulin

Filets de pintade
Enlevez la peau des filets de pintade et réservez-la. Ouvrez les filets en deux sans les séparer. Salez-les et poivrez-les. Disposez sur la longueur de chacun d'eux 1 g de verveine.
Roulez-les dans un film alimentaire. Faites-les cuire au cuiseur vapeur 10 à 12 minutes.
Réservez au chaud.
Séchez les peaux, à plat entre deux feuilles de papier sulfurisé et entre deux plaques, dans un four préchauffé à 150 °C, pendant 20 minutes. Salez les peaux séchées au sel fin et réservez au sec.

Radis blanc mariné
Placez les tranches de radis dans un récipient.
Dans une casserole, portez à ébullition 250 g d'eau, le vinaigre, l'ail épluché, le gros sel, l'huile, le thym et le laurier. Versez sur les radis puis fermez aussitôt hermétiquement avec du film alimentaire. Laissez refroidir complètement avant de réserver au réfrigérateur. Faites mariner 6 heures.

Jus de tomate aux épices
Lavez puis coupez les tomates en morceaux.
Dans une casserole, faites cuire le sucre au caramel brun, à feu vif. Déglacez au vin blanc puis ajoutez les tomates, le laurier, le piment d'Espelette et la badiane. Salez et poivrez. Faites cuire à petits bouillons pendant 10 minutes. Enlevez le laurier et la badiane. Mixez puis passez au chinois étamine. Rectifiez l'assaisonnement. Réservez au chaud.

Tofu mariné
Mixez le plus finement possible la verveine avec l'huile et la sauce soja. Salez les tranches de tofu des deux côtés puis badigeonnez-les au pinceau du pesto de verveine. Réservez.

Confit de tomates
Lavez les tomates. Enlevez leur pédoncule. Coupez-les en deux puis épépinez-les. Salez-les, poivrez-les et sucrez-les légèrement côté chair, puis retournez-les et placez-les sur une plaque antiadhésive. Faites cuire 20 minutes dans un four préchauffé à 150 °C.
Enlevez la peau des tomates puis versez-les dans un cul-de-poule et battez-les avec un fouet pour obtenir un concassé. Rectifiez l'assaisonnement. Réservez au chaud.

Dressage
Au centre de chaque assiette, posez une tranche de tofu surmontée d'une tranche de radis mariné. Posez dessus un cadre de 9 x 3 cm et étalez 30 g de confit de tomates.
Posez un cercle de 16 cm de diamètre. Versez 30 g de jus de tomate au fond de l'assiette puis étendez-le sur toute la surface. Enlevez le cercle.
Retirez le film alimentaire des poitrines. Épongez-les sur du papier absorbant.
Coupez-les en deux à la moitié, légèrement en biais.
Parsemez-les de fleur de sel et de poivre.
Posez les deux demi-morceaux de pintade et leur peau séchée. Servez aussitôt.

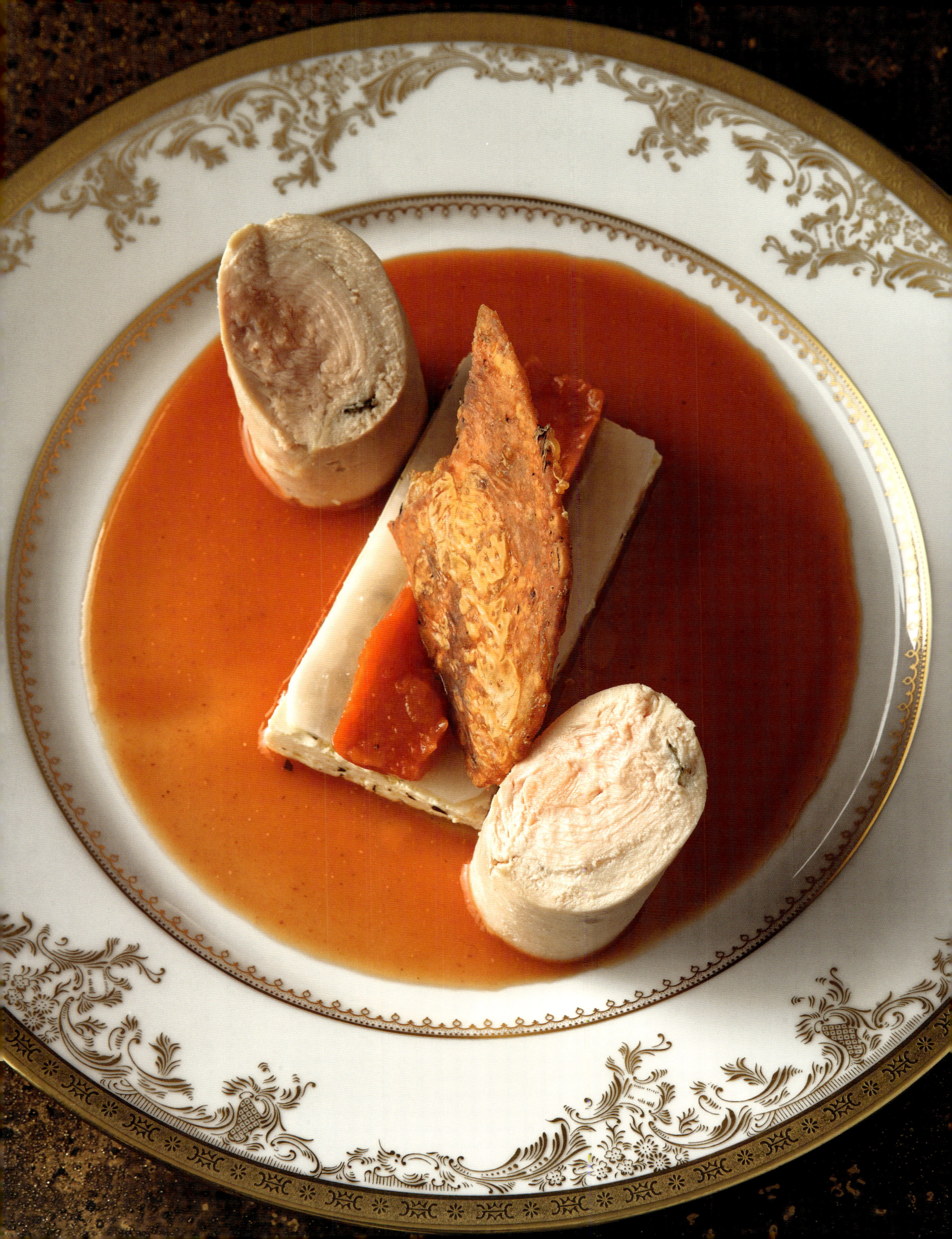

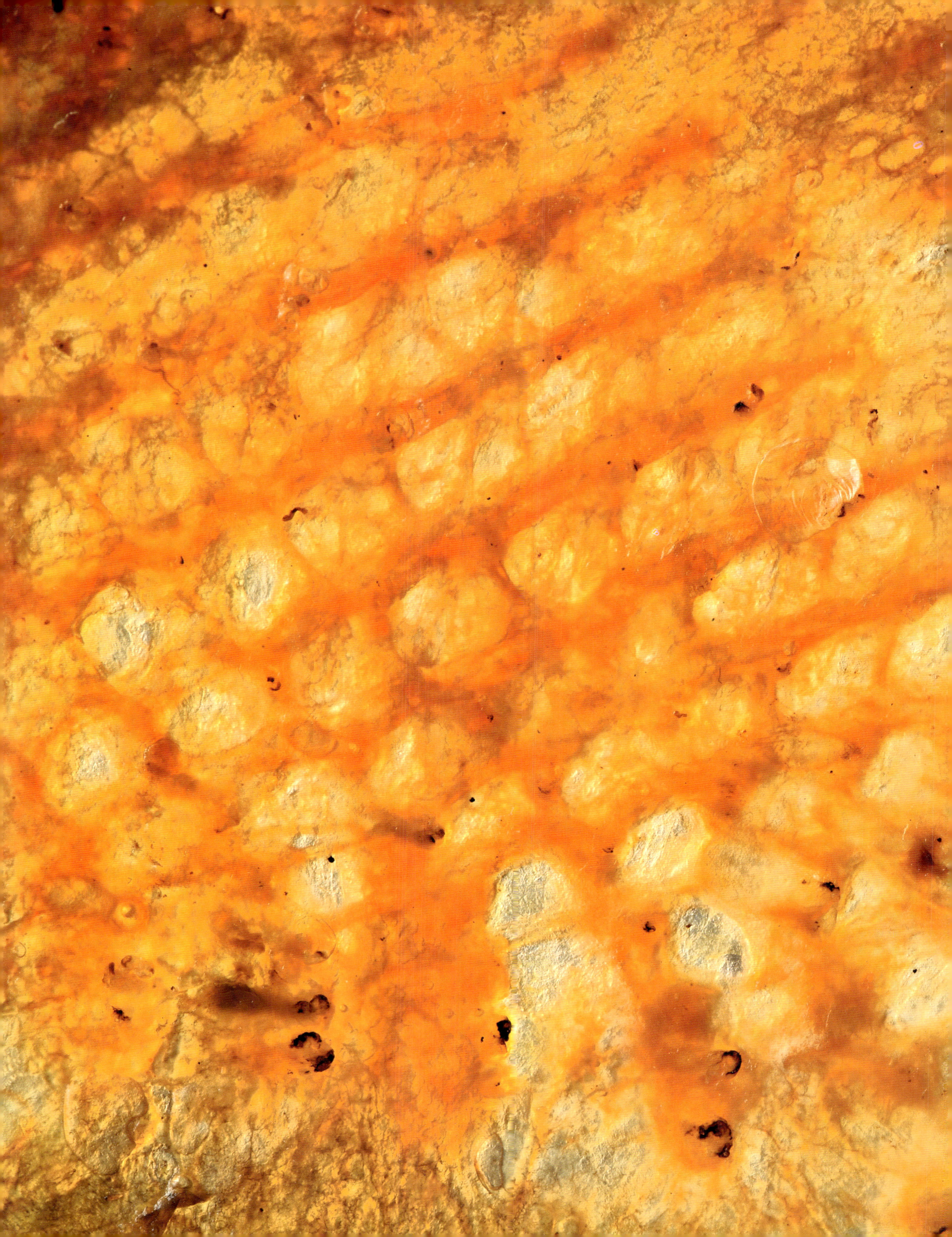

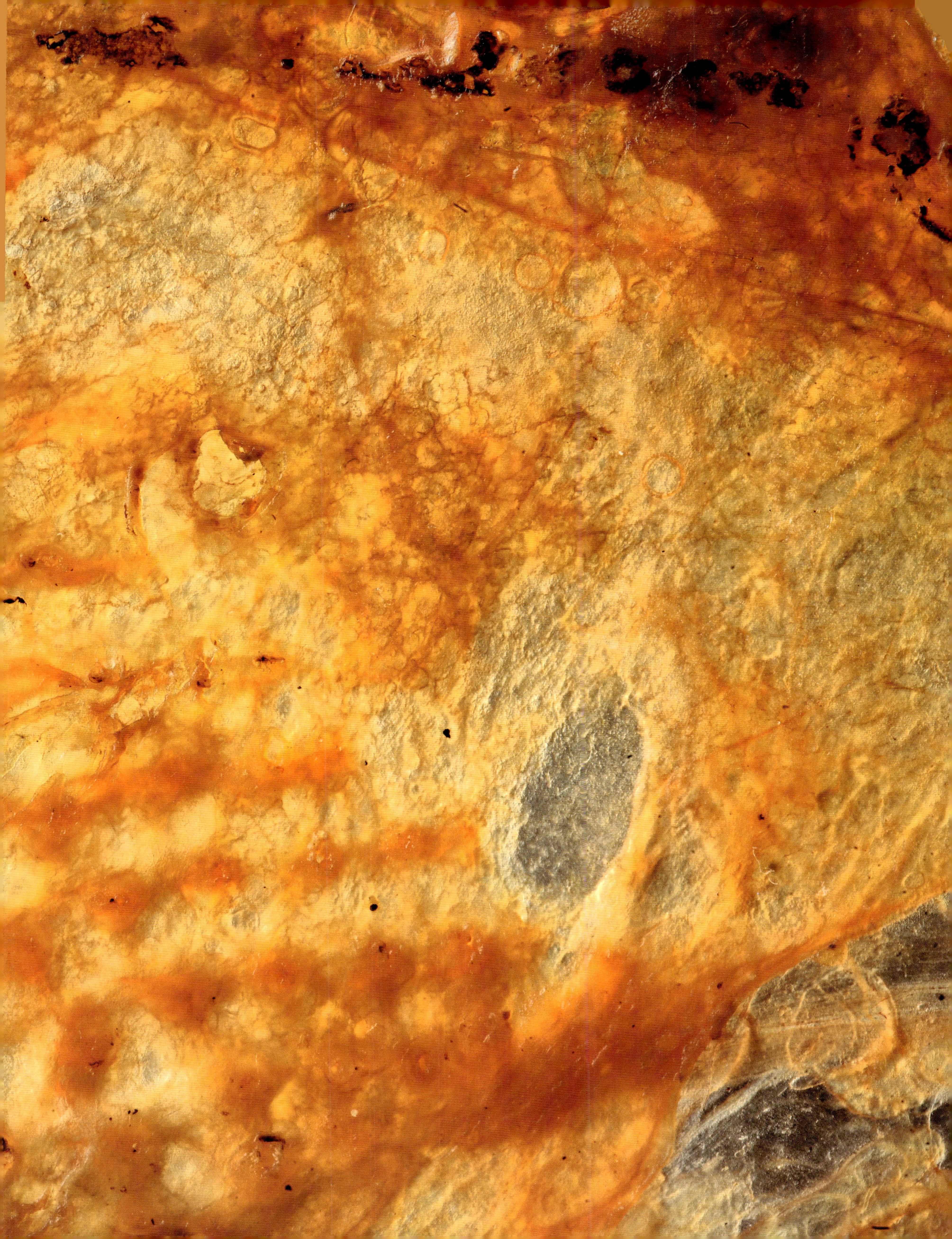

Filet de canette de Barbarie, peau croustillante, figues acidulées, gnocchis de potimarron, jus betterave et cassis

POUR 10 PERSONNES
Préparation : 2 heures
Marinade : 6 heures

10 filets de canette de 170 g
Sel, fleur de sel, poivre du moulin

MÉLANGE D'ÉPICES
10 g de graines de coriandre
5 g de graines de fenouil
2 baies de genièvre
5 g de gingembre en poudre

MARINADE DE LA CANETTE
180 g de sauce soja
120 g de saké
60 g de mirin
2,5 g de mélange d'épices

MINI BETTERAVES
10 mini betteraves
10 g d'huile d'olive
2 g de sel fin

GNOCCHIS DE POTIMARRON
600 g de chair de potimarron
60 g de beurre demi-sel
110 g de farine
1 œuf + 1 jaune
30 g de beurre clarifié
10 g de gros sel
Sel, poivre du moulin

CONFIT DE FIGUES
500 g de figues fraîches
75 g de dés de carotte de 5 mm
50 g de dés de céleri-branche de 5 mm
40 g de vinaigre cristal
10 g de sauce soja
20 g d'huile d'olive
Sel, poivre du moulin

JUS BETTERAVE ET CASSIS
400 g de fond de volaille
200 g de jus de betterave
40 g de vinaigre de xérès
20 g de crème de cassis
1 g de poivre du Népal
Sel, poivre du moulin

Mélange d'épices
Torréfiez la coriandre, le fenouil et le genièvre dans une poêle à sec pendant 2 minutes à feu vif. Ajoutez le gingembre puis mixez en une poudre fine. Réservez.

Marinade de la canette
Mélangez les ingrédients de la marinade dans un plat creux. Parez les filets de canette. Incisez la peau avec la pointe d'un couteau. Placez les filets dans la marinade côte à côte, peau en haut. Couvrez d'un film alimentaire et réservez 6 heures au réfrigérateur.

Mini betteraves
Épluchez les mini betteraves. Placez-les dans un sac sous vide avec l'huile d'olive et le sel. Faites-les cuire au four vapeur 2 heures à 90 °C. Réservez au chaud.

Gnocchis de potimarron
Lavez puis coupez le potimarron en petits morceaux. Dans une cocotte en fonte, faites mousser le beurre demi-sel, puis versez le potimarron ; mélangez bien. Couvrez puis faites cuire 20 minutes à feu doux en remuant de temps en temps. Retirez du feu et laissez 10 minutes à couvert. Mixez le potimarron puis incorporez la farine, le jaune d'œuf et l'œuf. Mélangez bien. Salez, poivrez. Portez à frémissement 1 litre d'eau avec le gros sel.
À l'aide de 2 cuillères à café, formez 30 quenelles de 10 g chacune. Pochez-les pendant 4 minutes. Rafraîchissez-les dans un bol d'eau glacée, puis épongez-les sur du papier absorbant.
Dans une poêle, faites chauffer à feu moyen le beurre clarifié puis faites colorer les gnocchis pendant 2 à 3 minutes. Épongez-les sur du papier absorbant. Réservez au chaud.

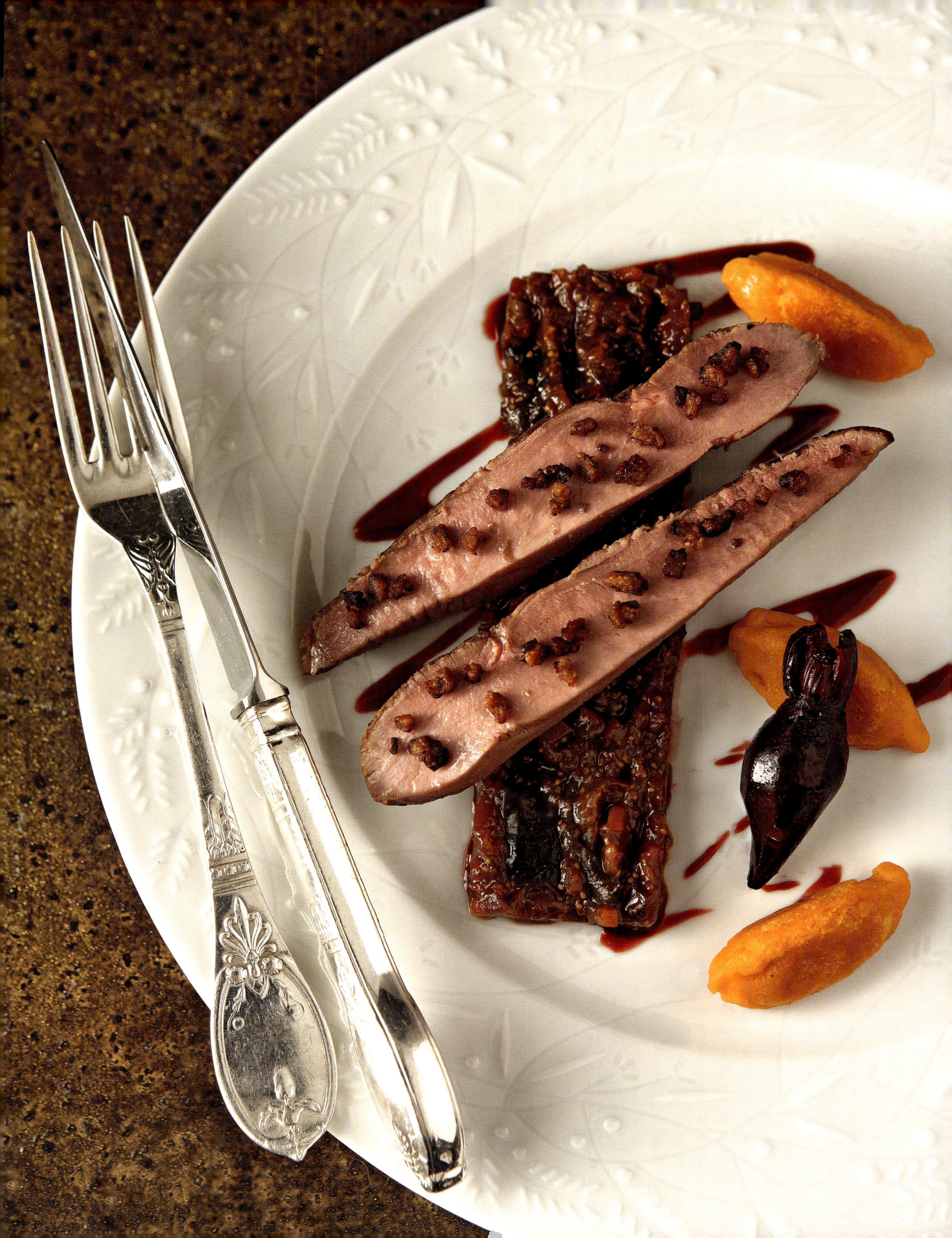

Filet de canette de Barbarie, peau croustillante, figues acidulées, gnocchis de potimarron, jus betterave et cassis

Confit de figues
Dans un plat creux, mélangez le vinaigre, la sauce soja et 5 g de sel fin. Lavez puis coupez les figues en huit. Faites-les mariner dans le plat pendant 30 minutes.
Dans un sautoir, chauffez l'huile d'olive. Faites-y suer les dés de carotte et de céleri sans coloration, pendant 5 minutes, à feu moyen. Ajoutez les figues marinées et laissez cuire à petits bouillons jusqu'à évaporation de l'eau de végétation, pendant 20 minutes.
Rectifiez l'assaisonnement. Réservez au chaud.

Jus de betterave et cassis
Versez tous les ingrédients sauf la crème de cassis dans une casserole. Portez à ébullition puis faites réduire à feu moyen pendant environ 20 minutes pour obtenir 200 g d'un jus sirupeux. Ajoutez la crème de cassis. Rectifiez l'assaisonnement. Filtrez. Réservez au chaud.

Cuisson des filets de canette
Salez et poivrez les filets. Chauffez une poêle sans matière grasse à feu moyen. Placez-y les filets côté peau et faites-les cuire environ 5 minutes jusqu'à obtenir une belle coloration. Retournez-les et poursuivez la cuisson 5 minutes tout en les arrosant avec leur graisse.
Enlevez la peau des filets. Réservez au chaud les filets de canette dans un plat couvert d'une feuille de papier d'aluminium. Coupez la peau en dés de 5 mm et faites-la colorer dans une poêle à feu moyen sans matière grasse avec 2 cuillerées à soupe de marinade, pendant 6 à 8 minutes jusqu'à ce que les dés soient croustillants. Épongez sur du papier absorbant.
Salez et poivrez.

Dressage
Placez un cadre de 15 x 4 x 1 cm dans chacune des assiettes. Remplissez-le de 50 g de confit de figues. Posez dessus le filet de canette coupé en deux dans la longueur. Parsemez de fleur de sel et de poivre. Répartissez dessus les dés de peau croustillants.
Nappez de traits de jus de betterave et cassis, et disposez 3 gnocchis de potimarron et une mini betterave. Versez en saucière le reste de jus. Servez aussitôt.

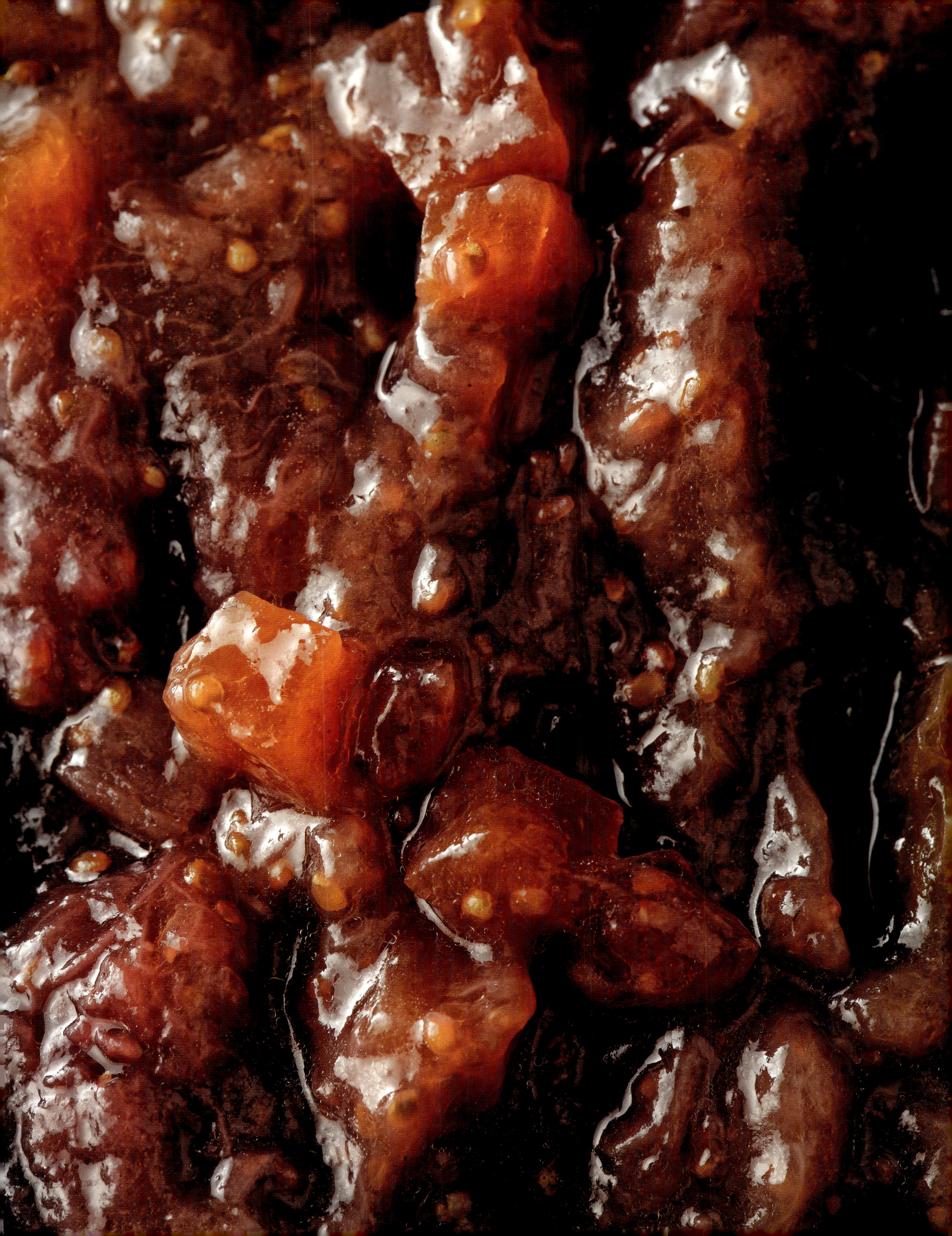

Parmentier de queue de bœuf aux truffes

POUR 10 PERSONNES
Préparation : 1 heure
Cuisson des queues de bœuf : 6 heures

CUISSON DES QUEUES DE BŒUF
4 queues de bœuf
1 joue de bœuf
1 carotte
1 oignon
1 branche de céleri
1 poireau
 bouquet garni
 clou de girofle
2 baies de genièvre
1 cuillerée à café de poivre noir en grains
15 g de gros sel

PURÉE DE POMMES DE TERRE
1 kg de pommes de terre Agria
200 g de lait entier
120 g de beurre
40 g de jus de truffe
20 g de truffe hachée
100 g de truffes en lamelles
200 g de gros sel
Sel, poivre du moulin

JUS AUX TRUFFES
6 dl de fond de veau
60 g de beurre
100 g de jus de truffe
20 g de truffe hachée
Sel, poivre du moulin

Cuisson des queues de bœuf
Placez les queues et la joue de bœuf dans une grande cocotte. Couvrez d'eau à hauteur.
Portez à ébullition et écumez. Ajoutez le sel, les légumes épluchés et coupés en morceaux, ainsi que le bouquet garni et les épices. Laissez cuire à petits bouillons pendant 6 heures.
Égouttez en réservant la cuisson. Désossez les queues et la joue puis effilochez la viande. Réservez.

Purée de pommes de terre
Sur une plaque de cuisson, versez une couche de gros sel. Déposez les pommes de terre. Recouvrez d'un papier d'aluminium et faites cuire dans un four préchauffé à 250 °C, pendant 35 à 40 minutes.
Épluchez-les. Passez-les au moulin à légumes, puis au tamis.
Ajoutez le lait chaud et le beurre. Mélangez bien. Incorporez le jus et la truffe hachée.
Rectifiez l'assaisonnement. Réservez au chaud.

Jus aux truffes
Dans une casserole, portez le fond de veau à ébullition. Montez-le au beurre puis ajoutez le jus de truffes. Rectifiez l'assaisonnement puis hors du feu, ajoutez la truffe hachée.
Réservez au chaud.

Finitions et dressage
Dans une casserole, portez à ébullition 2 dl de cuisson de queues de bœuf. Ajoutez la viande effilochée. Mélangez et réchauffez à petits bouillons. Rectifiez l'assaisonnement.
Posez au centre de chaque assiette un cercle beurré de 8 cm de diamètre et 3 cm de haut. Remplissez-le pour moitié de la viande égouttée, puis terminez par la purée de pommes de terre aux truffes. Lissez le dessus avec une spatule. Posez dessus les lamelles de truffes en rosace.
Retirez le cercle et nappez du jus aux truffes. Servez aussitôt.

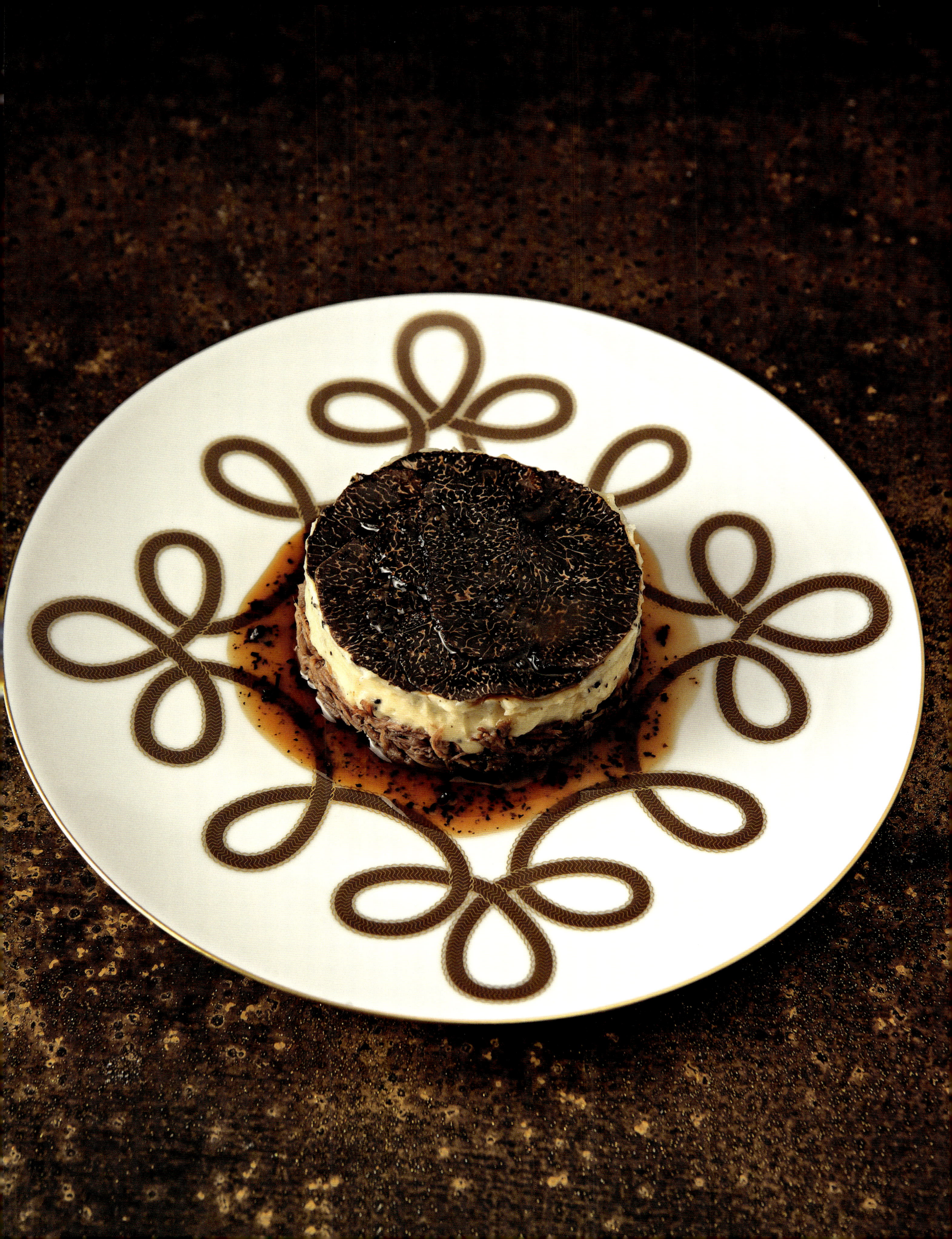

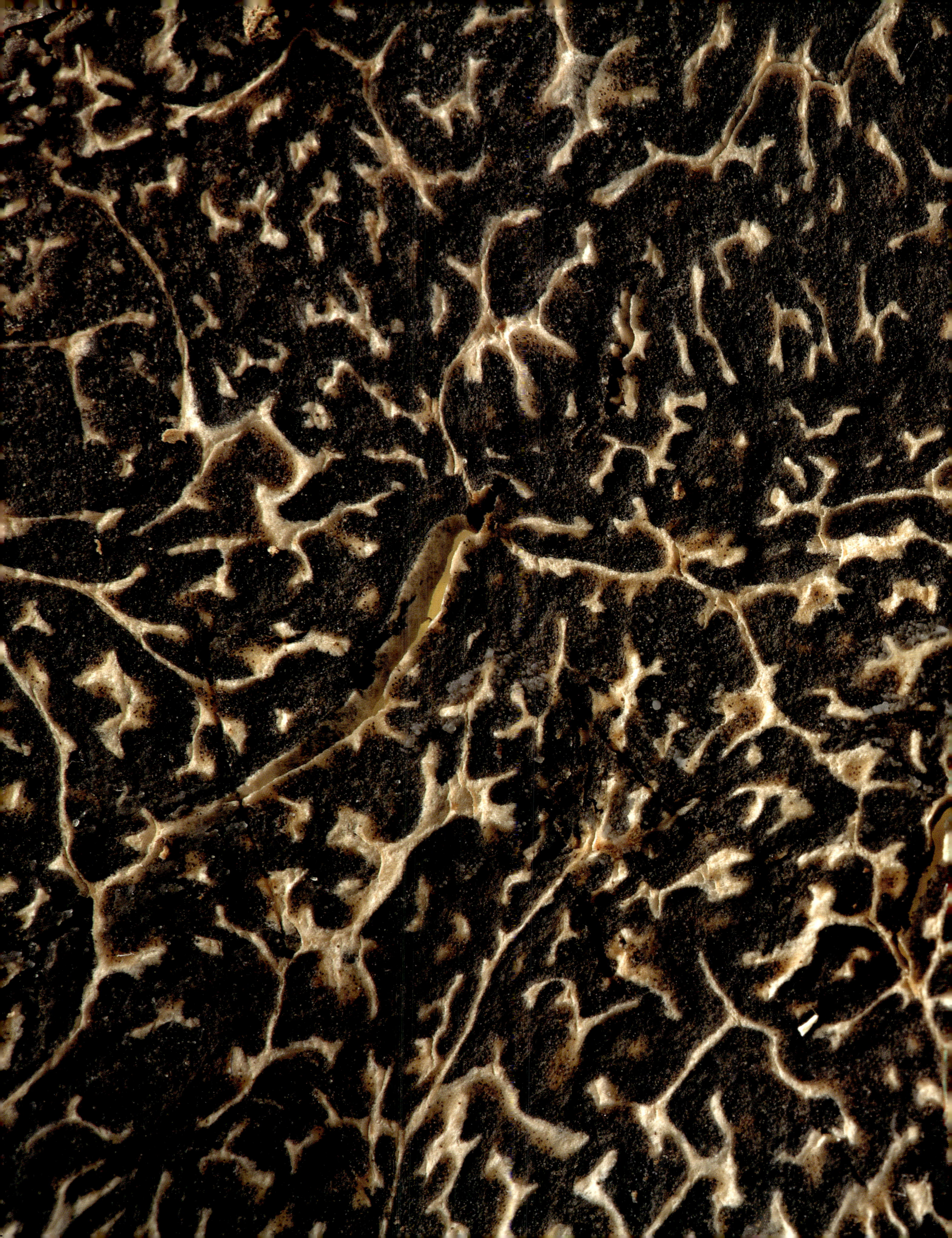

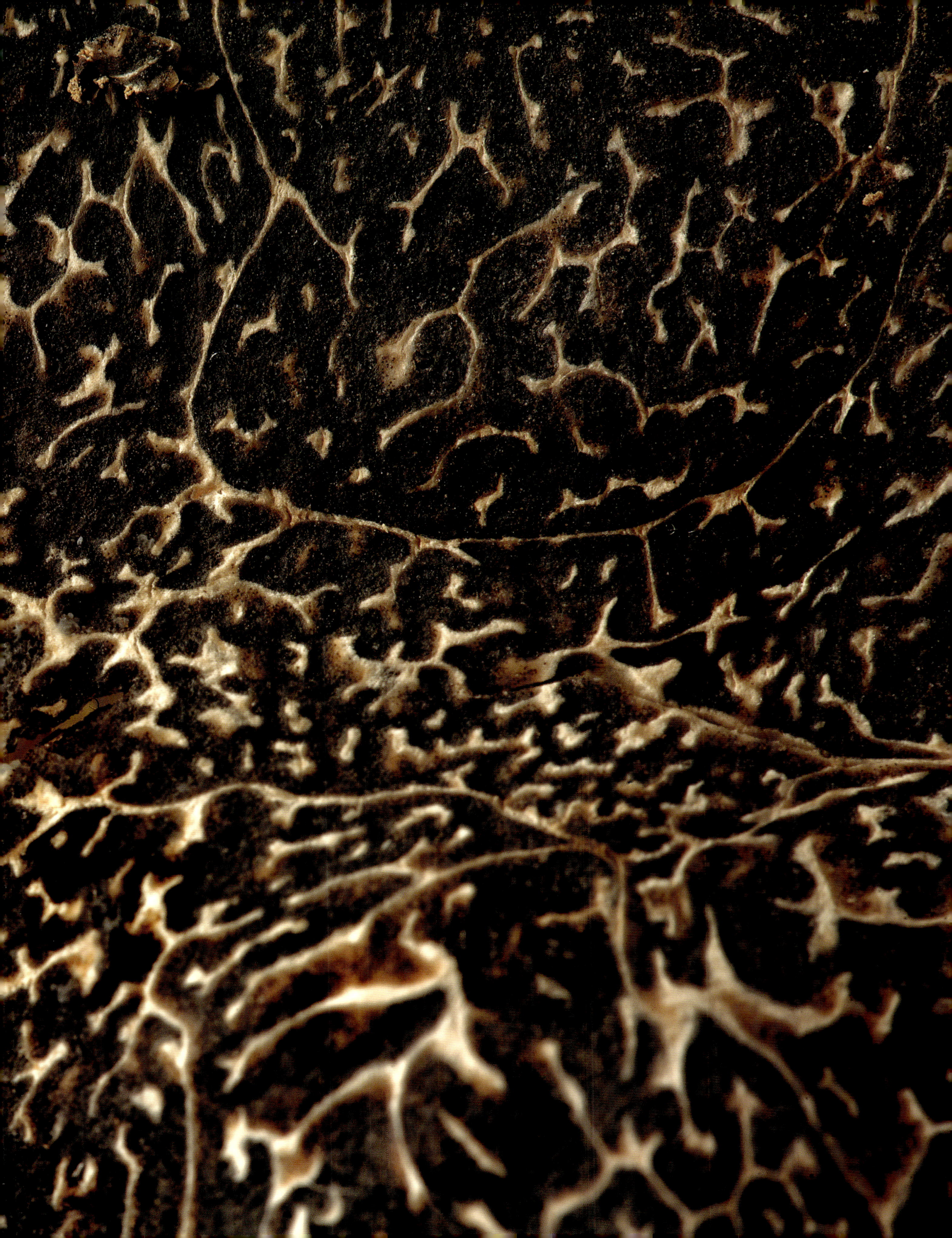

LES
DESSERTS

Clémentines juste prises dans leur jus parfumé à la menthe sur un biscuit aux noix de cajou

POUR 10 PERSONNES
Préparation : 2 heures

GELÉE DE CLÉMENTINE
500 g de purée de clémentines
2 g d'agar-agar
4 g de feuilles de gélatine
20 segments de clémentine

VERMICELLES DE CLÉMENTINE
250 g de purée de clémentines
3,30 g de gellan
2 g d'agar-agar

JUS MENTHE
125 g d'eau
80 g de sucre semoule
20 g de feuilles de menthe fraîches
1 g de xanthane

SUCCÈS CAJOU
200 g de noix de cajou
150 g de sucre glace
160 g de blanc d'œuf
80 g de sucre semoule

SORBET CLÉMENTINE
500 g de purée de clémentines
100 g d'eau
40 g de sirop de glucose
150 g de sucre semoule
4 g de stabilisateur

CRÉMEUX MENTHE
250 g de lait entier
25 g de feuilles de menthe fraîches
2 jaunes d'œufs
35 g de sucre semoule
15 g de farine
10 g de poudre à crème
2 g de feuilles de gélatine
50 g de beurre
250 g de crème montée

TUILES MENDIANT CAJOU
20 g de lait entier
20 g de glucose
50 g de beurre
60 g de sucre semoule
1,2 g de pectine jaune
10 g de farine
20 g de noix de cajou hachées

DÉCOR
10 tranches de clémentine confite

Gelée de clémentine
Faites ramollir la gélatine pendant 2 minutes dans un bol d'eau froide.
Incorporez l'agar-agar à froid dans la purée de clémentines. Versez dans une casserole, portez à ébullition, puis fouettez la préparation pendant 3 minutes à petits bouillons. Hors du feu, ajoutez la gélatine ramollie. Mélangez bien. Répartissez la préparation dans 10 cadres de 5 x 5 cm.
Déposez 2 segments de clémentine par cadre. Faites prendre au réfrigérateur pendant 15 minutes.

Vermicelles de clémentine
Dans un bol, incorporez le gellan et l'agar-agar à froid dans la purée de clémentines. Versez dans une casserole, portez à ébullition, puis fouettez la préparation pendant 3 minutes à petits bouillons. Versez dans un cadre de 15 x 4 x 2 cm. Faites prendre au réfrigérateur pendant 15 minutes.

Jus menthe
Versez l'eau dans une casserole, ajoutez le sucre. Portez le mélange à ébullition.
Stoppez la cuisson dès que le sucre est complètement dissous.
Mixez finement le sirop et les feuilles de menthe. Filtrez. Ajoutez le xanthane.
Mixez et filtrez de nouveau. Réservez au réfrigérateur.

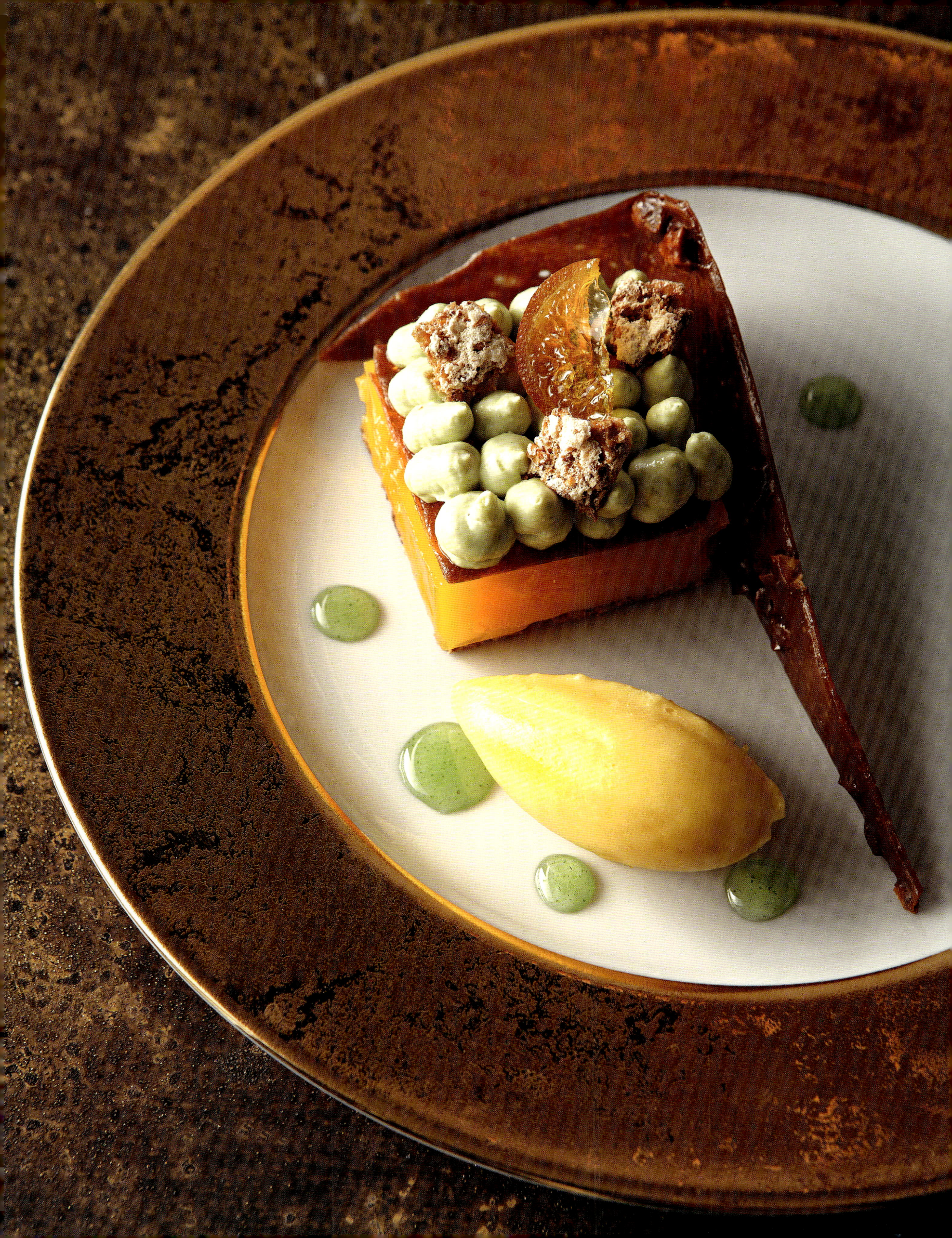

Clémentines juste prises dans leur jus parfumé à la menthe sur un biscuit aux noix de cajou

Succès cajou
Torréfiez les noix de cajou à sec dans une poêle pendant 3 à 4 minutes. Mixez-les grossièrement avec le sucre glace. Montez les blancs d'œufs en neige avec le sucre semoule.
À l'aide d'une spatule, incorporez délicatement les noix et le sucre glace aux blancs en neige. Étalez la préparation sur une plaque à pâtisserie couverte d'une feuille de papier sulfurisé, à 5 mm d'épaisseur. Faites cuire dans un four préchauffé à 170 °C pendant 7 à 9 minutes.
Détaillez en 10 carrés de 5 x 5 cm. Réservez les chutes pour en faire des brisures.
Faites sécher les carrés au four à 150 °C pendant 7 à 9 minutes. Réservez.

Sorbet clémentine
Portez à ébullition l'eau, le glucose, le sucre et le stabilisateur, puis faites cuire à petits bouillons pendant 2 minutes. Mélangez le sirop à la purée de clémentines. Laissez refroidir avant de passer en turbine à glace ou en sorbetière.

Crémeux menthe
Dans une casserole, portez le lait à ébullition avec les feuilles de menthe. Couvrez et laissez infuser 15 minutes, hors du feu. Mixez puis filtrez.
Faites ramollir la gélatine dans un bol d'eau froide pendant 2 minutes.
Fouettez les jaunes d'œufs avec le sucre jusqu'à ce qu'ils deviennent mousseux, puis ajoutez la farine et la poudre à crème. Versez le lait infusé. Mélangez bien, puis reversez dans une casserole et faites cuire comme une crème pâtissière.
À 38°C, incorporez ensuite la gélatine égouttée puis le beurre en morceaux, au mixeur.
Laissez refroidir avant d'incorporer la crème montée. Mettez en poche à douille unie.
Réservez au réfrigérateur.

Tuiles mendiant cajou
Dans une casserole, faites chauffer le lait, le glucose et le beurre à 50 °C. Ajoutez la pectine mélangée au sucre. Portez à ébullition, puis faites cuire 4 minutes à feu doux en remuant. Hors du feu, ajoutez la farine. Mélangez bien. Étalez l'appareil entre deux feuilles de papier sulfurisé, à 3 mm d'épaisseur. Retirez la feuille de papier sulfurisé du dessus et parsemez de noix de cajou hachées.
Faites cuire dans un four préchauffé à 160 °C pendant 8 minutes. Faites pivoter la plaque (passez l'avant dans le fond) et poursuivez la cuisson 8 minutes.
À la sortie du four, détaillez 10 triangles de 24 cm de base, 19 et 10 cm de côté et pliez-les avec un angle droit. Réservez-les dans une boîte fermée au sec.

Dressage
Dans chaque assiette, posez un carré de succès cajou puis une gelée de clémentine.
Réalisez dessus des points de crémeux menthe puis râpez à la râpe microplane du gellan de clémentine pour former des vermicelles. Ajoutez quelques brisures de succès cajou et une tranche de clémentine confite. Terminez en collant une tuile sur un angle du montage.
Placez à côté une quenelle de sorbet clémentine.
Faites des points de jus menthe sur le fond des assiettes. Servez.

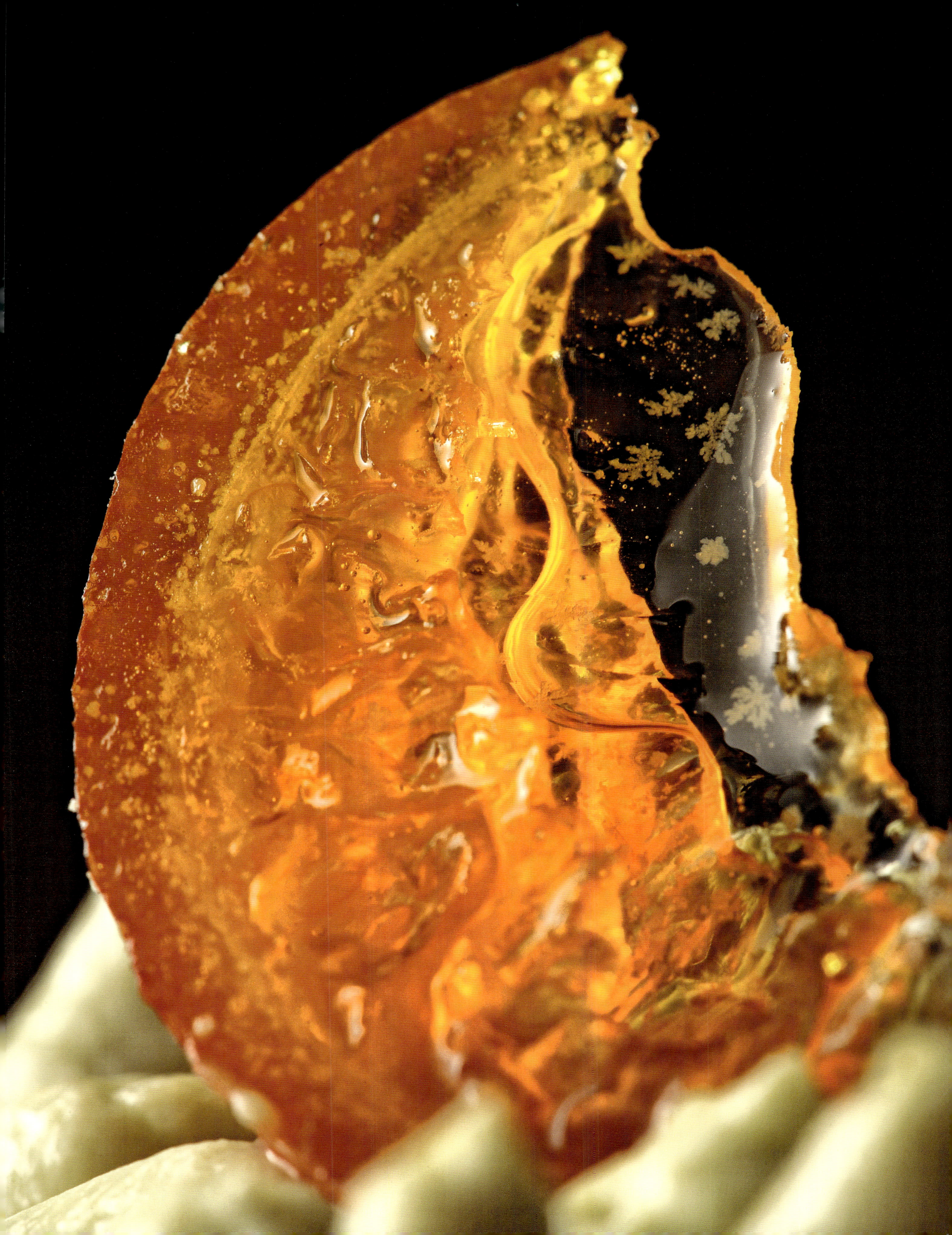

Macaron pistache et kalamansi

POUR 40 MACARONS
Préparation : 2 heures

MACARONS À LA PISTACHE
170 g de sucre semoule
55 g d'eau
150 g de blanc d'œuf
12 g de jus de citron
190 g de sucre glace
190 g de poudre d'amandes
5 g de colorant blanc en poudre
50 g de pistaches mondées
et concassées

CRÉMEUX KALAMANSI
125 g de pulpe de kalamansi
160 g d'eau
Le zeste d'un demi-citron vert
3 jaunes d'œufs
100 g de sucre semoule
15 g de farine
30 g de poudre à crème
2 g de feuilles de gélatine
120 g de beurre

GELÉE À LA PISTACHE
40 g de sucre semoule
140 g d'eau
30 g de jus de citron
30 g de pâte de pistache
8 g de feuilles de gélatine

Macarons à la pistache
Faites une meringue italienne avec l'eau, le sucre semoule et 75 g de blanc d'œuf.
Incorporez le jus de citron.
Dans un bol, mélangez le reste des blancs d'œufs avec le sucre glace, la poudre d'amandes et le colorant. Incorporez à la meringue.
Sur une plaque couverte d'une feuille de papier sulfurisé, réalisez 40 dômes de pâte de 3 cm de diamètre avec une poche à douille unie n° 8. Parsemez-en 20 de pistaches concassées. Laissez croûter 10 minutes à température ambiante et faites cuire dans un four préchauffé à 140 °C pendant 8 minutes.

Crémeux kalamansi
Portez l'eau à ébullition avec la pulpe de kalamansi et le zeste de citron.
Fouettez les jaunes d'œufs avec le sucre. Ils doivent être mousseux. Ajoutez la farine et la poudre à crème. Incorporez le mélange eau-pulpe de kalamansi. Mélangez bien, puis versez dans une casserole et faites cuire comme une crème pâtissière. Ajoutez la gélatine ramollie à l'eau froide et égouttée.
À 35-40 °C, incorporez le beurre. Réservez au réfrigérateur.

Gelée à la pistache
Faites ramollir la gélatine dans un bol d'eau froide.
Dans une casserole, portez à ébullition l'eau, le sucre, le jus de citron et la pâte de pistache.
Hors du feu, ajoutez la gélatine égouttée. Mélangez bien jusqu'à complète dissolution. Versez la préparation dans un cadre de 18 x 18 cm. Faites prendre au réfrigérateur pendant 30 minutes. Taillez la gelée en dés de 5 mm.

Dressage
Garnissez chaque coque de macaron sans pistache de crémeux kalamansi. Placez au centre un dé de gelée à la pistache, puis refermez avec une coque pistachée. Dégustez dans les 3 heures qui suivent. Un trop long séjour au réfrigérateur risque de les faire ramollir.

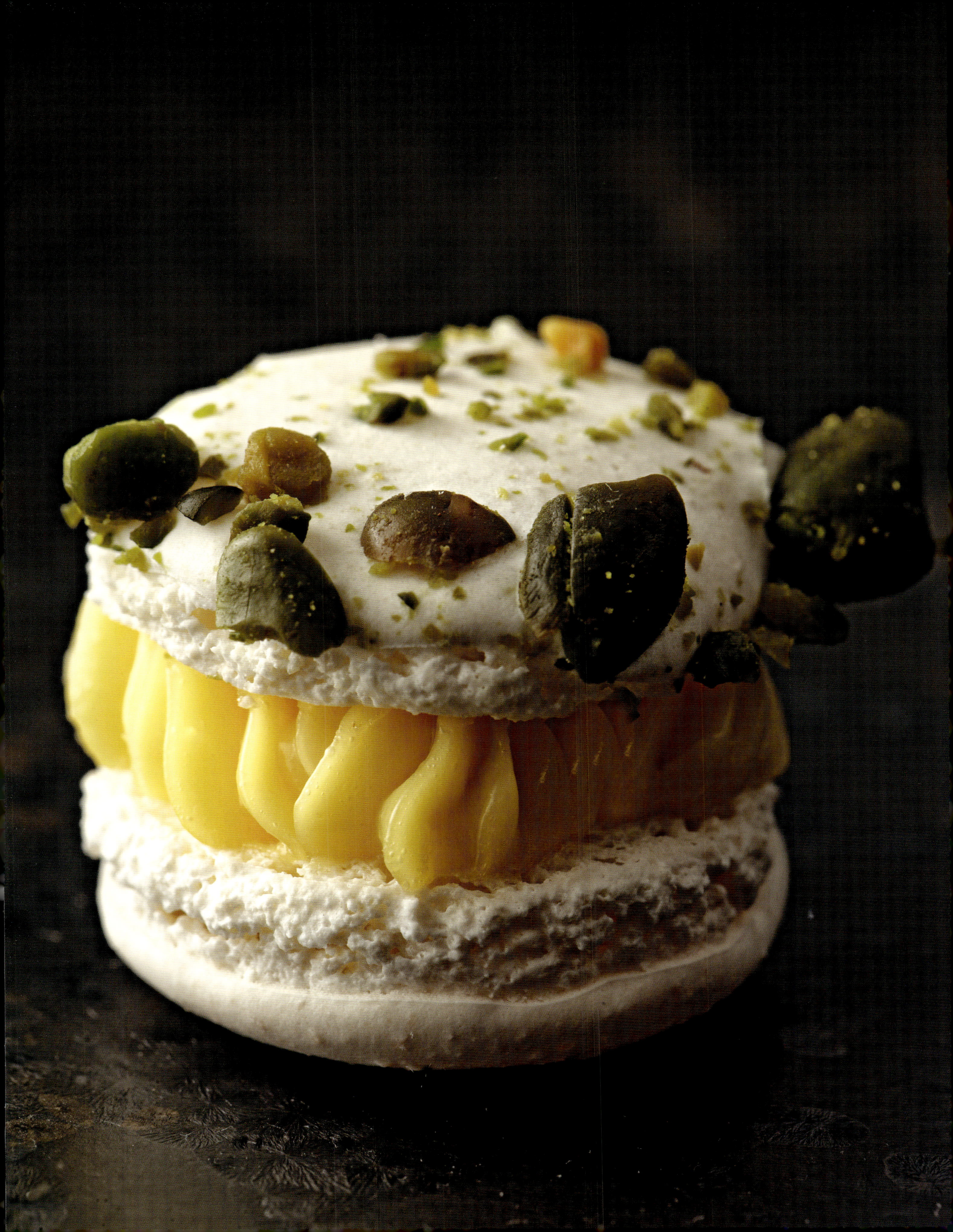

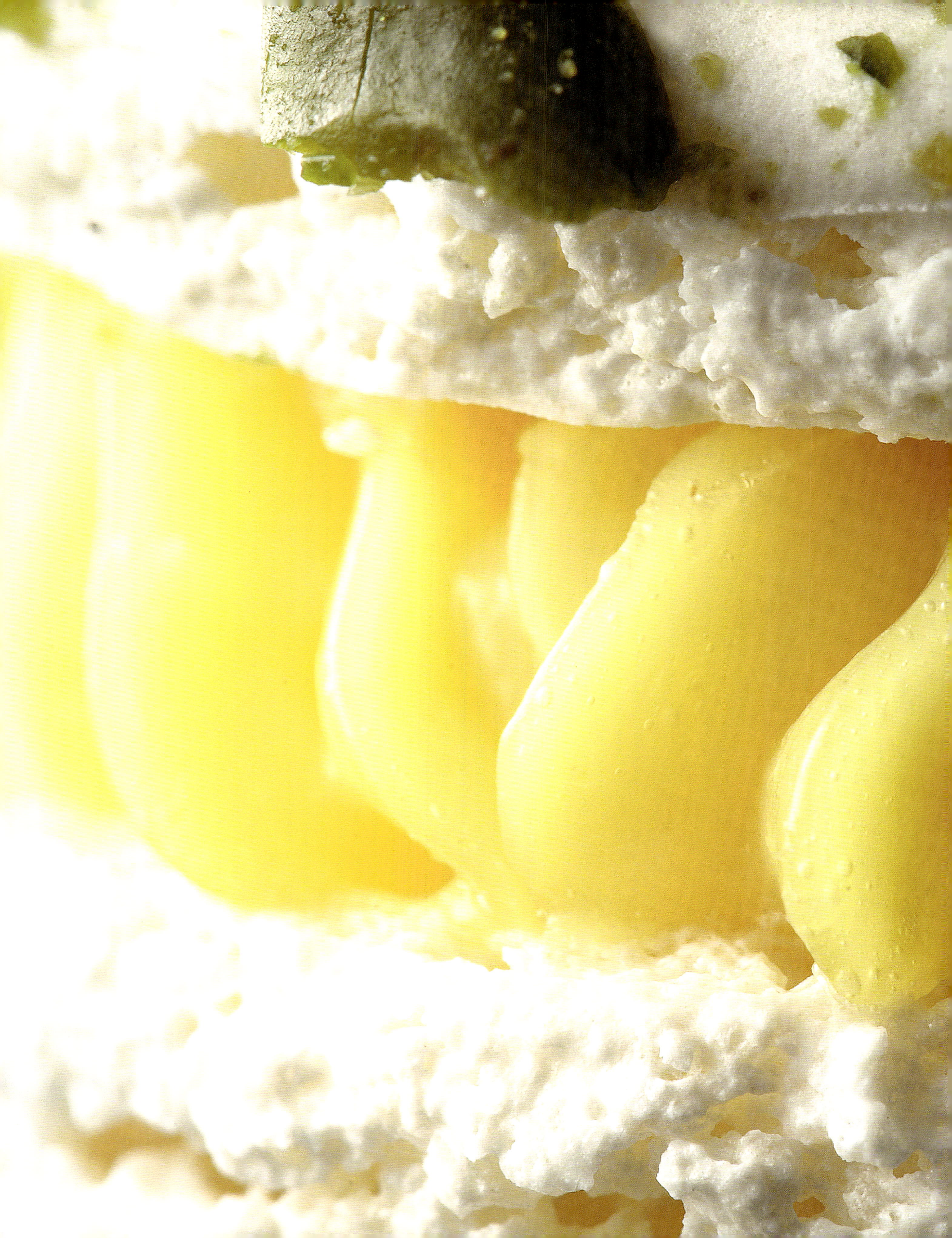

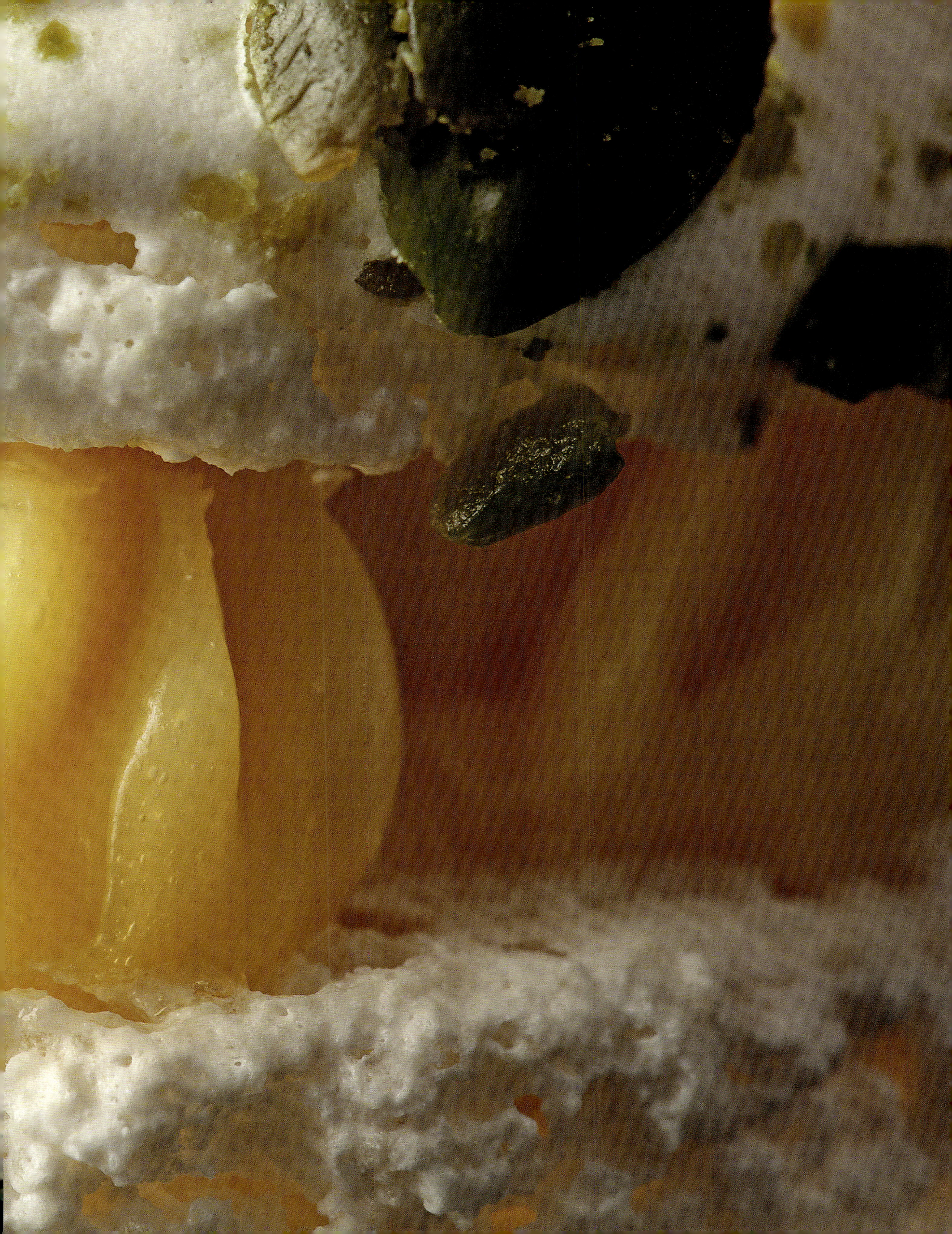

Coings et cédrats confits, crémeux amande, glace aux pistils de safran

POUR 10 PERSONNES
Préparation : 2 heures

COINGS POCHÉS
5 coings
1 litre d'eau
235 g de sucre semoule
100 g de jus de citron jaune
1 pointe de couteau
de safran en poudre

CÉDRATS CONFITS
4 cédrats
1 litre d'eau
600 g de sucre semoule

MINESTRONE DE COINGS
ET CÉDRATS
600 g de coings pochés
60 g de cédrats confits

CRÉMEUX AMANDE
50 cl de lait entier
10 g de sirop d'amande
125 g de jaune d'œuf
10 g de sucre semoule
30 g de poudre à crème
3 g de feuilles de gélatine
165 g de beurre

TUILES AUX AMANDES
150 g de sucre semoule
30 g de beurre
225 g d'amandes bâtons
torréfiées

OPALINES SAFRAN :
20 PLATES ET 10 COURBES
100 g de glucose
150 g de fondant
15 g de beurre
1 pointe de couteau de colorant
orange
1 pointe de couteau de safran
en poudre

GLACE SAFRAN
50 cl de lait entier
35 g de lait en poudre
50 g de crème fraîche
175 g de sucre semoule
50 g de glucose
2 g de stabilisateur
10 pistils de safran

DEMI-SPHÈRES COINGS-CÉDRATS
75 g de coings pochés
10 g de sirop de pochage des coings
30 g de sirop de pochage des cédrats
20 g d'eau

GLAÇAGE AUX COINGS
300 g de sirop de pochage
des coings
5 g de kappa

JUS DE COING
300 g de sirop de pochage
des coings
1 g de xanthane

Coings pochés
Portez à ébullition l'eau et le sucre. Ajoutez le jus de citron et le safran. Épluchez et épépinez les coings, coupez-les en huit. Pochez-les à feu doux dans le sirop pendant environ 25 minutes. Réservez.

Cédrats confits
Enlevez l'extrémité des cédrats et coupez-les en huit. Blanchissez-les 2 minutes dans l'eau portée à ébullition. Retirez-les du feu et laissez-les refroidir dans leur eau. Égouttez-les en réservant le liquide. Dans une casserole, portez à ébullition l'eau du blanchiment avec 200 g de sucre. Plongez-y les quartiers de cédrat. Redonnez une ébullition. Hors du feu, filmez et laissez refroidir. Redonnez une ébullition en ajoutant 100 g de sucre et laissez refroidir en filmant. Renouvelez l'opération encore trois fois. Enlevez l'intérieur des cédrats pour ne conserver que la peau. Réservez.

Minestrone de coings et cédrats
Taillez les coings pochés et les cédrats confits en cubes de 5 mm. Mélangez et versez le minestrone dans 10 cadres de 15 x 4 x 2 cm. Tassez bien. Réservez au réfrigérateur.

Crémeux amande
Faites chauffer le lait et le sirop d'amande. Dans un bol, fouettez les jaunes avec le sucre jusqu'à ce qu'ils blanchissent, puis incorporez la poudre à crème. Ajoutez petit à petit le lait au sirop d'amande. Reversez dans la casserole et faites cuire comme pour une crème pâtissière. Hors du feu, ajoutez la gélatine ramollie et égouttée. Mélangez bien. Laissez refroidir. À 35-40 °C, incorporez le beurre en morceaux, au mixeur. Réservez au réfrigérateur.

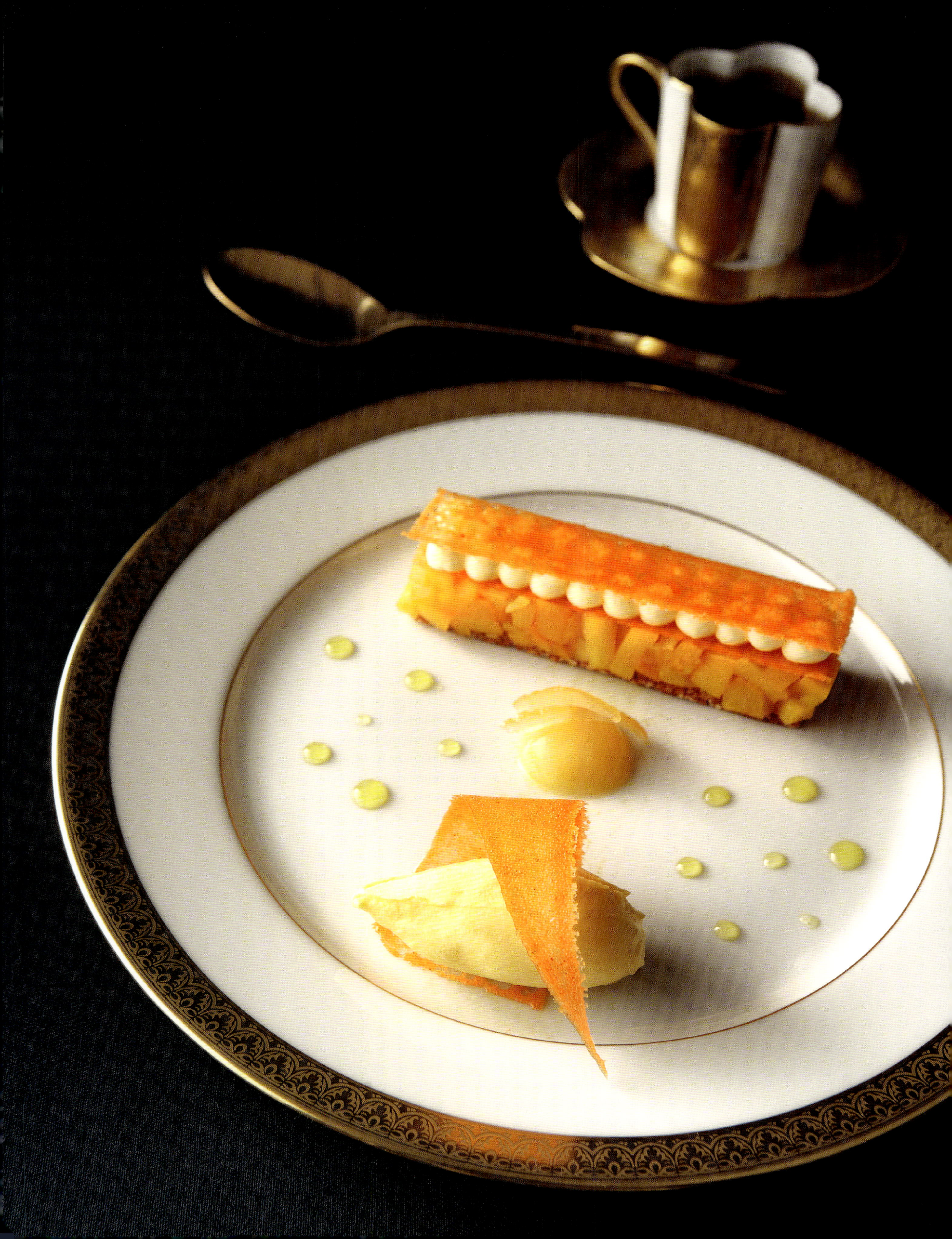

Coings et cédrats confits, crémeux amande, glace aux pistils de safran

Tuiles aux amandes
Dans une casserole, faites un caramel à sec avec le sucre. Déglacez avec le beurre, puis ajoutez les amandes bâtons torréfiées, toujours sur le feu.
Étalez la préparation entre deux feuilles de papier sulfurisé, à 3 mm d'épaisseur.
Laissez refroidir avant de détailler en 10 rectangles de 15 x 4 cm. Réservez dans un endroit sec.

Opalines safran
Dans une casserole, faites cuire le glucose et le fondant à 155 °C. Déglacez avec le beurre, le colorant orange et le safran en poudre.
Versez sur une toile de cuisson, puis laissez refroidir. Mixez en une fine poudre.
Pour la réalisation des 10 opalines courbes :
Saupoudrez la moitié de la poudre sur toute la surface d'une toile de cuisson à l'aide d'une passette, sur une épaisseur régulière de 2 mm. À l'aide d'une règle, tracez 10 triangles isocèles de 6 cm de base et 15 cm de haut. Faites cuire dans un four préchauffé à 160 °C pendant 2 minutes. Faites pivoter la plaque (passez l'avant dans le fond) et poursuivez la cuisson 30 secondes.
Retirez la plaque du four. Laissez refroidir quelques secondes avant de décoller les opalines avec une spatule et de les enrouler autour d'un rouleau à pâtisserie. Réservez dans une boîte fermée au sec.
Pour la réalisation des 20 opalines plates :
Procédez de même, en traçant 20 rectangles de 15 x 4 cm, mais à la sortie du four, déposez les opalines sur une surface plane.

Glace safran
Versez tous les ingrédients dans une casserole. Portez à ébullition.
Laissez refroidir avant de passer en sorbetière.

Demi-sphères coings-cédrats
Dans un bol, mixez tous les ingrédients puis remplissez-en 10 demi-sphères de 3 cm de diamètre.
Laissez prendre au congélateur pendant 30 minutes avant de démouler.

Glaçage aux coings
Dans une casserole, portez à ébullition le sirop et le kappa. Plantez une pique en bois dans chaque demi-sphère coings-cédrats. Enrobez les demi-sphères encore congelées dans le sirop.
Réservez au réfrigérateur.

Jus de coing
Mixez le sirop et le xanthane, puis réservez en pipette au réfrigérateur.

Dressage
Dans chaque assiette, placez à gauche une tuile aux amandes puis, dessus, le minestrone de coings et cédrats. Posez ensuite une opaline plate.
À l'aide d'une poche à douille unie n° 8, réalisez sur 2 lignes des petits dômes de crémeux amande.
Terminez par une seconde opaline plate.
À droite, placez une opaline courbe et déposez dedans une quenelle de glace safran.
Au centre, posez une demi-sphère coings-cédrats et 2 lamelles de cédrat confit.
Terminez en disposant sur le fond des assiettes des gouttes de jus de coing. Servez.

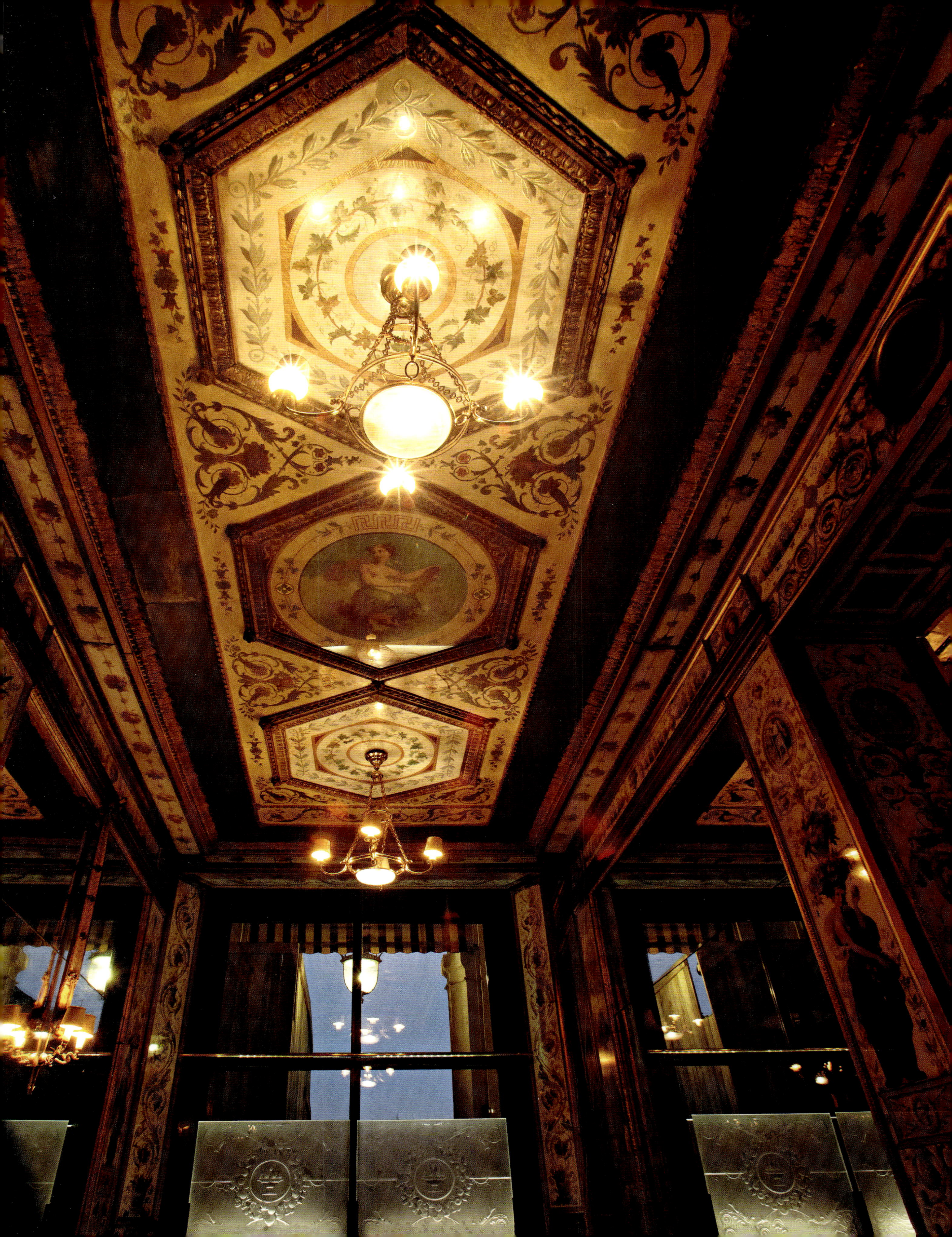

Cube « manjari », fruits rouges, pamplemousse et avocat, meringue ylang-ylang, crème glacée citron vert

POUR 10 PERSONNES
Préparation : 4 heures

10 moulages de chocolat en forme de cube de 9 cm de haut et 5,5 cm de côté

FLOCAGE BLANC
400 g de couverture ivoire
400 g de beurre de cacao
20 g de colorant blanc en poudre pour confiserie

DIPPING ROSE VIF
250 g de couverture ivoire en poudre pour confiserie
100 g de beurre de cacao
5 g de colorant rose en poudre pour confiserie
2 g de colorant rouge en poudre pour confiserie

CRÈME D'AVOCAT
500 g de chair d'avocat
250 g de sucre semoule
80 g d'eau
100 g de jus de citron vert
1 zeste de citron vert
2 pincées d'acide ascorbique

COULIS DE FRUITS ROUGES
250 g de purée de framboises
75 g de purée de fruits rouges
75 g de purée de fraises
30 g de jus de citron vert
25 g d'eau
60 g de sucre semoule
2 gouttes d'huile essentielle d'ylang-ylang

MERINGUES À L'YLANG-YLANG
150 g de sucre semoule
40 g d'eau
75 g de blanc d'œuf
7 gouttes d'huile essentielle d'ylang-ylang

CRÈME GLACÉE CITRON VERT
250 g de jus de citron vert
200 g d'eau
150 g de lait
100 g de sucre semoule
2,5 g de glucose
2,5 g de stabilisateur
Le zeste d'un citron vert râpé

PANNA COTTA AUX AGRUMES
450 g de crème liquide
35 g de sucre semoule
1 pincée de zeste de citron vert
1 pincée de zeste de citron jaune
1 pincée de zeste d'orange
1 pincée de zeste de pamplemousse
6 g de feuilles de gélatine

SABLÉ AU CITRON VERT
190 g de beurre mou
150 g de sucre semoule
2 g de sel
190 g de farine
6 g de levure chimique
Le zeste râpé d'un demi-citron vert

BILLES DE CHOCOLAT
30 billes creuses en chocolat
100 g de chocolat fondu
1 cuil. à soupe de colorant métallique rouge en poudre

FRUITS FRAIS
40 segments de pamplemousse
60 framboises

Flocage blanc
Faites fondre au bain-marie la couverture ivoire. Mixez-la avec le colorant et le beurre de cacao. Passez la préparation au chinois étamine. Remplissez-en le réservoir d'un pistolet à floquer, puis floquez uniformément les cubes de chocolat. Réservez les cubes au réfrigérateur.

Dipping rose vif
Faites fondre au bain-marie la couverture ivoire. Mixez-la avec le beurre de cacao et les colorants rose et rouge. Passez le mélange au chinois étamine. À l'aide d'un pinceau, projetez-le sur les cubes pour tracer des traits fins. Réservez au réfrigérateur.

Crème d'avocat
Mixez tous les ingrédients à l'aide d'un blender, puis versez la crème en poche à douille unie. Réservez au réfrigérateur.

Coulis de fruits rouges
Mélangez tous les ingrédients, puis réservez en pipette au réfrigérateur.

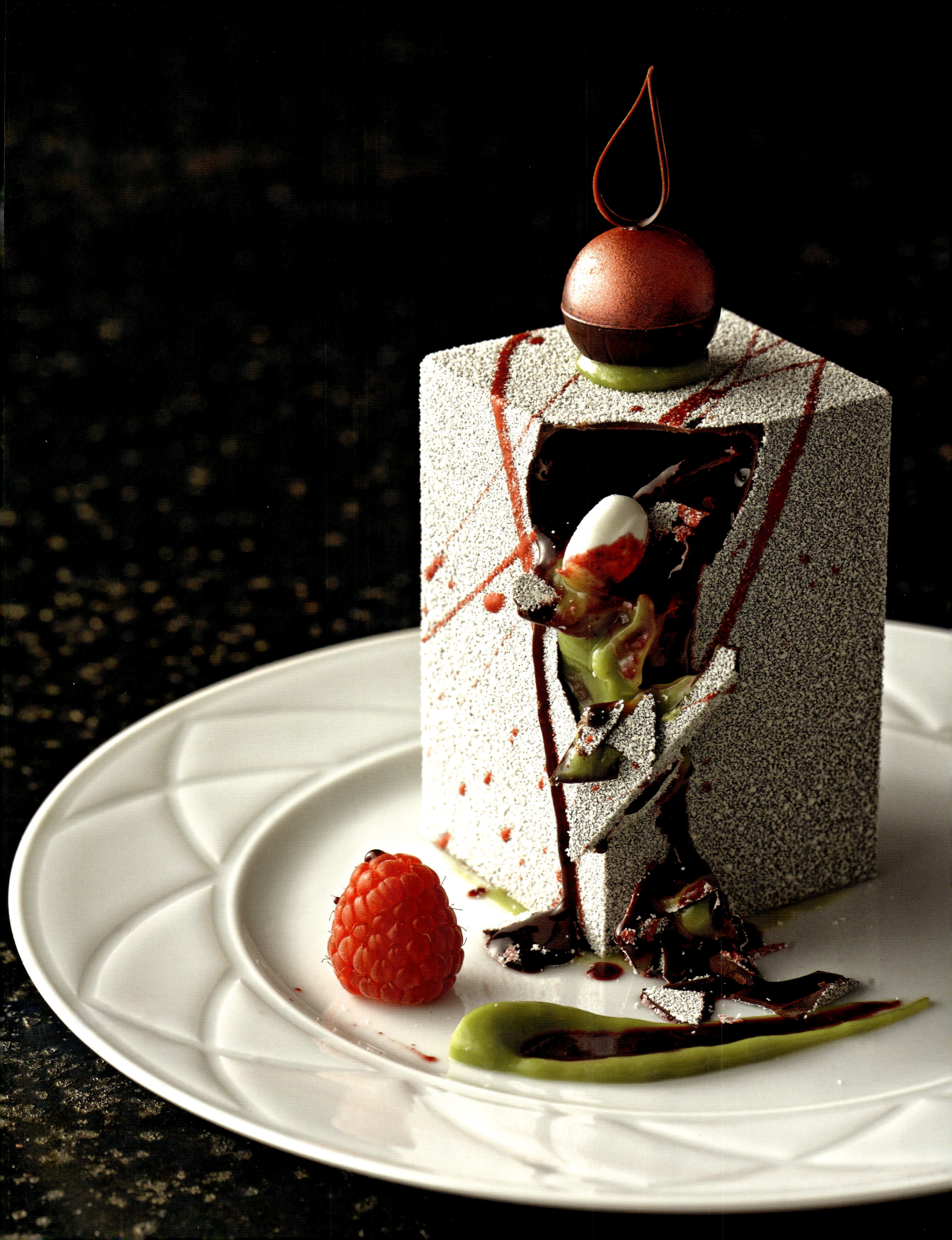

Cube « manjari », fruits rouges, pamplemousse et avocat, meringue ylang-ylang, crème glacée citron vert

Meringues à l'ylang-ylang
Faites cuire le sucre et l'eau à 121 °C. Versez ensuite le sirop obtenu en filet continu sur les blancs d'œufs à peine montés en neige, dans la cuve du batteur tout en fouettant à vitesse rapide. Ajoutez l'huile essentielle d'ylang-ylang, puis laissez tourner jusqu'à refroidissement.
Dressez des meringues rondes de 1 cm de diamètre, sur une toile de cuisson, à l'aide d'une poche à douille. Faites cuire dans un four préchauffé à 90 °C pendant 4 heures.
Réservez dans un endroit sec.

Crème glacée citron vert
Dans une casserole, portez à ébullition l'eau, le lait, le sucre, le glucose et le stabilisateur.
Versez le mélange sur le jus et les zestes de citron vert.
Laissez refroidir avant de passer à la turbine à glace. Réservez au congélateur.

Panna cotta aux agrumes
Faites ramollir la gélatine dans un bol d'eau froide pendant 2 minutes.
Dans une casserole, portez à ébullition la crème, le sucre et tous les zestes d'agrumes. Laissez infuser 5 minutes à couvert, puis passez au chinois étamine. Ajoutez la gélatine ramollie et égouttée. Mélangez jusqu'à complète dissolution.
Remplissez de cette préparation 40 demi-sphères de 3 cm de diamètre, aux trois quarts des moules. Laissez prendre au congélateur 30 minutes. Démoulez et assemblez les demi-sphères deux par deux afin de former des billes. Elles se collent toutes seules. Réservez au congélateur.

Sablé au citron vert
Au batteur, fouettez le beurre en pommade, puis ajoutez les autres ingrédients jusqu'à l'obtention d'une pâte homogène. Étalez-la sur une feuille de papier sulfurisé, à 5 mm d'épaisseur.
Réservez au réfrigérateur pendant 15 minutes. Faites cuire dans un four préchauffé à 160 °C pendant 15 minutes. À la sortie du four, taillez des carrés de 5 cm. Réservez dans un endroit sec.

Billes de chocolat
Garnissez de coulis de fruits rouges les billes creuses en chocolat. Fermez l'ouverture à l'aide de chocolat fondu. Roulez 10 billes dans le colorant métallique rouge, pour le décor.

Montage du cube
À l'aide d'une poche à douille, garnissez 50 framboises de crème d'avocat.
Remplissez chaque cube à l'envers, par couches successives, de 3 cuillerées à soupe de coulis de fruits rouges, de 4 segments de pamplemousse, de 5 framboises garnies de crème d'avocat, de 4 meringues, de 2 billes de chocolat remplies de coulis, de 2 sphères de panna cotta aux agrumes, d'une quenelle de crème glacée citron vert, d'un peu de crème d'avocat.
Placez le sablé au citron vert en dernier pour fermer le cube et lui servir de base.
Retournez le cube au centre de chaque assiette. Posez dessus une bille de chocolat colorée maintenue par une pointe de crème d'avocat. Réalisez une larme de crème d'avocat. Creusez-la pour y verser un peu de coulis de fruits rouges. Ajoutez une framboise fraîche. Servez aussitôt.

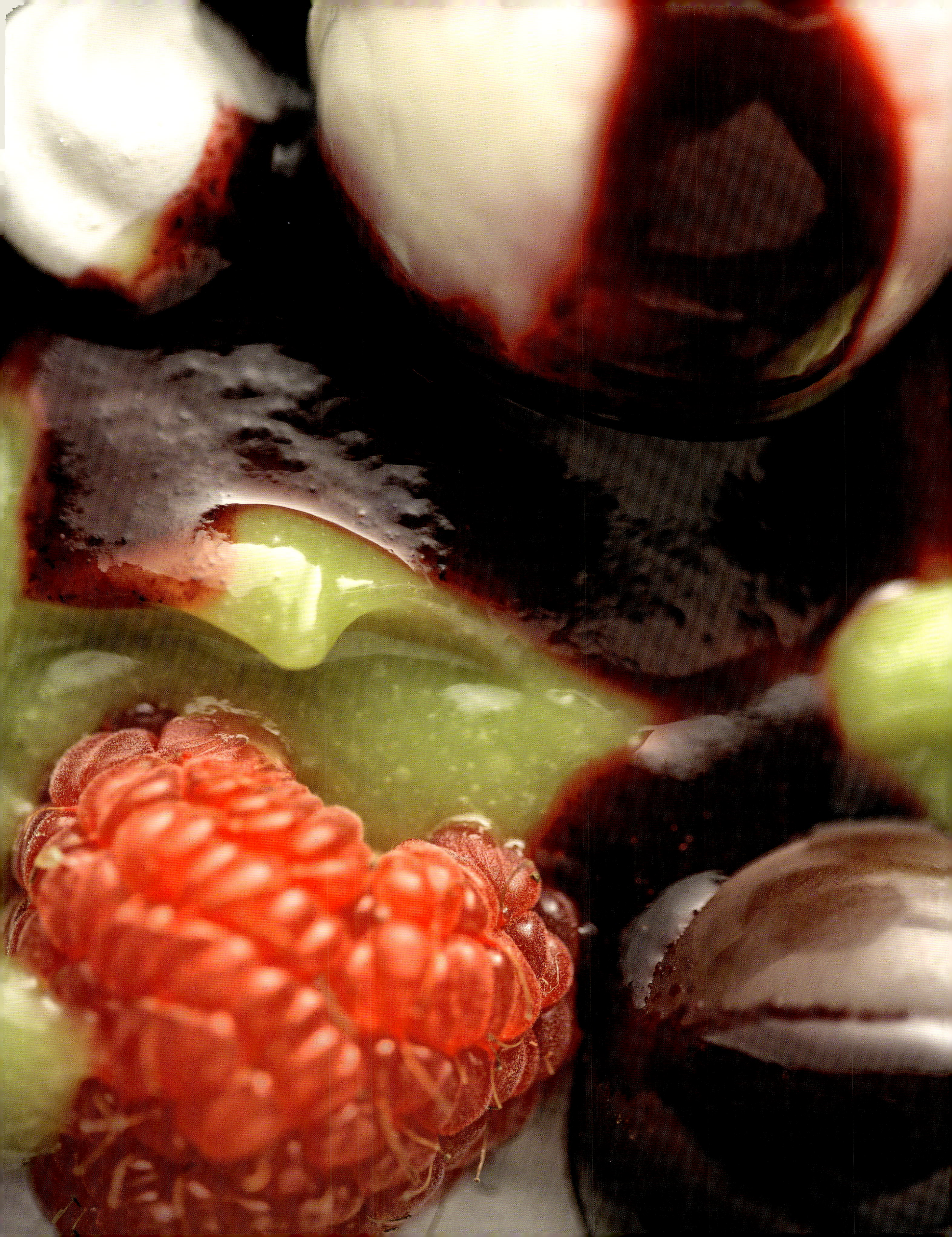

Cube « manjari » mangue, banane, jus Passion rehaussé de muscade, sorbet coco

POUR 10 PERSONNES
Préparation : 3 heures

10 moulages de chocolat en forme de cube de 9 cm de haut et 5,5 cm de côté

FLOCAGE
400 g de beurre de cacao
400 g de couverture ivoire
0,75 g de colorant jaune en poudre pour confiserie
0,75 g de colorant vert en poudre pour confiserie

DIPPING BLANC
250 g de couverture ivoire
100 g de beurre de cacao
5 g de colorant blanc en poudre pour confiserie

PANNA COTTA
GINGEMBRE-VANILLE
250 g de lait entier
50 g de crème liquide
60 g de sucre semoule
1/4 de gousse de vanille
10 g de gingembre haché
4 g de feuilles de gélatine

JUS PASSION-KIWI
90 g de jus de fruit de la Passion
290 g de chair de kiwi
25 g d'eau
30 g de sucre semoule

SABLÉ À LA MUSCADE
190 g de beurre mou
150 g de sucre semoule
1 pincée de sel
190 g de farine
6 g de levure chimique
2,5 g de muscade en poudre

CRÉMEUX ANANAS
250 g de purée d'ananas
2 jaunes d'œufs
10 g de sucre semoule
10 g de farine
20 g de poudre à crème
75 g de beurre

TARTARE DE MANGUE, BANANE
ET PASSION À LA MUSCADE
4 bananes
2 mangues
3 fruits de la Passion
1 pincée de muscade en poudre

SORBET COCO
500 g de pulpe de coco
200 g d'eau
50 g de sirop de glucose
70 g de sucre semoule
2 g de stabilisateur

Flocage
Dans une casserole, faites fondre à feu doux, au bain-marie, le beurre de cacao et la couverture ivoire. Ajoutez les colorants. Mixez la préparation, puis passez-la au chinois étamine.
Remplissez-en le réservoir d'un pistolet à floquer, puis floquez uniformément les cubes de chocolat. Réservez les cubes au réfrigérateur.

Dipping blanc
Faites fondre au bain-marie la couverture ivoire. Mixez-la avec le beurre de cacao et le colorant blanc. Passez le mélange au chinois étamine. Projetez-le à l'aide d'un pinceau sur les cubes pour tracer des traits fins. Réservez au réfrigérateur.

Panna cotta gingembre-vanille
Faites ramollir la gélatine dans un bol d'eau froide pendant 2 minutes.
Dans une casserole, versez le lait, la crème, le sucre, la vanille ouverte et grattée et le gingembre. Mélangez bien puis portez à ébullition. Hors du feu, laissez infuser 10 minutes, puis passez au chinois étamine. Ajoutez la gélatine égouttée.
Moulez la préparation dans 20 demi-sphères de 3 cm de diamètre.
Laissez prendre au réfrigérateur pendant 30 minutes. Lorsqu'elles sont prises, démoulez les panna cotta et assemblez-les deux par deux pour former une bille.

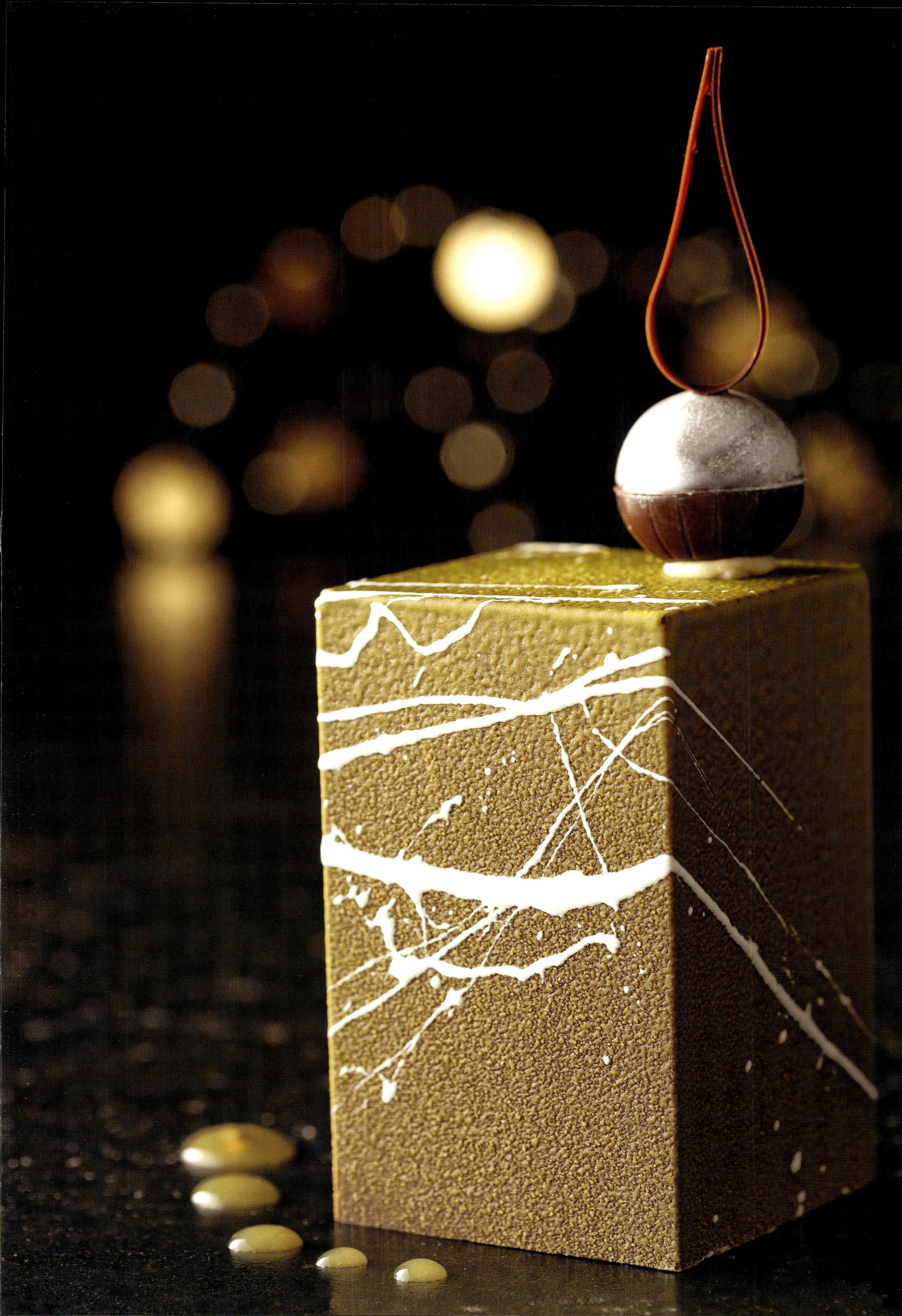

Cube « manjari » mangue, banane, jus Passion rehaussé de muscade, sorbet coco

Jus Passion-kiwi
Versez l'eau dans une casserole, ajoutez le sucre. Portez le mélange à ébullition.
Stoppez la cuisson dès que le sucre est complètement dissous. Ajoutez le jus de fruit de la Passion et la chair de kiwi, mixez puis passez au chinois étamine. Réservez au réfrigérateur.

Sablé à la muscade
Mélangez au batteur le beurre en pommade, puis ajoutez les autres ingrédients.
Mélangez bien pour obtenir une pâte homogène.
Étalez-la à 5 mm d'épaisseur, puis taillez-la en 10 carrés de 5 cm de côté. Posez-les sur une plaque recouverte d'une feuille de papier sulfurisé. Faites-les cuire dans un four préchauffé à 160 °C pendant 15 minutes. Réservez.

Crémeux ananas
Dans une casserole, portez à ébullition la purée d'ananas.
Dans un bol, fouettez les jaunes d'œufs avec le sucre jusqu'à ce que le mélange blanchisse.
Ajoutez la farine et la poudre à crème.
Versez la purée d'ananas sur l'appareil. Mélangez bien, puis reversez dans la casserole et faites cuire comme une crème pâtissière. À 38 °C, incorporez le beurre en morceaux et mixez au batteur électrique jusqu'à refroidissement, pendant environ 10 à 12 minutes.
Réservez au réfrigérateur.

Tartare de mangue, banane et Passion à la muscade
Épluchez les bananes et les mangues, puis taillez-les en cubes de 5 mm. Coupez les fruits de la Passion en deux et récupérez les graines. Mélangez délicatement les fruits, puis ajoutez la muscade.

Sorbet coco
Dans une casserole, portez à ébullition l'eau, le glucose et le sucre. À 40 °C, ajoutez le stabilisateur et versez sur la pulpe de coco. Mélangez bien.
Laissez refroidir avant de passer à la turbine à glace.

Montage du cube
Garnissez le cube à l'envers, en couches successives, en répartissant environ 30 g de jus Passion-kiwi, le tartare, le crémeux ananas, une bille de panna cotta et une quenelle de sorbet. Terminez par un sablé à la muscade qui servira de base au cube en le retournant sur l'assiette.
Placez le cube retourné au centre de chaque assiette. Servez avec le reste de jus Passion-kiwi.

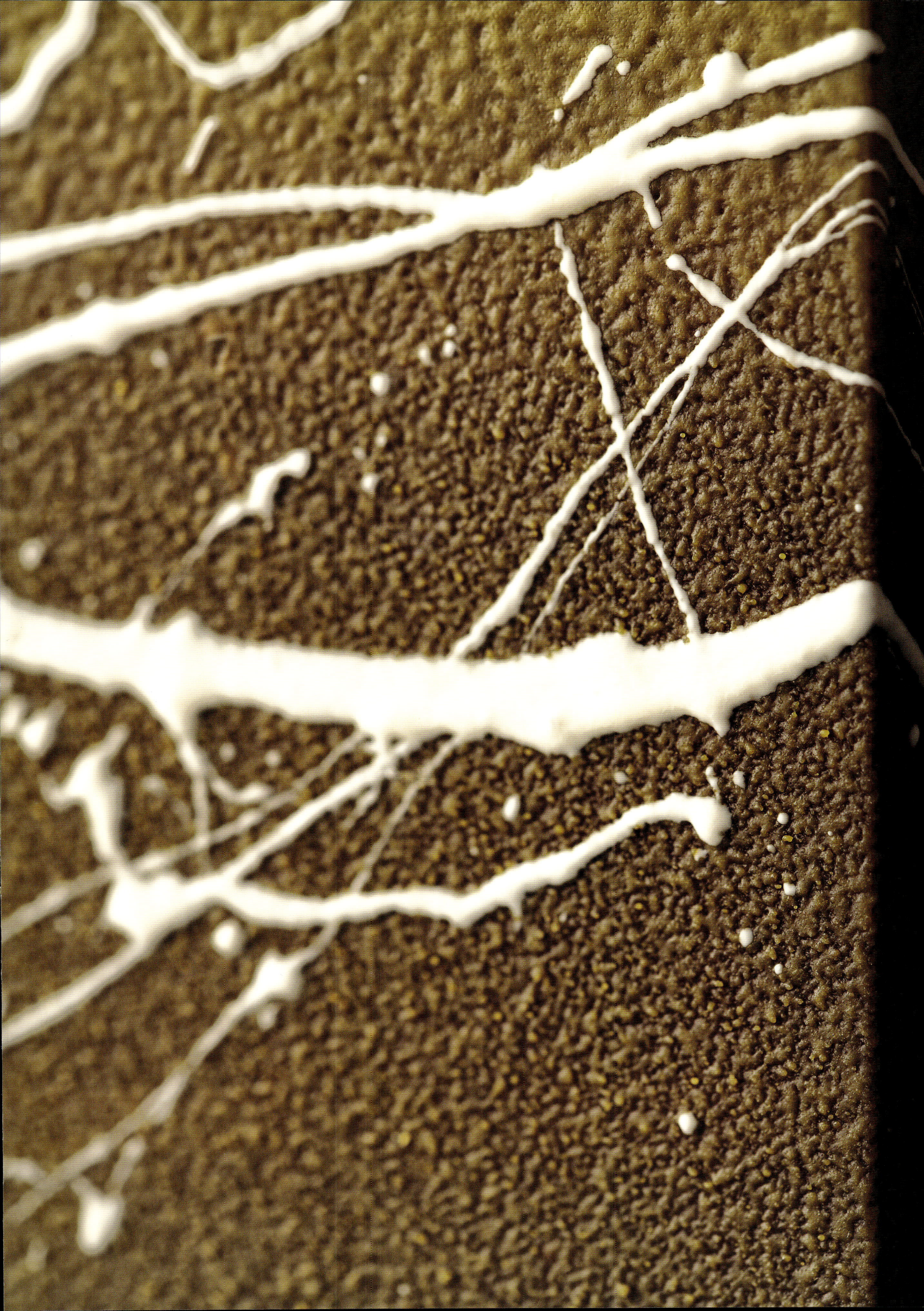

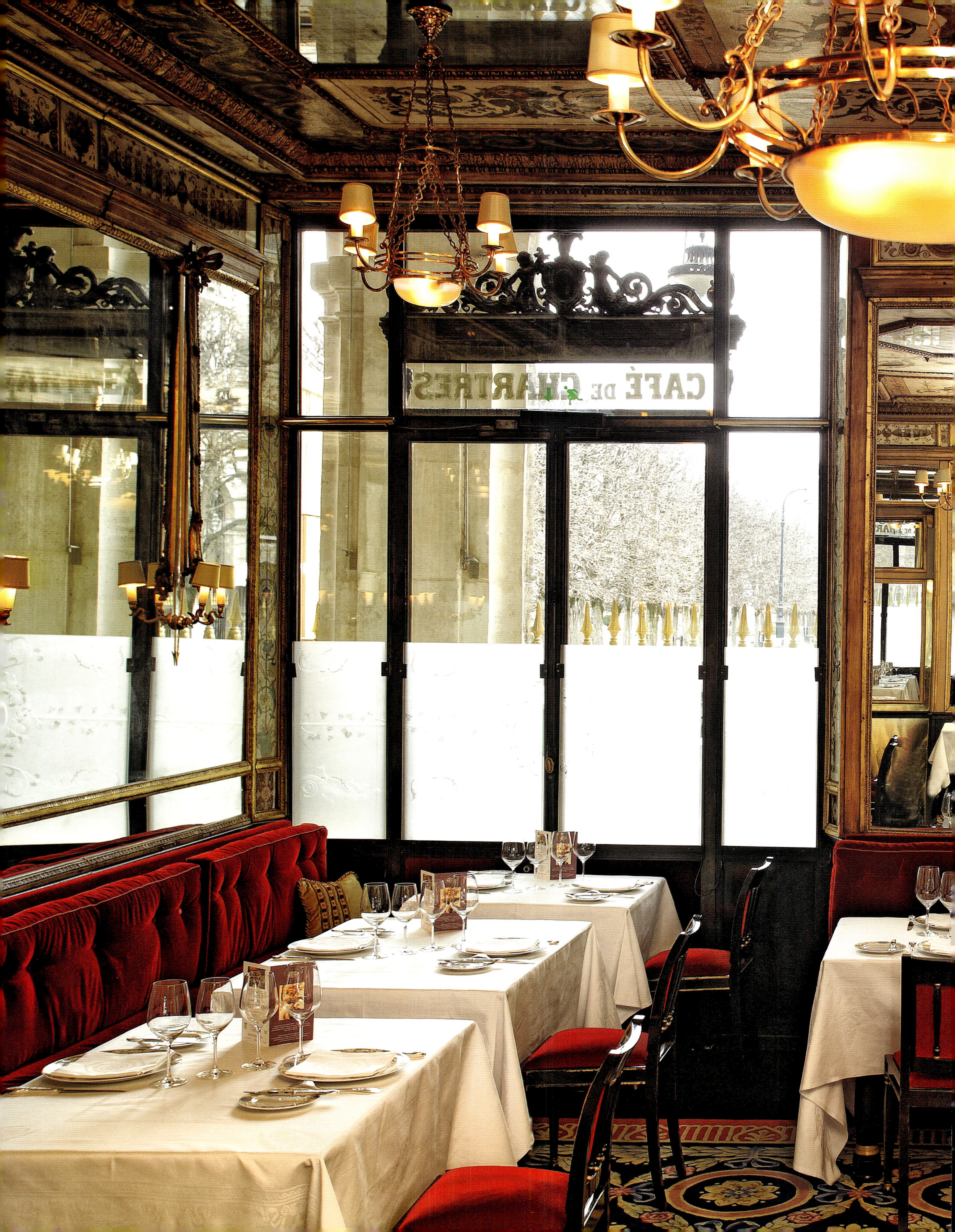
CAFÉ DE CHARTRES

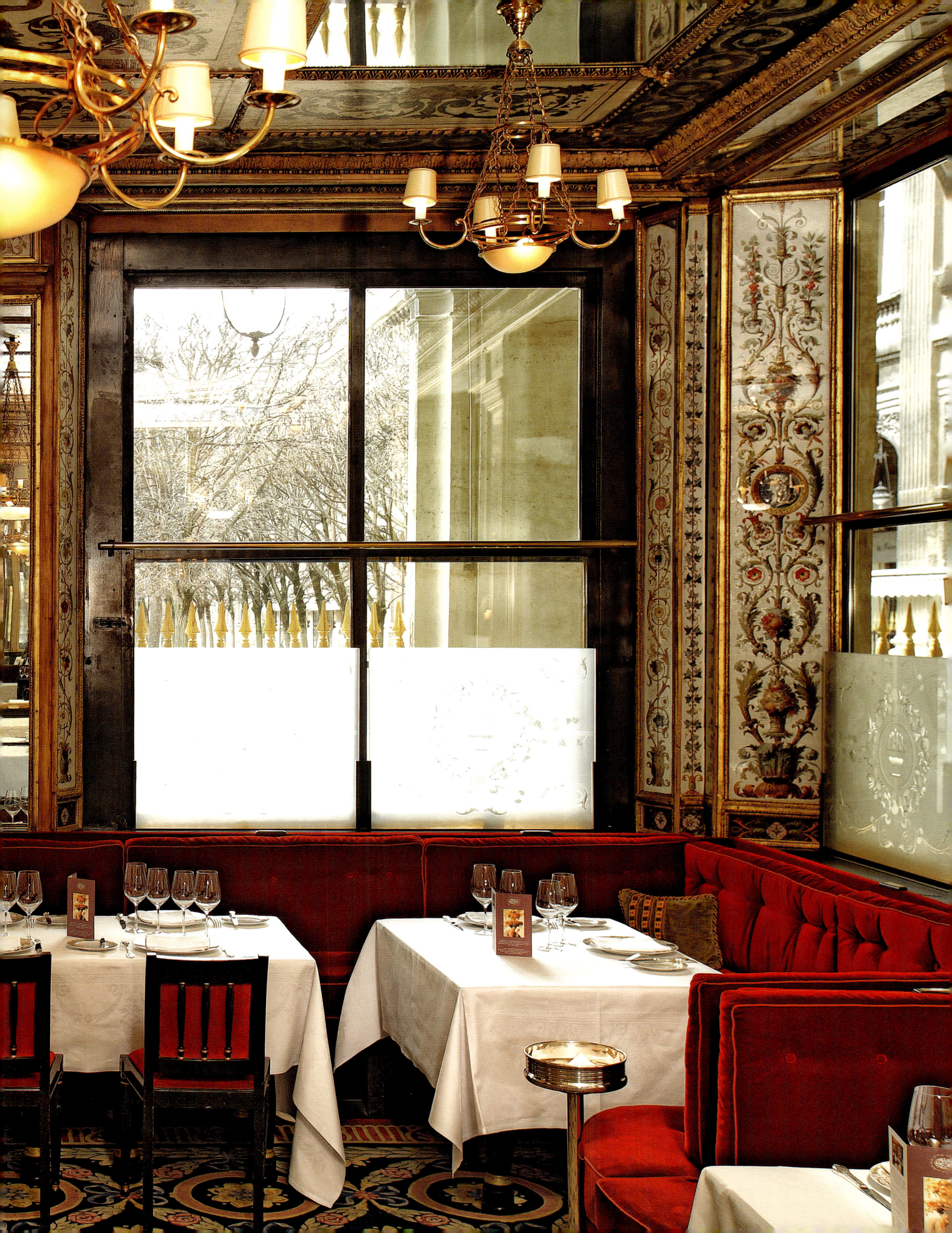

Figues cuites et crues aux épices sur un sablé au galanga, glace spéculos

POUR 10 PERSONNES
Préparation : 2 heures

FIGUES POCHÉES AU VIN ROUGE ÉPICÉ
10 figues noires fraîches
1 litre de vin rouge
280 g de sucre semoule
1 bâton de cannelle
1/2 gousse de vanille
Le zeste d'une demi-orange
Le zeste d'un demi-citron
2 étoiles de badiane
0,5 g de galanga en poudre

GELÉE AU VIN ÉPICÉ
250 g de vin épicé
4 g de feuilles de gélatine

GLACE SPÉCULOS
500 g de lait entier
125 g de crème liquide
10 g de beurre
35 g de spéculos
0,5 g de cannelle en poudre
1 clou de girofle broyé
30 g de glucose atomisé
2 g de stabilisateur
115 g de sucre semoule
115 g de jaune d'œuf

CRÉMEUX CANNELLE
50 cl de lait entier
0,5 g de cannelle en poudre
4 jaunes d'œufs
70 g de sucre semoule
30 g de farine
20 g de poudre à crème
100 g de beurre

SABLÉ AU GALANGA
190 g de beurre mou
150 g de sucre semoule
2 g de sel
190 g de farine
6 g de levure chimique
0,5 g de galanga en poudre
1/2 gousse de vanille grattée
0,5 g de cannelle en poudre

OPALINES GALANGA :
10 ROULÉES ET 10 PLATES
100 g de glucose
150 g de fondant
15 g de beurre
2 g de galanga en poudre

TARTARE DE FIGUES EN GELÉE DE VIN
700 g de figues noires fraîches
200 g de gelée au vin épicé

CHIPS DE FIGUE
5 figues noires fraîches

Vin rouge épicé
Dans une casserole, portez à ébullition le vin rouge et le sucre. Faites flamber, puis ajoutez les épices. Retirez du feu. Couvrez d'un film alimentaire puis laissez infuser 15 minutes. Filtrez puis réservez.

Gelée au vin épicé
Faites ramollir la gélatine dans un bol d'eau froide.
Dans une casserole, portez à ébullition le vin épicé, puis ajoutez la gélatine ramollie et égouttée. Mélangez bien jusqu'à complète dissolution. Versez dans un récipient et faites prendre au réfrigérateur pendant 30 minutes.

Glace spéculos
Dans une casserole, portez à ébullition le lait, la crème et le beurre avec les spéculos écrasés, la cannelle et le clou de girofle. Laissez infuser 10 minutes hors du feu, à couvert. Filtrez.
Dans un bol, mélangez le glucose atomisé avec le stabilisateur et 15 g de sucre.
Ajoutez au mélange infusé. Portez à ébullition en mélangeant.
Dans un bol, blanchissez les jaunes d'œufs avec 100 g de sucre. Incorporez peu à peu le mélange bouillant. Reversez dans la casserole et faites cuire à 83 °C comme une crème anglaise.
Laissez refroidir avant de passer en turbine à glace. Réservez au congélateur.

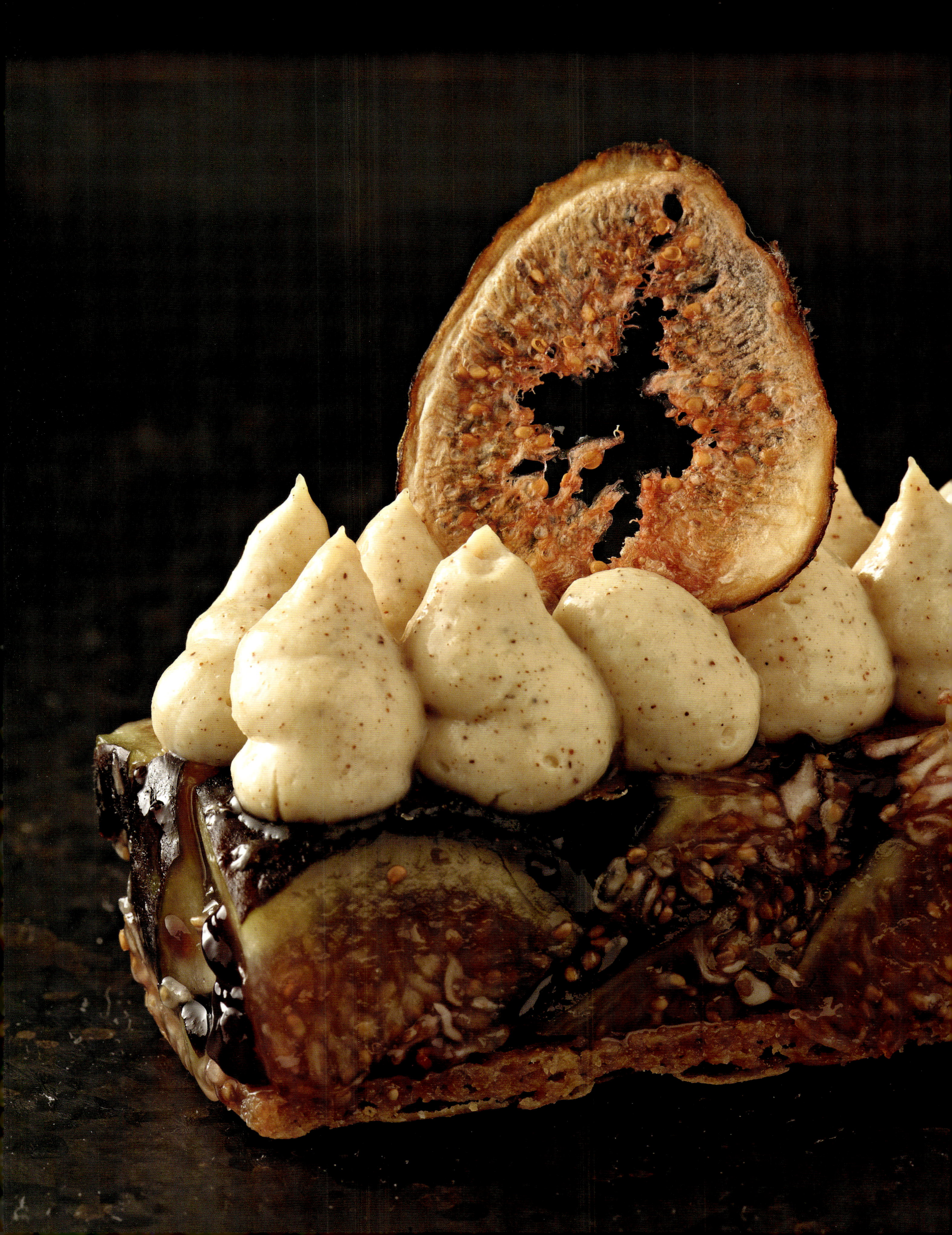

Figues cuites et crues aux épices sur un sablé au galanga, glace spéculos

Crémeux cannelle
Dans une casserole, portez à ébullition le lait avec la cannelle.
Dans un bol, blanchissez les jaunes d'œufs avec le sucre. Ajoutez la farine et la poudre à crème. Mélangez bien. Incorporez peu à peu le lait infusé bouillant. Reversez dans la casserole et faites cuire comme une crème pâtissière. Laissez refroidir, puis à 38 °C, incorporez le beurre en morceaux, en mixant. Réservez au réfrigérateur.

Sablé au galanga
Dans la cuve d'un batteur, fouettez le beurre en pommade, puis ajoutez les autres ingrédients. Mélangez jusqu'à l'obtention d'une boule de pâte homogène. Étalez-la sur du papier sulfurisé, à 5 mm d'épaisseur. Faites-la cuire dans un four préchauffé à 160 °C pendant 15 minutes environ. Taillez 10 rectangles de 12 x 3 cm. Réservez en étuve.

Opalines galanga
Dans une casserole, faites cuire le glucose et le fondant à 155 °C. Incorporez le beurre et le galanga. Laissez refroidir sur une toile de cuisson. Mixez en une fine poudre.
Saupoudrez la moitié de la poudre sur toute la surface d'une toile de cuisson à l'aide d'une passette, sur une épaisseur régulière de 2 mm. À l'aide d'une règle, tracez 10 rectangles de 28 x 5 cm.
Faites cuire dans un four préchauffé à 160 °C pendant 2 minutes. Faites pivoter la plaque (passez l'avant dans le fond) et poursuivez la cuisson 30 secondes.
Laissez refroidir quelques secondes à la sortie du four avant de décoller les opalines avec une spatule. Enroulez une extrémité autour d'un rouleau à pâtisserie. Réservez dans une boîte fermée au sec.
Procédez de même pour les opalines plates, en traçant 10 rectangles de 12 x 3 cm, mais à la sortie du four, déposez-les sur une surface plane.

Tartare de figues en gelée de vin
Fouettez la gelée pour la casser en petits morceaux. Taillez les figues en brunoise et mélangez-les à la gelée. Moulez 65 g de tartare de figue dans 10 cadres de 12 x 3 cm. Pressez bien.
Réservez au frais.

Chips de figue
Congelez les figues pendant 1 heure, puis émincez-les à la mandoline à 2 mm d'épaisseur.
Faites-les sécher 30 à 45 minutes dans un four préchauffé à 90 °C.
Réservez-les dans une boîte fermée au sec.

Figues pochées
Au moment de servir, portez à ébullition le vin rouge épicé restant. Coupez les figues en six, puis pochez-les dans le vin épicé à petits bouillons pendant 3 minutes. Égouttez-les.

Dressage
Au centre de chaque assiette, posez le tartare de figues sur un sablé au galanga. Surmontez-le d'une opaline plate. À l'aide d'une poche à douille unie n° 8, réalisez des petits dômes de crémeux cannelle sur 2 rangées. Piquez 2 chips de figue.
Posez une opaline roulée et, dans son cylindre, versez 25 g de tartare de figues et un peu de crémeux cannelle. Posez ensuite une quenelle de glace spéculos. Terminez en disposant devant 6 quartiers de figues pochées tièdes. Servez aussitôt.

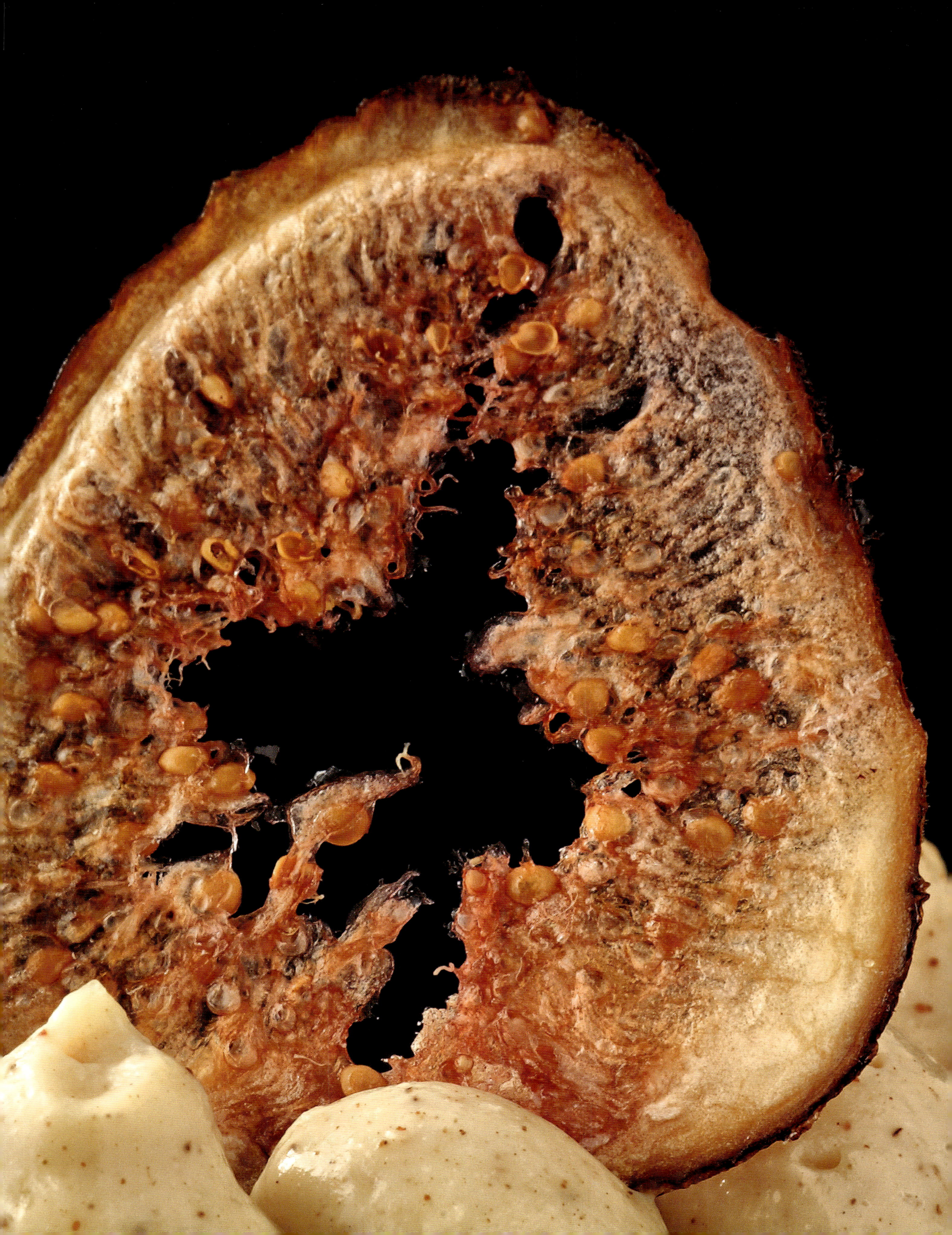

Mangues jaunes et vertes juste prises dans une opaline au gingembre, sorbet coco

POUR 10 PERSONNES
Préparation : 3 heures

GELÉE MANGUE-PASSION
500 g de purée de mangue
150 g de purée de fruits
de la Passion
25 g de sucre semoule
20 g de jus de citron vert
15 g d'eau
14 g de feuilles de gélatine
450 g de brunoise de mangue
Le zeste d'un citron vert râpé

CRUMBLE COCO
125 g de noix de coco râpée
125 g de beurre mou
125 g de farine
125 g de sucre roux

CRÉMEUX BANANE
500 g de lait entier
90 g de bananes Haribo
4 jaunes d'œufs
20 g de poudre à crème
30 g de farine
100 g de beurre

TARTARE DE MANGUES
400 g de dés de mangue jaune
de 5 mm
100 g de dés de mangue verte Thaï
de 3 mm

TUILES COCO
60 g de blanc d'œuf
75 g de sucre semoule
60 g de noix de coco râpée
50 g de beurre fondu
2 g de sel fin

OPALINES GINGEMBRE-COCO
120 g de glucose
180 g de fondant
15 g de beurre
10 g de gingembre en poudre
30 g de noix de coco râpée

SORBET COCO
375 g de purée de noix de coco
145 g d'eau
95 g de sucre semoule
1 g de stabilisateur

DÉCOR
100 g de coulis de mangue

Gelée mangue-Passion
Faites ramollir les feuilles de gélatine dans un bol d'eau froide.
Dans une casserole, mélangez les purées de fruits, le sucre, le jus de citron et l'eau. Chauffez pour incorporer la gélatine égouttée. Mélangez jusqu'à complète dissolution, puis faites prendre au réfrigérateur pendant 30 minutes.
Fouettez la gelée pour obtenir une consistance granuleuse. Ajoutez la brunoise de mangue et le zeste de citron vert.
Répartissez la préparation dans 2 cadres de 18 x 18 cm. Réservez au réfrigérateur pendant 30 minutes. Découpez la gelée en carrés de 5,5 cm. Réservez au réfrigérateur.

Crumble coco
Dans un bol, mélangez tous les ingrédients à la main et sablez la pâte du bout des doigts.
Étalez la moitié de la pâte sablée à 3 mm d'épaisseur sur une plaque recouverte de papier sulfurisé et faites-la cuire 7 minutes dans un four préchauffé à 160 °C. Détaillez-la en 10 carrés de 5,5 cm.
Faites cuire l'autre moitié de la pâte comme un crumble sur une plaque à pâtisserie à 160 °C, pendant 5 à 6 minutes.

Crémeux banane
Dans une casserole, chauffez le lait puis versez les bananes Haribo. Mélangez jusqu'à complète dissolution puis mixez.
Dans un bol, mélangez les jaunes d'œufs, la poudre à crème et la farine. Versez petit à petit le lait chaud à la banane. Reversez dans la casserole puis faites cuire comme une crème pâtissière. Incorporez ensuite le beurre. Laissez refroidir puis réservez au réfrigérateur.

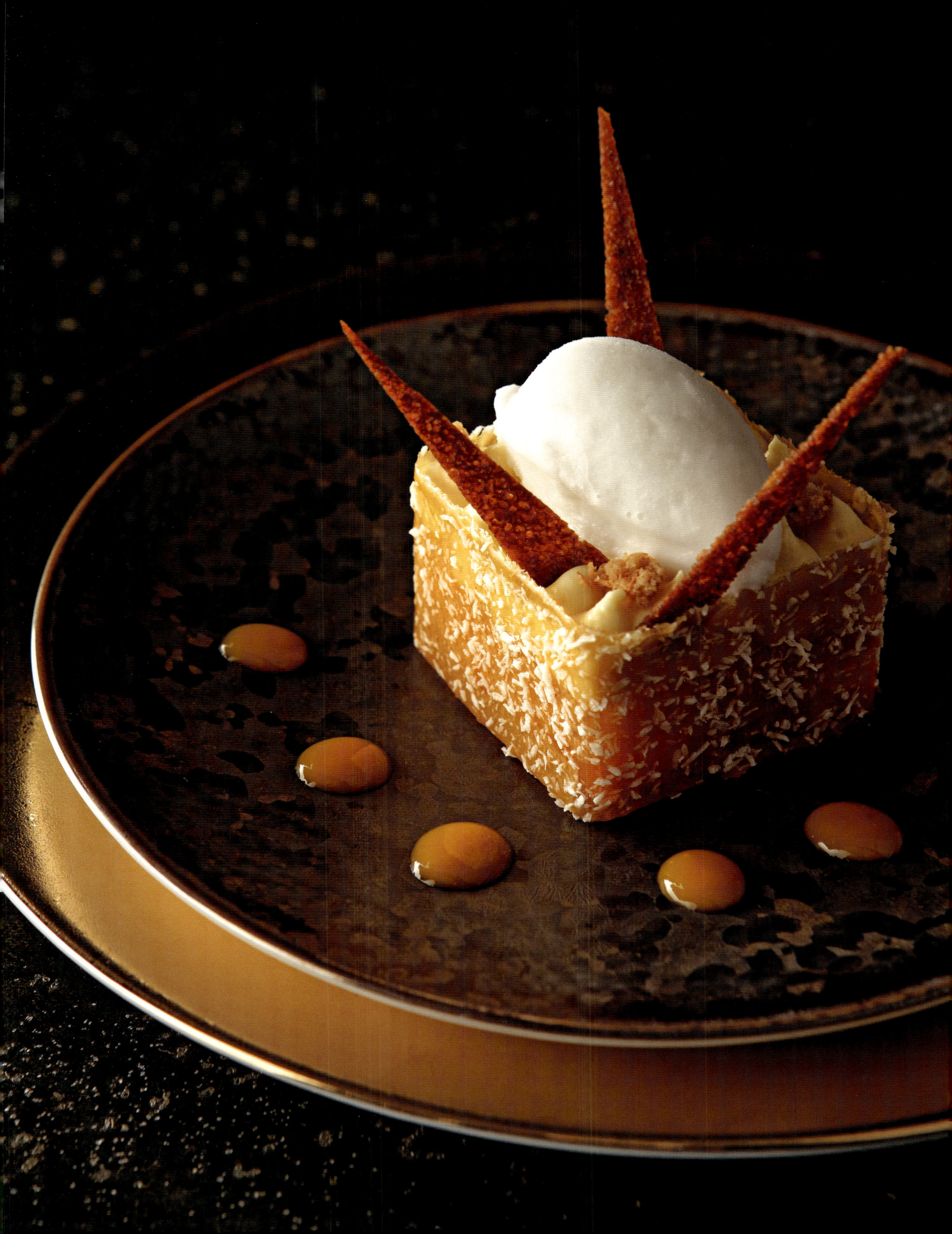

Mangues jaunes et vertes juste prises dans une opaline au gingembre, sorbet coco

Tartare de mangues
Mélangez les différents dés de mangue et moulez 50 g du tartare dans 10 cadres carrés de 5,5 cm de côté. Pressez bien. Réservez au frais.

Tuiles coco
Dans un bol, mélangez les blancs d'œufs, le sucre, la noix de coco râpée et le sel.
Ajoutez ensuite le beurre fondu.
Étalez la préparation sur une toile de cuisson et faites-la cuire dans un four préchauffé à 160 °C pendant 4 minutes. À la sortie du four, détaillez-la en 10 carrés de 5,5 cm et en 30 triangles de 1,5 cm de base et 6 cm de haut pour le décor.

Opalines gingembre-coco
Dans une casserole, faites cuire le glucose et le fondant à 155 °C. Incorporez le beurre et le gingembre en poudre. Laissez refroidir sur une toile de cuisson. Mixez en une fine poudre.
Saupoudrez la poudre sur toute la surface d'une toile de cuisson à l'aide d'une passette, sur une épaisseur régulière de 2 mm. Tracez 10 rectangles de 26 x 4,5 cm et saupoudrez de noix de coco râpée.
Faites cuire au four à 160 °C pendant 2 minutes.
Faites pivoter la plaque (placez l'avant dans le fond) et poursuivez la cuisson 30 secondes.
Laissez refroidir quelques secondes à la sortie du four avant de décoller les opalines avec une spatule et de les enrouler autour de cadres carrés de 5,5 cm en faisant chevaucher les extrémités pour les maintenir fermées et former des cubes. Réservez-les dans une boîte fermée au sec.

Sorbet coco
Dans un bol, mélangez le sucre et le stabilisateur.
Dans une casserole, faites chauffer l'eau à 40 °C, puis ajoutez le sucre et le stabilisateur.
Portez à ébullition et versez sur la purée de noix de coco. Mixez et passez à la turbine à glace.
Réservez au congélateur.

Dressage
Posez une opaline au centre de chaque assiette. Placez au fond le carré de crumble, ensuite le tartare de mangues, une tuile carrée, puis la gelée mangue-Passion. Réalisez dessus des petits dômes de crémeux banane à l'aide d'une poche à douille.
Parsemez ensuite d'un peu de crumble émietté.
Posez dessus une quenelle de sorbet et piquez 3 tuiles triangulaires coco.
Terminez par des points de coulis de mangue tout autour. Servez aussitôt.

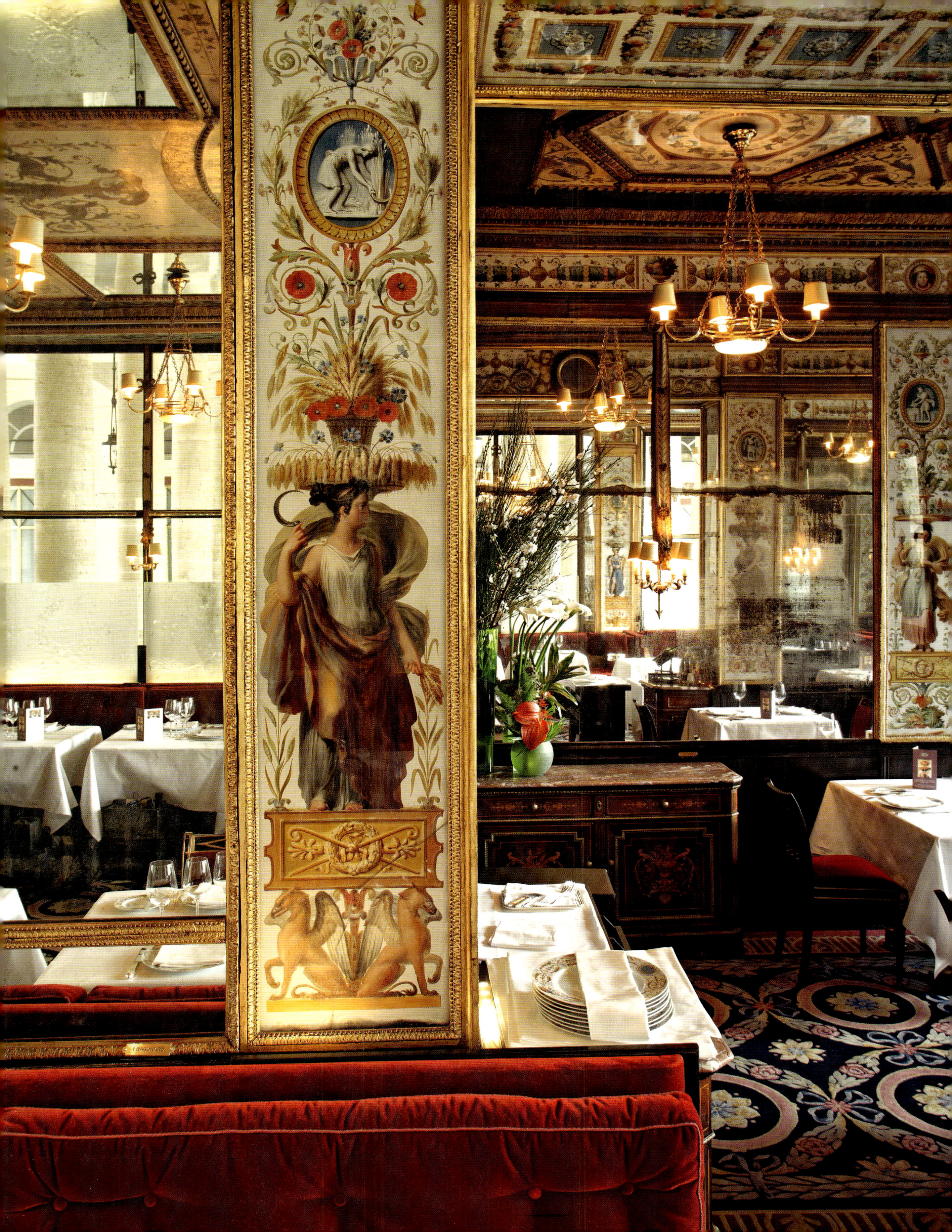

Fraises et pastèque apprêtées au basilic pourpre, tuile à la pistache

POUR 10 PERSONNES
Préparation : 3 heures

SIPHON FRAISE ET BASILIC POURPRE
300 g de purée de fraises
20 g de feuilles de basilic pourpre
20 g de sucre semoule
6 g de feuilles de gélatine

CRÉMEUX BASILIC POURPRE
500 g de lait entier
40 g de feuilles de basilic pourpre
4 jaunes d'œufs
70 g de sucre semoule
30 g de farine
20 g de poudre à crème
100 g de beurre

GRANITÉ PASTÈQUE
500 g de chair de pastèque
150 g d'eau
50 g de sucre semoule

OPALINES BASILIC
120 g de glucose
130 g de fondant
15 g de beurre
2 gouttes de colorant violet liquide
10 g de feuilles de basilic pourpre

TUILES À LA PISTACHE
50 g de lait entier
50 g de glucose
15 g de sirop d'érable
125 g de beurre
150 g de sucre semoule
3 g de pectine jaune
25 g de farine
80 g de pistaches concassées

JUS FRAISE-PASTÈQUE
100 g de purée de fraises
100 g de chair de pastèque
20 g de sirop à 30° Baumé
1,5 g de xanthane

TARTARE DE FRAISES, PASTÈQUE ET BASILIC POURPRE
400 g de fraises
400 g de chair de pastèque
5 feuilles de basilic pourpre

DÉCOR
10 sommités de basilic pourpre
20 cubes de pastèque
de 2 cm de côté

Siphon fraise et basilic pourpre
Faites ramollir la gélatine dans un bol d'eau froide.
Mixez la purée de fraises avec le basilic. Passez au chinois étamine.
Dans une casserole, chauffez 100 g de purée de fraises avec le sucre. Hors du feu, incorporez la gélatine égouttée. Mélangez jusqu'à complète dissolution. Ajoutez ensuite le reste de purée de fraises. Mélangez bien puis versez en siphon. Réservez au frais.

Crémeux basilic pourpre
Dans une casserole, portez le lait à ébullition. Jetez-y les feuilles de basilic et redonnez une ébullition. Mixez puis passez au chinois étamine.
Dans un bol, fouettez les jaunes d'œufs avec le sucre jusqu'à ce que le mélange blanchisse.
Ajoutez la farine et la poudre à crème. Versez petit à petit le lait au basilic sur le mélange en fouettant. Reversez le mélange dans une casserole et portez à ébullition. Faites cuire tout en fouettant pendant 5 minutes à feu doux.
Retirez de feu. Laissez refroidir à 38 °C avant d'incorporer le beurre en morceaux, en mixant.
Placez en poche à douille et réservez au frais.

Granité pastèque
Mixez tous les ingrédients, puis passez la préparation au chinois étamine.
Versez-la dans un récipient et placez-la au congélateur. Grattez régulièrement à l'aide d'une fourchette pour détacher le granité. Lorsqu'il est pris, moulez-le dans 10 cadres carrés de 5,5 cm. Réservez au congélateur.

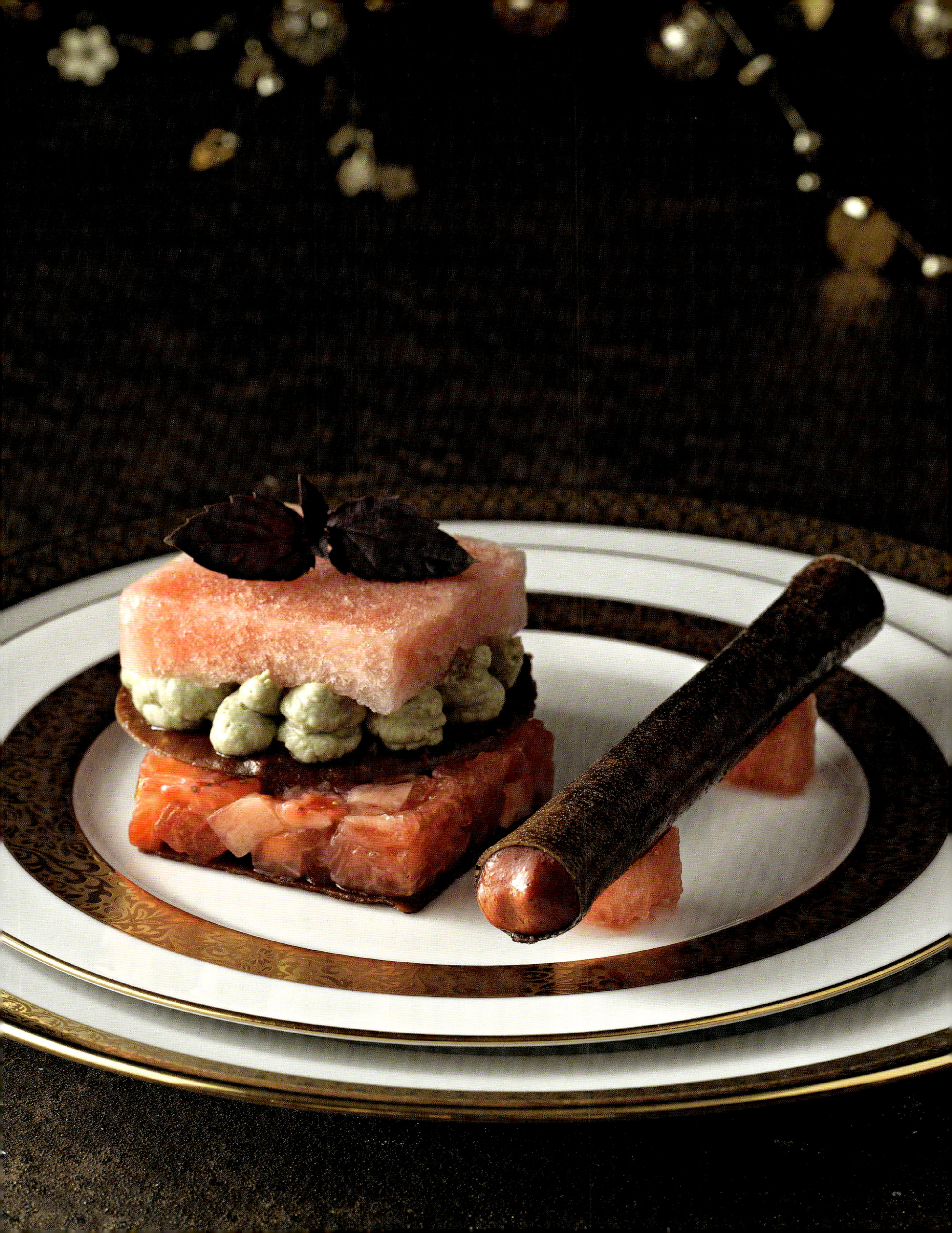

Fraises et pastèque apprêtées au basilic pourpre, tuile à la pistache

Opalines basilic
Dans une casserole, faites cuire le glucose et le fondant à 155 °C. Incorporez le beurre, le colorant et le basilic. Laissez refroidir sur une toile de cuisson. Mixez en une fine poudre.
Saupoudrez la poudre sur toute la surface d'une toile de cuisson à l'aide d'une passette, sur une épaisseur régulière de 2 mm. Tracez 10 rectangles de 14 x 6,5 cm.
Faites cuire dans un four préchauffé à 160 °C pendant 2 minutes.
Faites pivoter la plaque (passez l'avant dans le fond) et poursuivez la cuisson 30 secondes.
Laissez refroidir quelques secondes à la sortie du four avant de décoller les opalines avec une spatule et de les enrouler autour d'un tube de 1,5 cm de diamètre pour former des cylindres.
Réservez dans une boîte fermée au sec.

Tuiles à la pistache
Dans une casserole, faites chauffer à 50 °C le lait, le glucose, le sirop d'érable et le beurre. Ajoutez la pectine mélangée au sucre. Portez à ébullition, puis faites cuire 4 minutes à feu doux en remuant. Hors du feu, ajoutez la farine. Mélangez bien. Étalez l'appareil entre deux feuilles de papier sulfurisé, à 3 mm d'épaisseur. Retirez la feuille de papier sulfurisé du dessus et parsemez de pistaches concassées. Placez au congélateur pendant 15 à 20 minutes.
Faites cuire dans un four préchauffé à 160 °C pendant 10 minutes.
Détaillez à chaud 10 cercles de 8 cm de diamètre et 10 carrés de 5,5 cm.
Réservez dans une boîte fermée au sec.

Jus fraise-pastèque
Mixez la purée de fraises avec la chair de pastèque, puis passez le tout au chinois étamine.
Ajoutez le sirop et le xanthane. Mixez de nouveau, puis réservez au frais.

Tartare de fraises, pastèque et basilic pourpre
Taillez les fraises et la pastèque en brunoise.
Ciselez finement le basilic. Mélangez délicatement les fruits et le basilic.
Réservez dans une passette pour éliminer l'eau de végétation, pendant 15 minutes.
Moulez le tartare dans 10 cadres carrés de 5,5 cm. Tassez bien. Réservez au frais.

Dressage
Posez une tuile carrée au fond de chaque assiette. Placez dessus le tartare, puis une tuile ronde.
Réalisez dessus des pointes de crémeux basilic à la poche à douille. Posez pour terminer le granité surmonté d'une sommité de basilic.
Remplissez chaque opaline du siphon fraise et basilic.
Sur le côté, placez 2 cubes de pastèque légèrement creusés pour poser l'opaline.
Terminez par quelques traits de jus fraise-pastèque sur le fond de l'assiette.
Servez aussitôt.

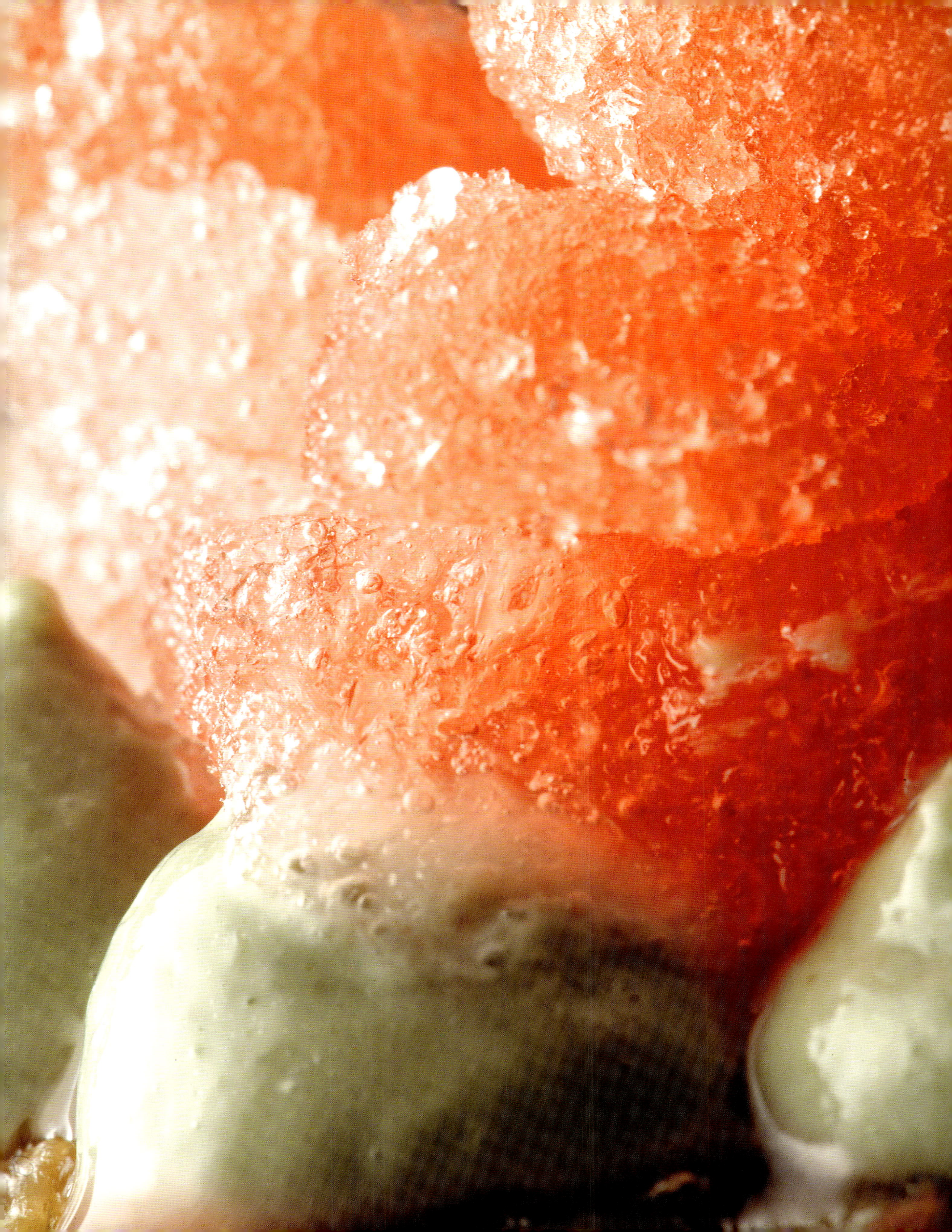

Moelleux au fromage frais en faisselle, fraises et rhubarbe, oseille en sorbet

POUR 10 PERSONNES
Préparation : 4 heures

RHUBARBE POCHÉE
1 kg de rhubarbe
1,5 litre d'eau
290 g de sucre semoule
1 bâton de citronnelle
80 g de gingembre épluché

SORBET OSEILLE
200 g d'oseille
100 g de sucre semoule
6 g de stabilisateur
200 g d'eau

SABLÉ AU CITRON JAUNE
190 g de beurre mou
190 g de farine
150 g de sucre semoule
1 pincée de fleur de sel
6 zestes de citron jaune
6 g de levure chimique
15 g d'œuf

JUS À LA FAISSELLE
100 g de fromage en faisselle
100 g de fromage blanc battu
20 g de sirop à 30° Baumé
  g de xanthane

PÂTE DE FRAISE
200 g de purée de fraises
36 g de glucose
20 g de jus de citron
8 g de pectine NH
40 g de sucre semoule

MOUSSE À LA FAISSELLE
350 g de fromage en faisselle
200 g de crème fouettée
70 g de sucre glace
4 feuilles de gélatine

OPALINES
120 g de glucose
180 g de fondant
15 g de beurre
1 bâton de citronnelle

GELÉE DE RHUBARBE
500 g de sirop de pochage de la rhubarbe
4 feuilles de gélatine

TARTARE DE FRAISES ET RHUBARBE
300 g de rhubarbe pochée
100 g de gelée de rhubarbe
100 g de fraises
160 g de fraises des bois

DÉCOR
3 fraises coupées en quatre
10 fleurs de violette

Rhubarbe pochée
Épluchez la rhubarbe. Réservez les épluchures. Dans une casserole, portez l'eau à ébullition avec le sucre, la citronnelle, le gingembre coupé en tranches de 3 mm d'épaisseur et les épluchures de rhubarbe. Laissez infuser 8 minutes, à couvert, puis mixez. Passez le sirop au chinois étamine. Détaillez la rhubarbe épluchée en tronçons de 12 cm de long. Dans une casserole, faites bouillir le sirop. Hors du feu, versez les tronçons de rhubarbe et couvrez d'un film alimentaire. Laissez refroidir à température ambiante puis réservez au réfrigérateur.

Sorbet oseille
Dans un bol, mélangez 20 g de sucre avec le stabilisateur.
Dans une casserole, portez l'eau à ébullition avec le reste du sucre. Faites refroidir à 40 °C pour ajouter le mélange sucre-stabilisateur. Laissez refroidir complètement.
Lavez et équeutez l'oseille, puis mixez-la avec le sirop froid. Filtrez puis passez à la turbine à glace. Versez le sorbet dans un cadre de 24 x 15 x 1 cm. Réservez au congélateur.

Sablé au citron jaune
Dans la cuve d'un batteur, mélangez le beurre en pommade, puis ajoutez les autres ingrédients. Mélangez jusqu'à obtenir une boule de pâte homogène.
Laissez reposer 4 heures au réfrigérateur, couvert d'un film alimentaire.
Étalez la pâte sur du papier sulfurisé, à 3 mm d'épaisseur. Faites cuire dans un four préchauffé à 160 °C pendant 15 minutes environ. Taillez à chaud 10 rectangles de 12 x 3 cm. Réservez au sec.

◆◆◆

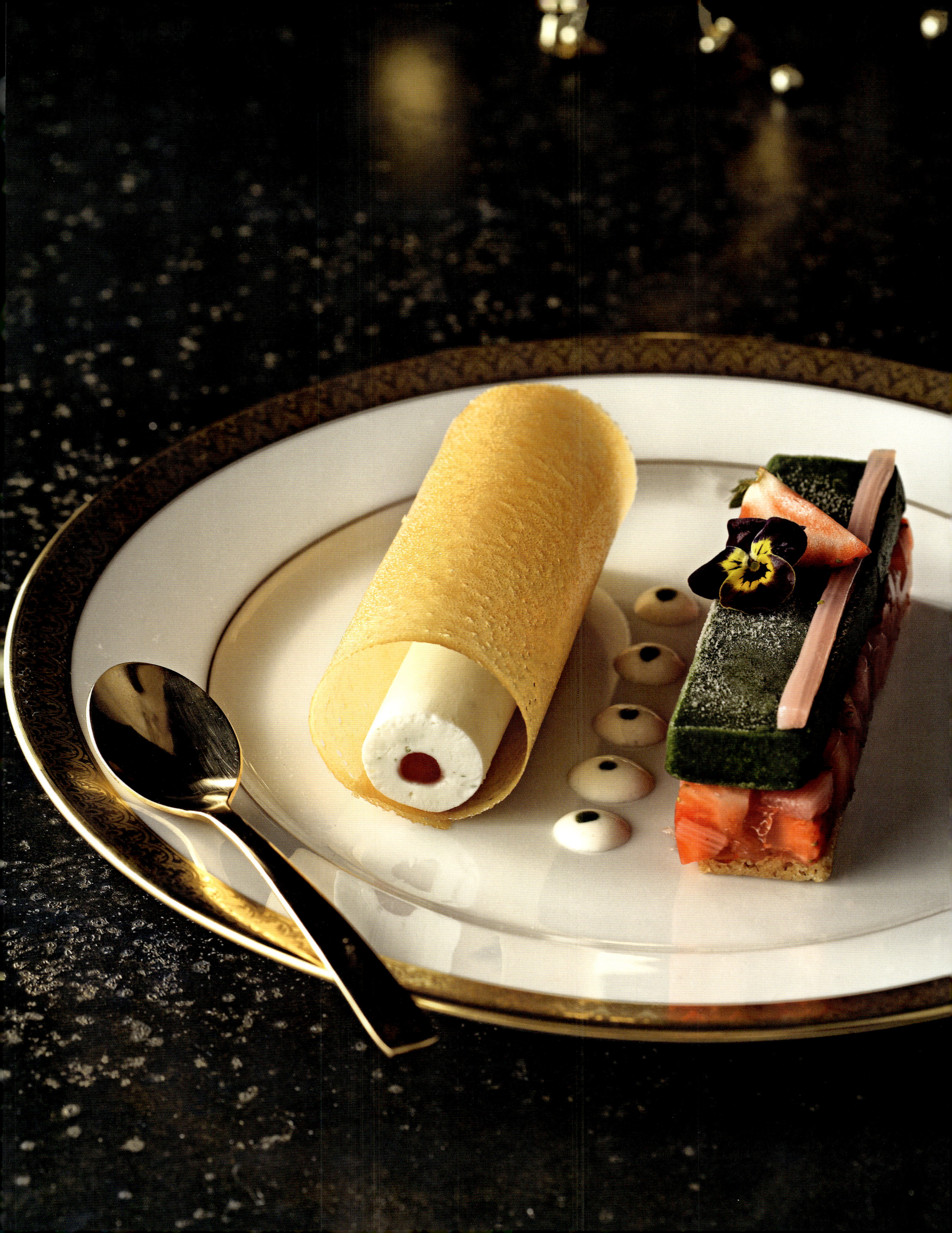

Moelleux au fromage frais en faisselle, fraises et rhubarbe, oseille en sorbet

Jus à la faisselle
Mixez tous les ingrédients. Réservez au réfrigérateur.

Pâte de fraise
Dans une casserole, chauffez la purée de fraises, le glucose et le jus de citron à 40 °C.
Ajoutez la pectine incorporée au sucre. Mélangez bien et faites cuire 3 minutes après l'ébullition.
Laissez refroidir. Mixez, puis versez en poche à douille n° 8.
Dressez sur une plaque 10 traits de 12 cm de long et de la largeur du diamètre la douille.
Placez au congélateur pour 30 minutes. Réservez le reste dans la poche pour le dressage.

Mousse à la faisselle
Faites ramollir les feuilles de gélatine dans un bol d'eau froide. Faites tiédir 50 g de fromage pour y incorporez la gélatine égouttée. Ajoutez le mélange au reste du fromage, puis incorporez la crème fouettée et le sucre glace. Moulez en 10 tubes de 12 cm de long et 2,5 cm de diamètre.
Insérez au centre un bâtonnet de pâte de fraises congelée. Réservez au congélateur.

Opalines
Dans une casserole, faites cuire le glucose et le fondant à 155 °C. Incorporez le beurre et la citronnelle épluchée et hachée. Laissez refroidir sur une toile de cuisson. Mixez en une fine poudre.
Saupoudrez la poudre sur toute la surface d'une toile de cuisson à l'aide d'une passette, sur une épaisseur régulière de 2 mm. Tracez 10 rectangles de 16 x 12 cm.
Faites cuire dans un four préchauffé à 160 °C pendant 2 minutes. Faites pivoter la plaque (passez l'avant dans le fond) et poursuivez la cuisson 30 secondes.
Laissez refroidir quelques secondes à la sortie du four avant de décoller les opalines avec une spatule et roulez-les autour d'un tube de 4 cm de diamètre pour obtenir des cylindres. Réservez dans une boîte fermée au sec.

Gelée de rhubarbe
Faites ramollir les feuilles de gélatine dans un bol d'eau froide. Écartez les tronçons de rhubarbe du sirop de pochage pour le réchauffer. Incorporez la gélatine égouttée dans le sirop de pochage chaud. Coulez le tout dans 2 cadres de 18 x 18 cm. Laissez refroidir et prendre au réfrigérateur pendant 30 minutes.

Tartare de fraises et rhubarbe
Réservez 2 tronçons de rhubarbe. Coupez les autres en cubes de 1 cm, ainsi que la gelée.
Taillez les fraises en quatre. Mélangez les fraises des bois, les fraises coupées, les cubes de rhubarbe et de gelée. Placez 75 g de tartare dans des cadres de 12 x 3 cm, puis pressez bien.

Dressage
Taillez 10 bâtonnets de 5 mm de large dans les 2 tronçons de rhubarbe réservés.
Dans chaque assiette, posez un sablé, puis dessus le tartare de fraises et rhubarbe. Placez ensuite un rectangle de sorbet oseille et un bâtonnet de rhubarbe. Terminez par un quartier de fraise et une fleur. À côté, placez une mousse à la faisselle dans une opaline, maintenue par une pointe de pâte de fraise. Réalisez des points de jus à la faisselle entre l'opaline et le montage fraise-rhubarbe. Déposez au centre des points une goutte de pâte de fraise. Servez aussitôt.

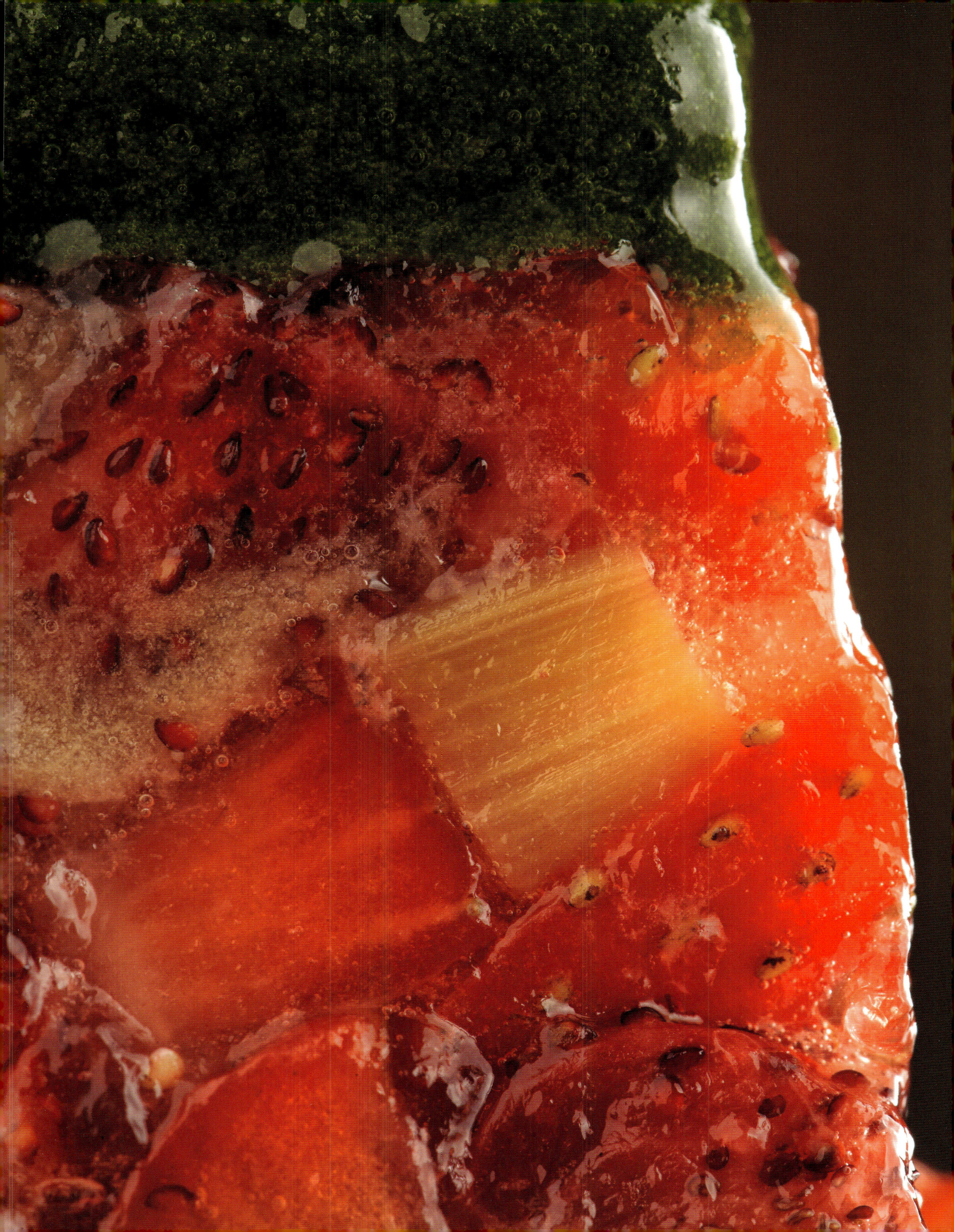

Ananas et litchis parfumés à l'aneth, pain d'épice sur un écrasé de dattes et pruneaux

POUR 10 PERSONNES
Préparation : 3 heures
Repos du sorbet : 4 heures
Repos du pain d'épice :
3 heures + 1 heure
Séchage du pain d'épice :
1 nuit

DATTES ET PRUNEAUX
200 g de dattes
100 g de pruneaux
Le zeste d'un citron vert
40 g de jus de citron vert

SORBET ANANAS
335 g de purée d'ananas
120 g d'eau
50 g de sucre semoule
25 g de glucose atomisé
2 g de stabilisateur
7 g de jus de citron vert
Le zeste d'un demi-citron vert

TARTARE D'ANANAS ET LITCHIS
150 g de brunoise de litchis
450 g de brunoise d'ananas
2 g d'aneth ciselé
4 pincées de poudre de piment de la Jamaïque

MÉLANGE D'ÉPICES
20 g de graines d'anis vert
20 g de cannelle en poudre
20 g de gingembre en poudre

PAIN D'ÉPICE
375 g de lait entier
45 g de mélange d'épices
600 g de miel
150 g de sucre inverti
400 g d'œufs
250 g de sucre semoule
375 g de farine de blé
50 g de levure chimique
375 g de farine de seigle
200 g de blanc d'œuf

BILLES AU PAIN D'ÉPICE
250 g de lait entier
12 g de miel
60 g de chutes de pain d'épice
1 g de mélange d'épices
Le zeste râpé d'une orange et d'un citron jaune
50 g de jaune d'œuf
4 g de feuilles de gélatine
250 g de crème fouettée
400 g de beurre de cacao
300 g de pralines roses concassées

JUS COCO-LITCHI
100 g de lait de coco
75 g de jus de litchi
1,1 g de xanthane

DÉCOR
Quelques pluches d'aneth

Dattes et pruneaux
Dénoyautez les dattes et les pruneaux, puis écrasez-les pour obtenir une pâte avec le jus et les zestes de citron. Réservez au réfrigérateur.

Sorbet ananas
Dans une casserole, portez à ébullition l'eau, le sucre, le glucose atomisé et le stabilisateur. Versez le sirop sur la purée d'ananas avec le jus et le zeste de citron vert. Laissez reposer 4 heures au frais avant de passer à la turbine à glace. Moulez le sorbet dans 10 cadres carrés de 5,5 x 5,5 x 2 cm et réservez au congélateur.

Tartare d'ananas et litchis
Mélangez tous les ingrédients et versez-les sur du papier absorbant.
Moulez ensuite 50 g de tartare dans 10 cadres carrés de 5,5 cm. Réservez au réfrigérateur.

Mélange d'épices
Mixez dans un moulin à café les graines d'anis vert. Mélangez-les ensuite avec la cannelle et le gingembre. Réservez.

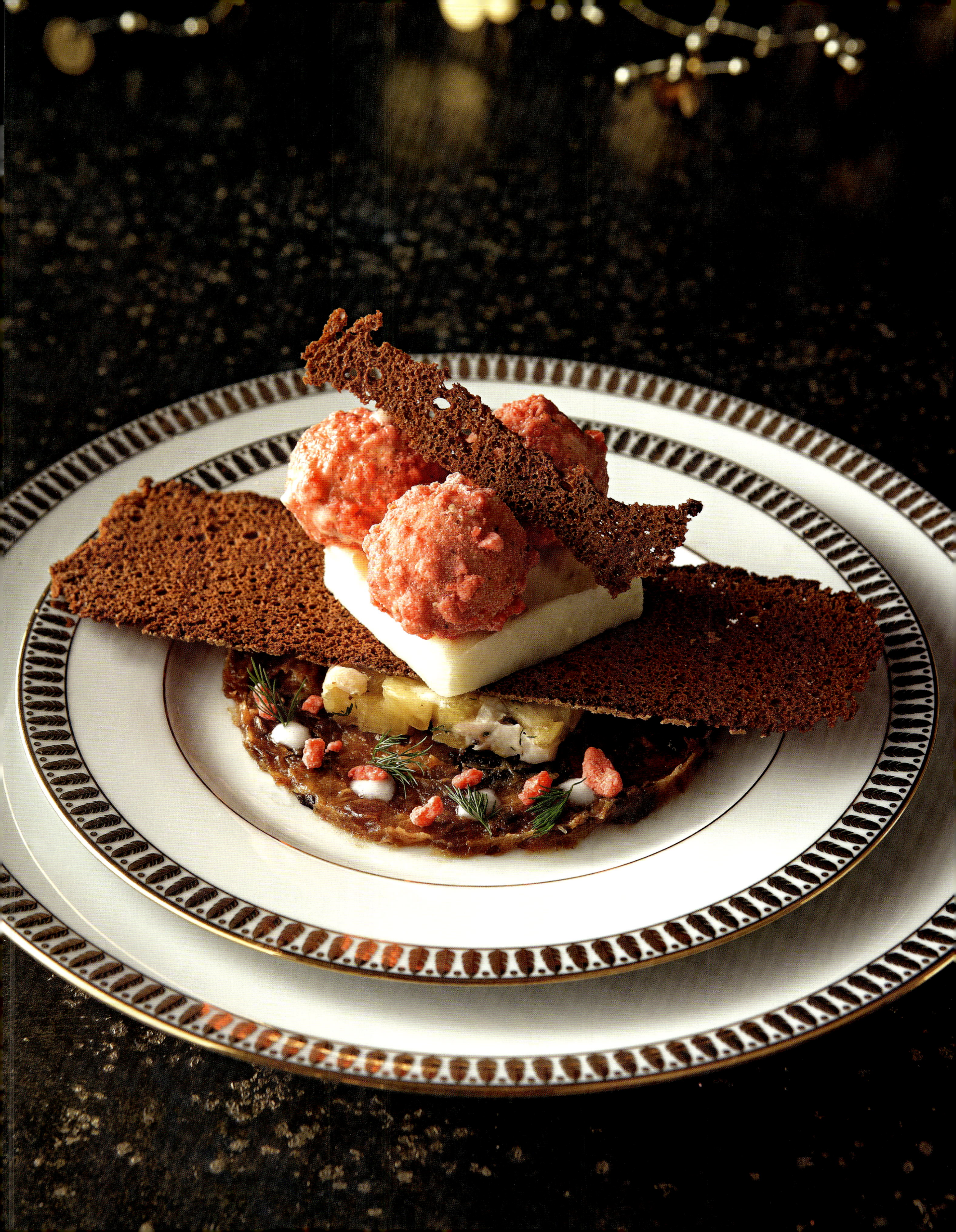

Ananas et litchis parfumés à l'aneth, pain d'épice sur un écrasé de dattes et pruneaux

Pain d'épice
Dans une casserole, portez à ébullition le lait. Hors du feu, ajoutez le mélange d'épices et laissez infuser 1 heure à couvert.
Passez au chinois étamine, puis ajoutez le miel, le sucre inverti, la farine de blé et la levure chimique. Mélangez bien, puis laissez reposer 3 heures à température ambiante, recouvert d'un linge.
Blanchissez les œufs entiers avec 150 g de sucre. Ajoutez-les avec la farine de seigle dans l'appareil.
Montez les blancs d'œufs en neige avec 100 g de sucre. Incorporez à l'appareil.
Versez la pâte dans 2 moules à cake légèrement beurrés et faites cuire dans un four préchauffé à 140 °C pendant 1 heure 15. Démoulez à la sortie du four et laissez refroidir sur une grille.
Placez ensuite au congélateur pendant 1 heure.
Coupez de fines bandes dans la longueur, de 3 mm d'épaisseur, à la mandoline. Réservez les chutes.
Disposez les bandes côte à côte sur une toile de cuisson et laissez sécher une nuit à 75 °C.
Réservez au sec.

Billes au pain d'épice
Dans une casserole, portez à ébullition le lait avec le miel. Hors du feu, ajoutez les chutes de pain d'épice, le mélange d'épices et les zestes d'agrumes. Faites infuser à couvert pendant 10 minutes. Mixez puis passez au chinois étamine.
Délayez les jaunes d'œufs avec un peu de lait infusé, puis reversez-les dans une casserole. Mélangez bien puis faites cuire comme une crème anglaise.
Faites ramollir la gélatine dans un bol d'eau froide pendant 2 minutes. Égouttez-la puis ajoutez-la à la crème anglaise. Laissez refroidir jusqu'à 25 °C avant d'incorporer la crème fouettée. Versez dans 60 demi-sphères de 3 cm et laissez pendre au congélateur pendant 30 minutes. Démoulez et assemblez les demi-sphères par deux pour former des billes. Réservez-les au congélateur.
Trempez les billes de pain d'épice dans le beurre de cacao fondu et roulez-les dans les pralines roses concassées. Réservez au réfrigérateur.

Jus coco-litchi
Mixez tous les ingrédients et versez en pipette. Réservez au réfrigérateur.

Dressage
Au centre de chaque assiette, placez un cercle de 12 cm de diamètre pour y étaler la purée de dattes et pruneaux. Posez dessus un cadre de tartare d'ananas et litchis, une tranche de pain d'épice séché, un carré de sorbet et pour finir 3 billes de pain d'épice et une petite bande de pain d'épice séché. Déposez quelques gouttes de jus coco-litchi sur la purée de dattes et pruneaux. Parsemez de quelques pralines roses concassées et de pluches d'aneth. Servez.

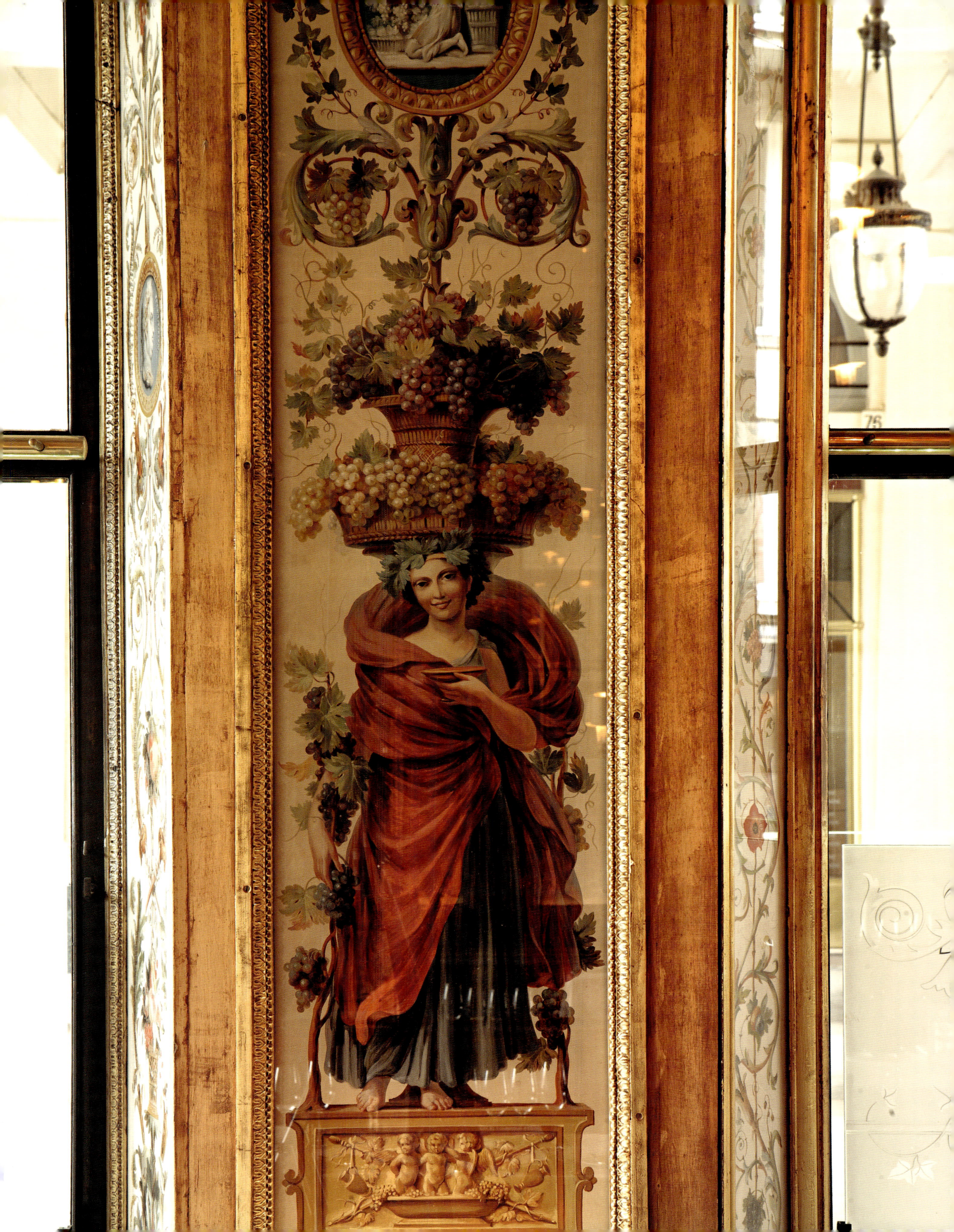

Palet noisette et chocolat au lait, glace au caramel brun, prise de sel de Guérande

POUR 10 PERSONNES
Préparation : 3 heures, la veille

10 disques de chocolat noir
de 7 cm de diamètre
et 1 mm d'épaisseur
10 tubes de chocolat noir de 6 cm
de haut et 2 cm de diamètre

GANACHE MONTÉE
720 g de crème liquide
25 g de glucose
200 g de couverture noire à 75 %
25 g de sucre inverti

BISCUIT DACQUOISE
80 g de poudre de noisettes
80 g de poudre d'amandes
85 g de sucre glace
25 g de farine
95 g de sucre semoule
5 g de poudre de blanc d'œuf
6 blancs d'œufs
50 g de noisettes concassées torréfiées

CROUSTILLANT FEUILLANTINE
160 g de couverture au lait
120 g de feuillantine
140 g de praliné noisette à 60 %

GLAÇAGE AU CHOCOLAT
185 g de crème liquide
30 g de sirop à 30° Baumé
55 g de glucose
1 g de colorant rouge
en poudre pour confiserie
240 g de pâte à glacer
55 g de couverture noire à 75 %
20 g d'huile de pépins de raisin

BROWNIES
40 g de couverture noire à 75 %
60 g de beurre
25 g de farine
50 g de sucre semoule
1 œuf
1 pincée de sel
25 g de noix de pécan concassées

GLACE CARAMEL
375 g de sucre semoule
500 g de lait entier
300 g de crème liquide
12 jaunes d'œufs
4 g de fleur de sel de Guérande

TUILES AU GRUÉ DE CACAO
50 g de sucre semoule
20 g de beurre fondu
20 g de jus orange
10 g de farine
5 g de poudre de cacao
15 g de grué de cacao
10 g d'amandes hachées

DÉCOR
10 éclats de feuille d'or
Cacao en poudre

Ganache montée
Dans une casserole, portez à ébullition la crème et le glucose. Versez la couverture et le sucre inverti dans un cul-de-poule, puis versez la crème bouillante par-dessus. Mélangez au fouet jusqu'à ce que le mélange soit homogène. Laissez refroidir puis réservez au réfrigérateur au moins 12 heures. Montez la ganache au batteur comme une crème Chantilly ferme. Versez en poche à douille. Réservez au réfrigérateur.

Biscuit dacquoise
Dans un bol, mélangez la poudre de noisettes, la poudre d'amandes, le sucre glace et la farine, puis passez au tamis. Dans un autre bol, mélangez le sucre semoule et la poudre de blanc d'œuf. Dans la cuve d'un batteur, montez les blancs d'œufs en neige et serrez-les en incorporant en trois fois le mélange sucre-poudre de blanc d'œuf. Incorporez ensuite délicatement les poudres tamisées en prenant soin de ne pas faire retomber les blancs d'œufs. Étalez la préparation sur 1 cm d'épaisseur sur une plaque recouverte de papier sulfurisé. Parsemez de noisettes concassées torréfiées. Faites cuire dans un four préchauffé à 180 °C pendant 10 minutes environ. Laissez refroidir.

Croustillant feuillantine
Faites fondre la couverture au lait au bain-marie. Dans la cuve d'un batteur, mélangez à la feuille, la feuillantine et le praliné noisette. Ajoutez la couverture au lait. Recouvrez le biscuit dacquoise d'une fine couche de croustillant feuillantine. Réservez au réfrigérateur.

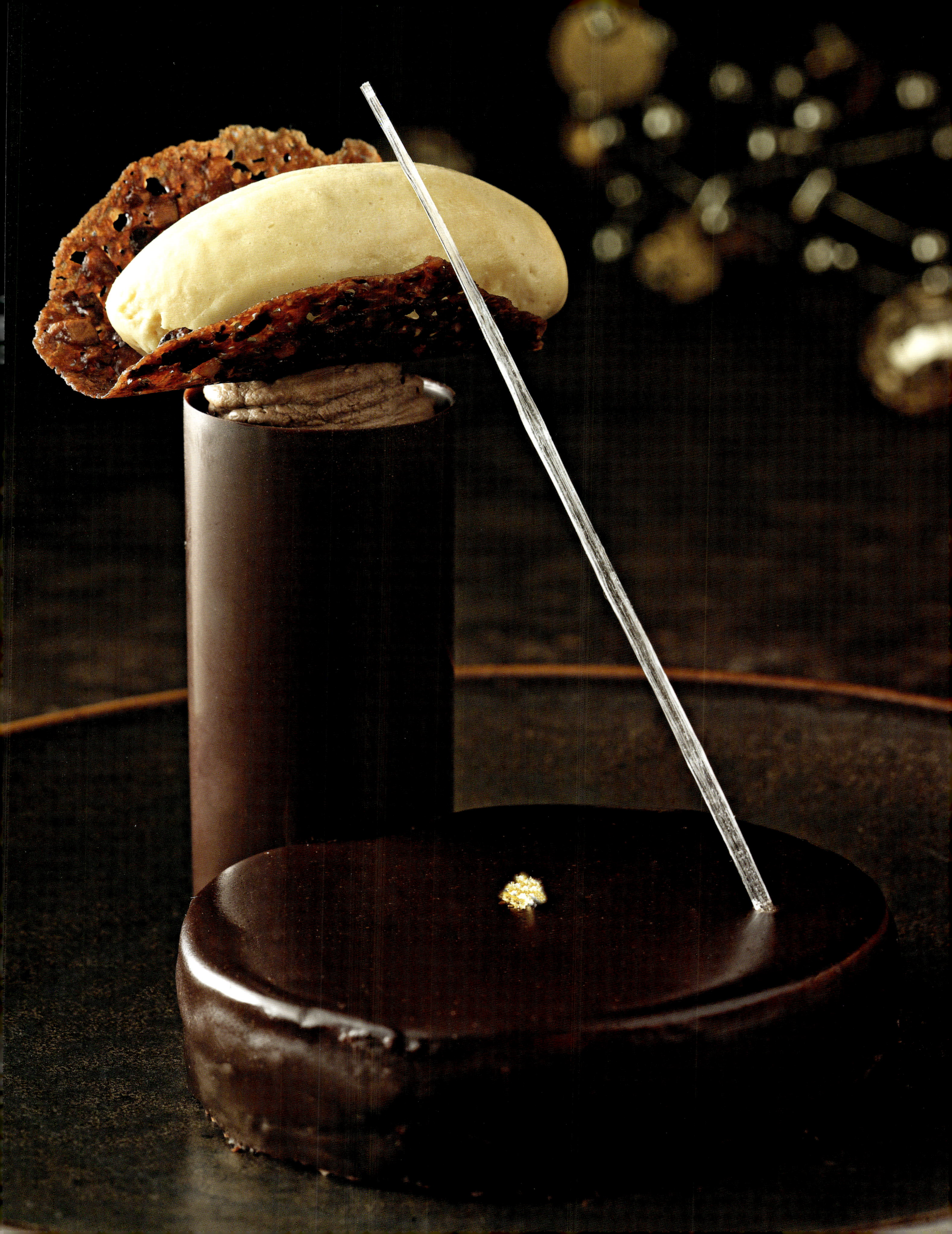

Palet noisette et chocolat au lait, glace au caramel brun, prise de sel de Guérande

Glaçage au chocolat
Dans une casserole, portez à ébullition la crème, le sirop, le glucose et le colorant rouge.
Dans un cul-de-poule, versez la pâte à glacer et la couverture noire, puis par-dessus la crème bouillante, en trois fois. Mélangez bien chaque fois. Lorsque le mélange est homogène, ajoutez l'huile de pépins de raisin. Réservez au bain-marie à 37-38 °C.

Brownies
Faites fondre la couverture noire avec le beurre au bain-marie. Ajoutez la farine et le sel.
Montez le sucre et l'œuf au batteur, jusqu'à ce qu'ils blanchissent. Mélangez les deux préparations, puis ajoutez les noix de pécan concassées. Versez dans 10 moules en silicone demi-sphériques de 2 cm de diamètre. Faites cuire dans un four préchauffé à 170 °C pendant 5 minutes. Réservez.

Glace caramel
Dans une casserole, caramélisez à brun 300 g de sucre. Versez le lait et la crème, puis portez à ébullition en mélangeant constamment pour dissoudre le caramel. Dans un cul-de-poule, blanchissez le sucre restant avec les jaunes d'œufs. Versez la moitié du lait caramélisé dans le cul-de-poule. Mélangez, puis reversez le tout dans la casserole de lait caramélisé. Faites cuire à feu doux jusqu'à 83 °C. Stoppez la cuisson et laissez refroidir. Conservez 24 heures à 4 °C au réfrigérateur avant de passer à la turbine à glace. Ajoutez la fleur de sel avant que la glace ne soit complètement prise. Réservez au congélateur.

Tuiles au grué de cacao
Dans un bol, mélangez tous les ingrédients, puis réservez la pâte pendant 2 heures au réfrigérateur.
À l'aide d'une cuillère, réalisez 10 petits tas de pâte sur une plaque recouverte d'une feuille de papier sulfurisé. Faites cuire dans un four préchauffé à 170 °C pendant 2 à 3 minutes. En sortie du four, laissez légèrement refroidir les tuiles avant de leur donner une forme incurvée dans une gouttière. Réservez au sec.

Montage du palet
À l'aide d'un emporte-pièce de 8 cm, taillez 10 disques de dacquoise. Placez chaque disque dans un cercle de 8 cm de diamètre et de 2 cm de haut. Réalisez un gros point de ganache montée sur la dacquoise. Placez un disque de chocolat sur le point de ganache et pressez de manière à la faire déborder du disque de chocolat.
Remettez de la ganache montée et lissez la surface du palet à hauteur du cercle.
Placez au congélateur pendant 30 minutes. Décerclez le palet à l'aide d'un chalumeau.
Replacez au congélateur.
Chauffez légèrement le glaçage au chocolat au bain-marie.
Sortez le palet du congélateur et réalisez une petite encoche sur le côté avec un emporte-pièce de 3 cm. Posez le palet sur une grille, au-dessus d'une plaque. Avec un pochon, versez le glaçage chaud sur le palet. Avec une spatule, lissez légèrement le palet pour enlever l'excédent de glaçage.
Placez une pointe de feuille d'or au centre et réservez 30 minutes au froid.

Dressage
Placez le palet au centre de l'assiette avec l'encoche sur la droite. Placez le tube de chocolat verticalement dans l'encoche. Posez dans son fond un brownie, puis remplissez-le de ganache montée. Posez dessus une tuile au grué puis placez délicatement dessus une quenelle de glace caramel. Saupoudrez légèrement le palet de cacao en poudre. Servez aussitôt.

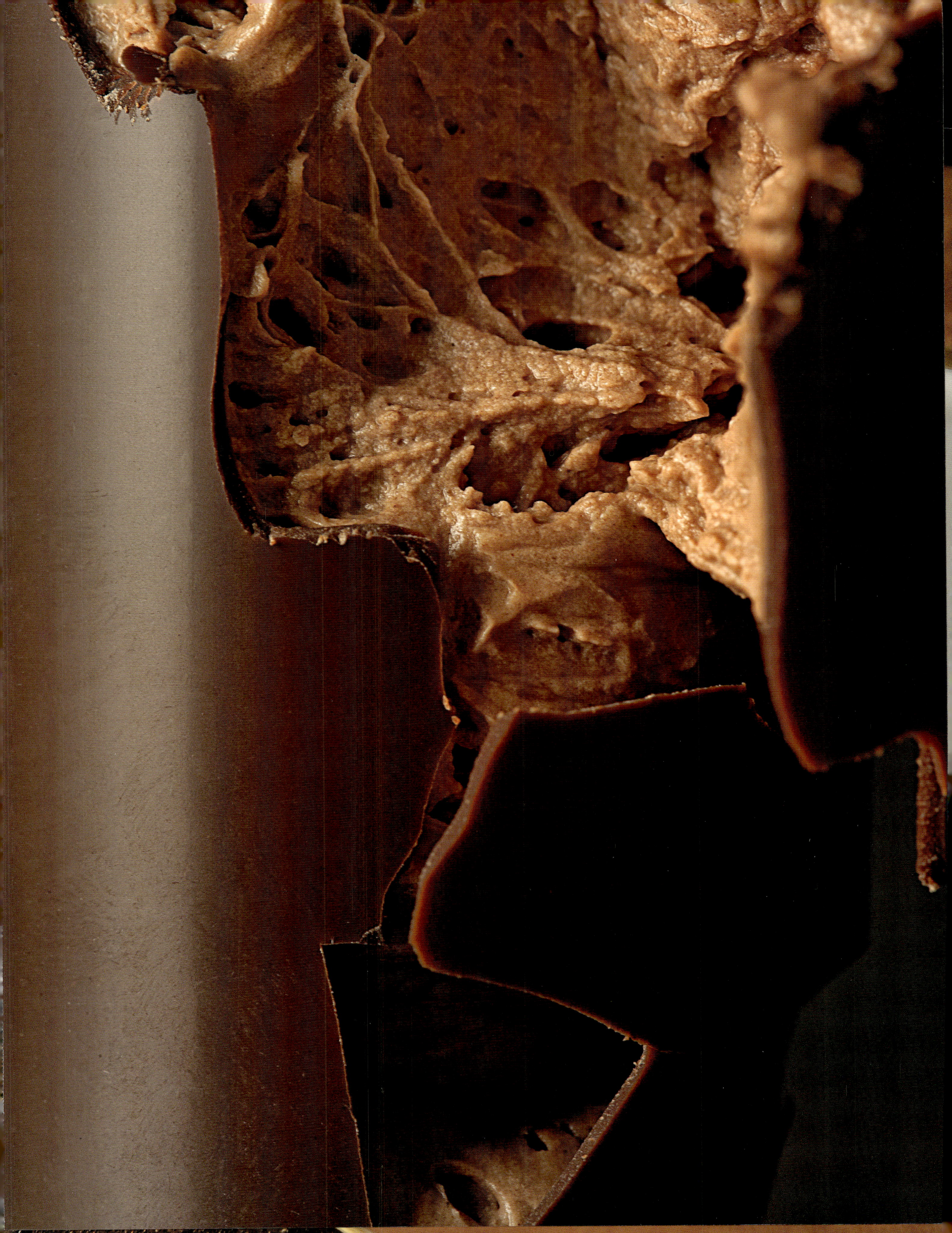

Poires et glace Jivara dans une opaline aux noix et poivre du Népal, émulsion estragon

POUR 10 PERSONNES
Préparation : 3 heures
Préparation des cédrats confits
et de la pâte de cédrat : la veille

POIRES POCHÉES
6 poires Conférence
1 litre d'eau
200 g de sucre semoule
4 feuilles de laurier
4 clous de girofle
8 baies de genièvre
3 étoiles de badiane
12 graines de coriandre
1/2 gousse de vanille

CÉDRATS CONFITS
4 cédrats
1 litre d'eau
600 g de sucre semoule

PÂTE DE CÉDRAT
250 g de cédrats confits taillés en fines lamelles
500 g d'eau
150 g de sucre semoule

OPALINES NOIX ET POIVRE DU NÉPAL
120 g de glucose
180 g de fondant
15 g de beurre
12 g d'eau-de-vie de noix
45 g de cerneaux de noix
1 g de poivre du Népal

DÔMES À LA POIRE
200 g de poires pochées
20 g de jus de pochage des cédrats confits
20 g de jus de citron jaune

GLAÇAGE DES DÔMES À LA POIRE
300 g de sirop de pochage des poires
5 g de kappa

GLACE JIVARA
375 g de lait entier
125 g de crème liquide
25 g de sucre semoule
12 g de sucre inverti
25 g de glucose
22 g de lait en poudre
35 g de gingembre épluché
90 g de chocolat Jivara
40 g de chocolat Guanaja
Le zeste d'un citron jaune

ÉMULSION À L'ESTRAGON
250 g de lait entier
200 g de crème liquide
15 g de sucre semoule
15 g de feuilles d'estragon
4 g de feuilles de gélatine

TARTARE DE POIRES ET CÉDRATS
200 g de brunoise de poires pochées
35 g de brunoise de cédrats confits

DÉCOR
20 noix de Grenoble fraîches décortiquées
20 filaments de cédrat confit
30 bâtonnets de chocolat trempés dans du colorant argent

Poires pochées
Épluchez les poires. Coupez-les en deux et épépinez-les.
Dans une casserole, versez l'eau, le sucre, les feuilles de laurier, les épices concassées et la demi-gousse de vanille fendue et grattée. Portez à ébullition. Plongez-y les poires et faites-les cuire à feu doux pendant 10 minutes. Laissez-les refroidir dans le sirop. Réservez au frais.

Cédrats confits
Enlevez l'extrémité des cédrats et coupez-les en huit. Blanchissez-les 2 minutes dans l'eau portée à ébullition. Retirez-les du feu et laissez-les refroidir dans leur eau. Égouttez-les en réservant le liquide. Dans une casserole, portez à ébullition l'eau du blanchiment avec 200 g de sucre. Plongez-y les quartiers de cédrat. Redonnez une ébullition. Hors du feu, filmez et laissez refroidir. Redonnez une ébullition en ajoutant 100 g de sucre et laissez refroidir en filmant. Renouvelez l'opération encore trois fois.
Enlevez l'intérieur des cédrats pour ne conserver que la peau. Réservez le jus de cuisson au frais pour la réalisation des dômes à la poire.

◆ ◆ ◆

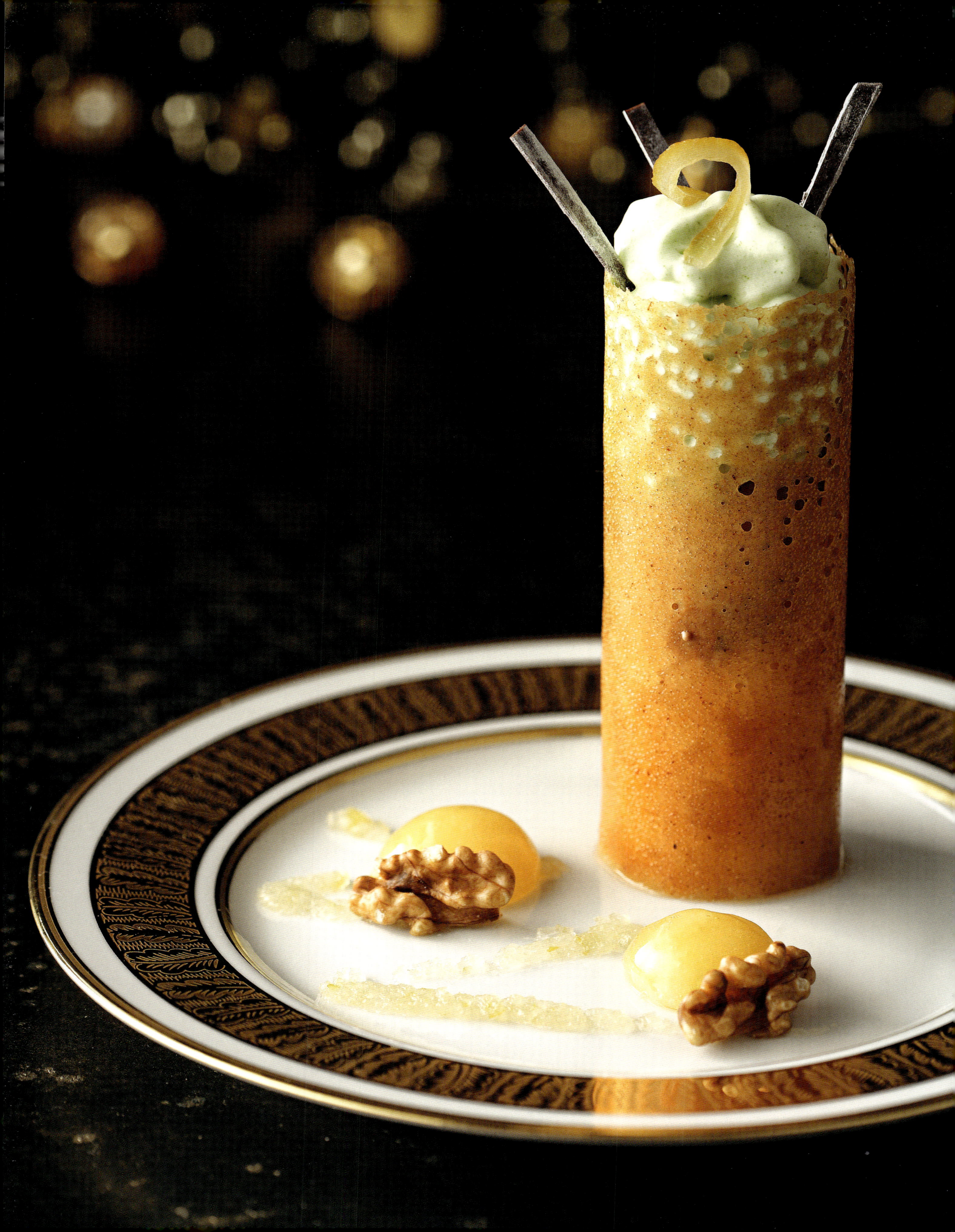

Poires et glace Jivara dans une opaline aux noix et poivre du Népal, émulsion estragon

Pâte de cédrat
Placez les lamelles de cédrat dans une casserole avec l'eau. Portez à ébullition et faites cuire à petits bouillons pendant 10 minutes. Passez au chinois étamine en gardant l'eau de cuisson. Réservez les lamelles de cédrat. Dans une casserole, versez l'eau de cuisson des cédrats avec le sucre, portez à ébullition puis versez sur les lamelles de cédrat. Couvrez d'un film alimentaire et placez 24 heures au réfrigérateur. Égouttez les lamelles de cédrat, puis mixez-les. Détendez au besoin avec un peu d'eau de cuisson jusqu'à obtention d'une pâte onctueuse. Versez en poche à douille. Réservez au frais.

Opalines noix et poivre du Népal
Faites cuire le glucose et le fondant à 155 °C. Incorporez le beurre, l'eau-de-vie, les noix et le poivre du Népal. Laissez refroidir sur une toile de cuisson. Mixez en une fine poudre. Saupoudrez la poudre sur toute la surface d'une toile de cuisson à l'aide d'une passette, sur une épaisseur régulière de 2 mm. Tracez 10 rectangles de 12 x 16 cm. Faites cuire dans un four préchauffé à 160 °C pendant 2 minutes. Faites pivoter la plaque et poursuivez la cuisson 30 secondes. Laissez refroidir quelques secondes à la sortie du four avant de décoller les opalines avec une spatule et de les enrouler autour d'un tube de 5 cm de diamètre pour former des cylindres. Réservez-les dans une boîte fermée au sec.

Dômes à la poire
Mixez tous les ingrédients et versez la préparation dans 20 demi-sphères de 3 cm de diamètre. Placez au congélateur pendant 30 minutes.

Glaçage des dômes à la poire
Dans une casserole, mélangez le sirop de pochage des poires et le kappa. Portez à ébullition, puis faites cuire 2 minutes. Plantez une pique en bois dans les dômes à la poire, posez-les sur une feuille de papier sulfurisé, puis trempez-les une seconde fois. Réservez au frais.

Glace Jivara
Dans une casserole, portez à ébullition le lait, la crème, le sucre, le sucre inverti, le glucose, le lait en poudre et le gingembre coupé en fines tranches. Hors du feu, laissez infuser 30 minutes, à couvert. Passez la préparation au chinois étamine et versez-la sur les couvertures Jivara et Guanaja. Ajoutez le zeste de citron. Faites cuire à 85 °C jusqu'à ce que les chocolats soient fondus. Laissez refroidir et reposer 4 heures au réfrigérateur avant de passer à la turbine à glace. Réservez au congélateur.

Émulsion à l'estragon
Faites ramollir la gélatine dans un bol d'eau froide. Dans une casserole, portez à ébullition le lait, la crème et le sucre. Hors du feu, ajoutez l'estragon et laissez infuser 8 minutes à couvert. Mixez puis passez au chinois étamine. Ajoutez la gélatine égouttée. Mélangez bien jusqu'à complète dissolution. Laissez refroidir et versez en siphon avec 2 cartouches de gaz. Réservez au frais.

Tartare de poires et cédrats
Mélangez les brunoises et versez-les sur du papier absorbant.

Dressage
Réalisez un zigzag de pâte de cédrat. Posez 2 dômes à la poire, 2 demi-noix fraîches et une opaline. Remplissez-la de tartare de poires et cédrats, de 2 demi-noix, d'une quenelle de glace et terminez par l'émulsion à l'estragon. Décorez avec le cédrat confit et 3 bâtonnets de chocolat. Servez aussitôt.

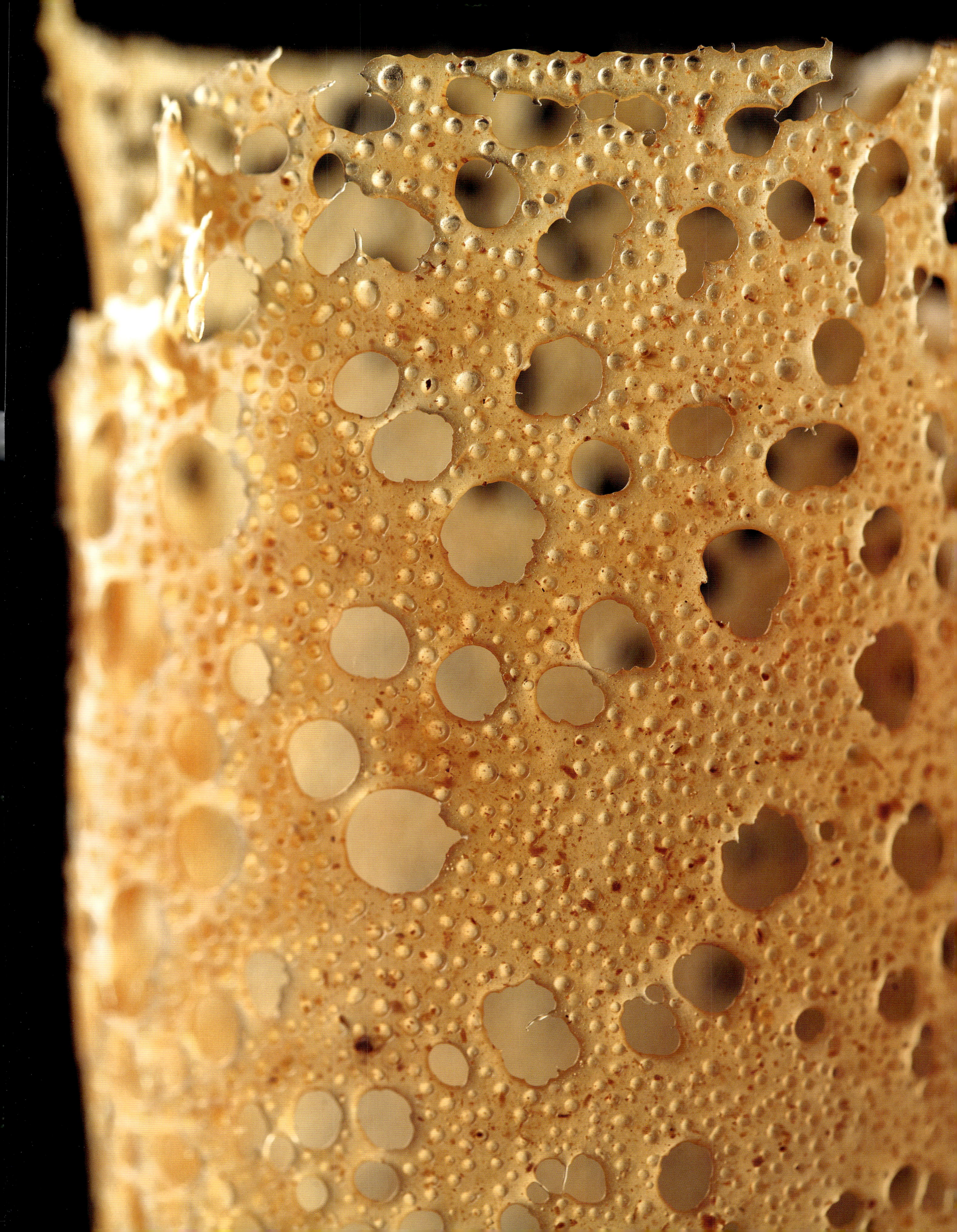

Dômes à la framboise

POUR 30 DÔMES
Préparation : 2 heures

BISCUIT À LA CUILLER
50 g de jaune d'œuf
125 g de sucre semoule
75 g de blanc d'œuf
60 g de farine

FEUILLANTINE
100 g de couverture ivoire
40 g de beurre de cacao
60 g de feuillantine
1 zeste de citron jaune râpé

CRÉMEUX FRAMBOISE
250 g de purée de framboises
2 jaunes d'œufs
40 g de sucre semoule
10 g de farine
15 g de poudre à crème
2 g de feuilles de gélatine
75 g de beurre
125 g de crème fouettée
15 framboises

NAPPAGE À LA FRAMBOISE
500 g de purée de framboises
500 g d'eau
120 g de sucre inverti
120 g de sucre semoule
18 g de pectine NH

PÂTE SUCRÉE
150 g de beurre mou
35 g de sucre glace
15 g de poudre d'amandes
250 g de farine
1 pincée de sel fin
50 g d'œufs

DÉCOR
Feuilles d'argent

Biscuit à la cuiller
Fouettez les jaunes d'œufs avec 100 g de sucre jusqu'à ce qu'ils blanchissent. Montez les blancs en neige avec 25 g de sucre. Mélangez les deux préparations, puis incorporez délicatement la farine.
Étalez la pâte sur une plaque à pâtisserie couverte d'une feuille de papier sulfurisé, à 5 mm d'épaisseur. Faites cuire dans un four préchauffé à 180 °C pendant 5 minutes. Laissez refroidir à température ambiante. Réservez.

Feuillantine
Dans une casserole, faites fondre à feu doux la couverture et le beurre de cacao, puis incorporez la feuillantine et le zeste de citron. Étalez finement la préparation sur le biscuit à la cuiller. Taillez 30 ronds de 3 cm de diamètre à l'aide d'un emporte-pièce.

Crémeux framboise
Faites ramollir la gélatine dans un bol d'eau froide.
Dans une casserole, portez à ébullition la purée de framboises. Dans un bol, fouettez les jaunes d'œufs avec le sucre. Ils doivent être mousseux. Ajoutez la farine et la poudre à crème. Mélangez. Ajoutez la purée de framboises. Mélangez bien, puis versez dans une casserole et faites cuire comme une crème pâtissière. Ajoutez la gélatine égouttée. Mélangez jusqu'à complète dissolution. À 35-40 °C, incorporez le beurre puis la crème fouettée.
Coulez le crémeux framboise dans 30 demi-sphères de 3 cm de diamètre. Insérez dans chaque demi-sphère une demi-framboise. Posez dessus un rond de biscuit à la cuiller. Faites prendre au congélateur pendant 1 heure.

Nappage à la framboise
Dans une casserole, faites chauffer à 50 °C la purée de framboises, l'eau et le sucre inverti, avant d'incorporer la pectine mélangée au sucre. Mélangez bien, puis portez à ébullition et faites cuire 3 minutes.
Réservez au chaud à 35 °C.
Démoulez les dômes sur une grille.
Glacez-les avec le nappage.
Réservez sur une plaque au réfrigérateur.

Pâte sucrée
Dans un bol, mélangez le beurre en pommade avec le sucre glace. Sablez du bout des doigts avec la poudre d'amandes, la farine et le sel. Incorporez les œufs.
Fraisez et laissez reposer au réfrigérateur pendant 30 minutes, couvert d'un film alimentaire.
Étalez la pâte à 3 mm d'épaisseur. Foncez-en 30 moules à tartelette de 4 cm de diamètre. Faites cuire dans un four préchauffé à 160 °C pendant 14 minutes.
Laissez refroidir avant de démouler.

Dressage
Posez un dôme à la framboise sur le fond de chaque tartelette. Déposez une pointe de feuille d'argent sur le dôme. Dégustez sans attendre.

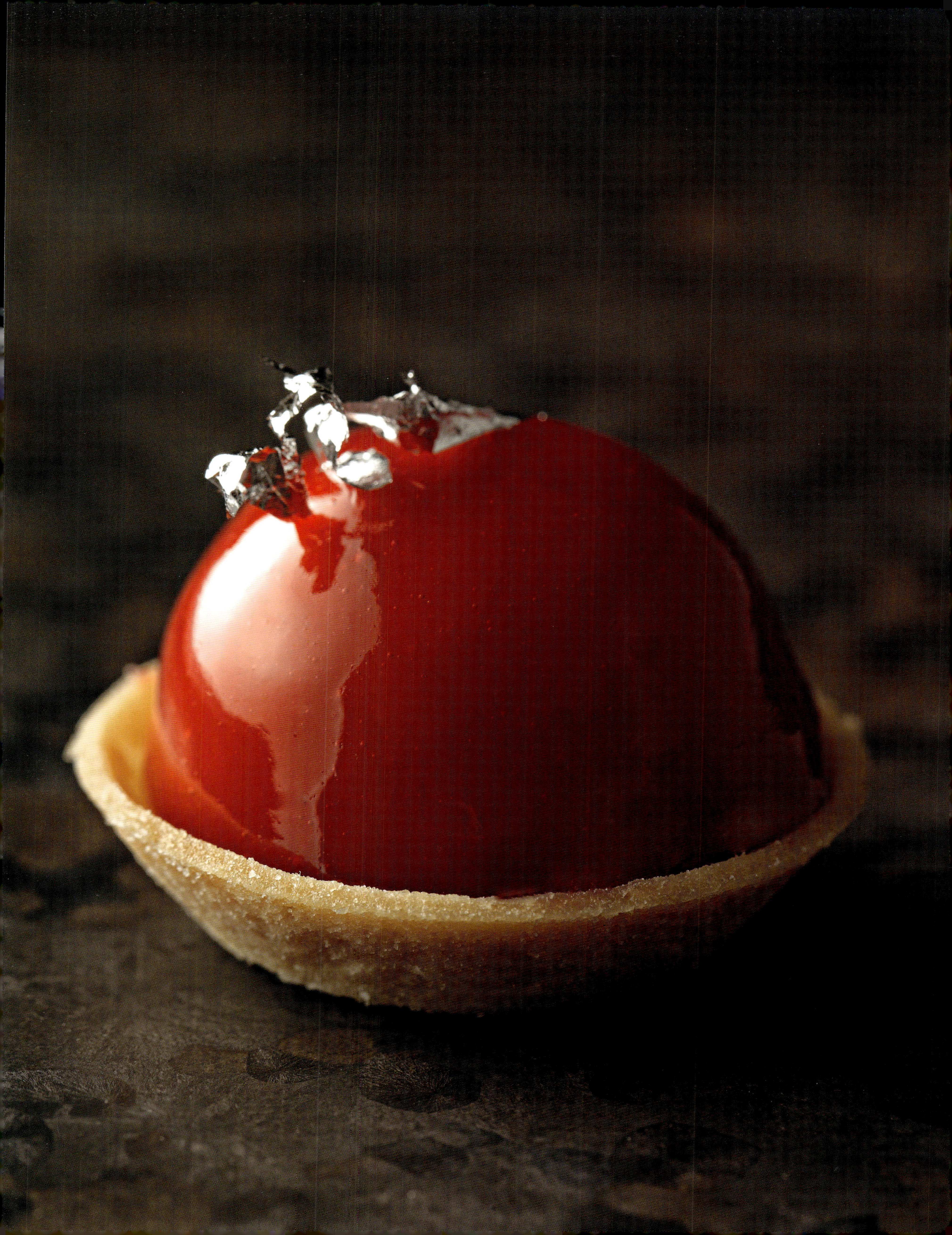

Pêche blanche pochée, moelleux à la sauge Ananas dans un croustillant aux graines de sésame

POUR 10 PERSONNES
Préparation : 3 heures

PÊCHES POCHÉES
10 pêches blanches
2 litres d'eau
500 g de sucre semoule
2 branches de sauge Ananas
Le jus et le zeste de 2 citrons jaunes

CROUSTILLANT AU SÉSAME
200 g de beurre
100 g de lait entier
250 g de sucre semoule
100 g de glucose
40 g de graines de sésame blanc
40 g de graines de sésame doré
40 g de graines de sésame noir

MOELLEUX SAUCE ANANAS
250 g de lait entier
20 g de sauge Ananas ciselée
Le zeste d'un demi-citron vert
2 jaunes d'œufs
35 g de sucre semoule
15 g de farine
10 g de poudre à crème
50 g de beurre
250 g de crème fouettée

GRANITÉ PÊCHE EARL GREY
375 g de sirop de pochage des pêches
75 g d'eau
5 g de thé Earl Grey
10 g de jus de citron

GELLAN EARL GREY
150 g de sirop de pochage des pêches
125 g d'eau
10 g de thé Earl Grey
3.2 g de gellan

BONBON PÊCHE SANGUINE
165 g de purée de pêches sanguines
35 g d'eau
40 g de jus de citron
60 g de glucose
327 g de sucre semoule
10 g de pectine
6 g de Martini rouge
12 g de feuilles de gélatine
5 gouttes d'arôme pêche
5 gouttes de colorant rouge liquide
7 g d'acide citrique

TARTARE DE PÊCHES
10 pêches pochées
100 g d'abricots moelleux taillés en fine brunoise

Pêches pochées

Dans une casserole, portez à ébullition l'eau avec le sucre, la sauge Ananas, le jus et le zeste de citron. Pochez-y les pêches avec leur peau à petits bouillons pendant 10 minutes.
Laissez refroidir et réservez dans le sirop de pochage.

Croustillant au sésame

Dans une casserole, portez à ébullition le beurre et le lait. Ajoutez le sucre et le glucose et faites cuire 5 minutes à gros bouillons. Hors du feu, ajoutez les différentes graines de sésame. Mélangez bien, puis étalez finement la préparation sur une plaque entre deux feuilles de papier sulfurisé. Placez au congélateur pendant 15 minutes.
Faites cuire la pâte congelée dans un four préchauffé à 160 °C pendant 12 minutes. Détaillez à chaud 10 rectangles de 6 x 12 cm, 10 rectangles de 4,5 x 12 cm et 10 rectangles de 3 x 12 cm. Réservez dans un endroit sec.

Moelleux sauge Ananas

Dans une casserole, portez à ébullition le lait. Hors du feu, ajoutez la sauge et le zeste de citron et laissez infuser 8 minutes à couvert. Passez au chinois étamine.
Fouettez les jaunes d'œufs avec le sucre. Ils doivent être mousseux. Ajoutez la farine et la poudre à crème. Versez le lait infusé. Mélangez bien, puis reversez dans une casserole et faites cuire comme une crème pâtissière. Ajoutez le beurre en mixant à 35-40 °C, puis incorporez au fouet la crème fouettée. Laissez reposer 2 heures au frais et versez en poche à douille unie n° 8.

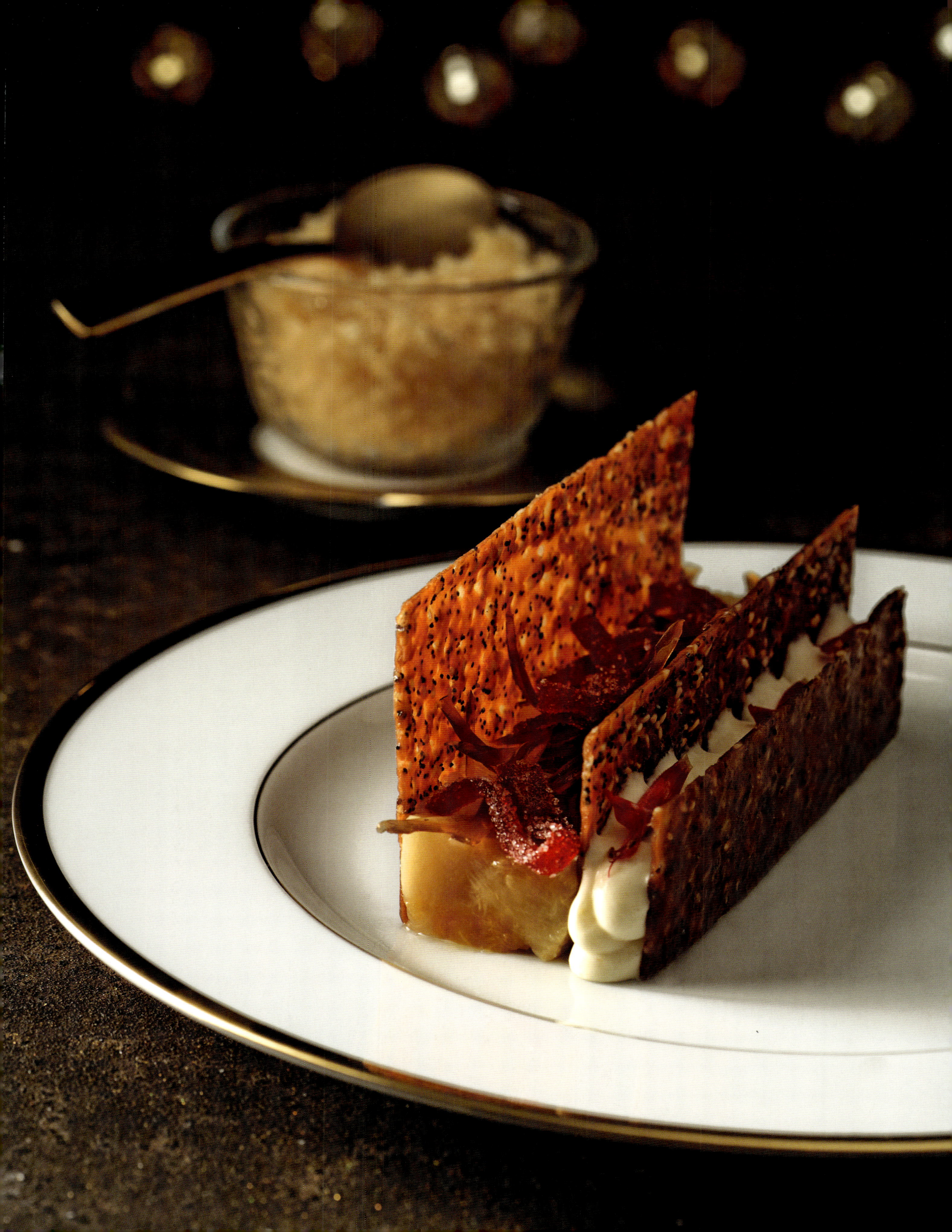

Pêche blanche pochée, moelleux à la sauge Ananas dans un croustillant aux graines de sésame

Granité pêche Earl Grey
Dans une casserole, portez à ébullition l'eau, le sirop de pochage des pêches et le jus de citron. Hors du feu, faites infuser le thé pendant 4 minutes, puis passez au chinois étamine. Laissez refroidir. Versez dans un récipient et placez au congélateur en grattant la préparation à l'aide d'une fourchette toutes les 15 minutes jusqu'à la formation du granité. Réservez au congélateur.

Gellan Earl Grey
Dans une casserole, portez à ébullition le sirop de pochage des pêches et l'eau. Hors du feu, faites infuser le thé pendant 3 minutes à couvert. Passez au chinois étamine. Reversez dans la casserole, ajoutez le gellan, puis portez de nouveau à ébullition. Faites cuire 1 minute, puis versez dans un cadre de 15 x 5 x 3 cm. Laissez refroidir. Placez au réfrigérateur pendant 30 minutes pour que le gellan prenne. Râpez-le à la grosse grille. Réservez.

Bonbon pêche sanguine
Dans une casserole, faites tiédir la purée de pêches sanguines, l'eau, le jus de citron et le glucose. Ajoutez 320 g de sucre mélangé à la pectine. Portez à ébullition et faites cuire jusqu'à 105 °C. Hors du feu, ajoutez le Martini, la gélatine ramollie à l'eau froide et égouttée, l'arôme et le colorant. Mélangez bien puis étalez la préparation sur une plaque couverte d'un papier sulfurisé et laissez refroidir. Mélangez l'acide citrique avec les 7 g de sucre restants et saupoudrez-en le bonbon. Détaillez celui-ci en julienne. Réservez au réfrigérateur.

Tartare de pêches
Épluchez les pêches et taillez-les en cubes de 1 cm. Mélangez les cubes de pêche et la brunoise d'abricot. Versez dans 10 cadres de 12 x 3 x 3 cm en tassant bien.

Dressage
Dans chaque assiette, montez en mille-feuille une grande tuile au sésame, le tartare de pêches, une tuile moyenne au sésame, le crémeux sauge Ananas en pointes et terminez par une petite tuile au sésame. Posez le montage sur le côté, en sens inversé.
Parsemez le tartare de pêches de gellan râpé et de julienne de bonbon.
Servez dans un verre le granité Earl Grey parsemé d'un peu de julienne de bonbon et de gellan râpé. Dégustez sans attendre.

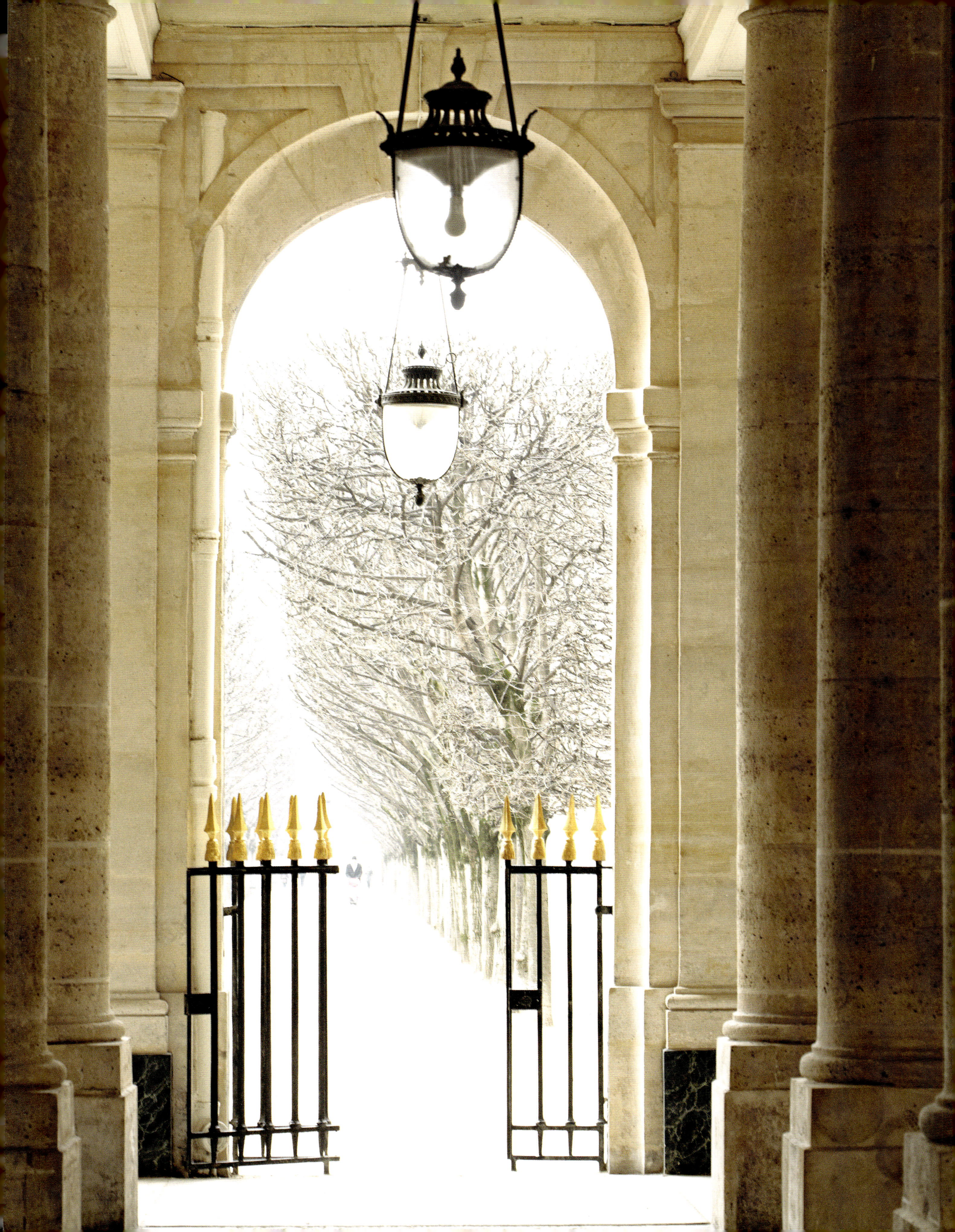

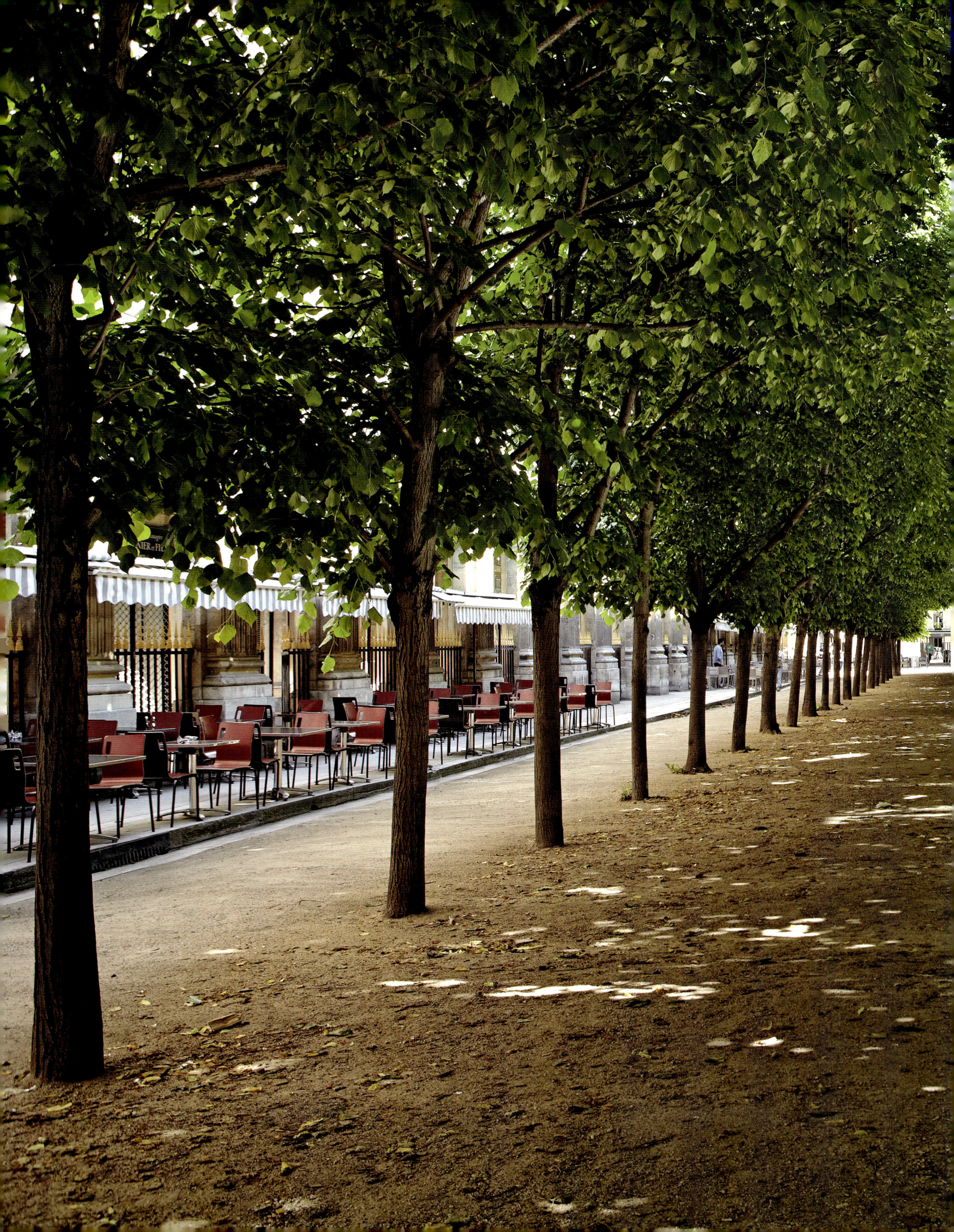

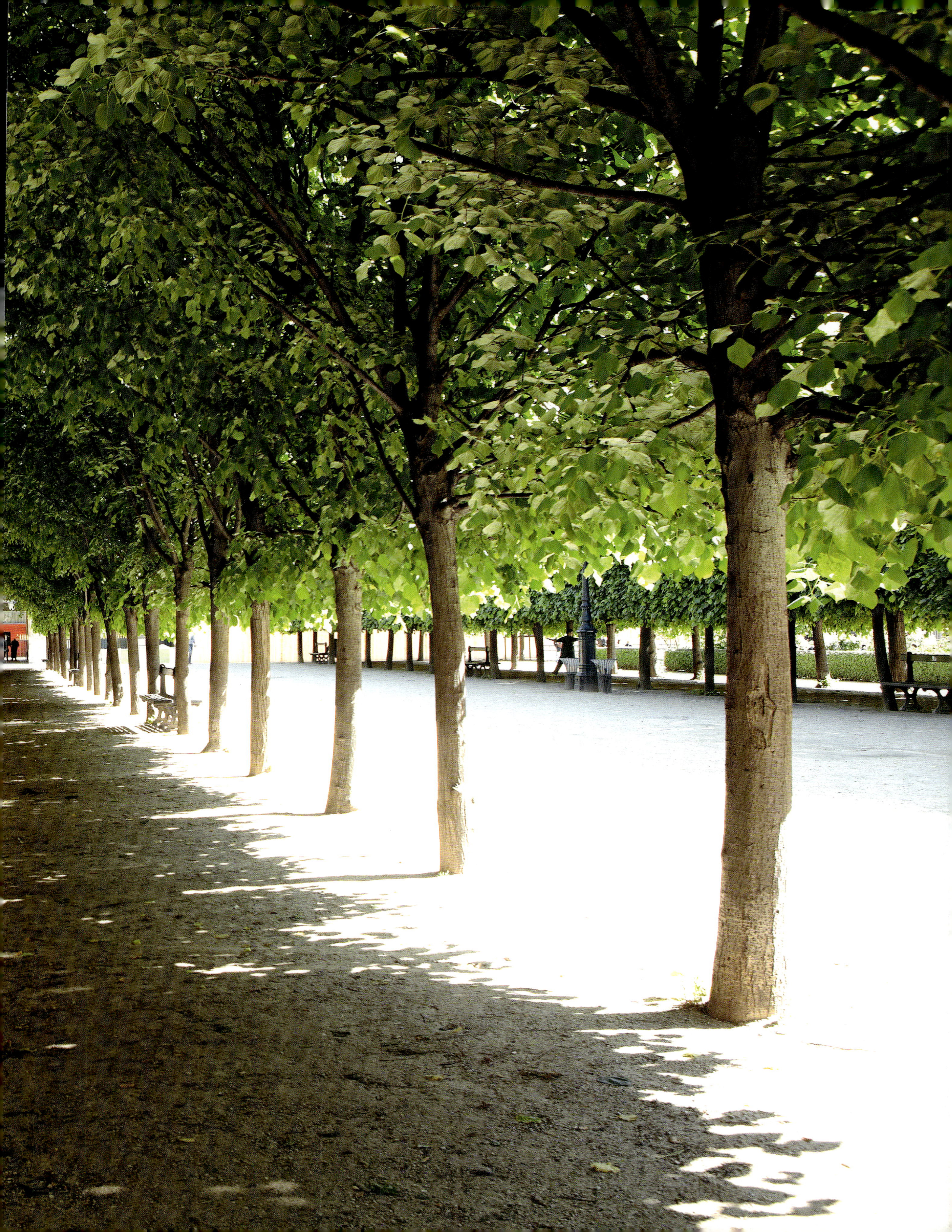

TABLE DES RECETTES

LES ENTRÉES P.42

Foie gras de canard, fine gelée au céleri-branche, navets et betteraves multicolores p.44

Foie gras de canard Sarrade en terrine, pommes et mangues acidulées à l'anis étoilé p.48

Foie gras de canard, légumes croquants à l'anis étoilé, fine purée de fenouil p.50

Daurade à la sauge relevée au ras-el-hanout, en escabèche et crue en fins copeaux p.54

Chipirons farcis d'une semoule de chou-fleur assaisonnée d'une vinaigrette de roquette p.58

Huîtres dans un bouillon d'algue et bonite, radis vert et rouge p.60

Homard bleu servi tiède sur des salsifis fondants comme une salade, copeaux de chou-fleur, chips de homard p.62

Homard bleu servi tiède sur une salade croquante et pamplemousse, huile de basilic p.66

Langoustines juste saisies, courge Butternut relevée au poivre du Népal, vinaigrette à la betterave p.68

Cuisses de grenouilles cuites dans un beurre mousseux, potimarron en fine purée, émulsion café au lait p.72

Bar de ligne préparé en tartare et mariné, betteraves crues et cuites, relevées au wasabi p.74

Jus d'ananas, concombre et coriandre, nougat de fromage de chèvre frais aux pistaches de Sicile p.78

Légumes de saison préparés de différentes façons sur une purée de rutabagas relevée au ras-el-hanout, guimauve de légumes p.82

LES POISSONS P.86

Cabillaud rôti sur la peau, pesto coriandre, patate douce comme une semoule, condiment de pois chiche p.88

Cabillaud rôti sur la peau aux petits pois et risotto croustillant p.92

Filets de sole cuits vapeur, blettes, les côtes acidulées et le vert en condiment p.94

Filet de barbue poêlé, polenta de riz Venere, jus piquillo et orange p.96

Filet de barbue, huile aux douze épices, avocat, quinoa aux fèves et basilic p.98

Turbot en épais tronçon servi nacré, fine purée de fenouil et citron au sel, caviar osciètre Prestige p.102

Turbot en épais tronçon servi nacré, tranches de brocolis rehaussées de gingembre, caviar des champs p.106

Turbot en épais tronçon servi nacré, huile de pamplemousse, mousseline de carottes jaunes et orange au poivre du Népal p.108

Homard rôti dans sa carapace, endives roussies au beurre moussant, eau de réglisse p.112

Homard rôti dans sa carapace, fondue de courgette et aubergine, jus de légumes d'été p.116

Homard bleu rôti dans sa carapace, asperges vertes et blanches, jus de tomate relevé au poivre du Sichuan p.120

Filet de saint-pierre cuit sur la peau, pousses d'épinard au parmesan, émulsion piment doux fumé, fins copeaux de chorizo p.122

Lotte cuite au laurier, riz Arborio et fine purée de carottes acidulée, coulant de foie gras et oursin p.124

Noix de coquille Saint-Jacques sur une fine purée de topinambours, jus de persil plat, croustillant de lard p.128

TABLE DES RECETTES

LES VIANDES   P.134

Filet d'agneau piqué aux concombres acidulés, d'autres à la crème et ciboulette   p.136

Filet d'agneau apprêté de cinq variétés de radis, rehaussé d'une râpée de raifort   p.138

Onglet de veau poêlé, courgettes et câpres apprêtées à la coriandre, jus à la badiane   p.142

Quasi de veau frotté aux épices colombo, tranches de butternut et panais assaisonnées au tamarin et vieux comté   p.148

Côte de veau cuite poêlée, betterave blanche et moelle croustillante, jus à la cardamome   p.152

Ris de veau croustillant aux petits pois et gnocchis de carotte, jus rehaussé au cresson   p.154

Ris de veau croustillant piqué à l'infusion de feuille de kaffir prise, riz complet et cerfeuil tubéreux aux trompettes de la mort   p.158

Tête de veau, caviar d'aubergine à l'estragon, cervelle croustillante et œuf de caille poché   p.162

Poitrine de volaille de Bresse, artichauts blancs et violets, jus au thym citron   p.166

Poitrine de volaille de Bresse, ses « sot-l'y-laisse » confits et truffés, des écrevisses au jus   p.168

Poitrine de pintade de la Dombes rôtie, confit de tomates, tofu au pesto de verveine   p.172

Filet de canette de Barbarie, peau croustillante, figues acidulées, gnocchis de potimarron, jus betterave et cassis   p.176

Parmentier de queue de bœuf aux truffes   p.180

LES DESSERTS   P.184

Clémentines juste prises dans leur jus parfumé à la menthe sur un biscuit aux noix de cajou   p.186

Macaron pistache et kalamansi   p.190

Coings et cédrats confits, crémeux amande, glace aux pistils de safran   p.194

Cube « manjari » fruits rouges, pamplemousse et avocat, meringue ylang-ylang, crème glacée citron vert   p.198

Cube « manjari » mangue, banane, jus Passion rehaussé de muscade, sorbet coco   p.202

Figues cuites et crues aux épices sur un sablé au galanga, glace spéculos   p.208

Mangues jaunes et vertes juste prises dans une opaline au gingembre, sorbet coco   p.212

Fraises et pastèque apprêtées au basilic pourpre, tuile à la pistache   p.216

Moelleux au fromage frais en faisselle, fraises et rhubarbe, oseille en sorbet   p.220

Ananas et litchis parfumés à l'aneth, pain d'épice sur un écrasé de dattes et pruneaux   p.224

Palet noisette et chocolat au lait, glace au caramel brun, prise de sel de Guérande   p.228

Crème brûlée aux artichauts, légumes confits, glace au lait d'amande   p.232

Poires et glace Jivara dans une opaline aux noix et poivre du Népal, émulsion estragon   p.234

Dômes à la framboise   p.238

Pêche blanche pochée, moelleux à la sauge Ananas dans un croustillant aux graines de sésame   p.240

INDEX DES RECETTES

A
Ananas et litchis parfumés à l'aneth,
pain d'épice sur un écrasé de dattes et pruneaux p.224

B
Bar de ligne préparé en tartare et mariné,
betteraves crues et cuites, relevées au wasabi p.74

C
Cabillaud rôti sur la peau aux petits pois
et risotto croustillant p.92
Cabillaud rôti sur la peau, pesto coriandre, patate douce
comme une semoule, condiment de pois chiche p.88
Chipirons farcis d'une semoule de chou-fleur
assaisonnée d'une vinaigrette de roquette p.58
Clémentines juste prises dans leur jus parfumé
à la menthe sur un biscuit aux noix de cajou p.186
Coings et cédrats confits, crémeux amande,
glace aux pistils de safran p.194
Côte de veau cuite poêlée, betterave blanche
et moelle croustillante, jus à la cardamome p.152
Crème brûlée aux artichauts, légumes confits,
glace au lait d'amande p.232
Cube « manjari » mangue, banane, jus Passion
rehaussé de muscade, sorbet coco p.202
Cube « manjari » fruits rouges, pamplemousse et avocat,
meringue ylang-ylang, crème glacée citron vert p.198
Cuisses de grenouilles cuites dans un beurre mousseux,
potimarron en fine purée, émulsion café au lait p.72

D
Daurade à la sauge relevée au ras-el-hanout,
en escabèche et crue en fins copeaux p.54
Dômes à la framboise p.238

F
Figues cuites et crues aux épices sur un sablé au galanga,
glace spéculos p.208
Filet d'agneau apprêté de cinq variétés de radis,
rehaussé d'une râpée de raifort p.138
Filet d'agneau piqué aux concombres acidulés,
d'autres à la crème et ciboulette p.136
Filet de barbue poêlé, polenta de riz Venere, jus piquillo
et orange p.96
Filet de barbue, huile aux douze épices, avocat,
quinoa aux fèves et basilic p.98
Filet de canette de Barbarie, peau croustillante, figues acidulées,
gnocchis de potimarron, jus betterave et cassis p.176
Filet de saint-pierre cuit sur la peau, pousses d'épinard
au parmesan, émulsion piment doux fumé,
fins copeaux de chorizo p.122
Filets de sole cuits vapeur, blettes, les côtes acidulées
et le vert en condiment p.94
Foie gras de canard Sarrade en terrine, pommes et mangues
acidulées à l'anis étoilé p.48
Foie gras de canard, fine gelée au céleri-branche,
navets et betteraves multicolores p.44
Foie gras de canard, légumes croquants à l'anis étoilé,
fine purée de fenouil p.50
Fraises et pastèque apprêtées au basilic pourpre,
tuile à la pistache p.216

H
Homard bleu rôti dans sa carapace, asperges vertes
et blanches, jus de tomate relevé au poivre du Sichuan p.120
Homard bleu servi tiède sur des salsifis fondants comme
une salade, copeaux de chou-fleur, chips de homard p.62
Homard bleu servi tiède sur une salade croquante
et pamplemousse, huile de basilic p.66
Homard rôti dans sa carapace, endives roussies au beurre
moussant, eau de réglisse p.112
Homard rôti dans sa carapace, fondue de courgette
et aubergine, jus de légumes d'été p.116
Huîtres dans un bouillon d'algue et bonite,
radis vert et rouge p.60

INDEX DES RECETTES

J

Jus d'ananas, concombre et coriandre, nougat de fromage de chèvre frais aux pistaches de Sicile p.78

L

Langoustines juste saisies, courge Butternut relevée au poivre du Népal, vinaigrette à la betterave p.68

Légumes de saison préparés de différentes façons sur une purée de rutabagas relevée au ras-el-hanout, guimauve de légumes p.82

Lotte cuite au laurier, riz Arborio et fine purée de carottes acidulée, coulant de foie gras et oursin p.124

M

Macaron pistache et kalamansi p.190

Mangues jaunes et vertes juste prises dans une opaline au gingembre, sorbet coco p.212

Moelleux au fromage frais en faisselle, fraises et rhubarbe, oseille en sorbet p.220

N

Noix de coquille Saint-Jacques sur une fine purée de topinambours, jus de persil plat, croustillant de lard p.128

O

Onglet de veau poêlé, courgettes et câpres apprêtées à la coriandre, jus à la badiane p.142

P

Palet noisette et chocolat au lait, glace au caramel brun, prise de sel de Guérande p.228

Parmentier de queue de bœuf aux truffes p.180

Pêche blanche pochée, moelleux à la sauge Ananas dans un croustillant aux graines de sésame p.240

Poires et glace Jivara dans une opaline aux noix et poivre du Népal, émulsion estragon p.234

Poitrine de pintade de la Dombes rôtie, confit de tomates, tofu au pesto de verveine p.172

Poitrine de volaille de Bresse, artichauts blancs et violets, jus au thym citron p.166

Poitrine de volaille de Bresse, ses « sot-l'y-laisse » confits et truffés, des écrevisses au jus p.168

Q

Quasi de veau frotté aux épices colombo, tranches de butternut et panais assaisonnées au tamarin et vieux comté p.148

R

Ris de veau croustillant aux petits pois et gnocchis de carotte, jus rehaussé au cresson p.154

Ris de veau croustillant piqué à l'infusion de feuille de kaffir prise, riz complet et cerfeuil tubéreux aux trompettes de la mort p.158

T

Tête de veau, caviar d'aubergine à l'estragon, cervelle croustillante et œuf de caille poché p.162

Turbot en épais tronçon servi nacré, fine purée de fenouil et citron au sel, caviar osciètre Prestige p.102

Turbot en épais tronçon servi nacré, huile de pamplemousse, mousseline de carottes jaunes et orange au poivre du Népal p.108

Turbot en épais tronçon servi nacré, tranches de brocolis rehaussées de gingembre, caviar des champs p.106

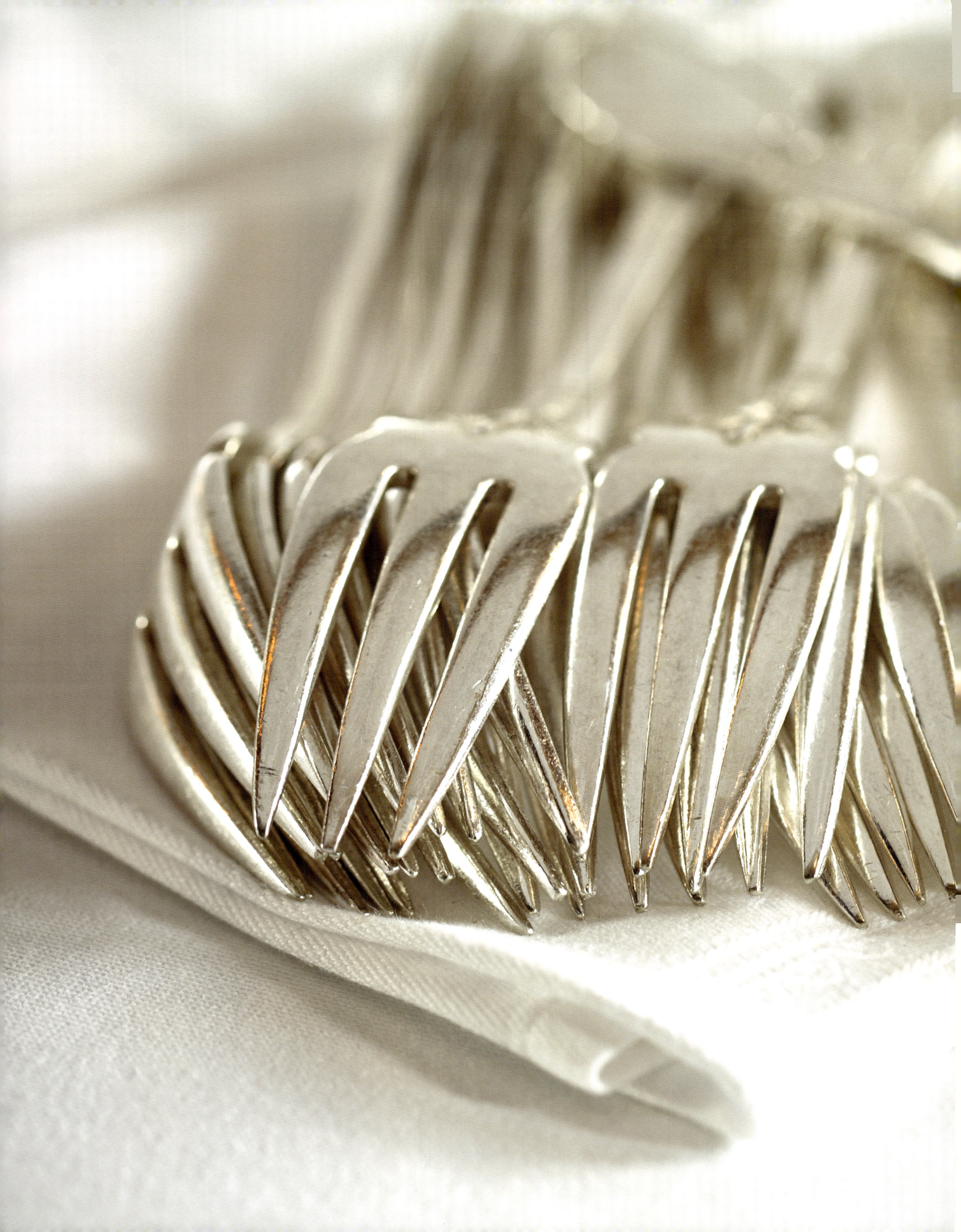

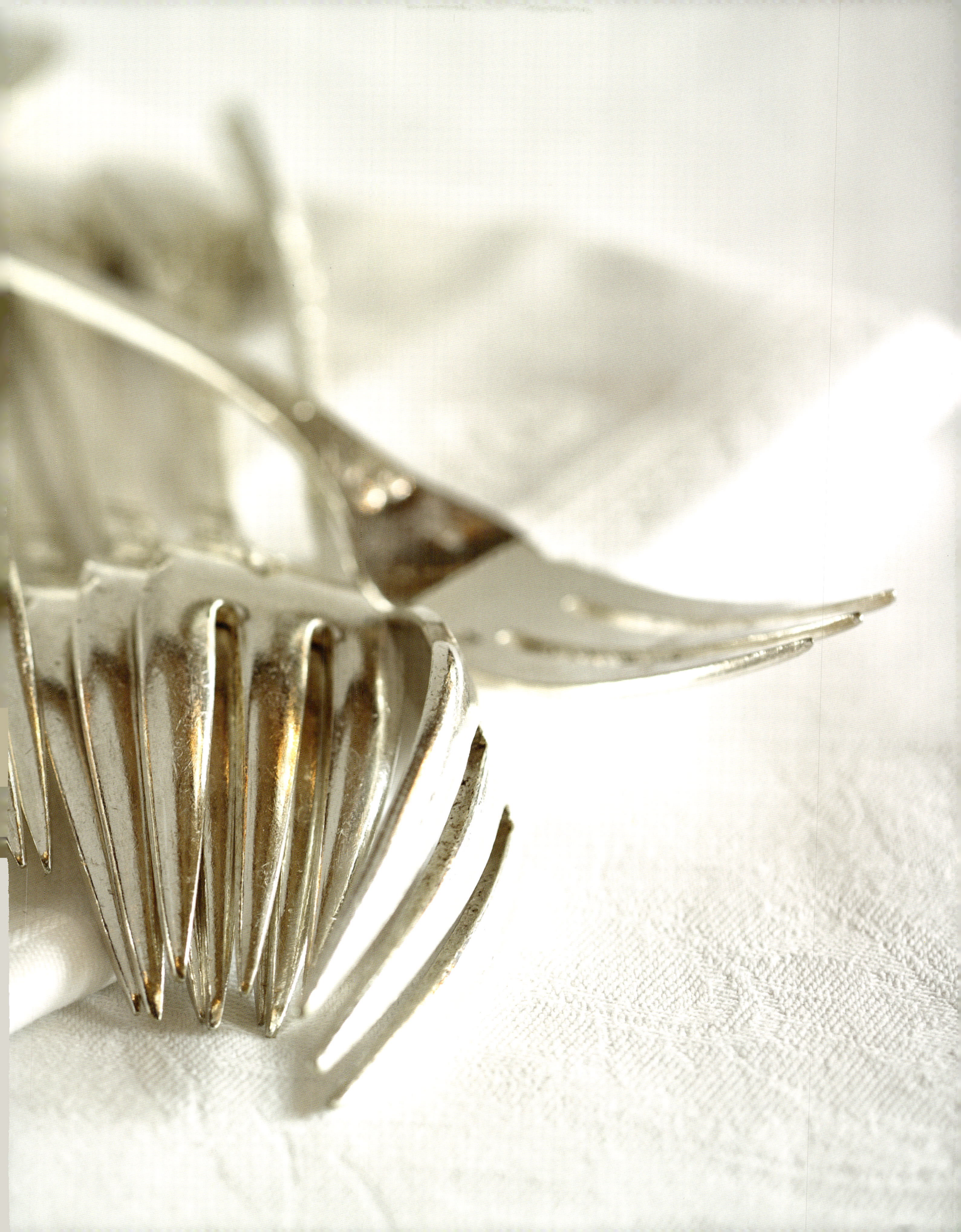

DISTINCTIONS DE GUY MARTIN

1984 - 16/20 au *Gault et Millau*
1985 - **Premier macaron au *Guide Michelin***
1986 - Prix de l'accueil des Relais & Châteaux
1987 - Flocon d'or de la gastronomie française
1988 - « Jeune espoir de la cuisine française » dans *La Bible de Roland Escaig*
1990 - **Deuxième macaron au *Guide Michelin***
   3 étoiles au *Bottin Gourmand*
1991 - Maître cuisinier de **France**
1992 - Prix du Fourneau d'or de la gastronomie française
1993 - 3 points au guide *Champérard*
   Prix « Atmosphère »
1994 - Élu « jeune chef de l'année » par le guide *Champérard*
   17/20 au *Gault et Millau*
   Diplôme du club des Cent
   Membre de la Chambre syndicale de la haute cuisine française et conseiller du président
1995 - 18/20 au *Gault et Millau*
   Élu « meilleur chef de l'année » par le Guide Pudlowski
   3 points, avec 18,5/20 au *Guide Champérard*
   3 étoiles au *Bottin Gourmand*
   Membre de l'association Tradition & Qualité
1996 - Élu « meilleur chef européen » par le magazine *Status* en **Grèce**
1997 - Prix littéraire du Club historique et gourmand pour l'ouvrage *Les Recettes Gourmandes de Guy Martin,* paru aux éditions du Chêne (1996)
   Élu « meilleur chef de l'année européenne » au **Portugal**
1998 - 4 étoiles au *Bottin Gourmand*
   Membre de l'Académie culinaire
1999 - Élu « chef du XXIe siècle » au **Japon**
   Élu « meilleur chef de l'année » par le *Gault et Millau*, avec 19/20
   Élu « meilleur chef européen » par le magazine *Status* en **Grèce**
2000 - Élu « chef du XXIe siècle » en **Suisse**
   Élu « meilleur restaurant européen » par le magazine *Status* en **Grèce**
   Élu « meilleur chef de l'année » par le guide *Champérard*
   Troisième macaron au *Guide Michelin*
2001 - Élu « meilleur chef de cuisine français » et parmi les sept premiers mondiaux par **The World Master Arts of Culinary**
2003 - 3 tours Eiffel au guide *Lebey*

DÉCORATIONS

1997 - Chevalier des Arts et Lettres
2002 - Chevalier des Palmes académiques
2003 - Chevalier de la Légion d'honneur
2012 - Officier de la Légion d'honneur

BIOGRAPHIE DE GUY MARTIN

Autodidacte et homme de passion, **Guy Martin** débute comme pizzaïolo et découvre un autre monde à la lecture du livre *Gastronomie pratique d'Ali-Bab*. Il commence alors sa carrière de chef dans les Relais & Châteaux, au Château de Coudrée, puis au Château de Divonne, dont il devient le directeur et le chef de cuisine à l'âge de 26 ans. Il y obtient sa première étoile six mois après son arrivée et sa deuxième en 1989. En 1991, il fait son entrée au *Grand Véfour* et propose des recettes inventives et gaies qui lui ont valu l'obtention d'une troisième étoile de 2000 à 2008. Il s'inspire de ses voyages, de son goût pour la culture japonaise, sans oublier de mettre à l'honneur les produits de sa Savoie d'origine. L'élément primordial pour sa création demeure l'art et les artistes, qui lui inspirent les couleurs, les structures et les saveurs de sa cuisine. Guy Martin est devenu le propriétaire du *Grand Véfour* en 2011.

LES LIVRES DE GUY MARTIN

Les Recettes gourmandes de Guy Martin, Chêne, 1996
Légumes, Chêne, 2000
Un artiste au Grand Véfour, Seuil, 2000
Cuisiner les fromages, Chêne, 2001
Vegetables, Ici La Press, 2001
Toute la cuisine, Seuil, 2003
Contes et recettes, Seuil, 2003
C'est le Sud, 100 recettes, Chêne, 2004
Quotidiens Gourmands – Solo & Co, Seuil, 2004
Les Pâtes, Chêne, 2005
Dictionnaire des mots de la cuisine, Hachette, 2006
Petits gourmands, Seuil, 2006
Sur la route des étoiles, Hachette, 2006
Gourmands de père en fils, Seuil, 2006
Petits Gourmets – Salé, Seuil, 2007
La Cuisine des Blondes, Minerva, 2007
Guy Martin, À la carte, Minerva, 2008
Le Tour du monde en 75 recettes, Cherche-Midi, 2008
Philosophie de chef, Hakusuisha (Japon), 2008
La Cuisine créative, Saito (Japon), 2009
Les Sauces indispensables, Minerva, 2009
L'Art de Guy Martin, Saito (Japon), 2009
Sensing, Minerva, 2009
Les Cuissons indispensables, Minerva, 2010
Papilles, Minerva, 2010
Ma fiancée est carnivore (avec Serge Levaillant), Minerva, 2011
Prêt à manger, La Martinière, 2011
Cuisine, La Martinière, 2011

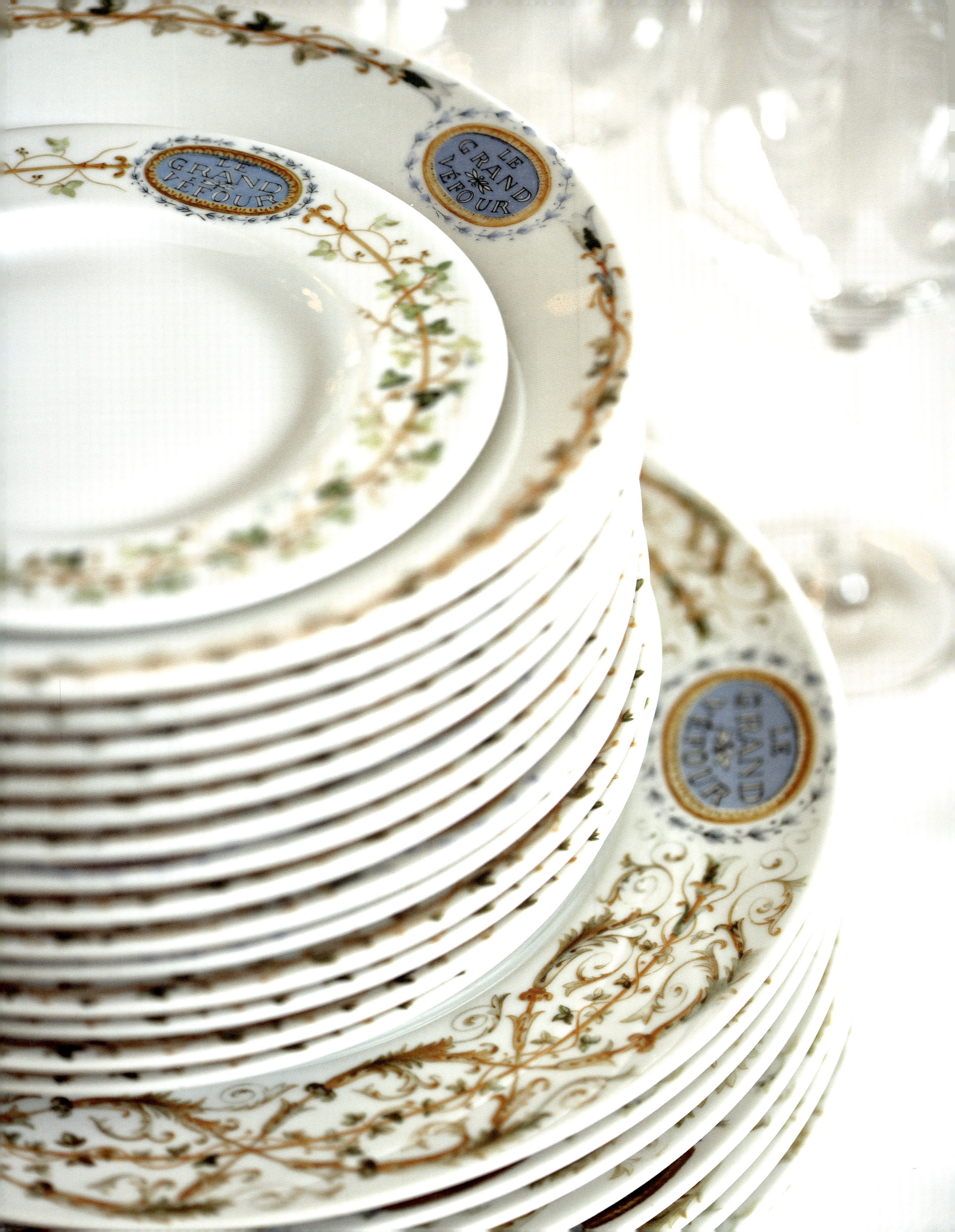
LE GRAND VÉFOUR
LE GRAND VÉFOUR
LE GRAND VÉFOUR

CRÉDITS PHOTOGRAPHIQUES

Couverture : Akg-images / Erich Lessing
Pages 18-19 : © Archives Charmet / The Bridgeman Art Library
Page 20 : © Selva / Leemage
Page 22 : © Manuel Bidermanas /Akg-images
Page 23 (à gauche) : © Akg-images
Page 23 (à droite) : © Ministère de la Culture Médiathèque du Patrimoine,
Dist. RMN-Grand Palais / Sam Lévin
Page 25 : © Ministère de la Culture - Médiathèque du Patrimoine,
Dist.RMN-Grand Palais / Sam Lévin
Page 26 : © Musée Carnavalet / Roger-Viollet
Page 28 (à gauche) : Akg-images
Page 28 (à droite) : © Akg-images / Erich Lessing
Page 29 : © Photo Josse/ Leemage
Pages 30-31 : © Roger-Viollet
Page 33 (à gauche) : © Akg-images
Page 33 (à droite) : Akg-images / Erich Lessing
Page 34 : © Pierre Jahan / Roger-Viollet
Page 38 : © Botti / Stills / Gamma

RÉFÉRENCES BIBLIOGRAPHIQUES

DE CLINCHAMPS (Patrice), *Le Grand Véfour, un restaurant dans l'histoire*.
LENNOX (Nadine), *Le Grand Véfour, analyse d'un décor*, Christie's Education, Mémoire, 2006.
LEMERLE (Frédérique), PAUWELS (Yves), THOMINE-BERRADA (Alice),
Le XIXe siècle et l'architecture de la Renaissance, Picard.
TROUILLEUX (Rodolphe), *Le Palais-Royal, un demi-siècle de folies*, 1780-1830. Bernard Giovanangeli éditeur.
GILLES-MOUTON (Colette), *La saga du Grand Véfour*, sur www.grand-vefour.com
Histoire du Grand Véfour, le café de Chartres, restaurant Véfour de ses origines à nos jours,
archives du Grand Véfour.

GALERIE DE DESSINS

Page 9 : Jean Cocteau - Page 10 : Jean Effel
Page 11 : Roger Chapelain-Midy - Page 12 : Bernard Buffet
Page 13 : Marc Chagall - Page 14 : Léonard Foujita
Page 15 : René Gruau

Ces œuvres sont exposées au Grand Véfour
et ont été offertes par les artistes à Raymond Oliver.

REMERCIEMENTS

Je souhaite exprimer toute ma gratitude à mon plus proche collaborateur, Pascal Pugeault, fidèle parmi les fidèles, qui m'assiste précieusement dans mon travail au quotidien, ainsi qu'Aurélien Rousseau et Thierry Molinengo. Leur aide et leurs encouragements ont permis à ce livre de devenir une réalité.

Guy Martin

© Éditions du Chêne – Hachette Livre, 2013
www.editionsduchene.com
Responsable éditoriale : Valérie Tognali
Suivi éditorial : Françoise Mathay assistée de Marion Dellapina et Marie-Astrid Pourchet
Directrice artistique : Sabine Houplain assistée de Claire Mieyeville et Audrey Lorel
Conception graphique et réalisation : Ximena Riveros assistée de Marion Rosière
Lecture-correction : Isabelle Macé et Mireille Touret
Fabrication : Nicole Thieriot-Pichon
Partenariat et ventes directes : Claire Le Cocguen - clecocguen@hachette-livre.fr
Relations presse : Hélène Maurice - hmaurice@hachette-livre.fr
Photogravure : Quat'coul
Édité par les éditions du Chêne (43 quai de Grenelle, 75905 Paris Cedex 15)
Achevé d'imprimer en août 2013 par Toppan en Chine
Dépôt légal : octobre 2013
ISBN 978-2-81230-832-1
32/3734/4-01